Ordini Di Cavalcare

ORDINI
DI CAVALCARE,
ET MODI DI CONOSCERE

le nature de' Caualli, di emendare i lor vitij, & d'ammaeſtrargli per l'uſo della guerra, & giouamento de gli huomini:

CON VARIE FIGVRE DI MORSI, ſecondo le bocche, & il maneggio che ſi vuol dar loro.

DEL SIG. FEDERICO GRISONE, gentil'huomo Napolitano.

Di nuouo migliorati, & accreſciuti di poſtille, & di Tauola.

Aggiungeuiſi vna ſcielta di notabili auuertimenti, per fare eccellenti razze, & per rimediare alle infermità de' Caualli.

Con licenza de' Superiori, e con Priuilegio.

In VENETIA, appreſſo Gio. Andrea Valuaſſori, detto Guadagnino. M. D. LXXI.

ALLO ILLVSTRIS. ET ECCELLENTIS. SIGNORE,

Il Sig. D. Ippolito da Este, Reuer. Cardinal di Ferrara.

FEDERICO GRISONE.

OGLIONO, Illustrissimo, & Reuerendissimo Sig. mio, gli animi grandi allegramente abbracciare ogni opera conueniente a Guerra: onde auuiene, che il piu delle volte si arriua a maggior altezza. Per tanto conoscendo quanto V. S. Illustriß. & Reuerendiß. sia rara, & non solo dotata di animo grande, & di quanti doni si possono dalla Natura porgere, ma dedicatissima alla caualleria (seguendo sempre i naturali costumi della sua Illustre & antichissima fameglia) mi risoluo fra tanti Principi, che oggidi sono al mondo, sceglier lei, & dedicarle questa operetta

(2 *mia:*

mia: che per esser quella vn vero essempio d'ogni valore, so bene che le sarà cara, & leggendola spesso, le darà sentimento tale, che l'imperfettioni, che forse vi sono, saranno scacciate, come i piccioli nuuoli da impetuosi venti: che altramente, lasciando da parte le preghiere di quel generoso, & buon Caualiero, il Signor Francesco Villa, che con ardentissimo zelo mi ha gran tempo a scriuerla inanimato, a niun modo consentirei ch'ella vscisse a luce, così disarmata, a riceuere i colpi di questo & di quello. Et benche nel generale questa dottrina sia in man di gente bassa, non perciò mi sono sdegnato di ragionarne, & ho uoluto dimostrarla, se non con la persona, con gli ordini scritti: & aiutarla sotto le ali, & l'ombra di quella, conoscendo che bene appartiene a qualunque principal Caualiero, tentare con ogni forza di solleuarla, essendo uirtù mirabile, & sì uilmente oppressa: della quale, & Re, & huomini celebrati furono chiamati maestri, & per non toglierle il tempo alla gratia che mi farà di leggere, qui tacendo, inchineuolmente le bacio le sacratissime mani.

DELLE COSE PIV NOTABILI.

LIBRO PRIMO.

(3 Casti-

LIBRO SECONDO.

LIBRO TERZO.

LIBRO QVARTO.

Quando

Il fine della Tauola.

LVIGI VALVASSORI a' Lettori.

'Anno passato mi mandò la buona memoria del S. Gaspare Riuera gentil'huomo Aquilano, alcune vtili postille, fatte da lui sopra gli Ordini del Caualcare, dati già in luce dal S. Federico Grisone; il quale in tal materia scrisse in somma eccellenza. Da queste compresi quanto egli fosse studioso di questa disciplina, & che non poco giouamento douessero trarne quelli, che sono amatori di così nobil arte; Deliberai di farlo stampare, accompagnandolo di vna Scielta di notabili auuertimenti (che quasi nel medesimo tempo mi capitarono nelle mani) nella quale si contengono le osseruationi, che si debbono hauere nel voler far razze eccellenti di Caualli. Della Anatomia di essi, & da quali cagioni procedano le indispositioni interne, e come si debbiano medicare. Delle infermità esterne. Della Chirugia, e de gli effetti suoi. Voi adunque siate pronti a prenderne beneficio, e dilettatione, sì com'io a queste due cose hauerò sempre la mira, e mi sforzarò con ogni mio potere in ogni tempo di porgerui con l'utile contentezza. State sani.

DE GLI ORDINI
DI CAVALCARE

Di Federico Grisone, gentil'huomo Napolitano,

LIBRO PRIMO.

ELL'ARTE *della militia non è disciplina di maggior bellezza di questa de' Caualli; & non che ornata di belli effetti, ma necessaria, & uestita di ogni valore. Et tanto è piu difficile & degna di lode, quanto in essa bisogna usare il tempo, & la misura, & piu, & meno l'uno, & l'altro mancare, & accrescere col uero, & buon discorso, tal che ancora il senso dell'udire, & del uedere (non hauendo la pratica regolata dall'intelletto) ne fara poco di quella capaci. La onde non dubito, che qualunque uedrà, ch'io habbia uoluto scriuendo insegnare questi ordini di caualcare, non lascerà di condannare espressamente il giudicio mio, stimando la fatica uana, essendo presa in cosa, che, secondo l'uniuersal costume, par che s'impari piu col trauaglio del corpo, che con le parole. Nondimeno conoscendo, che anche da l'ingegno, per quel che si ode, o legge, può nascere la perfettione della cosa, benche non si uegga, desideroso dell'utile commune, tali quali si sieno, mi è paruto mandargli fuora; non curando di molti, che forse non considerando minutamente quel ch'io scriuo, cercheranno riprendergli, & auidamente mordergli: confidato che non mancheranno all'incontro giudiciosi Caualieri, che gl'intenderanno bene, & in opra con trauagliarsi a tempo in essi al fin farãno chiaro quel ch'io con penna ho adombrato in carta; da i quali spero, anzi son certo, che nasceranno effetti rari, che da quei facilmente si cauerà frutto mirabile. Et gia fu tẽpo, che in una città del Regno di Napoli, chiamata Sibari, nõ solo gli huomini, ma anco i Caualli, al suon della sinfonia imparauano di ballare. Dũque nõ sara marauiglia, essendo il Cauallo animal si docile, & amico dell'huomo, se ora cõ questi ordini conuien ch'egli se gli dimostri con ualore, & obedienza. Però senza detrattione leggendogli spesso con animo sincero, cosi come gli ho scritti, & cor*

reggendo gli errori, se pur ui sono, attendiate ad auanzare il dono, che a questa età, col mezo delle nostre fatiche, non da me, ma dalla potente mano di Dio cortesemente ui si porge. Et se ui paresse, che nel modo del dire io fossi stato non così diligente, come conuiene, pensate c'ho atteso piu a farlo bene, che a gli ornamenti della lingua Toscana, ponendo piu cura alle cose, che alle parole, accioche ogniuno che legge s'ammaestri piu di caualcare, che di parlare; ne s'inuaghisca della lettura, fermandosi in quella, ma, come scacciato dalla sua ruuidezza, uelocemente ricorra a i frutti, & all'utilità dell'opera.

Or chi potrebbe mai dire a pieno le gran lodi, & la gran uirtù del Cauallo, Re de gli animali, anzi inespugnabile rocca, & fidelissimo compagno de' Re? chi non conobbe questo, quando si uide Bucefalo, che mai non uolse con gli ornamenti reali farsi da niun caualcare, eccetto dal suo Alessandro; & essẽdo ferito alla presa di Tebe, egli nõ consentì, che Alessandro per ponersi adosso dell'altro smõtasse da lui? Similmente il Cauallo di Cesare non uolse mai portare altro che Cesare. Leggansi l'istorie, che troueransi gl'infiniti gesti di tanti altri di loro; per la qual cosa & in uita con carezze, & ornati di ricchissimi drappi, & dopo la morte con essequiali pompe, con altieri sepolcri, & cõ piramidi, & uersi furono sempre onorati. Quando morì Bucefalo, Alessandro doue fu sepelito fece edificare una città, che si dice Bucefalia, in memoria di lui. Nell' Eneida il grã Poeta uolse chiamar il Re Pico per maggior eccellenza domator di caualli; come pure in diuersi luoghi nominò Mesapo figliuol di Nettuno, ilqual Nettuno Iddio del mare fauoleggiãdosi si dice che generò cõ Medusa il cauallo alato, il cui nome fu Pegaso, che uolando al cielo si cõuertì in stelle. Et sopra questo Cauallo si figura che Bellerofonte, figliuol di Glauco Re, combattendo, uinse la monstruosa Chimera; et egli fu inuentore, & primo nel mõdo a caualcare. Benche dapoi i Peletronij Lapiti trouassero i freni, & i giri, et in un ultimo fosser di Tessaglia i primi, che nella guerra usassero i caualli (giudicio ueramẽte non men utile, che diuino) perche non si può dire, ne uedere abondãte ne festa cõpita, ne giuoco ualoroso, ne battaglia grande, oue essi nõ sieno: & a qual grado, & professsion humana, di lettere, di armi, & di religioni nõ furono, et sarãno necessarij? ualor sopra ogni possanza, & segno sopra ogni segno d'onore. qual mai sara piu cosa mirabile? certo nõ che i nobili, ma gli huomini bassi cõ le lor forze si fanno illustri. Chi nõ dirà ch'ogni Principe si tien glorioso a chiamarsi Caualiero? nome che nasce da quest'animal reale, del qual uolẽdo distintamẽte parlar, non si può; pche a rispetto della sua grãdezza la lingua non ne potrebbe mai ragionare a pieno.

Qualità de' caualli, & qual pelo sia migliore.

Dirò adunque primieramente, che la qualità del Cauallo depende da i quattro elementi, et con quell'elemento, del qual piu partecipa, si cõforma. Se prẽde piu della terra, che de gli altri, sara malinconico, terraguuolo, grauoso, & uile, & suole essere di pelo morello, ouer cernato, ammelato, et soricigno, et di simili uariati colori. Et se piu dell'acqua, sara flẽmatico, tardo, et molle; et suole esser

bianco.

biãco. Et se piu dell'aere, sara sanguigno, allegro, agile, & di tẽperato moto, & suole esser baio. Et se prende piu del fuoco, sara colerico, leggiero, ardẽte, et saltatore, et rade uolte di molto neruo; et suole esser sauro somigliãte alla fiamma, o al carbone acceso. Ma quãdo cõ la debita proportione partecipa di tutti, allora sara perfetto. Et fra tutti i peli il baio castagno, il liardo rotato, che da molti si chiama liardo pomato, il segenato sopra negro cauezza di moro, et anco il sauro metallino, che in lingua Spagnuola si dice Alazã tostado, son piu tẽprati, et piu uagliono, et hã di piu robusta, et gẽtil natura. Et appresso a questi son poi quelli che piu s'accostano alla similitudine loro, fra quali sarãno il baio indorato o rosso in color quasi di rosa, oueramẽte oscuro, che non sia di quei zaini co i giri de gli occhi, & i mostacci, et i fianchi lauati; il sauro a guisa di carbone infocato, & non di fiamma; il bianco moscato negro: il liardo argento con le estremità negre, cioè le punte dell'orecchie, i crini, la coda, le gambe, et le braccia; et se da i crini insino alla coda tiene la lista, tanto piu uale: il griso, che ua dichinãdo al pardiglio, non pur con l'estremità negre, ma con le gambe, & le braccia uergate. Et douete notare, che di tutti i peli cattiui quelli, che haueranno l'ultime parti negre, saranno migliori. Et non è da nasconderui, che niuna sorte di pelo, & sia pur eccellente, o baio, o liardo, può esser totalmente perfetto, se non ha qualche segno di adustione, hauendo negri almeno i luoghi di basso, come ho detto poco dinanzi, parlando del pelo argento, & del pelo griso. Quantunque d'ogni maniera che siano, ui si ritrouano dignissimi Caualli, nondimeno io parlo secondo l'esperiẽza, che ordinariamẽte si uede nella lor cõplessione, et generalità.

Et soggiungo, che il baio castagno è colerico, sanguigno; & tanto piu colerico, quanto piu è rosso in color di sauro, a guisa di fuoco, & non di rosa, perche allora sarebbe maggiormente sanguigno. cosi quanto piu ha del negro, tanto piu tiene dell'adusto; & essendo il pelo totalmente negro, & solo co i fianchi rossi, sarà colerico adusto. però hauendo pur negri i fianchi, si dice morello, che sara il piu delle uolte malinconico naturale: & a questo, per esser freddo, et secco, molti uogliono che non gli accada temperamento di flemma, come conuiene al colerico sanguigno, & molto piu al colerico adusto, che per mitigargli quella superbia, che procede dal souerchio calore, uuole hauere i peli bianchi in alcuni debiti modi, ma non che per la qualità di quelli se gli aggiunga forza, ma acciò che per la benignità della flemma, dimostrato dal pelo bianco, se li tempri la malignità, che nasce dalla siccità, ouero caldezza della sua complessione. Et perche i Caualli, che hanno troppo del pelo biãco, naturalmente sono deboli, come sono gli Vberi, & altri simili a quelli; ora per questo io dico, che il segno, ouero balzana, quanto è meno, tanto è piu da stimarsi, che ogni picciolo segno basta a far conoscere la complessione, di ogni maniera che ella sia.

Ma non uoglio che pensiate, che il liardo rotato, oueramente il bianco moscato, & argentino, con l'estremità negra, & anco il griso, hauendo del bianco, non siano di grã ualore (cosi come ui dissi) che quantunque habbiano della flemma, humor corrottibile, & molle, nondimeno perche dimostrano quelle rote, o macchie, o parti negre, ogni un di loro sara flemmatico salso, humore acre, & in corrottibile, che nasce da colera adusta, & flemma, tal che per ciò dico che sogliono essere i Caualli di tal mistura di pelo, generosi, & assai ualenti: & ancor di questa complessione sarà il sagenato sopra negro, ma tiene piu del superbo, perche non ha tanto dell'humido; cosi come il sauro metallino, hauendo piu del l'adusto, sara parimente piu superbo del baio castagno.

Et è da sapersi, che quando il pelo negro si genera da colera adusta, il Cauallo sara furibondo, animoso, & di molto senso; & assai fiate suol esser fraudolente, & inganneuole, & si dice uulgarmente zaino. Ma quãdo uien da humor malinconico naturale, sara egli allora timido, duro, & pigro. Et quando ha dell'uno, o dell'altro, non sempre si può al mostaccio, & ai fianchi rossi, o negri conoscere, ouero distinguere, fuor che per li costumi, & per lo ualore de gli effetti suoi; perche alcuna uolta fallisce: che quantunque egli tenga i peli negri sopra i fianchi, conforme al corpo, potrebbe esser ancora la sua complessione di colerico adusto, & non di malinconico naturale; & questo sara il morello perfetto, al quale conuien molto alcun segno bianco, pur che sia nelle parti doue accade, cosi come ancora cõuiene al morello mal tinto, che si dice Andrino. Tal che come la uirtù del pelo è maggiore (se in esso sono perfetti segni) cosi similmente quando ui fossero mali, è meno da stimarsi. Là onde mi pare a proposito di dire, che il Cauallo uuole hauere le balzane, che non siano troppo calzate, per la ragione che dissi dianzi, & si ancora secondo si giudica per l'opre che nascono da lui, tanto piu ualendo, quanto meno sagliono sopra le giunte delle pastore. Et bẽche molte uolte questi segni falliscano, & si ueda l'effetto contrario, non perciò mi par di tacergli: & qual sara il meglio, & quale il peggio, ora si dirà.

Buoni, e cattiui segni.

Il balzano della man della lancia sara maneggiante, di buon senso, ma suole essere disastroso.

Il balzano della man della briglia non è da troppo stimarsi.

Il balzano dal piè destro si dice Arzeglio. Et benche nell'opre suole apparere eccellente, guardisi ogni Caualiero in battaglia di trouarsi sopra di esso, perche sara caual superbo, uitioso, & infortunato.

Il balzano del piè della staffa è di stima grande, & dimostra quasi sempre esser di buon core, & assai corritore.

Il balzano delle due mani sara disastroso, & mal fortunato, & sia pur con l'uno o con l'altro piede bianco, che non perciò se li toglie totalmente la sua pessima qualità, perche la ragion uuole, che'l Cauallo habbia sempre piu bianco di dietro, che dauanti.

Il balzano solo di due piedi è ben segnalato. Et se di piu tiene la stella nella fronte, maggiormẽte è da farne mirabil conto. Et quando senza la stella questo

balzano

balzano di due piedi hauesse o l'una o l'altra mano bianca, & tanto piu se fosse la destra, quantunque sia segno di prezzo, non saria di quel ualore.

Il balzano di quattro, delle mani, & de i piedi sara Cauallo sincero, & di buona fantasia; ma rade uolte di molta forza.

Il balzano della man della lancia, & del piè destro si dice Caual trauato, pericoloso, & da farne poca stima.

Il balzano della man della briglia, & del piè della staffa è similmente Cauallo trauato. Et benche sia di mal segno, non è cosi cattiuo come l'altro.

Il balzano della man della briglia, & del piè destro si chiama trastrauato, conforme all'essere dell'arzeglio, anzi peggio, perche sara egli mortalissimo, & facile al cadere.

Il balzano della man della lancia, & del piè della staffa pur si dimanda trastrauato, & segue ancor quegli effetti; nondimeno in parte non sara si male; & lascierete l'opinion di coloro, che uogliono che uaglia molto.

Ma notate, che cosi il trauato, come il trastrauato si genera nel uentre di sua madre con le due balzane strette, & giunte insieme, tal che dapoi come egli sarà nato, & si caualca, naturalmente quando si maneggia, & corre, si giungono; & allhora in ogni caduta l'un piede disordina l'altro: & per questa cagione son pessimi, & disastrosi. Ma il trastrauato sarà di maggior malignità, però che le sue balzane essendo trauerse, & opposite l'una all'altra, piu confusamente s'inuiluppano; & se ne gli altri segni bianchi fossero alcune ragioni, onde procedano i buoni, & mali effetti loro, perche mi pare che non ui sia fondamento uero in queste cose occulte di natura, ho uoluto tacerle, confermandomi con quel che si uede chiaro, cosi come per quel che se ne uide gia da altri ne' tempi a dietro. I Romani conobbero la infelicità, & malo augurio del Cauallo Seiano, benche fosse di rara bellezza. Ma lasciando le opinioni, giudico solo per la lunga esperienza, la quale senza dubbio quanto ho detto ui fara noto, & per questi segni, & per gli altri che dirò appresso, il piu delle uolte ui ha dimostrato, & dimostrerà la qualità sua, & la buona, o mala fortuna, che egli tiene.

Il balzano delle parti di basso, che dinota buon segno, se di piu ha la stella nella fronte, ouero tiene la lista bianca, che gli discenda per la faccia, senza toccargli le ciglia, et che non gli giunga di sopra il mostaccio; & similmente se ha l'una, & l'altra, sara perfetto, & di molta bontà. Et se il Cauallo non fosse balzano, & solo tenesse questi segni, sarebbe di buon core, & di buona uirtù.

Il balzano delle parti di basso, che minaccia malo effetto, s'egli ha la stella, o uer la lista nella faccia, o l'una, & l'altra, quantunque in parte queste diano fauore al pelo, poco si rileua dalla sua malignità.

Il Cauallo, che ha la stella bianca nella fronte, che non gli fa lista, & ne tiene un'altra di sopra il mostaccio, sara disastroso, & di mala bocca. Ma se di più hauesse la balzana nel piè della staffa, per esser segno di molta uirtù, quel difetto se gli annullerebbe.

Et se ciascuna di queste balzane, o di buono, o di malo effetto, fosse cō alcune macchie negre, si come questo al mal sarebbe ī maggior uitio, così al bene cresce rebbe in maggior bontà, talche affina l'esser del Cauallo in quello stato, oue lo ritruoua. Bēche molti uogliano, che la balzana senza il negro sia sēpre migliore

Il Rabicano co i peli biāchi della man indietro dimostra ualer assai: & essendo seminato di quelli della man innanzi, il piu delle uolte hauerà poca forza.

Il Cauallo moscato bianco per tutto il corpo suol essere di qualità buona, et assai fiate eccellente, & piu, et meno secondo sopra che pelo sara: che per quello che u'ho detto de i peli, da uoi stesso, senza piu allungarmi, si potrà facilmente conoscere. Ma se fosse moscato solo ne i fianchi uerso la groppa, o nel collo uerso le spalle saria di mal segno, & si chiamerebbe Cauallo attauanato, per cagion che questi Caualli nascono dal mezo di Giugno infin alla metà d'Agosto. Et perche sono di pochi giorni, col mostaccio non si possono togliere i tauani da i fianchi; ne anco giungono a scacciar con la coda quelli che gli sono di sopra le spalle: onde allhora non per natura, ma per quei morsi hanno i peli bianchi. Et, essendo tardo il nascimento di essi, son di minor fatica, si per cagione che al maggior bisogno lor manca l'erba, & le madri non possono abondar di latte, si ancora, che quando arriua l'inuerno non hanno l'età conueniente a soffrire, & lor si diminuiscono le forze, & non sono gagliardi come gli altri.

Il Cauallo bianco moscato negro sarà molto leggiero, & assai destro, & di buon senso; & similmente quando è moscato rosso: nondimeno il negro suol essere di maggior forza, & di maggior animo.

Il Cauallo di pelo liardo, che solo tiene alcune moschette rosse, ouero leonate nelle garze, et nel mostaccio, sara supbo, et suol alcuna fiata sdegnarsi di bocca.

Il Cauallo gazzo il piu delle uolte sara fallace, & non di pura uolontà.

Il Cauallo, che ha bianco il negro de gli occhi, quando camina per la neue, & per lo freddo, non uede così bene, come ne gli altri luoghi.

Il Cauallo, che non tiene segno bianco, ne balzana, suole spesso mostrarsi ramingo; & sara maneggiante: & accade a Caual d'ogni pelo, ma piu al Morello, & ad ogni sorte di pelo Baio, massimamente se fosse oscuro.

Il Ramingo è, quando il Cauallo non ua determinato con animo schietto, & l'uno sara piu maligno dell'altro, che uolendo sforzarlo, tanto maggiormente anderà con due cori tra l'andare, & non andare, preualendosi di schiena.

Se il Cauallo ha il Remolino solo, ouero accompagnato con la spada Romana sopra il collo appresso i crini, sara fortunato; et tāto piu, quando passa egualmente dall'una banda, & dall'altra: & anco è bene, & assai migliore, quando l'ha sopra la fronte: & molto piu è segno da notarsi, & d'animo puro, & fortunatissimo in ogni battaglia, quādo il tiene ad ambe l'anche di dietro apparo al

tronco

tronco della coda, doue egli non può mirarsi. Et benche habbia qualunque pessima balzana, tenendo questo segno, non solo in gran parte, ma forse in tutto sara rimosso da quello influsso maligno. Nondimeno quando il Remolino gli sta nella spalla, o sopra il core, o in altro luogo de i fianchi, o doue con l'occhio può uederselo, è male, & infelice segno, & opposito di quel c'ho detto; & saria peggiore, quanto piu si ritrouasse uicino al core, o uerso la parte dinanzi, o uerso quella di dietro. Però auertite, che io non parlo de i Remolini, che sono naturali, che ogni Cauallo gli ha ne i debiti luoghi terminati dalla natura, cioè nel mezo della fronte, nella gola, nel petto, nell'omblico, & ne i fiãchi; ma de gli altri, che fossero prodotti di piu o in quelle, o in altre parti del suo corpo. Il Remolino appresso gli antichi si chiamaua Circhiello, che son certi peli ritorti, & sogliono essere circolati piu o meno di un quattrino, & assai fiate sono lunghi, piu, & meno a guisa di una penna. La qual lunghezza ora si dice spada Romana.

Et bẽche il Cauallo sia di buon pelo, & ben segnalato, la onde dimostra complessione gagliarda, & non solo buona uolontà, ma felice constellatione, nondimeno è necessario, che i suoi membri sieno giusti, & formati con la debita proportione: altrimẽte la uirtù sua non sarebbe compita. Et io perche non resti che desiderarsi quali debbano essere, dirò ora brieuemente, cominciando però dalle parti di basso, doue prima il Caualiero, uolendo mirar la qualità di quello, ha da fermare non solo gli occhi, ma anco il suo discorso.

Quali debbono esser le membra del cauallo perfetto.

Il Cauallo uuole hauere il corno delle unghie liscio, negro, largo, tondo, secco, et cauato. Et se pur fosse molle, essendo ampio di calcagno, sara cõ maggior segno di leggierezza. La cagione è questa, che nella cãpagna dal dì che nasce sempre camina leggiero, per la debolezza dell'unghie, nelle quali nõ si ferma securo, ma si ua preualendo delle braccia, & della schiena. Le corone sottili, et pelose. Le pastore corte, & non troppo colcate, ne anco troppo erte, perche sara forte da basso, & non facile al tramazzare auanti. Le giunte grosse, & se tien il ciuffo dietro di esse, dimostrerà forza. Le gambe diritte, & late. Le braccia neruigne, co i cannoli corti, & eguali, & giusti, & assai ben fatti. Et parimente le ginocchia grosse, scarnate, & piane. I lacerti de gli stinchi in su le ginocchia, quando egli sta giunto, siano molto piu larghi dall'uno all'altro di sopra, che non di sotto. Le spalle lunghe, & late, & fornite di carne. Il petto largo, & tondo: Il collo nõ habbia troppo del corto, anzi piu presto del lungo: grosso uerso il petto, & inarcato nel mezo, & sottile uicino al capo. Le orecchie picciole, oueramente acute, & erte, con giusta lunghezza, & larghe piu, & meno, secondo che conuiene alla taglia che ha. La fronte scarnata, & ampia. Gli occhi negri, & grossi. Le conche delle sopraciglia piene, & uscite in fuora. Le mascelle sottili, & magre. Le narici aperte, & gonfie, che in esse quasi si ueda il uermiglio di dentro, acciochè lo alito gli sia facile, & cagione di piu lena. La bocca grande. Et finalmente tutta la testa insieme uuol essere per la ghisa, & per incontro, lunga, secca, & montonile, in ogni luogo mostrando le uene. Ma per Ginetto alla leggiera sia picciola con le medesime parti c'ho detto, ma non habbia troppo allhora la similitudine del montone. I crini rari, & lunghi. Et non biasimo la opinion di coloro, che uogliono che siano folti; perche non essendo souerchi, & in molta quantità, pur non sono di stima; & se sono crespi, oueramente calui, dinotano piu gagliardezza; se fossero grossi, lo sarebbono di robusta natura; cosi quanto piu fossero sottili, tanto maggiormente dimostrerebbe segno di buon senso, & di oprarsi leggiero, & di essere delicato, & non troppo gagliardo nel sofferire.

Il Garrese non solo acuto, ma quasi disteso, & dritto, & che iui si uegga il dipartimento delle spalle.

Il dosso corto, & che non sia uoltato ne in alto, ne in basso.

I lombi tondi, & è migliore quanto piu sono piani uerso la spina di mezo; la qual spina uuol'egli hauere accanalata, & doppia.

Le coste late, & lunghe, con poco tratto dalla costa di dietro al nodo dell'anca. Il uentre lungo, & grande, & debitamente nascosto di sotto di quelle. I fianchi pieni, & anchora il Remolino naturale, che iui appresso in ciascun di loro si truoua, quanto piu sale di sopra, & l'uno mira l'altro, tanto maggiormente appare, che il Cauallo sia leggiero. La groppa tonda, & piana, & un poco caduta con un canale in mezo; & che habbia gran tratto nel suo trauerso da nodo a nodo. Le coscie lunghe, & late, con le ossa ben fatte, & con molta carne di dẽtro, & di fuora. Et s'egli tiene i garretti ampli, asciutti, & stesi, & le falci curue, & late a guisa di ceruo, sara ueloce, & destro. Ma hauendo l'anche, & i garretti curui, & le falci stese, sara naturalmente caminatore. La coda fornita di peli, & lunga insino a terra, col suo tronco grosso di giusta misura, & ben posto fra le coscie, quantunque alcuni uogliano, che sia rara di peli; & se que' peli fossero crespi, sarebbe segno da stimarsi. I testicoli col suo membro siano piccioli, benche de i grandi ne sono pur Caualli di prezzo, ma io parlo secondo la uera ragione di fisionomia, & secondo che il piu delle uolte la esperienza dimostra. Et notate che tutti i suoi membri deono corrispondere alla grandezza del suo corpo, & conforme al Ceruo, piu alto di dietro, che dauanti. Però essendo basso dinanzi piu del douere, sarebbe al corso pericoloso; & molto si ha da stimare, quando tiene animo, et sarà leggiero, il che gli gioua piu della forza. Perche essendo egli forte, & uile, & non hauendo leggierezza, non hauera in maneggiarsi quella uirtù, & attitudine: anzi quando sarà leggiero, & animoso in ogni trauaglio, benche non sia di molta forza, durerà piu del forte, & nelle opere sarà giudicato assai piu uago. Nondimeno hauendole tutte giunte, egli sarà singolare, & da farne gran conto.

Qualità della schiena.

Ancora mi par conueniente farui noto, che quattro sono le qualità dell'esser della schiena del Cauallo.

La prima è quando egli è debole,& s'abandona, oueramente nauiga i lombi quando camina.

La seconda,quando egli nel primo che si caualca si aggroppa, & similmente fa,quando galoppa,o quando si uuol maneggiare a repoloni,che per piu non potere,fa tutto quel che può; & unisce la potenza sua, & caminando un pezzo di quel modo, non potendo resistere, dapoi si dimette, & massimamente a lungo andare: onde si uede la sua natural fiacchezza. & questo disetto sara minor dell'altro.

La terza è,quando egli è duro,& fermo,& saldo,senza calarsi, ne alzarsi di schiena,tal che dimostra,che sia Cauallo di ferro,& è da stimarsi molto.

La quarta è,quando egli non solo sara fermo,& duro, & saldo di schiena, ma nell'incominciare, & nel finire sempre si aggroppa, & forse fara il simile ogni uolta,che si richiede;& se pure lascia d'aggropparsi,la sua forza stara sẽpre unita nell'esser suo,& sara il primo fra tutti per la sua possanza.

Et non pensiate, che il Cauallo, benche sia bene organizato dalla natura, senza il soccorso humano,& la uera dottrina possa da se stesso ben'oprarsi:perche bisogna con l'arte suegliare i membri,& le uirtù occulte che in lui sono,& secondo il uero ordine,& buona disciplina piu o meno sara chiara la sua bontà;anzi l'arte,quando ella è falsa,lo ruina,et gli cuopre ogni uirtù,cosi come, quando ella è buona,supplisce a molte parti,oue gli manca la natura.Et non in tutto fuor di ragione si muouono coloro, che tengono che il Cauallo in lingua latina prendesse il nome dalla equalità,o giustezza.Perciochè,oltre alla ragione da loro assegnata,gli bisogna troppo misura, giusto al passo giusto al trotto, giusto al galoppo,giusto alla carriera,giusto al parare,giusto al maneggio,giusto a i salti,& finalmente giusto di testa,& giusto quando sta fermo,& giusto, & reale si unisce con la uolontà del Caualiero,che gli sta sopra. Et oltre a ciò gli cõuiene il passo eleuato,il trotto disciolto,il galoppo gagliardo, la carriera ueloce,i salti aggroppati, il parar leggiero, il maneggio securo & presto. Et perche il Cauallo naturalmente dal dì che esce dal corpo di sua madre,camina di passo,& galoppa,& corre,& niuna cosa fa meno,& con piu difficoltà, che il trotto; per questo si dee sempre sopra di esso alleggerirlo, che cosi uerrà piu giusto, & alla perfettione di tutte le altre uirtù, le quali particolarmente appresso saranno chiarite. Che da quel trotto il Cauallo uiene a prendere al passo agilità,al galoppo gagliardezza,alla carriera uelocità,a i salti lõbo et forza, al parare leggierezza,al maneggio securtà,& ordine grande,& alla testa,al collo,& all'arco infinita fermezza,& alla bocca soaue & buon'appoggio, il che è fondamento d'ogni dottrina.

Disciplina de' caualli.

Però dunque se uolete che uenga in queste perfettioni, come egli anderà sicuro,& solo in cauezzana,senza che altro il tiri, primieramẽte quãdo gli mõterete addosso,ora menandosi con carezze,et ora da qualche persona, che se li

Bella maniera di maneggiar nel prin

troui

cipio un cauallo, e di mã tenerlo fatto alle uolte raddoppiate.

troni attorno con minacciarsi, & spingersi con le mani alla banda destra, si userà diligenza grande a farlo accostare in un poggio, doue sarete uoi, assicurandolo tuttauia di sopra con la mano, & cosi piaceuolmente caualcherete: & non solo fin che ui accõmodate le uesti, ma per un pezzo, senza lasciargli far motiuo alcuno, starete fermo, accarezzandolo spesso allora nel suo collo. Et appresso il farete caminare auanti da due passetti pian piano, fermandoui un'altra uolta: & tantosto dapoi seguirete il uostro camino a far le opere, come tosto si dirà. Ma quando egli porterà la briglia, et totalmente si sapra operare, et uolete mantenerlo che sia bene instrutto alle uolte raddoppiate, ogni fiata che caualcate, & siete sopra di lui, caminato che hauerà con quei due passetti del modo che qui ho detto, lo uolterete pian piano sei uolte, due da man destra, & due da man sinistra, & due altre uolte all'ultimo pur da man destra. Oueramẽte farete solo tre uolte, compartite una per mano, che la prima & l'ultima sia da man destra, & fermereteui un poco; & indi a uolontà uostra caminerete per il uostro uiaggio: auuertendoui che in ogni uolta egli sempre il piede contrario uuol incauallare di sopra l'altro, & diffusamente ue lo farò piu chiaro, quando parlerò delle uolte raddoppiate.

Castigo, per far, che un cauallo inubidiẽte, e ritroso si accosti al poggio.

Et se il Cauallo, o per timore della fatica, o per animo, che ha preso, o per infinita superbia naturale, nõ si uolesse auicinare al poggio per farsi caualcare, & uoi allora con un bastone fra le orecchie, & nella testa, & fuor che a gli occhi, in qualunque parte della persona ui sara piu facile (essendo però incorrigibile, & di molta malignità) mirabilmente, & senza rispetto lo castigherete: & in quello instante minacciandolo con terribil uoce; che in tal maniera, uedendoui determinato, uerrà mansueto, & senza far mai piu difesa, come agnello si accosterà. ma si uuole auuertire di accarezzarlo sempre, che egli si rende, & ui risponde bene.

Si potrebbe ancora correggere, pigliandolo al lungo quanto si puo con la man destra per le redine, o se pur non tiene la briglia, per la corda della cauezzana, & uno, che con la bacchetta gli anderà di dietro, il battera nella groppa sollicitandolo, che trotti, o galoppi con quanta furia si può, girandouisi attorno attorno dalla man destra. Et allora non partirete il pie destro dinanzi, doue si ritroua, ma solo girando il piè sinistro uerso di lui lo accompagnerete in ogni torno; oue sempre uoi, che lo tenete, ui trouerete nel mezo: & tantosto che da quella mano sara con infinite uolte affaticato, posponendo la uolta, prenderete le redine, o la corda con la mano sinistra, & lo farete sollecitar da colui con la bacchetta parimente ad altre tante uolte dalla man sinistra: & come allora col destro, cosi farete col piè sinistro, non mouendolo da quella parte; ma girando l'altro piede. a questo modo lo douete dall'una, & dall'altra mano trastullare un pezzo, fin che ui parerà, che sia uinto, et totalmente soggetto. Et se il cauallo fosse di mala uolontà, et colui non bastasse a farlo andare a cerchio in

quei

quei torni, oltre che si ci potrebbono aggiungere piu persone con le bacchette, uoi potreste tenerne un'altra piu lunga di quelle con la man sinistra, & cambiando uolta dapoi cambiarla nella man destra. Onde assai fiate uoi solo, battendolo di bacchetta di dietro, hor con l'una, et hor con l'altra mano, senza che ui sieno altri, lo farete liberamente andare a i torni come si uuole, tal che usere te sopra di ciò quello, che a uoi parerà in suo correggimento piu facile, et gli sa ra tanto graue, che mansuetamente si fara caualcare, & in ubbidirui lo troue rete piu pronto. Et bēche accada in ogni età di Cauallo, nondimeno a polledro, che fa resistenza, nelle prime uolte, che gli monterete su, uale molto, & gli sara utile, & a proposito suo piu di qual si uoglia castigo.

Come si ha a stare a cauallo, & oue si ha a metter la sella.

Et douete caualcare, & star sopra di esso, non solo con animo grande, senza tema di lui; ma far concetto, che egli sia con uoi un'istesso corpo, di un senso, & di una uolontà. Et dapoi che sara disciplinato alla guisa, che io dirò, sempre che si maneggia, & prende la uolta, douete uerso quella banda accompagnarlo con la persona, fermo, & saldo, & senza pendere da niun lato, mirando la testa del cauallo fra le orecchie nō pur' in quel tempo, ma spesso spesso, quando camina, & trotta, galoppa, & corre: fra le quali orecchie il uostro naso, che stara nel dritto del mezo del suo ciuffo, sara il segno in farui conoscere, se uoi sedete giusto sopra la sella, & se egli ua di collo, & di testa con quella giustezza che gli conuiene. E ben uero, che fin tanto che sara insegnato, dandogli lettione, douete quasi cōtinuamēte abbassare un poco gli occhi dalla banda dou'egli si uolta, & uedergli le braccia se uanno con ordine; et perche andādo fuora del debito, accorgendouene tosto, ui trouerete a tempo, non meno in dargli castigo, che in accarezzarlo, quādo egli andasse ordinatamēte: ma dapoi che intēderà bene, farete come ui ho detto dinanzi, ch' altramente sarebbe uitio non cōueniēte a scelto, et buon Caualiero. Però notate, che essendo all'incontro del nimico, combattendo, si uuol mirare alla man dalla spada di quello, & a i moti suoi, & non in altra parte: benche pure allora, per esser la uirtù de gli occhi di tāta ui siua capacità, si uederà l'uno & l'altro. Et quando salta, oueramēte para, & a qualunque cosa lo accompagnerete a tempo conforme al motiuo ch'egli fara, cosi come egli a tempo risponde al uostro pensiero, & in ogni richiesta; perche bisogna che il uostro corpo con la schiena uada giusto, & gli sia corrispondente, et ordinato, con non minor concordantia, che se fosse musica. Et similmēte la man sinistra con le redine, et la destra con la bacchetta. E sopra di lui caualcherete giusto, & ui fermerete con le ginocchia, & unitamente con le cosce ben poste, & sigillate con la sella; et lascerete calar le gābe diritte, nel modo che le tenete quando siete in piede. Et quando sara il bisogno, con esse lo aiuterete piu o meno, secondo che accaderà: & lasciandole calare in quella forma, i piedi anderanno a posare sopra le staffe a i loro debiti luoghi con la punta & col calcagno d'ogniuno d'essi girati doue conuiene: che uoltando uoi quanto si può dall'

una,

una,o l'altra banda il uiso giusto,senza forzarlo,& senza mouere il corpo, & calandolo basso uerso la staffa,ui accorgerete che la punta del uostro piede starà nel diritto della punta del uostro naso;et secondo la qualita della sella piu o meno caualcherete lungo,ma sempre la staffa destra sara di mezo punto piu corta dell'altra,& terrete lo staffile disotto il ginocchio, perche si anderà piu gagliardo, & assai piu disciolto,& piu da maestro in aiutarlo, tanto a i salti, quanto al maneggio:& questo è quello,che oggidi si costuma.Però quando terrete lo staffile di sopra il ginocchio,uerrà a caualcarsi piu lungo, & assettato, mirando ciascuna punta de' uostri piedi al dritto della punta dell'orecchia del cauallo,& non al dritto della spalla,come alcuni dicono,perche sarebbe falso. Questa foggia di caualcare con lo staffile disopra il ginocchio anticamente era piu da galante, & in uso,perche i Caualieri a quel tempo usauano molto i Caualli armati di barde, & bisognaua (per arriuare al uentre di quelli) che gli sproni fossero lunghi da un palmo: tal che erano costretti quasi per necessità caualcare in quella maniera,quantunque in parte,pur cosi accaderebbe di farsi ora,quando si caualcasse un caual bardato al modo antico. Finalmente nel corpo,nella schiena,nelle mani,nelle coscie,nelle gãbe,& nelle calcagna si uuole hauer tempo,& misura;il che nasce solo da buon discorso, & dalla buona dottrina,& dalla lunga pratica di caualli; & appresso tutti gli ordini di passo in passo al discorso ch'io farò,ui saranno chiari. Ma fin che il Cauallo arriui a quel termine di ponersegli la briglia,come presto uel dirò,gli sarebbe assai piu conueniente caualcarsi con la bardella,nella quale intendendo bene le premure della sella,senz'altro dire,saprete da uoi stesso accommodarui, & cõ le gambe ferme,& tirate abbasso,cosi come accade.Et ui auuertisco, quando dapoi gli conuiene la sella,che se gli ponga piu presto auante,che dietro,che non solo fara il Cauallo piu uago,ma piu aiutante,et anco sopra di lui parerà piu atto,et acconcio il suo Caualiero: saluo se egli fosse troppo basso dinanzi, & corto di collo;che da se continuamente quella gli anderebbe uerso le spalle.

Come hanno a darsi nel principio i torni,o giri al cauallo; & quanti debbono dargli si.

Dapoi che gli sarete addosso,& egli sara ben assolato,anderete alla campagna di trotto,da dritto in dritto, da circa cento passi, della misura giusta, per terreno che sia nuouamente rotto a solchi dall'aratro; & iui appresso, cominciando dalla man destra, stamperete due torni,& sopra di quei torni stampati,seguendo, farete dall'una mano, & dall'altra due uolte & meza di trotto,che sono dieci torni;che cosi,come i primi,anco gli ultimi torni saranno dalla man destra:& al fine di essi uscendo caminerete di trotto da dritto in dritto poco piu o meno di altro tanto spatio,quanto gira un di questi torni, che sara da ducento cinquanta palmi, oue poi ui fermerete un gran pezzo, tenendolo eguale,& giusto,fermo & saldo: & per otto giorni non farete altro; ma dapoi che sara stato cosi fermo,& uoi pian piano il farete uoltare da man destra un poco larghetto da prima, accio non si facci molle di collo, & ritornando

per

per la pista ue ne anderete uia di trotto a dismontare doue caualcaste, & per assicurarcilo piu al medesimo, per alcune fiate, piacendoui, gli leuerete la bardella.

Et si uuol auuertire ogni fiata, che egli si fermi, tenerlo giusto, & eguale, come ui ho detto dinanzi: & quando egli andasse a fermarsi torto con la groppa, ouero con la sua delantera piu girata da una, che dall'altra parte, ouero se tutto insieme egli fuggisse da una banda, ui guarderete adrizzarlo ne con lo calcagno, ne con la bacchetta: perche non conoscendo ne l'uno, ne l'altro, si potrebbe facilmente distonare, & forse anco poner in fuga: ma un'huomo a piede lo buttera, spingendolo con le mani al costato della groppa, o della bardella, ouer alla spalla, da quel lato doue si trouerà fuora di segno, addrizzandolo, & ponendolo in quel luogo, alquale stara giusto, con le gambe di dietro, & le braccia dinanzi dritto di quella pista, doue si ua a tenere; & fra le altre cose questo pur si potrebbe usar per aggiustare ogni Cauallo di qual si uoglia età, che si sia, che si ferma torto, per la mala creanza che hebbe, & essendo uecchio a quel mal'uso, iui ancora di piu si potrebbe da colui, che lo spinge, castigar di bacchetta.

Come si ha a far, perche uada a parar giusto.

Et se non uolete fargli questo, & uoi, come egli (quantunque se gli porta la cauezzana giusta) si ferma torto, caminerete di passo piu oltre pian piano insin'a diece palmi uerso il dritto, doue si ha da posare, & là dapoi douete fermarlo, tenendo piu tirata la corda della cauezzana dalla banda contraria di doue torce, & piu et meno, secondo che ui sforza, che in tal modo uerrà a fermarsi, come conuiene.

Poi che comincia a conoscere la suggettione, & in parte ui ubbidisce, se egli pur si ferma, in quel modo potrebbe addrizzarsi, allora da uoi solo con quel poco di corda souerchia della cauezzana, che dall'una, & dall'altra mano ui pende, con essa temperatamente battendolo nella spalla, o nella groppa, in quella parte cōtraria della spalla, o della groppa che egli tien fuor del segno, nel qual segno cosi egli piaceuolmente si porrà giusto; & fino in tanto, che se gli pone la briglia, ui guarderete fargli con la bacchetta ne questo, ne altro. Anzi tenendo la cauezzana con la briglia pure auantaggiata (per molti giorni) non portargli bacchetta.

Fin che non si mette al caual la briglia non s'adopri la uerga.

Et se il Cauallo è di poco senso, oueramente è debole et magro, allora finche egli sara consueto, & ben solito a caualcarsi, questi torni si uogliono stampare da gli altri Caualli, & non dal uostro, accioche con maggiore animo uenga determinatamente piu libero, & giusto per quella uia fatta, della maiese rotta de i torni: et se uscisse dalla pista, tātosto si trouerebbe da se stesso castigato, tornandoui dentro, perche gli sarebbe meno fatica trottar per la uia battuta. I quali torni ui dimostrerò piu chiari nel secondo libro, non solo con parole, ma con la figura sua naturale. Et ancor questi torni accio che si facciano con maggior facilità,

Modo per dare i torni a caualli magri e di poca lena.

facilità, piu giusti, & di una misura, così l'uno come l'altro, è bene dal primo, tanto che saranno scolpiti, & se ne ueda qualche orma nel terreno, stampargli di passo, & dapoi seguirgli di trotto.

Quanti torni si hanno a dar nel principio, & quel che si dee far dopo i torni, & nell'uscirne.

Appresso di questo ogni di crescerete una uolta di piu, et come sete giunto a cinque uolte & meza, che sono uentidue torni, o poco piu o meno, secondo che sarà il suo senso, non gli douete piu ne crescere, ne mancare il numero. Però prima che si smonti, uscito che siete da i torni, et posato che è, sarebbe al proposito fargli fare da tre passetti a dietro, che saranno da quattro palmi, & similmente dapoi pian piano ritornarsi doue era, stando pur'iui un pezzo, et nel fine a uolontà uostra ue ne partirete; ma se si pone in difensione, non lo sforzate, che ben si ritirerà col tempo, & con la briglia, ouero con gli ordini, che minutamente nel secondo libro si diranno.

Ma se il Cauallo è gagliardo, quando lo uolterete da man destra per andaruene uia, come dissi poco auanti, anderete per la medesima pista di trotto, da dritto in diritto, insin'a i torni, & non piu; & appresso pian piano il uolterete da man sinistra, & tornerete indietro, pur per quelle pedate, insin'al capo doue prima partiste, & un'altra fiata uoltandolo da man destra, caminerete di trotto insino a i torni, & ui poserete, che tra l'andare & uenire a dietro saranno quattro fiate; & questo numero lo auanteggerete ogni dì, secondo piu o meno conoscerete la forza sua. Et dapoi che siete un pezzo fermato, smonterete in quel luoco, o ueramente anderete di trotto a smontar al solito uostro, come faceste da prima.

E da notare, che benche al primo per alcune fiate si uuol uoltare un poco larghetto, accioche si faccia piu fermo, & duro di collo, addrizzãdosi però nella uia del repolone per un segno solo; nondimeno a poco a poco ogni di lo douete piu stringere a far la uolta giusta, & approssimarlo piano a ponergli la testa doue egli tiene la groppa, & fargli sempre incauallare il braccio contrario della uolta sopra l'altro in questa forma che ora dirò. Se uolete uoltarlo da mã destra, farete che il braccio sinistro uada sopra il destro; & uolendo uoltarlo da man sinistra, parimente il destro gli anderà sopra del sinistro.

Quando, & qual briglia si ha a porre al cauallo.

Come ui accorgete, ch'egli ua ben disciolto a quel trotto, & riconosce i torni, & facilmente si ferma, & uolta, gli ponrete la briglia, che si dimanda Cannone con le guardie dritte, & se fosse usata sarebbe migliore; & tenendolo per la cauezzana, a poco a poco con le redine gliela farete sentire in bocca; & si uuol ungere di mele & sale, che prenderà quell'uso di masticarla sempre, et piu temperatamente si appoggerà, & al riceuer di essa, non pigliando mai uitio, ne hauerà piacere, & allora, così come ui dissi dinanzi, a uostra posta si gli potrebbe ponere la sella.

Posta al cauallo la briglia

Ma dapoi che comincia a prendere qualche sicurtà sopra la briglia, douete quasi ogni dì crescergli una uolta di piu, fin che arriuiate alle undici uolte e me-

za,

za, che sono quarantasei torni; ouer ne farete meno, secondo che sara la lena, & forza sua, & secondo che ui risponde, et conoscerete che senza debilitarsi ui possa resistere, benche quello sia numero conueniente ad ogni cauallo giouene, gagliardo, et di gran neruo. Et per alcuni giorni non uscirete da questo, & lo fermerete sempre al modo che ho detto. Et similmēte sopra il solco, dal qual si esce, non mācherete mai di andare alcune fiate all'uno, et all'altro capo di trotto, piu & meno, secondo che ui par che possa resistere, & in ogni capo prendendo la uolta come faceste allora, & cosi pur anderete piaceuolmente a dismontare, et senza furia, poi lo farete menare a mano.

a quāti torni si dee ascendere, & qual numero non passare.

Però come questi torni, per la continua pista del Cauallo, diuengono duri a modo di astrico, douete al tempo ch'egli sara bene assicurato in essi, stampargli spesso in un'altra maiese, che sia fresca, et fonda, accioche egli si faccia per la profondità di quella piu leggiero, & disciolto di braccia, & di gambe: nondimeno se ui fosse angustia di terreno, quantunque sieno duri, ui seruirete ancor di quelli: ma dapoi sara necessario passeggiarlo, o di trotto, o di passo, a trauerso per qualche luogo nuouamente rotto a solchi; perche pure il Cauallo, essendo in questo auezzo, sara in eleuar le mani, & i piedi sempre facile.

Quādo sian duri i torni, si ristampino in altra maiese fonda.

Et quando egli al far de i torni mancasse di furia, ouero al suo trottar fosse ramingo, o uolesse fermarsi auanti il fine della sua lettione, & similmente dico, quando in essi accaderà galopparsi, allora douete spesso sollicitarlo di uoce, & con quel truscio di labbra, che si suol fare a i polledri, per dare loro animo al caminare innanzi. Et oltre a cio in un medesimo tempo assai uolte douete auuertire a poco a poco a fargli conoscere l'aiuto della gamba, & del calcagno in questo modo.

Quel, che si ha à fare, se il caual, galoppando, o trottādo, mācasse di furia.

Se i torni sono da man destra, lo aiuterete dalla banda sinistra: & se sono dalla sinistra, lo aiuterete dalla banda destra. Nondimeno alcuna fiata, accioche non esca dal segno, & per la pista uada piu giusto, al tempo che gli darete la botta dalla parte contraria, gli attouderete l'altra con l'altro calcagno dall'altra banda de i torni: & se in essi cerca di andare pur uacillando, a sua maggior correttione qualche uolta lo batterete con ambe le calcagna egualmente giunte; & questo simile ordine terrete ancora con gli sproni, quando che gli hauera hauuti: & della maniera che se gli hanno a dare, si dira poco appresso.

Aiuti, che si hanno a dare al cauallo ne' torni.

Assai fiate accade, che il Cauallo andando per li torni, non camina giusto, & eguale, & col corpo girato come gli conuiene: talche per ouuiare a questo, dico, che allora che farete i torni dalla man destra, si gli uuol tener la gamba sinistra uerso la spalla, oueramente al dritto delle cigne, & la destra un poco piu in dietro uicino al fianco. Et se i torni saranno dalla man sinistra, col simile ordine gli ponerete la gamba destra auanti uerso la spalla, & la sinistra uerso il fianco: & tanto all'uno come all'altro torno lo batterete, quando accadera,

Regola, per far che il cauallo uada giusto ne i torni.

pur

pur a quei luoghi, oue attondando di sproni si batte. Ilquale attondare nel secõdo libro si fara chiaro.

Auertimento p far piu ueloce il cauallo, quando ua di diritto in diritto.

Quando il cauallo ua in qualunque sorte si sia da dritto in dritto, o di passo, o di trotto, o di galoppo, o di carriera, uolendogli dare maggior uelocità, si uuole aiutar sempre co i calcagni pari, & cosi farete poi con gli sproni.

Quando si dee leuar la cauezzana al cauallo, e porli le false redini.

Come ui parera ch'egli intenda il trotto, non solo da dritto in dritto, ma anco in uolte, & intenda bene quando si uuol fermare, & riconosca un poco la briglia, a uostra uolonta gli toglierete la cauezzana, & in cambio di essa gli ponerete le false redine, & talhora quando si esce poi da i torni, si potrebbe anco andar di galoppo, quantunque sarebbe assai meglio non galopparsi mai, fin tanto che non intendera il parare, & le posate; & con la man temperata, et ferma, & forse al primo con l'una & l'altra mano, auuertirete sempre fargli portar il collo duro, & saldo di testa, & con facilita cosi fermo farlo uenire alle uolte. Et notate bene, che senza ponergli le false redine, portandogli la cauezzana con le redine solo, si fara effetto: & molti sono che giuntamente le portano; ma sara di piu trauaglio al Caualiero, et al fine è quasi una medesima cosa.

Quando, & come si hanno ad usar li sproni.

In questo tempo ancora li ponerete gli sproni, o fra i torni, oueramente quando anderete di trotto per la maiese da dritto in dritto: & benche si possano dare alla carriera, nondimeno al trotto è piu da notarsi, & sara piu cagione di farlo giusto, & assai presto: che donandogli alla carriera, bisognerebbe aspettare il tempo, che sappia correre, & parare, & intenda bene: & sarebbe con maggior disuantaggio, & non sicuro della sua uirtù, per le ragioni che appresso intenderete. Però auuertite, che essendo egli o di poco, o di molto senso, & di qualunque natura si sia, acciosche non ui usi qualche malignità, in quell'essere, & in uno instante, che lo batterete di sproni, douete sempre aiutarlo di uoce, perche col terror che prende di quella parola si diuertirà da ogni mal pensiero, che tenesse in buttar calci, o in saltare, o in piantarsi, & difendersi da noi.

I nostri antichi non dauano di sproni fin tanto che i Caualli non erano ben fermi di testa, & intendeuano tutti li ordini, secondo che in quel tempo si usauano, tal che a i cinque, a i sei, & sette anni, benche al modo loro andauano bene, non erano totalmente sicuri di quella bontà, perciò che al dare de gli sproni il piu delle uolte in quella età diueniuano uitiosi (ueramente ignoranza grande) che non si accorgeuano, che i Caualieri stessi erano cagione di tal'errore: perche essendo i loro Caualli gran tempo assicurati con l'aiuto della bacchetta, & de i calcagni piani, & soli senza sproni, dapoi che si trouauano gagliardi & inuecchiati con tutta la possanza loro, et dentro l'età robusta, come sentiuano gli sproni, non conoscendogli, ne essendo in essi consueti, quanto piu era il senso & la gagliardezza, tanto maggiormẽte al fine si auuilinano, & accorauano, & per quella cosa insolita temendo non si sapeuano risoluere, ne poteuano conoscere

scere qual'era la uolontà del Caualiero, atteso che senza quelle punture essi correuano, et si maneggiauano; anzi forse per tal cagione pensauano, dapoi che si sentiuano pungere da quelli, che fosse contrario il uoler del Caualiero; et perciò assai uolte andauano trauersi, & a salti, buttauano calci, ouero impediuano, & totalmente si confirmauano in quella malignità. onde a lor correttione, se il Cauallo era terribile, accio che non si potesse difendere, glie li donauano dentro dell'acqua, in alcun fiume, o dentro del mare: & alcuna uolta gli poneuano gli sproni con le rote a bottonetti, oueramente a rote di Santa Caterina, & nō solo con essi non usauano castigarlo, ma solo alla furia della carriera il batteuano, & al caminare di rado il toccauano, percio che non haueuano cognitione dell'importanza del castigo de gli sproni, ne di niuno de gli altri castighi, ne conosceuano ancora la uarietà de i belli aiuti che ui sono. La onde tāto piu si trouauano confusi, & meno corretti, et in maggior superbia confirmati in quell'errore. Et per questo dico, che subito che il Cauallo sara assolato, & riconoscera i torni, & hauera portato da dieci uolte la briglia, quantunque fosse debole, giouene, & magro, senza dilatione li darete gli sproni, come poco auanti s'è detto: perche si trouerà semplice, et timido del Caualiero; et ogni fiata che udirà quel la parola, o truscio di labra sopra di lui, donandogli a quel tempo di sproni, egli non penserà in altro, che a quella uoce, & a fuggire & caminare auanti: et cosi a poco a poco si accorgerà del uolere del Caualiero; & quando sara giunto in quella età, si trouerà giusto in ogni cosa, & intenderà perfettamente ogni castigo, & ogni aiuto di sproni.

Come si debbono dar gli sproni a cauallo attempato, ramingo, o gioliuo.

Ma se ui occorre alcun Cauallo attempato, di natura ramingo, oueramente gioliuo; (che benche sia una medesima cosa ramingo, pur è di manco animo, perche quanto piu si batte di sproni, tanto maggiormente accora, & inuilisce, & meno camina, & o l'uno o l'altro che fosse) uoi non li darete gli sproni ne al trotto, ne al galoppo, ne alla carriera: ma quando andate di passo per la città, in un tempo aiutandolo con la parola, o col truscio di labra, lo batterete di sproni, ponendolo a maggior furia di trotto a corpo di Cauallo, & allor ch'egli ua, tantosto lo douete accarezzare con la man sopra il collo; & questo motiuo farete da dieci fiate il giorno che passeggierete: & come egli fara securo questo, anderete dapoi di trotto o per la citta, o per la campagna, ma miglior sarebbe per una maiese fonda; & altre tante uolte il batterete di sproni, allor ponēdolo sempre a maggior furia di galoppo, parimente a corpo di Cauallo. & cosi userete spesso; & l'uno & l'altro continuando, & sopra il passo, & sopra il trotto, egli si fara sicuro a gli sproni, & gli intendera.

Dapoi se gli potrebbono dare i torni di passo, & appresso di trotto, & al tempo che ui pare, ch'egli manchi di furia, lo batterete di sproni, giuntamente inanimandolo con la parola un poco terribile, ouero col truscio di labra, donandogli allora maggior uelocità di trotto, se son di passo, & di galoppo, se son di trot-

to;& ricordateui,sempre che egli al riceuere de gli sproni rinforza i passi,accarezzarlo:& auuertite che in cio ui bisogna tento di mano, & tẽperamento di calcagna,et a tẽpo,et piu et meno secondo la qualita del cauallo. Et preso c'hauerà l'intelligenza de gli sproni,gli darete i torni di galoppo,oue piu largamente nel secondo libro,poco prima che si arriui alla figura de i torni,diremo.

Quando il cauallo tira calci,e ua rõzero.

Et perche sono alcuni Caualli sensitiui,creati con mal uso, & con ignoranza grande,che in sentirsi toccar da gli sproni buttano calci,& fuggono la strada,& si pongono da trauerso dall'una o dall'altra parte,et saltando uanno ronzieri,con animo di abbatterui,dico, che contra di questi ui douete dimostrar ferocissimo,& poco stimerete la lor superbia,tal che se pure ue ne capita alcuno di tal uitio , come ui parerà ch'egli un pezzo sia securo a fare i torni , quelli seguendo si uuol toccare a tempo,in diuersi tempi,da tre uolte di sproni, & tan tosto che si pone nella sua maluagità,battasi di bacchettone alla testa , & all'una & all'altra banda,& fra le orecchie,et alle braccia dinanzi,in un tẽpo gridando iratamente,& con terribil uoce non mancherete mai di ciò fare, fin tanto,che sopportando gli sproni,sinceramente caminando,ponendosi alla uera pista,ui si renda:& come sara uinto,farete l'opposito di quanto ui ho detto, perche non solo bisogna che non si batta piu, ma è necessario che si accarezzi a tẽpo a tempo,secondo che conuiene,cosi come a tempo a tempo fu punto di sproni, & a tempo a tempo,nel tempo de i suoi disordini fu castigato di uoce,& di bacchetta,& il simile dapoi gli douete usare ne gli ordini del maneggio de'repoloni,o siano di trotto,o di galoppo.Et tanto questo,come quel che ui dissi auanti, diffusamente con parole non si puo chiarire,ma dalla pratica lunga , mediante il buon discorso,il tutto con facilità ui si fara noto . Et perche suol trouarsi alcuno di essi molto superbo , & impatiente a gli sproni , & assai uecchio nella sua malignità, che totalmente difendendosi fa sempre pugna ; per questo ui fo intendere,che quanto piu la pelle del Cauallo è faticata & calda,tanto piu gli soffre.Onde dico,che allora è da lodarsi l'andare in una maiese,& iui a i torni, & a i repoloni,o di trotto,o di galoppo,faticarlo assai, che col trauaglio,et col battere a tempo,& spesso di sproni egli uerrà in tanto sudore,& caldezza,che le botte non gli daranno quel risentimento:anzi non solo non fara piu quella difesa,ma con ubidirui intendera ciò che uolete,& massimamente se dipoi, lasciãdo egli quel difetto,di punto in punto gli farete carezze. Però auuertite,che questo accade a cauallo di grand'animo, perche quando fosse uile,non bisognerebbe molestarsi tanto, che potrebbe abandonarsi , & per impotenza & poca uirtù farsi restio.Et ciò ui basti in quanto al dar de gli sproni.

Quando si dee mancar gli i torni.

Come dapoi conoscerete che il cauallo habbia qualche parte di lena,di quel le undici uolte & meza ne gli mancherete tre,che sono dodici torni, & ne farete solo otto & meza,& forse ne farete meno , secondo fu il numero meno delle uolte che faceste;et anderete similmente da dritto in dritto a posarui di trotto.

Et

Et in quei giorni che userete questo, douete anchora andare in altra parte di trotto, da dritto in dritto, per uno spatio di meza, & al piu di una picciola carriera, & lo tenerete sopra il pendino, ouer fra gli ultimi due terreni; appresso pian piano facendogli far in dietro da quattro passetti, che saranno poco piu o meno di cinque palmi; & parimente dapoi pian piano tornādosi al medesimo luoco, lo fermerete, & in quel tempo che state fermo, per un pezzo accarezzatelo con la mā della bacchetta sopra il collo. Et in questo andar di trotto tornerete da dodici fiate, in cambio di quelle tre uolte, che uoi gli mancaste, che furono dodici torni. Però sempre lo andare & tornare si uol fare sopra la stampa delle prime pedate, & in ogni termine poi uoltandolo giusto, con le braccia ordinatamēte come gia dissi, & dirò pure doue accade. Et se il Cauallo, auanti che arriui a quel numero, andasse bene & giusto, non ui bisognerà trauagliarlo, ne piu seguire auanti: ma lo lascerete con quella buona bocca.

Forma di seguir nel disciplinarlo.

Ancora è da notarsi, che quanto piu egli uien duro, & appoggiato, abandonandosi sopra la briglia, tal che al caminar, et quando posa, ui sforza la mano, tanto maggiormente douete spesso, ogni fiata che si ferma, farlo rinculare in dietro alcuni passetti, & con quelli dapoi ritornarlo auanti, pure a quel segno: et s'egli in cio uiene difficile, o forse non ui consente, ui accaderà castigarlo nel modo che si dira nel secondo libro.

Quando il caual ua duro, o abandonato sopra la briglia.

Quando egli sara ben fermo & sicuro a quel parare, lo aiuterete al tener con la uoce, & a tempo di sproni pari, & con la bacchetta nella spalla destra, et rade uolte nella sinistra, & fara le posate, & come le sapra ben fare, al fine del trotto anderete alcuna fiata di galoppo, & cosi al fin di esso lo aiuterete nel pēdino, che le fara similmente con piu facilita, et co i salchi come conuiene. Et fin tanto che uerrà facile a posare, il trauaglierete a questo; & quando intenderà bene le posate, ne gli farete fare tre, o almeno due, & iui accarezzādolo ui fermarete un pezzo.

Modo di dargli le posate.

Et se fara le posate troppo alte, oueramente non saranno giuste, & con tutte quelle parti che a loro conuengono, & uoi lo castigherete a tempo in quello instante di sproni, & forse anco di bacchetta ne i fianchi: & dapoi tantosto il douete un'altra uolta rimettere auanti, a misura di un corto repolone; ma in quell'essere che si fermi lo aiuterette di uoce, & bisognando anco, si aiuterà di polpe di gambe, o di sproni, o di bacchetta nella spalla, & piu & meno giuntamente secondo che la necessità ui dimostra, che cosi uerrà corretto, giusto, & fermo a farle, et con ordine grande, tal che sempre che udirà quel modo di uoce, egli poi si alzerà quante uolte uorrete, & ancor senza che si rimetta auanti, si potrebbe iui castigare della maniera c'ho detto, & castigato ch'egli sara, uoltarlo, caminando per la medesima pista che fece, & appresso ritornar di trotto a pararlo pur di sopra quel pendino, doue fu la prima parata; & in questo tante uolte tornando, fin che fara bene; & facendo bene quanto piu lungo

Castigo, quādo fa le posate troppo alte.

spatio ui fermerete, tanto piu si fara giusto, non solo al parare, ma in ogni uirtu, tal che ordinariamente ue ne ricorderete.

Il pendino spauẽta spesso i caualli giouani.

E da mirarsi che a Cauallo giouene assai fiate il pendino suol dare spauento, & molte uolte non lo soffre. Per tanto dico, che allora si uuol tenere a i primi due terreni, che sara fra il piano & basso. Ma quando egli sara sicuro, & entra nella età, & ha forza, lo tenerete alla metà del pendino; oueramẽte a gli ultimi due terreni, che sara fra il basso, & il piano: pur tutta uolta secondo che ui risponde, userete piu l'un dell'altro.

Quando si ha a dargli carriera.

Come egli non solo al trotto, ma anco al galoppo sara leggiero auanti, & fara le posate giuste totalmente al modo che accadono, se gli potrebbe dare la carriera, che sia ueloce, & determinata, rinforzando sempre di furia insino al fine, ch'egli assalchi, & pari con le posate: però auuertite che non si uuol correr spesso, cosi come dirò prima ch'io ui lasci con maggior particolarità.

Come si dee allegerir di dietro.

Ma se ui pare alleggierirlo ancor di dietro, come egli sapra ben fare le posate, & uoi a quel tempo che fa la posata lo douete aiutar di uoce, & battere, ora dall'una banda, & ora dall'altra, & or giuntamente da dietro con la bacchetta, & forse ancora di sproni pari, & fino in tanto che comincia a groppeggiare, & intenderà, lo douete spesso molestare in questo: tal che dapoi solo una fiata che di ciò si accorgerà, sempre che lo aiuterete a tẽpo, uerrà leggiero di anche. Et cosi come la proprietà della bacchetta è alleggerir il Cauallo auanti, quando con essa si batte all'una, o all'altra spalla; similmente battendosi a i fianchi si fara leggiero di dietro.

Si potrebbe ancora, quando egli para, trouarsegli un'huomo a piede di dietro, il quale bisogna che sia bene accorto, & che habbia tempo, et misura, e in quell'istante che il Cauallo fa la posata, potra aiutarlo di uoce, & di un bacchettone alle anche, et alla groppa, onde poi cosi uerrà ad alzarsi. Però auuertite, che s'egli è di molto senso, & dal suo nascimento duro di garze, il qual solo per uera forza della buona arte si è corretto di bocca, forse non gli uerrebbe a proposito, perche ui potrebbe sforzare, & caminare auanti, & ricordarsi del suo naturale: ma userete l'altro modo che ui ho detto; ouer quello che si fa nella stalla, come presto si dira, il che alleggerisce mirabilmente, & mostra la uia di aggropparsi, & alzarsi egualmente auanti, & dietro. & a tutti questi modi ogni fiata che ui corrisponde, si uuol cessare di battere, & in un tempo si debbe accarezzare, come piu uolte ho detto, & dirò sempre appresso doue accaderà.

Però se da principio non ha tutta quella forza che gli conuiene, nõ sarebbe di ragione alleggerirlo di dietro, perche non lo potrebbe soffrire, & assai gli basterà ch'egli si lieui con le posate auanti, & impara questo come dapoi entra nella sua possanza, & nell'età piu ferma.

Se il Cauallo è leggiero, & uolete al tenere che dia salti, aiutatelo con gli

sproni

sproni pari, & con la uoce, & massimamente al secondo salto quando si sollieua in aere, & in quel tempo adoprate suinchiando la bacchetta giusta nella groppa, & all'una & all'altra banda, oueramente là piu, doue piu pende: & sempre che conoscerete che hauera bisogno di alleggierirsi auanti, si uuol anco a tempo con essa aiutare alla spalla destra, ouero alla sinistra: et si uuol auuertire che alcun Cauallo è, che molto piu si leuerà in alto con l'aiuto delle polpe delle gambe, che non fara con gli sproni.

Pur bisogna principalmente, che non solo sia leggiero, ma che a i salti ui sia per natura: & appresso conuiene donarsegli ordine alle braccia con le posate del modo che ho detto, & piu largamente dirò; et dapoi aiutandolo con gli sproni eguali, & con la uoce a tempo, & parimente con la bacchetta, egli uerrà saltando con calci sospeso, & aggroppato.

Ma ogni fiata che nel primo egli hauera fatto un salto giusto, & aggroppato con calci, douete tantosto a quel tempo che si ferma accarezzarlo, ponendogli la man destra sopra il collo. Et dapoi che sarete stato per un pezzo in quel modo fermo, non lo molesterete altrimenti: anzi saria benissimo subito smontare in quel medesimo luogo, & farlo piaceuolmente menare a mano nella stalla, perche dapoi l'altra uolta, che si caualca, egli uerrebbe a farne piu, & con piu animo determinato, & facile: & se non uolete smontare, ue ne anderete passo passo.

Come si ha a proceder ne i salti, & come aiutare il cauallo nel galoppo gagliardo.

Quando il Cauallo lieua in alto, fin che egli conoscerà la uolontà nostra, & i salti, & hauera totalmente preso la misura, & ordine di aggropparsi la schiena, non lo douete troppo sforzare; ma aiutandolo come ho detto, gli farete fare nel fin del passo, o del trotto, o del galoppo, o della carriera due, o tre, o quattro salti et non piu, che gli fara acconci, & alti & aggroppati, come conuengono: altrimenti gli farebbe trauersi, abandonati, e lassi, et alcuna fiata non senza pericolo d'impennarsi, & in ciò il pendino gli sarebbe assai fauore, & dal principio uuole esser poco, & non troppo rampante. Nondimeno se naturalmente è molto leggiero, & saltatore, potra soffrire maggior numero di salti, & allora attenderete solo a far che uada giusto, & per una pista, il che facilmente se gli insegna co i torni, & col trotto, & tenerlo eguale, & con gli ordini che ho detto, & pur si diranno, fermarlo di testa. Dapoi come sara fermo, si uuol aiutar al galoppo gagliardo in ogni due passi ad un salto, ouero in altro numero che sia giusto, & a tempo, non deuiandosi mai dalla misura che si comincia: & cosi anderete auanti a quello spatio che a uoi parerà ch'egli possa durare, & che resti cō forza; et che l'ultimo salto sia piu tosto maggior che minor del primo, & de gli altri, & ch'egli non penda da niuna bāda; & anco si potrebbe farlo saltare co i suoi balzi da fermo a fermo. Et auuertite bene, che fin tanto che non è totalmente eguale, & giusto su'l trotto a i torni, & da dritto in dritto, & con qualche parte di lena, & che sia ben alleggerito inanzi con le posate, et die tro co i groppi, & calci, in niuna maniera se gli dara il galoppo, ne anco se gli daranno i salti. Ma dapoi come ui accorgerete che tutte queste cose intenda bene, uoi caualcandolo piu di rado, & con piu gagliardezza sua, & facendo meno torni di trotto, & da quelli al fine uscendo di galoppo, allegramente da se a se il uedrete a tempo in ogni due passi forniti sorgere da groppo in groppo al galoppo gagliardo, & anderà giusto insin' al luogo doue si ua a tenere, & è solito parare. Oueramente s'egli non facesse questo, son certo che arriuando al termine fara suoi salti, aiutandosi a tempo di uoce, & senza troppo sforzarlo, con gli altri aiuti che a lui conuengono.

Modo di dare i calci al caual nella stalla.

Se il Cauallo non fosse inclinato a i calci, & in sapere aggropparsi, uolendo sforzarlo quanto si puo, che in ciò uenga con maggior facilità, userete questo modo. Anderete nella stalla dietro di esso, & con un bacchetto ne lo batterete su la groppa, ora piu, & ora meno, nel mezo di essa, & in quel tempo lo aiuterete con la uoce, della maniera che si aiuta quando se gli donano le posate, come tosto ui faro chiaro; che cosi egli uerrà ad aggropparsi, & appresso stenderà i calci: & uenuto che sara a questo non lo molesterete piu di bacchetta, accio pigli animo a far tale effetto: & infin tanto che ui risponderà lo solliciterete, tal che dapoi appena sentirà suinchiare la bacchetta, & udirà la uoce, che non solo nella stalla, ma quando gli sarete adosso, aggropperà trahendo calci.

E da sapersi, che quando egli non trahe giusti i calci, allora maggiormente lo douete battere, fin che si aggiusti, & dapoi come una uolta gli porgerà eguali, per un pezzo lo lascierete con quella buona bocca: & due o tre fiate il giorno sara ben sollicitarlo, come hora ui ho detto, che si fara giusto, & mirabilmente leggiero da dietro, & conoscerà il tempo quando uolete ch'egli aggroppi.

Come si dee aiutarlo a' calci, poi che gli haurà appresi in stalla

Se pur uolete in ciò bene assuefarlo, com'egli intenderà questo nella stalla, et uoi quando gli siete a cauallo, ui fermerete, et fate che un'huomo a pie lo minacci di dietro similmente con la bacchetta, & a tempo come conuiene, che tanto piu si fara leggiero inanzi, & dietro. & benche non solo in questo, ma in ogni opera l'un Cauallo è piu duro dell'altro; nondimeno al fine, quantunque sia di grosso intelletto, con la sollecitudine, & con trauagliarsi a tempo, & a misura, si conformerà con uoi.

Modo di maneggiarlo a repoloni di mezo tempo

Volendo mostrargli appresso, o da prima il modo da maneggiarsi, come ui accorgerete ch'egli sia presto a far le uolte strette, incauallando le braccia con l'ordine uero, & sara ben fermo di testa, & facile a far le posate, nel tempo che son forniti i nostri torni, & uoi in una strada stretta, ouero in quel solco, nel fine del quale andate a parare, quando uscite da quelli, oueramente in un terreno, che almeno sia poco mobile, oue si possano stampare le sue pedate, andarete di trotto a misura di una picciola carriera, ouer di un lungo repolone, porgendogli a tempo animo con la uoce, o con quel truscio di labra; & come siete

al termine

al termine di fermarlo, soccorrendo di uoce, gli farete fare una posata, et al far della seconda, in quell'essere che si lieua, prenderete con lo aiuto della lingua la uolta da man destra, senza fargli torcere il collo, aiutandolo maestreuolmente con la cauezzana, o con le false redine, & le redine giuste, & a tempo gli farete conoscere il soccorso de gli sproni, o della polpa della gamba, & della bacchetta, o l'uno, o l'altro, o giunti insieme quando accade, piu, & meno secondo il sentimento ch'egli tiene, & secondo che piu diffusamente appresso ui farò chiaro. Et fate che la uolta sia giusta, mouendo egli primieramente le spalle, et le braccia dinanzi, & non la groppa, et le gambe di dietro; & senza pausa tornate per la medesima pista fin al luogo donde partiste, & iui similmente pur cō l'ordine c'ho detto farete far una posata, et al far della seconda prenderete l'altra uolta da man sinistra, & tra lo andare, & il ritornare siano da dodici repoloni di trotto, & così gli anderete tessendo: & questo maneggio si dimanda di mezo tempo.

Et benche ora ui habbia detto, che il Cauallo si uuol uoltar dinanzi, & non con la groppa, & le gambe di dietro; nondimeno ui fo certo, che come egli intende la uolta girando le spalle, & le braccia, in quel tempo in qualunque sorte si maneggia, nel far delle posate auanti, falcando mouerà le gambe, & le alzerà un poco, di tal garbo accommodate alla uolta, che sempre la seguirà giusta, & marauigliosa, & con un bell'aere, & gentil'ordine, come in essa ueramente si richiede.

Auertite, che dapoi ogni fiata che di trotto siete quasi giunto al termine della posata, non bisognerà sollecitarlo in essa, ma lo tenerete con la man ferma, & dritta, senza uoltarla da niun lato; & in quel medesimo tempo farete solo quel motiuo, & aiuto di lingua, ch'egli tantosto falcando, con alzarsi un poco auanti, si accommoderà, pigliandosi appresso di bella maniera da se stesso la uolta stretta, & ferma, & giusta, & non troppo eleuata, ponendosi la testa doue haueua la groppa: & con tal ordine seguendo, egli facilmente si maneggierà di mezo tempo.

Ma poi che'l Cauallo si saprà così maneggiare, se hauesse molta forza, & leggierezza, gli farete far due posate, & al far della terza, tantosto quando comincia a leuarsi, lo piglierete alla uolta, & seguirete pur quell'ordine. ma ben ch'egli sia fortissimo, & di gran neruo, & leggierezza, io lauderei sempre che il Cauallo si habbia da pigliare al far della seconda posata, come dissi auante: perche la uolta sara piu utile, con bel tempo, & presta, & piu facile: nondimeno a Cauallo di estrema forza, che ua di groppo in groppo, pigliando lo terzo tempo, sara di maggior bellezza; et questo si dimanda maneggio a tempo, ouer di tutto tempo. *Maneggio di tutto tempo per cauallo sforzato, e leggiero.*

Quando il Cauallo non è di forza, oueramente se fosse grauoso, uoi lo terrete, scorrendo sopra l'anche di dietro, & al fine de' suoi falchi, & a quel tempo *Maneggio di cōtratempo*

per cauallo debole, e graue.

che suol fare la prima posata, gli prenderete la uolta, tanto all'una, come all'altra mano, & si fara pur giusta con l'ordine c'ho detto. Et questo si domanda maneggio contra tempo, percio ch'egli uolendo far la prima posata, in quel tempo che uuol cominciare a spesolarsi per posare, uoi gli rubbate, & chiudete la uolta, & non gli consentite quel tempo di fornire, o far la sua posata: nondimeno all'ultimo quando anderete a fermarlo, ne gli farete far una. Et ui dichiaro, che cosi come il maneggio di tutto tempo gli sara piu facile, sapendo prima bene oprarsi a quel di mezo tempo, similmente non fara mai tanto perfetto il contra tempo, s'egli auanti non ha notitia pur del mezo tempo, tal che non men all'uno che all'altro gioua.

Qual deue essere il terreno, per maneggiarlo al repolone.

Si potrebbe anco maneggiare ad un di questi tre modi che ho detto, a tempo, o di mezo tempo, o contra tempo, basso basso, & terra terra, facendo scorrere co i falchi, piu & meno intertenendolo alle uolte, secōdo il tempo che uolete usare, chiudendole strette come conuengono, & con l'aiuto che a loro accade; egli farebbe la ciambetta; & uolendo maneggiarlo a questa guisa è da lodarsi assai, cosi come similmente gioua nell'altre qualità di maneggiar trouar un luogo alcuna fiata, nel quale in ogni capo doue si uà a parare, & si dona la uolta, ui sia qualche pendino, col terren duro, & se non fosse duro non importerebbe molto, perche lo sforzerà di sorte, che uerrà con un bel tempo giusto, & con misura grande; però è da notarsi, che mai uerrebbe in questo con la sua uera perfettione, se prima non si alleggierisse auanti, pur con le posate.

Che si dee accompagnare con la persona le uolte.

Et molto gioua in ogni sorte di maneggio, tanto a i repoloni, come al raddoppiare, accompagnar sempre le uolte con la persona, senza pendere da niun lato, come un'altra fiata ho gia detto. Et accioche ui sia piu facile, ora lo dirò piu chiaro. Quando il Cauallo fa la uolta da man destra, l'accompagnerete col corpo dritto, girando solo la spalla sinistra un poco uerso l'orecchia sinistra di quello, piu & meno secondo che conoscerete il bisogno; & se allora il corpo pende un poco in dietro, gli sara maggiore aiuto: & l'uno & l'altro uuol essere a tempo, corrispondendo a quel moto che falcando alla uolta egli fara, & non altramente; che in questo modo non solo il corpo, ma l'anche con tutta la persona lo aiuterà a chiuder sempre la uolta piu furiosa et giusta con facilità, & in un medesimo luogo con mirabile misura. Et cosi ancora ogni uolta ch'egli prende da man manca gli douete girar un poco la spalla destra uerso la orecchia destra, onde parimente come feste alla uolta destra, farete a questa sinistra, & ciò gli sara contrapeso grande in farlo cader sempre giusto, & in una pista.

Come si ha a maneggiarlo s'è faticato, o debole.

Molte fiate trouandosi il Cauallo affaticato, oueramente essendo debole o per natura, o per molta giouentù, prenderà troppo trauaglio, quando si maneggia cosi spesso su'l trotto. per tanto dico, che gli sarà utile assai alcuna fiata solo maneggiarlo su'l passo, & con un di quei simili tempi, che hora ho detto, gli prēderete le uolte, secondo che conuerrà alla qualità del maneggio che uolete:

tal

tal che ora su'l passo,& ora su'l trotto gli anderete sempre mostrando il modo che ui piacerà ch'egli usi. Et auuertite,che per un pezzo non si uuole lasciare l'ordine,che si comincia o di passo,o di trotto, perche il uariar così spesso lo confonderebbe.

Come saprà ben maneggiarsi a tutti questi modi sopra il passo, & sopra il trotto, il maneggierete su'l galoppo,pur con quei tempi, & con quegli ordini che ho detto al trotto,uoltandolo una uolta per mano, & la prima, & l'ultima sara da man destra: & poco inanzi che diate la uolta, ricordateui di uoltar la bacchetta dalla banda contraria,accio che il Cauallo intenda la uolontà uostra, & habbia spatio di accomodarsi in essa,perche la fara gratiosa, & con piu facilità:& a quel tempo che'l uolete fermare, aiutatelo con gli sproni pari,ouer solo con le polpe delle gambe,& con la uoce,& la bacchetta, & faretegli far le posate.

Come si ha ad aiutarlo al repolone.

Ma notate,che all'ultimo quando uolete che'l Cauallo si fermi,& pari,se il maneggio sara di tutto tempo,gli farete far tre posate; & se sara di mezo tempo,ne gli farete far due;& se sara contra tempo,gli farete far solo una posata. Nondimeno se a ciascuno di questi maneggi egli facesse due,o tre posate,non sarebbe errore:ma piu ordinatamente,& da piu Caualiero accorto sarebbe procedere al modo che ho detto. Di piu in ogni posata si potrebbe aiutar in fargli trarre un paio di calci,sapendogli però porgere, che altrimenti non gli farebbe con ordine.

Quando si ferma,e para, quante posate dee fare secondo i tempi del maneggio.

Et essendo egli pronto a i calci,si potrebbon non solo dar al parare, ma nelle uolte.nondimeno al maneggio contra tempo non gli conuengono; ma ben accadono al maneggio di mezo tempo,o di tutto tempo: che tantosto che'l Cauallo al fin del repolone falcando fa la prima o la seconda posata, l'aiuterete di uoce,o di bacchetta,o di sproni,o giuntamente,secondo che ui accorgerete che bisogna in fargli trar un paio di calci in dietro,& al chiuder della uolta con l'altro paio auanti,& seguendo pure il repolone, gli farete far il simile alla uolta dell'altro capo. Et così douete procedere: tal che in ciascuno d'essi capi porgerà due paia di calci,un paio a dietro, & un paio auanti al uoltar ch'egli fara. Benche anchora in ogni capo di repolone si potrebbe solo al tempo che chiude la uolta fargli donare doue egli teneua la testa, & pone la groppa, un paio di calci,& non piu.

Come gli si debbono dare i calci.

Quando egli sara ben fermo,& giusto in ogni opera sua,si potrebbe a uostra posta,senza che se gl'insegni maneggiare ancora serpeggiando ne i repoloni a modo di biscia:ma ui auuerto che non uogliate usarlo,& massimamente a Caualli gioueni,perche lor sarebbe piu tosto danno,che uantaggio.

Quādo si puo maneggiarlo serpeggiādo ne i repoloni a guisa di biscia, e se ui si dee usarlo.

E da sapersi,che ciascuna uolta che si fa in ogniuna di queste qualità di maneggio di repoloni,si può dire meza uolta, & anco si puo chiamar uolta semplice.

Se

Come si ha a prender la uerga.

Se pur ui si porgesse, auanti che si maneggia, o in qualunque tempo si sia, da qualche persona la bacchetta, & uoi piaceuolmente la prenderete senza furia, accio ch'egli non se ne spauenti, et come l'hauete presa lo accarezzerete, aßicurandolo con la metà di essa sopra il collo, oueramente grattandolo uicino al garese con quel poco di bacchetta che allora ui farete uscire di sotto il pugno destro che la tiene.

Come si dee cambiar mano alla uerga, e come tenerla.

Et perche è cosa necessaria saper a tẽpo cãbiar mano alla bacchetta, il che dipoi ui giouerà molto alla spada quando sarete allo incontro del nimico, perche la man uostra sara bene habituata a fermarsi doue conuiene, perciò dico, che maneggiando il Cauallo douete tenerla con la man destra, & col braccio disteso totalmente abbasso, col pugno uerso la coscia destra, o poco piu adietro di essa; & quella gli sia di trauerso al collo, quasi a modo di Croce di Santo Andrea: et come egli hauerà preso al fin del repolone la uolta destra, & uoi poco prima che arriuate all'altra uolta sinistra la leuerete di la, et la ponerete alla banda destra, poco piu o meno di due palmi lontano, all'occhio della briglia, o all'occhio del Cauallo, & la punta di essa, o corta o lunga che sia, corra dinãzi douunque a fermarsi arriua, & similmẽte col braccio disteso. Et cõe sete uicino all'altra uolta destra, la porrete al trauerso del collo, nella parte sinistra, come feste da prima: & cosi secondo la uolta li cambierete a tẽpo luogo. Però auuertite che ben che il Cauallo faccia la uolta da man sinistra, per una fiata nõ sarebbe errore portargli la bacchetta sopra il collo del modo c'ho detto, atteso che quello è il primo, & suo debito luogo, & oltre a ciò per esser egli dal suo nascimento inclinato alla uolta da man manca, nõ è da biasmare cosi spesso in essa non dargli aiuto con la uista della bacchetta: & ui dichiaro, che naturalmẽte, & secondo il uero ordine si uuol portare piu & meno da una che dall'altra bãda, secondo il bisogno, & doue meno sara la durezza sua, et doue piu egli si butta, tal che quando il Cauallo fosse da una mano molle di collo, donandogli il maneggio, douete sempre tenerla da quella banda, dou'egli pende; ma essendo eguale & giusto d'ogni lato, la cambierete una uolta per mano, & allora tenendosi alcuna fiata sopra il collo, cosi come ho detto, non importerebbe; & come ui accorgete della necessità, con essa si potrebbe, secondo che accade, aiutare, o castigare dall'una o dall'altra parte della groppa, o de i fiãchi, & dall'una o dall'altra parte delle spalle, & nel fine sempre tornãdo a posarui cõ la bacchetta ĩ un di quei due luoghi, i quali sono le due guardie principali della spada, o del stocco. Ma quãdo ꝑ qualche disordine grãde gli accadesse castigarsi nella testa, e fra l'orecchie, quãtunq; allora la bacchetta si portasse o piu, o meno alta, et fuor del debito, nõ si potrebbe dire errore, perche usando egli uitio, & uolẽdo castigarlo in quel membro, nel quale egli assai teme le botte, l'importãza sarebbe solo, che si battesse a tempo, che perciò bene è concesso in tal caso ponerla doue il battere ui sara piu facile, & che egli non possa fuggirlo; & quando si bisogna soccor-

rere,

rere,& quando correggere di bacchetta,gia l'ho detto.et tosto si dirà piu chiaramente in tutte quelle parti,oue ragionerò di questo.

Et notate,che quando si passeggia,o quando nõ uolete a niun modo aiutarlo di bacchetta,si uuol tener alta,con la punta sù uerso la spalla destra, col braccio disteso a basso,& la tenerete fra il dito grosso,& le altre dita della mano che non sieno chiuse,la qual mano terrete sopra la coscia destra,o poco inanzi,o poco indietro di essa:& quando poi ui occorre oprarla, tantosto chiudendo il pugno la potrete calare abbasso alla banda sinistra,o destra, doue accaderà,come gia ho detto.

Modo di portar la uerga, quãdo si passeggia.

Potrebbesi anchor maneggiare,et tenere alta la bacchetta,a guisa che si tiene la lancia quando si corre a pugno basso, senza ponere in coscia, & ogni fiata che sarete uicino alla uolta, si potrebbe calar da quella mano douẽ bisogna;& data che è la uolta,tornarla pur iui nel primo suo luogo.

Modo di portar la uerga, quandosi maneggia il cauallo.

Et a maggior chiarezza dico,che quando maneggiate il Cauallo,s'egli non chiude totalmente la uolta,oltre a gli aiuti che gli accadono,come è stato detto,& si dira appresso,accio che uada a serrarsi dentro la uera pista, lo douete con la bacchetta aiutare,o battere nell'una o nell'altra spalla della banda contraria della uolta che farete,& in quella banda la fermerete poi del modo che ui dissi,& con quell'ordine seguendo il maneggio gli cambierete mano.

Quando nõ chiude la uolta, come si dee cõ la uerga aiutarlo.

Quando non hauete bacchetta,et passeggierete,si uuol tenere aperta la mã destra nell'arcione, sopra a l'orlo del quale poserete il dito grosso: però uolendo maneggiarlo,o correre,sarebbe uitio tener iui la mano, ma allora ui accaderà solo con la man destra pigliar quasi per il mezo le redine, che pendono, & quella cosi chiusa con esse teneretela doue suol stare, & adoprarsi con la bacchetta.

Come si dee tener la mano, quando non si ha uerga.

Dapoi che l'hauerete maneggiato sopra al galoppo, o furioso, o a tempo, & uoi come egli sara in sua lena,& ripreso che hauera fiato, il passeggierete a passo, senza dargli furia per la medesima pista tra l'andare, & uenire indietro da dodici fiate,& sempre che sarete giunto al termine,lo uolterete di maniera,che'l braccio contrario s'incaualchi di sopra l'altro, come gia non molto inanzi largamente s'è dichiarato;perche maneggiandosi il giorno appresso, si trouerà con piu facilità consertato,senza ponersi in qualche errore: & ogni uolta che disordina, & non fa le uolte con questa misura, lo correggerete di quel modo,come chiaramente nel secondo libro si dira. Et quanto piu s'usasse tal ordine in una maiese, tanto maggiormente egli si farebbe leggiero in ogni maneggio.

Che si dee passeggiar a passo dopo il maneggio furioso,ouero a tempo.

E da stimarsi molto, prima che diate il maneggio,o di trotto, o di galoppo, di qualunque uelocità,& tempo,alcune fiate per quella pista,doue hauera da maneggiarsi, passeggiarlo pur cosi, & parimente fare al principio quel che ho detto qui auanti che habbiate da fare appresso, perche gli mostrerà la uia

Che si dee passeggiar, prima che si maneggi.

piu

piu certa, & con piu uaghezza il seguira dapoi, con ordine uero, & con piu bel tempo, & come lo uolete, & massimamente quando comincia ad imparare.

Auuertimento, se il caual prende troppo presta la uolta a repoloni.

Auuertite ancora, che alcune fiate il Caual giouene, perche non ha tutta la forza sua, naturalmente per meno fatica subito che arriua uorra pigliarsi la uolta, & fuggira il tempo che gli appartiene; tal che allora quando darete questi repoloni, o sieno corti, o lunghi, o di trotto, o di galoppo, giunto che siete al termine, in ciascuno d'essi farete far le posate a quel numero, secondo che richiede la qualità del maneggio che uolete; ma il meglio sarebbe usarle al numero che conuiene alle uolte di tutto tempo, o di mezo tempo: & ui fermerete un pezzo, accarezzandolo, & dapoi gli darete la uolta cõ quegli aiuti che ho detto, & dirò appresso: sopra la quale ancho s'egli fosse disordinato, & molto presto a farsi auanti, ui potreste pure un poco fermare, che uerra non solo giusto, & eguale, ma piu leggiero alle uolte: & come sara in esse sicuro, & facile a uostra uolontà, si potrebbe maneggiar ueloce, & senza pausa in qualunque modo, a tempo, o di mezo tempo, o contra tempo.

Come si ha a mantenerlo alle uolte de' repoloni, quando gl'intende bene.

Però se il Cauallo intenderà bene, non gli bisognerà questo, ma per mantenerlo, basterà, come ha passeggiato, andar solo una uolta di galoppo, a misura di una picciola carriera, & al fin tenendolo dritto cõ le posate, ui douete fermare iui un pezzo, & dapoi potreste tornar di passo o di trotto insino a quel capo dal quale partiste: & appresso si potrebbe uoltare, & per la medesima pista maneggiarlo con quel tempo ch'egli sa fare.

Quando è troppo sensibile, e si prende la uolta troppo presta, e colcata.

Ma douete auuertire, s'egli è troppo sensibile, la onde anco ui fura il tempo, & si piglia la uolta piu presto di quel che uolete, & forse la prẽde colcata, che sarebbe assai bene maneggiarsi spesso, non in altra maniera, che a tutto tẽpo, sopra il passo, o sopra il trotto, o galoppo, fermãdolo un pezzo, & poi uoltãdolo basso basso, con fargli incauallar le braccia, ouero facendogli far la ciambetta, la qual dirò nel quarto libro come se gli insegna; perche prendendo quell'uso, anderà con piu misura, & sempre giusto, al tempo, & al modo che lo richiederete.

Quãdo il cauallo è superbo, dispettoso, fiacco, e troppo battuto come si ha a maneggiarlo a i repoloni, quando piglia la uolta con noia, e non giusta.

Sono molti Caualli di natura superbi, et dispettosi, et fiacchi, che per essere mal creati, & oltra il debito battuti, quando uolete maneggiargli, & sono giunti al fin del repolone, o di trotto, o di galoppo, al tempo che gli date la uolta, essi la prendono con molta nausea, & forse il piu delle uolte sara larga, & non giusta, come si ricerca, ne hauera il suo uero tempo, & misura. perciò dico, che per castigarlo di tal uitio, usiate il uostro repolone di passo, & come uoi siete a corpo di Cauallo uicino al termine, douete donarli uelocità di trotto, o di galoppo, & iui giunto gli darete la uolta di man destra, che sia giusta; & chiusa che sara, ui fermerete un pezzo, & poi ui auuiarete di passo pian piano per quella medesima pista, & similmente, come faceste alla uolta destra, donandogli pur di quel modo al fin furia, gli prenderete la uolta da man sinistra, & ui fermerete sopra d'essa, & appresso caminerete pur come da prima, & con tal'ordi

ne

ne tra l'andare,& uenire,ſara il numero da otto fiate,& all'ultimo douete parar con le poſate.

Et non è da tacerſi, che ciaſcuna di queſte uolte ſara ſecondo il maneggio che uolete dargli,o a tempo,o di mezo tempo,o contra tempo.

Ma notate bene,che ogni fiata che hauete dato la uolta, & fermatoui, coſi come ho detto, potreſte caminar paſſo paſſo da tre paſſi, & dapoi ponerlo al trotto, & come ſiete uicino al fine a corpo di Cauallo, ponendolo a galoppo, o ſeguendo il medeſimo trotto, gli prenderete l'altra uolta, ſimilmente fermandoui ſopra di quella, & in quel modo ancora continuando gli ordini uoſtri.

Come u'accorgete ch'egli intende, & ua con quel tempo che gli hauete moſtrato,data che ſara la uolta,& ui ſarete un poco fermato ſopra d'eſſa, ui partirete di galoppo, & per alcuni giorni continuarete queſto; & appreſſo come ſara ben fermo,& giuſto,& conoſcera il garbo,ſempre che ha chiuſa la uolta, non uſerete piu tal modo,ma ſenza dargli pauſa toſto il caccierete auanti: altrimente ſarebbe peſſimo uitio, dal quale ne potrebbono naſcere molti errori grauiſſimi; che queſto fermare ſopra la uolta ſi uuole uſar ſolo quando il Cauallo per alcune di quelle cagioni,che inanzi io diſſi, non fa la uolta uera, come ſe gli conuiene.

Molti Caualli mal creati,quando ſi maneggiano,uoltano la groppa, & l'anche prima delle ſpalle,tal che allora ſarebbe impoſſibile maneggiarſi bene, & giuſti. Perciò dico, che accadendoui un Cauallo inuecchiato a queſto mal'uſo, biſogna con molta diligenza ſollecitarlo di paſſo o di trotto, da dritto in dritto per la maieſe in un ſolco,& correggendolo ſempre,non ſolo quando camina, ma quando uolete uoltarlo,ora con la polpa, & ora con lo ſprone della gamba contraria della uolta che farete quando ſiete al termine, & ora al corto a corpo di Cauallo, & ora alla lunga, quanto ſuol eſſere il repolone, o la carriera, un pezzo all'uno, & un pezzo all'altro modo, egli ſi accorgerà dell'error ſuo: & ſe ciò non baſtaſſe, & uoi paſſeggierete in un luogo doue dal lato ſiniſtro ui ſia una tela di muro, & accoſtateui con eſſo quanto ſi può, & come ſiete al fine douete parare, & uoltarlo dalla man deſtra, con piu & meno aiuto di polpa di gamba,& di ſprone ſiniſtro, & piu,& meno preſto, ſecondo che u'accorgete del biſogno, quantunque le prime fiate ordinariamente gli accade che ſi uolti pian piano: & ritornando per la medeſima piſta, la tela del muro ui ſara dalla man deſtra,& come ſiete giunto al tenere,lo uolterete ſimilmente fuora del muro da man ſiniſtra,aiutandolo pur con l'ordine che feſte alla uolta deſtra; & coſi come feſte per lo ſolco,paſſeggierete di paſſo o di trotto, tanto quanto ui parera che cominci ad intendere quel che uolete,et ſecondo che può ſofferire; che in queſto modo egli non potra uoltar la groppa, & ſara coſtretto,quando ſi maneggia dapoi, ſempre uoltarſi con la ſua delantiera. Et oltre

Quando nel maneggio uolta le groppe, e l'anche prima che le ſpalle.

oltre a ciò pur con questi aiuti, parimente si potrebbe maneggiare in un fosso, il quale non ritrouandosi, il farete far a posta lungo quanto uolete che sia il repolone, & di sotto sia largo da due palmi, & poco piu o meno di un palmo fondo, & che altrettanto salendo, si allarghi a poco a poco, tal che dapoi uenga la larghezza di sopra a guisa di bacchetta, & al piu si potrebbe arriuare a farlo fondo insino a i quattro palmi, & tanto maggiormente si fara largo di sopra, pur in quella maniera; pero allora ui bisognerà in uoltarlo maggior temperamento, & fermezza di mano, & tempo, & misura, & con l'arte uera, & col battere a tempo di sprone dalla banda contraria della uolta, & ancora dall'altra banda quando accaderà, & massimamente se di questo forse uolete seruirui in dar la ciambetta, come si dirà. Benche un gran Caualiero, presso che hauera la pratica de gli ordini che ho detti, & dirò, senza soccorso ne di solco, ne di tela di muro, ne di fosso, nella rasa campagna potra insegnargli ogni uirtù, & iui facilmente correggerlo, non solo di questo, ma di tutti gli altri difetti.

Quando si dee leuargli le false redini, e seguir nelle lettioni.

Dapoi che'l Cauallo sapra uoltarsi d'ogni mano, & adroprarsi a tutte queste cose, gli toglierete a uostra uolontà le false redine; & cosi come nel tempo ch'egli portaua quelle, parimente appresso douete portargli la man ferma, & con dolce appoggio, & tuttauia come uien sotto, accortargli le redine: & quando conoscerete che la testa sia fermata giusta nel suo luogo, & uà a ferir con la fronte, non bisognerà altro che manteneruelo, donandogli spesso i torni, & anco il maneggio sopra il passo, ouero al trotto; & alcuna fiata sopra il galoppo, & similmente sopra il trotto, ouer galoppo fargli far le posate al piano, o al pendino, nel modo che ho detto, passeggiandolo spesso, or di trotto furioso, & lungo, & or di trotto a tempo, & corto, & or di passo per una maiese profonda, et fresca, tenendogli sempre la man della briglia ferma, & salda, senza mai dargli altra libertà, che sara uinto. Però la sua fermezza non uuol esser tanto, che esca dal suo temperamento, & egli stesso uerrà mirabilmente ad alleggerirsi, et a pigliarsi con piacer grande, masticando la briglia, un soaue appoggio; & in ciò consiste una delle maggior cose, & di maggior sostanza per fermar la testa del Cauallo, che benche sia uana, la fabricherà di sorte doue gli conuiene, che mai piu con essa fara motiuo che non sia da farsi, cosa contraria di quel che si usaua prima da gli antichi, che corso, o maneggiato che era, essi pensando di accarezzarlo, & inanimarlo al bene, allentando la mano per un pezzo, fin che staua fermo, gli donauano la briglia.

Che non si dee allentargli la briglia quando si ferma.

Come si dee usar la man della briglia, se il cauallo è duro alla mano, & è ca

Et è ben da sapersi, che essendo egli ridotto giusto di testa, & col mostaccio di sotto, quanto piu allora ua grauoso alla mano, & è carco di garze, & duro di barre, tanto piu alla carriera, & a i repoloni, & ad ogni guisa che si maneggia, si gli ha da portar la man della briglia, leggiera, et temperata, che in altro modo appoggiandosi tirerà uia, & si aggrauerà piu del debito, et da tẽpo in tẽ

po

po temerebbe meno la briglia, & farebbe sẽpre difesa: ma nõ essendo costretto da questa malignità di bocca, si farà il contrario, come ho gia ragionato.

Pochi anni in dietro da molti caualcatori si usaua la camarra, non solo per fermar il Cauallo di testa, ma anco per alleggerirlo dinanzi, & alle posate, & per farlo andar con la schiena gagliarda, & unito con la uirtù sua: nondimeno quando quella poi se gli toglieua, accorgendosi della libertà, maggiormente uaneggiaua con la testa: talche appresso sarebbe stato bisogno pur con quegli ordini, & con quegli aiuti, & castighi, che ho detto, & dirò, aiutarlo, & castigarlo, & fargli conoscere l'error suo; che senza di questo la camarra cosi tosto non haurebbe bastato: fuor che se per lungo tempo, & per alcuni mesi fosse habituata con esso. il che, conoscendosi quanto sia brieue la uita humana, dobbiamo fuggire, accioche si uenga tosto a goder le gratie che IDDIO ne fa abondare. Et ritornando al proposito nostro, dico, che senza la camarra facilmente con le regole, che ora io dono, il Cauallo sarà fermo, & leggiero, & accolto con la forza sua: ma quando pur uolete usarla, portandola poco piu o meno di quindici giorni, solo ad alcun Cauallo graue, & poco leggiero innanzi, difficoltoso, & uano di testa, & usando appresso gli ordini miei ouunque accade egli con piu breuità di tempo auantaggierà molto. Il primo inuentor di essa fu Messer Euangelista da Milano, in quella età singolarissimo, & gran maestro di Caualli.

rico di garze, e duro di barre.

Che la camarra non si dee usare.

Dapoi quando il Cauallo si uuol mostrar fra Caualieri ad un Principe grande, ad un Re, ad uno Imperatore, il uero luogo che conuiene a questo effetto, uuol esser di sorte, che questi Principi mirino bene la carriera da una delle bande, & uicino al parare, ilquale sarà a spatio di un giusto repolone piu auanti di loro, doue facilmente si uedrà il principio, il mezo, & il fine: & appresso ogni particolarità del maneggio uerrà iui a farsi. Però si uuole auuertire, che la banda destra sarebbe migliore, perche il Caualiero in ogni uolta che farà i repoloni si uolterà sempre di faccia, & non di spalle uerso di quelli: benche alcuni dicano che questi Signori uogliono stare all'incontro doue il Cauallo ua a posarsi, a me pare che non sarebbe a proposito, non solo per cagione che rade uolte la strada sarebbe atta, che tutti quei Signori, & Caualieri ui possano ben mirare, ma perche rompendosi il barbazzale, oueramente le redine, o i porta morsi, o se pur fosse di mala bocca, potrebbe facilmente occorrere disastro: ilche non sarà mai trouandosi dalla banda come ho gia detto: ma solo accaderebbe al Principe questo luogo di star all'incontro, quando nel fin di esso luogo, doue si ua a parare, fosse un catafalco, o fenestra, o loggia, ond'egli senza trouarsi a cauallo uolesse mirare. nondimeno i Caualieri, & Principi del mondo oggidi mi pare che non auuertano a tante particolarità: ma io ho uoluto dir questo, accioche s'habbia la integra cognitione dell'ordine uero. Et notate come s'ha da procedere.

Luogo atto per far mostra del cauallo ad un Prencipe.

Regola, per maneggiare un cauallo ĩ presẽza d'un Principe.

Vi partirete di trotto con la punta della bacchetta alta uerso la spalla destra, ilche dissi auanti all'ordine del portar della bacchetta; & come sete al capo della carriera, calando la bacchetta, prenderete dalla man destra una meza uolta giusta, & ui fermerete un poco, & dapoi pian piano caminerete quanto tiene un corpo di Cauallo, & tantosto con un bel partir furioso ui auierete con la carriera, et passerete auanti del Principe a quella guisa, et a quella misura che ho detto, il quale ui sara, mirandoui, alla bãda destra; & come sete al parare, & sono forniti i uostri falchi, & uoi alla prima, o alla seconda, ouero alla terza posata, secondo il maneggio che uolete usare, a tempo, o di mezo tempo, o uero contra tempo, & secondo quello che il Cauallo sa fare, & può soffrire, di subito gli prenderete la uolta da man destra, et tornarete col repolone per la pista della carriera; et come sete al termine del fin del repolone, con quel tempo che prendeste la prima uolta, lo uolterete da man sinistra, & anderete uia pur per quella pista, et giunto che sarete al segno, prenderete la uolta di man destra come da prima, & per quella pista anderete a parare doue feste la uolta sinistra, & le posate saranno di quel numero che conuerrà alla qualità del maneggio che farete, & cosi ui douete fermare auanti del Signore, che a faccia del uostro lato sinistro, a corpo di Cauallo, ui si ritrouerà.

Altra forma di maneggio dauanti un Prencipe.

O pur quando se gli dona la carriera potrebbe anco tenersi, & parare poco più in dietro di quel luogo doue il Signore è dalla banda, & ui sara di faccia alla man destra, & come egli starà totalmente fermo, et ordinatamente hauera fatto le posate, lo spingerete auanti, a tiro di repolone, et a tempo secondo il maneggio che uolete usare, gli prẽderete la uolta da man destra, et per la medesima pista ritornerete insin'al termine doue paraste alla carriera, & col simil tempo gli prenderete la uolta sinistra, & lo rimetterete auanti: onde tra l'andare, & il ritornare indietro farete quattro repoloni; & essendo di molta forza si potrebbe arriuar insin a i sei, & la prima, & l'ultima uolta uerrà sempre a farsi da man destra, al fine parando dinanzi al Principe. Si potrebbe ancora nel fine del corso parar il Cauallo a paro del detto Signore, che ui mirerà dalla uostra man destra, oueramente posarlo poco piu auanti di lui da dieci palmi, & senza rimetterlo auanti a quel tempo che fa le posate pigliargli la uolta destra, con un di quei tre tempi, che a uoi piacerà, & che esso sa fare, & ritornare in dietro per la stampa della carriera col repolone, & uoltarlo poi dalla man sinistra, & arriuare al numero di due repoloni, o quattro, fermandoui tosto sopra l'ultima uolta che chiuderete dalla man destra doue prima paraste, che cosi ui trouerete il Principe all'incontro del uostro lato sinistro, & tanto a quel modo di repoloni che ui dissi da prima, quanto a questi che ora ui dico, di subito che il Cauallo si ferma, et hauera parato, douete donargli le uolte raddoppiate, & auanti che si raddoppi, ouer appresso, se la intende, si potrebbe intertenere un pezzo con la capriola, o con gli coruetti; nondimeno la capriola si farebbe

migliore,

migliore,& piu gagliarda prima che corra,et seguentemente donargli due uolte doppie per ogni mano;& dapoi si potrebbe mostrare con la carriera,& maneggiarsi a repoloni,& un'altra fiata raddoppiarsi al fin di essi. Et ciascun di questi modi che ho detto di dar al fin della carriera i repoloni accade solo a cauallo di estrema forza,& che in ogni cosa risponde facile,& ua con l'ordine,et col uero uso di guerra:perche bene è chiaro, che quando si mostra il Cauallo, quanto si può uuol approssimare alla similitudine di quella, che il primo è andar di corso all'incontro de' nimici con la lancia, & dapoi cauando fuor la spada si entra,et esce de' repoloni da mezo quelli. Ma perche la osseruãza,che ora si costuma,è contra di questo,per la fiacchezza che generalmente si ritruoua quasi in ogni Cauallo, dirò un'altro modo da farsene stima, doue quantunque non fosse egli troppo gagliardo,si dimostrerà con maggior forza,& animo, & segue solo la forma di una picciola,& uera battaglia singolare.

Terzo modo di maneggio dauanti un Prencipe.

Prima che si corra,ui ponerete nella strada, oue il Principe sara mirandoui dalla uostra man destra,& rimettendo il Cauallo inanzi il maneggerete,et tra l'andare,& ritornare indietro farete sei, ouer otto, o dieci, o dodici repoloni, piu,& meno furiosi secondo che conuiene al suo senso, cominciando dalla man destra;& in essa finẽdo,ui trouerete ad un di questi numeri a parare in quel luogo donde prima partiste;& fermandoui lo aiuterete come ho detto;& uolendo mañeggiarlo piu furioso di quel che si richiede,sieno i repoloni al numeno di sei ouer otto,& non piu:altrimenti non gli potrebbe soffrire,& uerrebbe a mancare la sua uelocità;il che sarebbe uitio:perche uuol sempre in ciascun di essi auanzare piu presto,che mancar di furia.& al fine come egli sara posato,gli darete due uolte raddoppiate da man destra,& due da man sinistra,& due altre all'ultimo dalla medesima banda destra,& ui fermerete:oueramente non uolẽdo farne tante,ne farete una sola per mano,che saranno tre uolte,& la prima,& l'ultima sara da man destra,& prima che si raddoppi,sapendola bene,gli farete fare la capriola,quantunque si potrebbe pur far appresso, ma auanti gli sara piu facile;& tanto il raddoppiare,come la capriola, & i cornetti, nel secondo libro,& nel quarto,l'una & l'altra,quanto sara possibile,ui farò nota, per insegnarui qual modo si hauerà da tenere.

Appresso di questo anderete al capo della carriera,& similmente come dissi auante,ui partirete con essa, & parato che egli hauera in quel luogo che è poco inanzi che si arriui doue sara il Principe,il quale allora ui si trouerà di faccia alla man destra,tantosto che sono fornite le sue posate, parimente come da prima lo farete raddoppiare,& ui accorgerete bene,che ogni Cauallo uien piu facile quando raddoppia nel fin de i repoloni, o nel fine della carriera, che non fa in altro tempo.

Si potrebbe anco quando ha corso,& nel fin del corso ha raddoppiato, farlo sfiatare un pezzo,fermandoui doue ha parato, & dapoi passeggiarlo per la carriera; & come conoscerete che è fuora di ansia, & col uero anelito giusto a uostra posta, senza maneggiarsi a repoloni da prima, lo maneggerete allora & a repoloni, & con le uolte pospo ste, & a qualunque modo ui piacerà.

Quarto modo di maneggio dauanti un Prencipe, & con qual giudicio si ha a procedere.

Bēche io habbia detto alcune forme, come si ha da mostrare il Cauallo, pur douete ben auuertire, che oltre di questo bisogna che ui uaglia il uostro discorso, & piu & meno accrescere le uolte a i repoloni, & da fermo a fermo secondo che conoscerete che egli ui rispōda, et che sia la lena et la gagliardezza sua; et forse ui accaderà al fine che egli ha fornito il numero che ho detto, tornarsi a maneggiare a repoloni corti, & a repoloni lunghi, & raddoppiarsi infinite uolte, & dimostrerà tutta la sua uirtù maggiore che non fu da prima; & similmēte ui potrebbe accadere il contrario di questo: tal che ui è necessario conoscere l'esser suo quando egli è stanco, & auanti, & per sapere per quanto si può stendere la possanza sua, & quando accade posponere le uolte, & quando trouarsi in cospetto del Principe con l'ultima uolta di man destra, & quando è bene donar prima la carriera, & quando prima il maneggio, & quanta pausa ui bisogna tramezare ogni uolta che a quello si ritorni, tenendo questa regola generale, in ogni hora che il Cauallo si maneggia lasciarlo con animo, accio che uolendo al fine oprarsi, non si auilisca, & ui risponda sempre in un tuono. Però è da notarsi, che hora io non parlo de i Caualli gioueni, che sono da ammaestrarsi, che molte uolte un disordine fatto a tempo, quantunque sia grande, gli corregge: ma dico solo di quelli, che totalmente sono fuora di scuola, & si uogliono mostrare. di che non mi conuiene piu largamente ragionare; ma ben ui dirò molti secreti, che ui apriranno piu la uia come si ha da maneggiar giusto, & come si aiuta, & come si castiga, & come se gli insegnano molte uirtù, le quali secondo che accaderà di passo in passo ui si diranno, & quel che si tacerà ad un libro, si dirà all'altro. Et bench'io habbia detto semplicemēte la maggior parte di quelle cose, che alla sua dottrina sono necessarie, nōdimeno in esse bisognano molte particolarità, che minutamente a poco a poco ui farò chiare: che se giuntamente le hauessi dette da prima, ui haurei senza dubbio totalmente confusi.

LIBRO SECONDO.

Che maneggiando si dee sempre andar in una pista istessa: e del cambiar mano.

ORA mi pare util cosa di dire, che si uuol ben auuertire, che quando maneggiate il Cauallo, non solo douete andare & ritornar sempre per una medesima pista, ma a quel luogo donde ui partirete col repolone, & doue poi farete la uolta prima a quei termini douete arriuar sempre, & donare tutte le altre uolte: & per far conoscere la egualità, & infinita sua giustezza, & obedienza, sarà molto da lodarsi, auanti che

sia

sia fornito il numero de i repoloni, cambiar mano, & posponere le uolte, & l'ultima quando si ua a parare, continuamente farla da man destra, eguale al la prima, come spesso s'è detto.

E cosa degna da sapersi, & massimamente che ogniuno fa il contrario, che se in quel terreno doue il Cauallo si maneggia tanto a i repoloni, come ancor al le uolte raddoppiate, ui fosse interposta qualche pietra, non uogliate leuarnela, perche non solo non gli porgerà impedimento alcuno, ma gli sarà cagione di farlo andar giusto, & piu corretto, & con maggior soggettione al suo Caualiero. anzi quando se gli insegna il maneggio, se non ui fosse alcuna fiata, douete poruela, & cosi quando dapoi si uuol maneggiare, se a i capi de i repoloni ui fossero ne i lati delle bande, doue si faranno le uolte, una o due pietre alte da un palmo, egli per tema di quelle uerrebbe con la uolta piu chiusa, & forse con la ciambetta, senza seguire gli ordini che si diranno appresso, quando parlerò de i modi, che in donarla si potrebbono usare. Nondimeno quando si corre la carriera uuol esser netta, perche tanto piu anderà sicuro, & ueloce.

Che il luogo del maneggio, e del corso dee esser netto di pietre.

Guardateui, quando date la uolta, che non sia colcata, perche è cosa brutta, & pericolosa: di che pochi Caualieri si accorgono: ma bisogna che ella sia giusta, & pongasi la testa del Cauallo a quel dritto doue tiene la groppa. & questo con lingua non posso diffusamente mostrarui: nondimeno se uoi lo intertenerete maneggiandolo spesso su'l trotto furioso, & aiutandolo in un solco, ouero in una pista fatta di trauerso in una molle maiese con l'ordine detto, & non uscendo da quel solco, o da quella pista, da se stesso uerrà facilmente alla uolta sua stretta, naturale, & giusta: & fin che il Cauallo la intenderà bene, la farete bassa, accio che uenga in essa facile, et non sforzato; & quantunque la intẽdesse bene, facendosi bassa, di quel tempo che la uolete, egli sempre auãzerà, & con buona gratia suol accader che uenga in ogni uolta col braccio piegato, & agile o far la ciambetta.

Che la uolta non sia colcata, e come si ha a fare.

Quando al maneggio de' repoloni prende le uolte larghe, o colcate, uoi ogni fiata poco prima che arriuiate a ciascuna di esse, lo castigherete di briglia nel la barra che è dalla parte, doue farete la uolta. & auertite che quando sarà corretto, non bisognerà molestarlo altrimenti, perche uerrà giusto col suo uero tempo, & non oserà mai piu dismandarsi dal suo battuto segno. Et questo castigo di briglia nelle barre trouerete con ogni particolarità sua nel terzo libro.

Castigo di briglia, quando il caual prẽde le uolte del repolone larghe, o colcate.

Il disordine di far la uolta colcata, benche suol accadere piu spesso al contra tempo; quando accade al maneggio di mezo tempo, ouer di tutto tempo, a giudicio di molti sarà di peggior uista. Però essendo il Cauallo debole, si uuole auertire, che dapoi che sarà ben fermo, et giusto alla mano, nel tempo che fa i falchi, se lo colcherete poco piu di un palmo uerso il lato doue lo uolete uoltare,

Quãdo il cauallo è debole, e fa le uolte colcate.

chiuderà le uolte con maggiore attitudine senza dispetto, & ui sara solo in tal caso permesso, ch'egli si colchi, & non piu che come ho detto; perche facendosi in altro modo, sarebbe uitio.

Castigo di sprone, quando fa la uolta falsa.

Ma quando il Cauallo a qualunque sorte di maneggio di passo, o di trotto, o di galoppo, con la furia che piu gli conuiene, o sia di tutto tempo, o di mezo tempo, o contra tempo, dara la uolta da man destra falsa, & non giusta, o se pur contra il uoler uostro la pigliasse troppo alta, o troppo bassa, allora come sara uoltato al caminare inanzi, lo castigherete battendolo una o due fiate con lo sprone manco, piu & meno secondo il senso ch'egli tiene: & essendo giunto al solito luogo, uoltatelo pur dalla medesima banda destra, che per tal castigo uerrà giusto, & consertatamente a quella uolta o alta o bassa come noi uolete: & seguendo appresso il repolone, come arriuate all'altro termine, uoltatelo da man manca, tal che doue accadeua la uolta destra, sara la sinistra, & doue era la sinistra, sara la destra; & con questa misura seguirete il numero del uostro maneggio. & se pur egli non facesse la uolta sinistra bene, lo douete similmente castigare con lo sprone contrario, che sara il destro, ritornando alla uolta sinistra, & a i repoloni parimente con l'ordine c'ho detto, & cosi posponerete le uolte del medesimo garbo ch'io dissi poco auanti, quando dissi che sarebbe da lodarsi molto al maneggio, per far conoscere la equalita, & infinita giustezza, & ubidienza del cauallo, cambiar mano, & posponere le uolte; & tanto alla uolta destra, come alla sinistra alcuna fiata senza il castigo di sprone solo posponendo la uolta egli si correggerà.

Et oltre a ciò, quando sara totalmente insegnato, se prendesse quella tema di non far la uolta giusta in un capo, si potrebbe ancora in quel tempo, auanti che si arriui a quel segno, uoltarlo; & se ui par che gli accorti troppo il repolone, quello spatio, che si perde allora, guadagnerete poi nell'altro capo all'altra uolta dell'altra mano. però rade uolte accaderà di ciò preualerui; perche basterà castigarsi a quel modo, che ho detto qui prima di questo: al qual modo se il Cauallo non si correggesse al primo castigo, potrete gia ritornarui sempre, fin tanto che sara bene, & si rimouerà dall'error suo: & quanto piu a uenirsene, & a ridursi tarda (ilche quasi sara impossibile, perche son certo che uerrà di subito alla prima uolta posposta, che se gli fa) tanto piu ue gli douete dimostrar con impeto grande. Ancor s'egli uscisse dalla pista, lo castigherete, dandogli una o due fiate cõ la bacchetta al fianco, & forzatelo che ui ritorni dentro; et potrebbesi pur castigare con lo sprone da quella banda doue si butta, & ritornandolo al suo segno seguirete il nostro maneggio.

Castigo, quã do esce dalla pista.

Castigo di spron quando fa la uolta falsa.

Ne mi pare di tacere, che alcuna fiata quel castigo di sprone, che udiste poco auanti, si può fare non solo dalla parte contra, ma ancora in un medesimo tempo dall'una, & dall'altra banda con gli sproni giunti, non lasciando però di posponere appresso le uolte, cosi come allora dissi.

Per

Per farui noto piu chiaramente, et con la sua ragion uera, & senza falsità, come si deue aiutar di sproni al tempo che si maneggia, dico, che quando uolete uoltar il Cauallo dalla man destra, che s'aiuti dalla banda contraria con lo sprone sinistro, & attondisi in un tempo con l'altro sprone, acciochè uada giusto, & ritorni alla sua pista. Et uolendo uoltarlo alla man manca, con simil ordine si aiuti con lo sprone destro, & pur in quel essere s'attondi con l'altro, che anderà castigato, & sempre ad un segno, & non si butterà da niun lato. Et è da notarsi bene, che alcuna fiata si conuiene aiutare al principio della uolta, & alcuna fiata nel mezo, ouer a quell'instante che la chiude: onde a quel chiuder che fa lo sprone che attonda la uolta, non batterà paro, ma andrà in un tempo a battere poco piu a dietro dell'altro che batte uicino le cigne dalla banda contraria, come bisogna farsi. Et in ciò nasce difficultà grande in conoscere il suo sentimento, & pigliar il tempo, & piu, & meno toccarlo, come si richiede: il che non si può dire, ma con la pratica ui si fara chiaro.

Aiuto di sprone, quando si maneggia; e dell'attondare.

Dirò le cagioni, perche quando si batte il Cauallo con lo sprone contrario si uuol attondare a tempo da quella banda dou'egli chiuda la uolta. La prima cagione è questa, perche anderà piu eguale, che in un tempo uoltando le spalle eleuerà l'anche. La seconda è, che alcun Cauallo sara talmente leggiero, & di senso, che come si sente battere sol da una banda contraria, uien a uoltarsi troppo sano, & forse torto di collo, & di testa, oueramente passa il segno a chiuder la uolta, buttandosi fuor della uera pista, tal che bisogna che giuntamente se gli doni il uostro soccorso, & attondisi a tempo di sprone, o si attondi almeno di gamba, o l'uno o l'altro che gli accade, che in tal maniera sara forzato a ritenersi da quelli errori, & uerrà giusto, & a cader a quel segno che gli conuiene.

Le cagioni, perche si deue attondare.

Pure alcuna fiata bisogna che non solo si attondi, ma che si batta egualmēte con gli sproni pari uerso le cigne; & questo si suol usare quando il Cauallo raddoppiando è auuiato alle uolte, & in quell'essere lo appicciate per aggiustarlo con piu suggettione a seguir l'altre uolte; & alcuna fiata bisogna, che si batta o piu o meno dall'una, che dall'altra banda, secondo la inclinatione ch'egli tiene piu da una che dall'altra mano, estinguēdo il mal'uso che ha preso. onde perciò si richiede saperlo presto, & a tempo soccorrere da una banda, o da tutte due, secondo che ui ho detto, & pur ui dirò douunque mi accaderà parlarnene. Però quando si maneggia naturalmēte, si uuol sempre cominciare ad aiutarsi dalla parte contraria della uolta: & questo aiuto assai fiate, non hauendo il tempo & la uera misura giusta delle calcagna, se gli potrebbe usar solo, senza che si attondi uerso la uolta, in un medesimo tempo, con l'altro sprone, & massimamente quando egli fosse di buona, & gentil natura, & non essendo costretto dal la sua durezza, & da qualche incidente che ui occorresse per mala creanza che hauesse hauuta dal suo Caualiero.

Aiuto di sprone alle uolte.

Aiuto di polpa di gamba, quando fosse piu duro dal l'una, che dal l'altra mano, & inuecchiato nella mala creãza delle uolte colcate.

Et a maggior dichiaration uostra ora ui dico, che s'egli fosse piu duro dall'una, che dall'altra mano, uolendo in essa uoltarlo, bisogna che s'aiuti con la polpa della gamba dalla banda contraria, & in un tempo attondare con lo sprone dalla parte doue uolete che si uolti, che sara l'opposito di quel che u'ho detto. nondimeno a poco a poco lo douete ridurre a fargli conoscere il uero soccorso de gli sproni, come gli conuiene, & lascerete questo, ilquale è fuor del suo naturale, sol appartenente per alcuni giorni usarsi o a cauallo uecchio nella mala creanza, o quando egli facesse le uolte colcate: talche un'altra uolta dico, che se non ui constringe niuna di queste necessità, basterà che s'aiuti di sprone solo dalla banda contraria, & a luogo, & a tempo, come ui dissi di prima.

Aiuto di staffa per aggiustarlo di testa, e di collo.

Di piu ancora, per aggiustarlo di testa, & di collo, & che uenga eguale, quãdo si maneggia, parendoui ch'egli ne prenda fauore, alcuna fiata si potrebbe aiutar di staffa sotto la spalla, pur dalla banda contraria: & quantunque di rado si usi, nondimeno a Cauallo giouene fin che si ammaestri suol giouare.

Come si dee aiutarlo alle uolte de i repoloni.

E da notarsi molto, che spesso il Cauallo, quando intende le uolte, & riconosce gli sproni, alla guisa che ho dichiarato, come ode al fin del repolone quel moto di lingua, et a quel tempo sente un poco fermarsi la briglia, per dargli la uolta, non aspetterà l'aiuto de gli sproni, ma da se stesso la prenderà: & allora sarebbe male aiutarlo con essi, ma basterà solo quell'aiuto di lingua, & forse ancora di polpe di gamba, della simile maniera che si suole aiutare: & come ha preso la uolta in quel tempo buttatelo auanti, battendolo cõ gli sproni pari al principio solo del repolone; ma se pur fosse di troppo senso, non gli bisognerà ne questo, ne quello. Però l'aiuto accade piu, & meno, secondo la qualità sua; benche quando egli è ben creato, di qualunque complessiõ si sia, soffre ogni aiuto, & di mano, & di sproni, & giustamente l'intenderà con quell'ordine che gli conuiene, & piglierà quel tempo che uoi uolete.

Et quando egli soffre, accio che uada a pigliarsi la uolta giusta, et a tempo, & assai castigata, cosi come al principio d'ogni repolone lo douete buttar auãti soccorrendolo di sproni pari; similmente non solo quando non ui risponde bene, ma il piu delle uolte, come uoi sarete da sedici palmi, piu o meno secondo la lunghezza del repolone, uicino al termine della uolta, o della man destra, o della sinistra, lo douete pur battere con gli sproni giusti, & ogni fiata che si batte, aiutandolo continuamente di uoce, si per dargli animo all'andar determinato, si ancora per farlo piu corretto: & poco auanti che si arriui alla uolta, si uuole aiutar di lingua, accio che egli scorrendo si apparecchi a farla piu gratiosa & di piu bell'aere. Et alcun Cauallo, che è troppo sensitiuo, non si uuol aiutar di lingua, auanti che si arriui alla uolta, ma quasi a quel tempo che lo uolete uoltare.

Aiuto di

Auuertite, che s'egli non è di molto senso, douete toccarlo di sproni al principio

cipio, & alla metà del repolone, & un'altra fiata come siete quasi giunto alla uolta: & se pur a quest'ultimo tempo che lo battete farete quel motiuo di lingua, tenendo la man giustà senza uoltarla, uerrà a pigliarsela di un bel garbo, come conuiene, tal che allora alla uolta non bisognerà dargli altrimenti aiuto di sprone. Però il Caualiero ha da esser bene accorto in conoscer quello, & doue, & quando, & quanto gli bisogna. Ilche ben conoscerete uoi, con lunga pratica, come ue l'ho pur detto poco inanzi. Et oltre à ciò, dapoi che sara egli fermato di testa, questo lo fara di tal sorte corretto, che all'andar di repolone non sarà mai piu motiuo, ne di sommozzarsi, ne di muouer la testa, ne di niuna maniera mala; & in piu fiate, prima ch'io ui lasci, ui dirò come totalmente egli si ferma.

sproni a i repoloni, quando il cauallo non sara di molto senso.

Quando uolterete il Cauallo, in qualunque sorte di maneggio si sia, non allargherete in fuora il braccio manco, ne all'una, ne all'altra parte, ma tenetelo saldo; & con un poco di accenno in un certo tempo, a tempo, & in un certo modo uolterete il pugno solo della briglia, & che il detto pugno non esca dal dritto della inarcatura del collo, ne di quà, ne di là, accio che non si colchi, & che uada giusto, & fermo; & farete sempre ciascuna di esse uolte piu tosto bassa, che alta, & aiutata con gli ordini ueri, perche le fara di piu bel modo; & forse essendo di gentil natura, senza che altrimenti se gli insegni, uerrà con la ciambetta: & auuertite che le uolte sieno eguali, et di un tempo, corrispondendo sempre a quel modo che le cominciate; che quando si facesse il contrario, sarebbe da biasmarsi molto, & ignoranza di huomo, che non ha discorso, ne arte di caualcare: & questo errore suol cadere a tutti coloro, che danno il maneggio furioso a modo di carriera, che allora per necessità il Cauallo la prima uolta che fa, sara di una sorte di tempo, & non potendo poi durare, uerrà sempre minuendolo, & uariando le uolte, tal che in ogni repolone l'una uolta sara differente dall'altra. Però il Caualliero ben'accorto, & ben disciplinato, quando insegna il Cauallo, all'ultimo con mirabile accorgimento conoscerà secondo la qualità sua, quanto è la furia che può soffrire, & in quella dapoi lo ferma; & al maneggio parimente ancor gli dà quel tempo, al qual può resistere, a tempo, o di mezo tempo, ouer contra tempo: & quella misura ch'egli tien da prima, così a i repoloni, come alle uolte, quella si trouerà sempre con facilità grande, insino al fine.

Come si dee portar la mà della briglia alle uolte.

Le uolte douer esser di un tẽpo corrispondente al modo, che s'incomincia no.

Et per darui alcun segno, onde si possa conoscere a qual Cauallo conuenga il maneggio di galoppo, & a quàl con piu, & meno furia, ui fo noto, che ogni fiata che ui accorgete, che naturalmẽte tiene forza, et buona bocca, come sara bẽ instrutto a uoltarsi all'una, & all'altra mano, si potrebbe a uostra uolontà maneggiar furioso. Ma quando egli fosse di troppo senso, oueramẽte carico di garze, & duro di barre, & fiacco di schiena, & di gambe, quantunque per la buona creanza paia di dolce bocca, nondimeno allora da uoi stesso conoscerete, che

Segni per conoscere, a q̃l cauallo si cõuegna il galoppo, a quale il trotto, & a quale il passo.

gli accaderà maneggiarsi con piu rispetto, & non ponerlo in tanta fuga: ma se pur fosse gagliardo & di lombi, & di braccia, ben che sia grosso di garze, et duro di barre, col mezo della buona dottrina potrebbe maneggiarsi a tutti modi. Però il Cauallo d'ogni fattezza, o buona, o mala che sia, quãto piu si mantiene maneggiandolo su'l passo, & su'l trotto, & rade uolte su'l galoppo, senza dargli uelocità, tanto maggiormente, non toccandosi mai co i ferri di dietro a quelli dinanzi, egli dapoi uerrà gagliardo, giusto, & fermo, con tutte quelle buone parti, che conuengono al uero, & perfetto maneggio.

In qual parte del corpo si dee battere il cauallo di sproni, & come s'attonda.

Vi ricordo ancora, che il Cauallo si uuol battere con gli sproni appresso le cigne, et non al fianco, perche altrimenti sarebbe errore. Però quando si maneggia, come auanti un'altra fiata dissi, sempre a quella banda doue si ua ad attondar la uolta, nel tempo che egli accade, con lo sprone non si batte paro contesto all'altro uicino le cigne, ma si batte poco piu dietro di quelle: tal che questo aiuto per ciò uolgarmente si dice attondar di sproni, perche sforza mirabilmente il Cauallo a uenire in quattro, & a far la uolta eguale, & tonda.

Come si ha a frequẽtar nella carriera, & il modo per mostrargliela.

Com'egli intenderà la carriera, la darete al piu una uolta ogni due mesi: & se fosse assai maggior il tempo, sarebbe meglio, & tanto piu se per natura dimostrasse di esser di dura bocca. Et cosi come la detta carriera auanti che corra gliela douete far passeggiando riconoscere, similmente dopo l'hauerlo corso si uuol almen una fiata in essa passeggiare. In questo molti s'ingannano, che pensano che, correndolo spesso, la farà piu ueloce; il che certo non è uero, che la carriera, donandola spesso, gli disconserta la testa, la bocca, lo pone in fuga, gli diminuisce la forza, & tuttauia la farà minore: et se pur fosse fiacco di gambe, si potrebbe aggrappare, & ogni giorno uerrebbe al peggio, & assai piu debole. Ma se uolete che corra bene, senza che si distorni dal buon'esser suo, userete li torni di trotto furioso, come ho detto, che il Cauallo si farà talmẽte disciolto di braccia, che sempre, quando corre, poi sarà uelocissimo, & fermo di testa, et con forza, & facilità grande. Questa regola fu in osseruanza molto appresso quel gran caualcatore M. Cola Pagano, che fin che il Cauallo non era fermo, & cõpitamente ammaestrato, non l'haurebbe per cosa del mondo corso, talche dapoi d'hauer caualcato quattro o sei mesi, o forse un'anno, egli in poco piu o meno di otto giorni gli mostraua il correre, & di tal maniera si accarrieraua, che ueniua determinatissimo, & di schiena, et con forza, & fermo, & saldo di testa, et col parare a tempo, giusto, leggiero, & consertato: & quando uoleua ridurlo in estrema finezza, seguiua dal primo insin al fine del suo caualcare tutti gli ordini sopra il passo, & sopra il trotto: & se non era costretto da necessità, poche uolte su'l galoppo, & senza che mai lo hauesse poi corso, ne maneggiato di furia, egli conoscendo che fosse compito d'insegnare lo assignaua al suo Caualiero: ilqual Caualiero, tantosto che gli era addosso, quantunque lo maneggiasse & a repoloni, & a uolte raddoppiate, & con mille carriere, gli rispondeua con

tanta

tanta uelocità, & con tanta misura, & con si bel tempo in tutte l'opre, che egli & ogni altro mirabilmente stupendo si ammiraua.

Vi affermo dunque, che il trotto, quando si fa con gli ordini che ho detto, & pur ui si dirà, è principio, & fine, & fondamento di ogni uirtù del Cauallo, & con quel solo senza che mai si oprasse in altro uerrebbe in ogni perfettione. Però se il Caualiero, solo ad effetto di conoscere la uelocità, & l'esser di quello, le prime fiate che lo caualca, lo corresse da tre uolte, non sarebbe errore, pur che dapoi procedesse col tempo, & con gli ordini, come gli conuiene.

Il trotto esser fondamẽto d'ogni uirtù del cauallo, e quando puo prouarsi alla carierra.

Notate ancora, che la carriera uuol'esser determinata, ueloce, & trita, & se il Cauallo è grande, & grosso, non troppo lunga: ma quanto piu è di taglia mezana, ouero ha del ginetto, tanto maggiormente si fara spatiosa, però non tãto che esca dalla misura giusta; et quãdo uorrete tenerlo con salti, la farete molto piu corta del douere: & in essa generalmente non si uuol mai battere di sproni senza l'aiuto della uoce, & massimamente fin che è giouene, & sara bene accorto di tutti gli ordini, & della uolontà del suo Caualiero. & al tenere, se'l uolete aspro, o con le posate, aiutatelo come ui dissi auanti.

Quale habbia ad esser la carriera.

Et benche nel primo libro ui habbia detto brieuemẽte come s'hanno da dar le posate, perche sono cagione della maggior parte della misura che il Cauallo tiene, mi pare conueniente ora parlaruene piu al lungo, & dirui un'ordine sicuro, & presto, doue egli le fara leggiere, & facilmente l'intenderà.

Andarete alla campagna in una strada lunga, & che il terreno sia giusto, & abile a caualcarsi, & dapoi caminerete poco piu o meno di quaranta palmi di trotto furioso, & fermerete il Cauallo, & a quel tempo lo aiuterete di uoce, & di sproni, & alcuna fiata di bacchetta nella spalla destra: & se non facesse motiuo alcuno di alzarsi auanti almeno con un braccio, & uoi, tenendolo fermo, lo castigherete tantosto una, o due, o tre uolte con gli sproni pari, ouer corrispondenti l'uno all'altro, aiutandolo di uoce; & subito dapoi anderete altrettanto auanti col medesimo trotto furioso, & fermandolo pur farete il simile c'ho detto: & cosi di trotto in trotto si uuol'andare fin tanto che uerrà a spesularsi da terra; & come egli s'alzerà, ouero fara un'atto solo di posata, piaceuolmente lo accarezzerete, assicurandolo con la man destra, ouero con la bacchetta sopra il collo, & uicino il garrese: & iui per un pezzo ui douete fermare; dapoi caminando auanti parimente di trotto, ui accorgerete, che al tempo che si ferma udendo la uoce, egli stesso uerra facilmente, et con allegrezza a posarsi alto, & allora rade uolte lo aiuterete di sproni, ma solo di polpe di gambe: & quantunque gli bisognasse o nõ l'aiuto di bacchetta, o di sproni, o di polpe di gambe, quello di uoce in niun modo se gli tolga. & se pur hauete qualche luogo doue al tener ch'egli fa il terreno fosse il piu delle uolte alquanto piu basso, gli sarebbe assai fauore. & sappiate che solo una fiata che si leui con un braccio almeno cõ un segno di posata, come ho detto, accarezzandosi

Modo p dar le posate.

zandosi dapoi a tempo, egli uerrà allegramente a farne quante uorrete.

Come il Cauallo al trotto fara la posata, si potrebbe andar di galoppo, & al tenere aiutarsi ancora a quella maniera: & cosi facendo bene, si accarezzerà, et facendo male, si uuol castigare, & aiutar con gli sproni pari, & in un tempo con la uoce, & da galoppo in galoppo, tenendo pur quell'ordine che ui dissi al trotto, che gioua non solo alle posate, ma a fare ch'egli assalchi.

Dapoi quando intenderà la posata, & l'aiuto de gli sproni, & della uoce, & della bacchetta, guardateui di tenerlo piu al corto, perche potrebbe pigliar uitio di fermarsi alto quasi in ogni passo al uostro dispetto, & a sua uolontà. Ma anderete in una strada, che sia quando suol essere la carriera giusta; doue se al tenere ui fosse un pendino grande, & eguale, sarebbe migliore: & primo di trotto douete andare a tenerlo sopra di quello ne i primi terreni, o nel mezo, o nel fine, secondo può egli soffrire, & lo aiuterete al modo c'ho detto, o di sproni, o di polpe di gambe, & di uoce, oueramente di uoce solo piu & meno, regolandoui dal senso che hauerà; & appresso, come sara sicuro in quel pendino, si potrebbe andar di galoppo, & similmente si potrebbe aiutare al tenere; che uerra sinceramente a farle piu gratiose co i falchi auanti. Ma non è da tacere, che al piu, & quasi sempre se gli debbono dar le posate sopra il trotto, perche si fara piu leggiero, talche dapoi tanto da fermo a fermo, come al passo, & al galoppo, & alla carriera, ogni fiata che uolete si trouerà con piu misura, & in esse piu facile.

Pero notate, che hauendo egli naturalmente leggerezza, non hauera necessario cosi spesso del pendino, et basterà il piu delle uolte oprarsi nel piano al simile modo c'ho detto.

Quãdo il caual fosse duro a i falchi.

Ma se pur fosse duro a i falchi, per condursi a quelli, & in assalcar come conuiene, il pendino gli sarebbe sempre necessario fin tanto ch'egli intenda lasciarsi adietro, scorrendo inanzi con le posate.

Castigo, quãdo egli haues se appreso di fermarsi con le posate contra il uoler uostro.

Quando egli sopra di cio hauesse gia preso il uitio in fermarsi spesso con le posate contra il uoler uostro, il che suol'accadere a caualli gioueni, douete tantosto castigarlo di uoce, & ancor di bacchetta ne i fianchi, & talhor sopra le braccia dinanzi, & forse di sproni in ogni maniera che si puo, & sforzarlo che uada auanti, & che solo faccia le posate quando uoi lo richiederete di uoce, o di lingua, & di sproni, o di polpe di gambe, o di bacchetta, o giuntamente, o l'uno o l'altro, secondo l'animo che tiene; perche alcun Cauallo sara tanto uile, & di mal'intelletto, che aiutandolo continuamente al parare di sproni, dapoi ogni fiata che da quelli si sente pungere facendo posate si ferma, & per molto che si batta non uuol farsi auanti. onde allora ui bisogna temperanza grande, & a poco a poco fargli conoscere quando che uolete che camini, et quando che pari con gli sproni. Però fin che hauerà la uera cognitione di questo, al parare gli conuerrà lo aiuto solo di uoce, seruendoui de gli sproni, & del-

& della bacchetta il piu delle uolte in castigarlo, et farlo andare liberamente.

Et allora che sa ben parare, & fa le posate, se gli potrebbe a nostra posta do nar la carriera, come auanti un'altra fiata fu detto; che prima di questo sareb be errore: & al tenere si uuol'aiutar alle posate, che le fara marauigliose, et bel le, & non aiutandosi da se stesso pure le fara.

Quando si dee dargli la carriera.

Io non so se intendeste, quando ho detto che al tenere si aiuti il Cauallo con la uoce. per questo quanto piu posso diffusamente dichiaro, che quando l'aiuterete di uoce, direte a tempo questa parola, con un tuono da porgergli animo, hap, hap, ouero hep hep, oueramente quando uolete aiutarlo ch'egli si lieui, non solo auanti, ma anco di dietro, & tanto piu a i salti, o con calci, o senza calci direte, hop, hop.

Aiuto di uoce al parare.

Si potrebbe anco al tenere aiutar con la lingua, che ponendoui la punta di essa quasi nel mezo del nostro palato, & in un tempo quella sciogliendo, & cominciando a snodare, & a scoccare, farete un certo suono di lingua, che sara mirabile soccorso del Cauallo, non tanto al tenere, perche allora quell'aiuto di uoce che dissi prima, gli conuien piu, ma quando si uuol'aiutar alle uolte semplici del repolone, & alle uolte quando raddoppia. ilquale aiuto di lingua, benche sia impossibil cosa scriuere, & dirlo piu aperto di quello che ora ui dico, son certo che non solo uoi, ma ogniuno che ha discorso, chiaramente l'intende.

Aiuto di uoce alle uolte.

Ma è ben da notarsi, che si uoglion'usare le parole differenti da questo, quando uolete, per alcun disordine, castigarlo di uoce, come fu detto nel primo libro, & si dira ne gli altri luoghi oue accaderà. Et accioche non ui confondiate, ui dico, che quando egli usa qualche malignità, o di muouer la testa, o d'impennarsi, o si pone in su la briglia, oueramente procede in altri errori, il castigo di uoce sara horrendo, & iratamente direte con un grido aspro qualunque piu ui piacerà di queste parole, or su, or su, o la, o la, ha ha traditore, ha ribaldo, torna, torna, ferma, ferma, torna qui, torna qui, & in simili modi. nondimeno pur che'l grido sia terribile, direte quella parola che ui parerà piu conforme, & al proposito a terrore, & correttion del Cauallo, & continuerete questo fin tanto che egli dura nel disordine; et farete la uoce piu o meno alta, secondo che piu o meno sara la grauità dell'errore. Ma quãdo egli sara gia uinto, douete dapoi subito tacere, ouero con un tuono piaceuole & basso mutar uoce, assicurandolo sempre, & toccandogli con la man destra sopra la inarcatura del collo, & o in esso fra i crini, o uerso il garrese alcuna uolta grattargli, o con uoce sommessa direte questo, ho, ho, ho, ho, & piu & meno secondo che conoscerete che basti per assicurarlo, & in un tempo questo direte con la bocca, & quello farete con la mano.

Castigo di uoce, quando erra.

carezze, quãdo si corregge, quali esser debbano.

Di piu anco dico, che al maneggiar del Cauallo a repoloni, & cosi quando trotta, ouer galoppa, & corre, in qualunque modo si sia; ogni fiata che ho detto

Aiuto di uoce in farlo

&

andare auanti, et in dargli animo.

et dirò che con la uoce si aiuti in dargli animo che uada auanti, intenderete che s'habbiano a dir queste parole, Eya, eya, & potrebbesi pur dire, Via, uia, & tanto queste come quelle che accadono in dar le posate al fine quando egli uuol parare, non si uogliono posponere, ne dir in altro modo; & similmente dico del motiuo di lingua che si fa in aiuto suo, quando dona le uolte o ne i repoloni, ouero quando raddoppia: nondimeno alla carriera pur si può aiutar di uoce in sollicitarlo che si affretti, non solo come qui ho detto, ma in diuersi modi, secondo il costume di chi caualca, il che non importa, pur che quella parola sia ben detta con un brieue accento, uiuo, accelerato, & a tempo come conuiene.

Modo, per far che dia a dietro, e uada sospeso, e non ui sforzi la mano.

Se uolete sapere come si ha da fare, accio che'l Cauallo non solo intenda la briglia, & facciasi adietro, ma che uada sospeso, & non ui sforzi la mano, tenerete quest' ordine. Come lo hauete fermato, se gli uuol tirar con la man salua tẽpratamente la briglia, piu & meno secondo la durezza, et difensione della bocca sua, senza dargli niuna libertà, & con la bacchetta gli darete pian piano sopra la inarcatura del collo, & cosi per un pezzo si uuol sollicitare. Se non si muoue, ouero se si difende, & uoi lo batterete di sproni, pungendolo a tempo a tempo, ora con l'uno, & ora con l'altro, & da quella parte piu, doue piu gira le anche, accio che uada giusto. Et fate che un'huomo a piedi se gli fermi all'incontro, & con la bacchetta, a quel tempo che uoi gli tirate la briglia, quello gli doni alle braccia, ouero ginocchia, & rare uolte al mostaccio, bisognãdo però, & non altrimenti, & alcuna uolta lo minaccierà senza batterlo. Se non bastasse questo, & uoi da quel medesimo huomo lo farete pigliar per la guardia della briglia, & fatelo sforzare, che uada a dietro, & lo molesterete nell'uno e nell'altro modo, fin tanto, che almeno un braccio si ritiri, & facendo bene, tosto siate accorto in quel tempo di accarezzarlo, come piu uolte ho detto; & fermateui piaceuolmente un poco: dapoi tornate al simile, tirandogli solo la briglia, che il cauallo per quelle carezze che uoi gli faceste si fara indietro con l'uno et con l'altro braccio, & intenderà; et nõ ritirandosi, oltre di ciò, come si castigherà di sprone a quella maniera, egli sara forzato di farsi in dietro, et assai leggiero alla mano. Ancora quando uoi farete quel segno toccandolo cõ la metà della bacchetta sopra il collo, direte questa parola con tuono basso, solo quanto la intenda il Cauallo, A DIETRO, ch'egli subito ogni fiata che dapoi udirà quel modo di uoce, & quel segno di bacchetta, o che se gli tirerà un poco la briglia, si fara tanto a dietro, quanto uoi uorrete; & sempre ch'egli ui si calca senza il uero appoggio di sopra la briglia, gli farete pur il somigliante. Et non ui disperate, se quando se gli insegna questo, facesse qualche disordine, perche all'ultimo tanto maggiormente si trouerà in meno spatio di un'hora castigato, & uinto, & assai facile. Et questo ancora gli giouerà molto in fargli fare le posate, & giuste, & con le braccia piegate, & come conuengono.

Oltre

Oltre a' torni che ho detto auanti, & ui dimostrerò anco appresso, i quali mirabilmente danno lena, & appoggio, aggiustando, & alleggerendo il Cauallo, potrebbesi o piu o meno di dieci giorni ogni mattina salire intorno ad un miglio per una gran salita di passo furioso quanto lo può soffrire, & appresso per la medesima strada scendere; & se questo luogo fosse rotto a solchi trauersi, tanto piu egli alzerà le braccia. però allora si uuol andar misuratamente, & non cosi ueloce, che lo condurrete non solo a quell'effetto, ma tutti gli ordini, che u'ho detto, & ui dirò, egli fara dapoi molto gagliardi, & allenati, & con piu giustezza di bocca: & se si batte co i piedi a i ferri, & mani dinanzi, salendo in questo modo, si correggerà di sorte, che non si toccherà cosi spesso. & di tal uitio ne parlerò tosto piu largamente.

Modo p dar lena, e forza al cauallo: e si corregge, quã do si batte co' piedi a' ferri.

Et per far ch'egli lieui bene le braccia, & le spalle, non poco li giouerà farlo spesso andar di trotto dentro dell'acqua in alcun fiume, ouero in mare.

Aiuto dell'acqua, acciò ch'ei leui ben le braccia, e le spalle.

Non lascerò un'altra uolta di ricordarui, che si facciano girãdo i uostri torni in due giri solo, & che ciascun di loro sia in tondo da ducento cinquanta palmi; & che fin tanto che il Cauallo sara ben disciolto di braccia, & di gambe, & fermo di testa, et intenda il parare, & le uolte all'una, & all'altra mano, siano di trotto nella maiese, cosi come pure ho detto; & che in quella si stampino del garbo che presto ui farò uedere. Et notate, che due torni per banda, che son quattro quarti, s'intende solo una uolta, & fino alle quindici uolte, et meza, che sono sessantadue torni, è numero cõueniente ad ogni particolar Cauallo di gran lena, & di qual si uoglia età robusta. nõdimeno al generale non ui partirete dal numero di undici uolte, & meza, che ui dissi auanti: benche ad alcuni rari Caualli di tanta estrema forza, & altri, che parimente sono gagliardi, & mal creati, & auezzi alla libertà, per fargli suggetti, & ponergli al giusto, alcuna fiata se gli potrebbono donare non solo quindici, ma trenta uolte: & meza (che sono cento uentidue torni) & questo rade uolte accade, perche seguendolo spesso sarebbe cagione di debilitargli la spina di mezo, & totalmente annullargli in ogni membro la sua uirtù, conforme al ferro, che non meno si consuma adoprandosi piu del douere, che dalla rugine, quando non si adopra: & dal troppo trauagliar uiene, che molti di loro se dal principio si caualcano insino a i quattro o cinque anni, dimostreranno forza mirabile, & dapoi al tempo, che sì per la lena, & sì per la età il ualore, & la possanza douerebbe farsi maggiore, si uede il contrario, cõ infinita fiacchezza. benche il piu delle uolte senza questo trauaglio si suol sempre scoprire la debilità del Cauallo (quando è naturale) come egli entra ne i quattro anni, insino a i sette; & la cagione è questa, perche da principio ogni Cauallo ua timido del Caualiero che gli sta sopra, & unisce tutto il ualor suo, & ua uigilante, & sensitiuo, & parerà forte: ma poscia che si aßicura con l'huomo, quando si opra non si sforzerà, ne fara piu quella gagliardezza, come era solito in quei primi giorni, et mesi che si caualcaua; ma dimo-

Misura de' torni, come debbono darsi, & in che numero.

Quanti torni fanno una uolta.

dimostrerà totalmente la sua natura debole; & tanto piu, quanto piu gli cresce il peso della carne; nondimeno quando è naturalmente gagliardo, caualcandosi col debito modo, & come conuiene, di anno in anno si uedrà sempre auanzare in ogni bontà. Et perche in alcune qualità di Caualli bisogna il piu delle uolte darli torni di galoppo, mi pare conueniente ora di dirui in quanti casi accade questa necessità.

In quanti casi auuien di necessità dare i torni di galoppo.

Quando il Cauallo si uuole ammaestrare, che al maneggio de' repoloni uada con furia, se gli hanno da dar le uolte di un galoppo stretto, serrato, & ueloce: & allora il numero di quelle sara minore, & se gli potra mancare, & accrescere, secondo che conoscerete piu, & meno la forza sua, & secondo che egli piu tosto ui corrisponde a porsi al giusto.

Come hãno a darglisi le uolte, quãdo si uuol maneggiarlo a repoloni con furia.

Al Cauallo, che ua molto leggiero alla mano, & non uuol appoggiarsi, & ancor quando fugge, & ingorgasi la lingua, donerete i torni di galoppo: che cosi non solo si appoggierà, ma il piu delle uolte posandosi nelle barre (che sono i due luoghi dell'una, & dell'altra parte della bocca sopra gli scaglioni di basso) ponerà sicuramente la lingua sotto la briglia.

Quando nõ si appoggia alla mano, e s'ingorga la lingua, come hanno a darglisi i torni.

Quando il Cauallo o per mala creãza, o per natura ua infingardo, cioè ramingo, assicurato che sara cõ gli sproni, come fu detto molto dinãzi nel primo libro, quando ne ragionai, farete i torni di trotto assai disciolto, & affrettato, & appresso gli farete di galoppo cõ quanta furia ui sara possibile, dandodogli spesso il soccorso della uoce, o della bacchetta, o de gli sproni, et a tẽpo a tẽpo, ora in uno & ora in un'altro modo: che cosi continuando egli uerrà ad assicurarsi, et lascerà le fantasie, e tenerà solo il pẽsiero di fornir tosto, et ueločemẽte il numero delle uolte. Ma notate, che al principio non ne douete dar molte di galoppo, perche forse accorando si potrebbe fermare, ma a poco a poco le douete crescere. Però auuertite che questo uitio suol'essere piu, & meno: tal che quando non sara troppo, non importerà molto, perche quel, che mãca al corso, supplisce al maneggio, per cagione che sono maneggianti, come dissi allora che parlai de i segni, & delle balzane.

Quando ua ramingo, come hanno a darglisi i torni.

Quando il Cauallo sopra il galoppo ua scherzando col capo basso, & non si aggiusta, oueramente quando in essi butta calci, gli darete i torni di galoppo furioso, cominciandogli però prima di trotto; che cosi egli uerrà in un tuono perfetto, & con buona misura: & in ogni motiuo che esso fa o di scherzi, o di calci, douete castigarlo solo di uoce, oueramente di uoce, & con la bacchetta sopra il fianco, o forse ancora con gli sproni, a quel tempo alzandogli un poco la mano della briglia; che con tal correggimento uerrà giusto. Et non douete mai da ciò mancare, fin tanto che sara uinto, & lascerà le malignità. Ma come egli anderà bene, continuerete i uostri torni di galoppo, assicurandolo con la man destra sopra la inarcatura del collo, & con la uoce piaceuole, & bassa.

Quando ua sopra il galoppo scherzando col capo basso; o quando in esso butta calci.

Et

Et allora che trahe calci nel galoppo, se non basta in sua correttione quello c'ho detto, quando uoi lo castigherete, di piu douete con la man destra (senza interuallo alcuno) in quell'instante prender la redina destra, & tirandola gli darete un poco di suffrenata nella barra, che il piu delle uolte per tal percossa di bocca non penserà piu in tirar calci, & sempre che ritornerà gli farete pur quello. Castigo, quādo butta calci nel galoppo.

Quando il Cauallo ua senza ordine sbalzando, & non si uuol ponere al giusto, gli darete anco i torni di galoppo con furia, cominciandogli similmente di trotto, & lo castigherete a tempo pur cosi di uoce, & di bacchetta; & come sara corretto, & anderà bene, continuando il uostro galoppo, lo accarezzerete. Quando ua senza ordine sbalzando, e non si pone al giusto.

Quando il Cauallo naturalmente è superbo, & furioso, ouero ardente, & di poca forza, & uolendo galopparlo, egli stesso si prende una certa nausea, che fa il fiato grosso à guisa di bolso, allora come sara assicurato su i torni, alle uolte di trotto, le darete di galoppo a tempo: che cosi si fara sicuro, & giusto, & alla carriera poi intenderà il parare, & non si ponerà in fuga, come sogliono fare gran parte di questi Caualli di tal natura. Quādo è superbo, furioso, ardente, e di poca forza, & al galoppo si prende nausea.

Quando il Cauallo, non solo al galoppo, ma quando si maneggia, sempre si piscia, molto gli gioua spesso donargli un soaue galoppo in uolte (accarezzandolo come piu fiate ho detto) acciochè assuefacendosi con quei torni s'assicuri in esso, & in parte lasci il gran timore che tiene. Quando ua timido al galoppo, & al maneggio.

Quando il Cauallo è duro, et pigro, non solo gli douete dar le uolte di un trotto disciolto, ma di galoppo cō furia; et cosi farete il contrario quando egli sara di gran senso & leggierezza, & di gran core, & uelocità: & ogni fiata che galoppa, ricordateui sempre d'aiutarlo piu, & meno di uoce, di sproni, & di bacchetta, secondo che piu, & meno sara il suo sentimento, & secondo che risponde ad unirsi con uoi. Quādo è duro, e pegro, come hanno a darglisi i torni; e come quando è di gran senso, e leggierezza.

Ma notate bene, che nō essendo astretto da niuna di queste cagioni, douete ordinariamente, come ho gia detto, usar i uostri torni di trotto, quanto piu disciolto si può dare, & assai ui basterà all'uscir che farete da quelli da dritto in dritto, il piu delle uolte, come sara fermo di bocca, & di testa, andar di galoppo, al fin del quale parerete sempre con le uostre posate. Che ordinariamēte i torni si debbono dar di trotto; e come si dee uscir d'essi.

Nientedimeno come egli ua libero, eguale, & giusto a i torni di trotto, all'ultimo quando sara bene instrutto in tutti gli ordini, accio che prenda pur notitia, & consuetudine di galoppare pure in uolte, farete i torni di galoppo. ma come ui parerà che habbia preso la misura, & con facilità gli intenda bene, rade uolte ui accaderà in esso piu molestarlo, perche basterà solo per mantenerlo nella sua perfettione ricordargli tutti gli ordini sopra il trotto. Quando hāno a darglisi i torni di galoppo.

Però auertite, che ad alcuni Caualli, che sono ardentissimi, & di grā senso, & fastidiosi, & da altri malamente caualcati, che dando loro il trotto si pongo Quādo sarà ardentissimo

no

di gran senso, mal caualcato, e che si pon su la mano, se gli debbono dar i torni di passo.

Che i torni non si debbono fare in un sol giro.

Quãdo si arriua co' piedi alle mani, e ferri dinanzi.

no in su la mano, & tirano uia, il che di rado auiene, non douete dare i torni ne di trotto, ne di galoppo, ma glieli darete leggiermente di passo, & apoco apoco, dapoi che saranno per alcuni giorni assicurati bene, uoi da loro stessi gli lascerete auiare al trotto.

Vi guarderete di fare i torni, cosi come alcuni usano, d'una sola stampa d'un giro, che per molte ragioni, essendo il Cauallo giouene, questi lo potrebbono impedire, et accorare, et condurlo in qualche tema; che giunto che fosse doue suol uoltarsi, uolendolo fare auanti, si potrebbe confondere, et farsi restio, o almeno non si farebbe cosi giusto, & ordinato come gli conuiene; benche a Caual uecchio, & di buon senso alcuna fiata lo concederei, quando fosse duro di collo, & duro alla uolta, & anco per mostrare, che quantunque si uariasse la forma de i torni, egli si ritrouerebbe sempre in un tuono.

Alcun Cauallo giouene sara, che a i torni di trotto, o di galoppo, o pur quando egli ua da dritto in dritto si suole arriuare co i piedi alle mani, & ferri dinanzi. Per tanto dico, che allora si uuol ferrar di dietro piu corto del douere, & non bisogna darsegli tanta furia, ne tanto numero di torni, perche caualcandosi spesso, con la lena gli crescerà la forza, et secondo che quella cresce, cosi se gli crescerà là fatica, & la uelocità del caminare, o di trotto, o di galoppo. Et oltre a ciò gli suol giouare il piu delle uolte che egli si arriui castigarlo a tempo di sprone dalla parte contraria del torno che farà; & se caminando in qualunque modo da dritto in dritto si toccasse, si può anco correggere di sprone da quella banda del uentre, doue egli tiene il collo piu duro, & alcuna fiata si potrebbe castigar di bacchetta dall'una o dall'altra parte della spalla. Et similmente molto gli gioua farlo andar di trotto, & di galoppo in qualche luogo che sia pieno di molte pietre; & non hauendo questa commodità, potrete far seminare ne i torni da palmo a palmo assai pietre di ogni maniera picciole, mezane, & grosse, che son certo che il Cauallo caminerà sì disciolto, leggiero, auanti, & sì bene accorto, & attentato, che di rado si batterà co i piedi di dietro le mani dinanzi. Però s'egli tiene mal'unghie, anzi se non sono molto perfette, per dubbio che non gli uenga il falso quarto, questo nõ gli sarebbe a proposito, ma con dargli a poco a poco lena, & ben da mangiare, et non auilendolo con la souerchia fatica, ne essasperandolo cõ la troppa furia, & a tempo castigandolo, come ho detto, son certo che piglierà forza, & al fine quanto piu si batte co i piedi, & con le mani, tanto maggiormente si trouerà corretto. Di piu dico che se a i torni ui fossero da parte a parte cauati alcuni fossetti, o gradoni, lo fara destro a non toccarsi. Et ancora quando esso ha tal difetto è bene che si passeggi spesso di sbiaso a trauerso per gli solchi di una maiese molto fonda. Et uagliani il uostro discorso, che di questi modi che correggono il Cauallo che si batte, ne userete quello piu, che conoscerete chè alla sua complessione sarà piu atto a castigarlo: che quantunque sieno tutti perfetti,

fetti, alcun Cauallo è, che temendo un di questi castighi, con esso si emenderà; & alcun'altro poi ne sarà, che, facendogli pure il simile, lo temerà poco: tal che bisognerebbe posponere, & usare una dell'altre maniere di correggerlo, così come hauete udito.

Et se pur accade che'l Cauallo non uada fermo, & muoua la testa, cacciãdo il mostaccio di fuora, così a i torni di passo, o di trotto, o di galoppo, come ancor quando ua in qualunque di questi modi, da dritto in dritto, ouer quãdo si maneggia, tanto al corto, quanto alla lunga, & similmente quãdo in alcun luogo stare te fermo, subito ch'egli fa tal disordine, gli darete una gran bastonata cõ la bacchetta fra l'orecchie, & piu, & meno battendolo, secondo che si uede la necessità, et in quel tempo unitamente lo castigherete di uoce. Alcuna fiata dapoi, senza dargli altro colpo, lo douete castigar solo di uoce, o forse di sprone, & di uoce, & alcuna fiata solo di sprone dall'una o dall'altra banda, massimamente quãdo per lo castigo c'hebbe nell'orecchie in ueder la bacchetta mouesse la testa: de i quali castighi, tanto piu di sprone, del modo che conuengono, io ne ho parlato, & parlerò spesso dounnque mi accaderà. Et notate bene, che come il Cauallo riconosce due, o tre, o quattro uolte le botte della bacchetta nell'orecchie, in udir poi solo la uoce, o in sentirsi a tempo toccar da uno sprone, senza piu molestarlo con quella, mirabilmente si farà suggetto, & si correggerà: & se fin che si castighi di bacchetta ui par ch'egli si ponga in maggior disordine, & malignità, & in quel punto si distorni di testa, di ciò non dubitate, & faccia a sua posta, che tãto maggiormente appresso si trouerà uinto, et fermo, et consertatamente seguendo quanto uolete, riconoscerà non solo quello, ma tutti gli altri castighi. Talche ancora quando ad alcun falso, & uitiosissimo Cauallo, per la sua malitia, & non altramente ui accadesse una uolta solo, & al piu due uolte o tre far gli conoscere il castigo di molti terribili colpi di bacchetta, o di bastone, dapoi, se ben fosse di maligna natura, non bisognerebbe in tutto il tempo della uita sua dargli piu quel correggimento, perche in castigarsi appresso solo di uoce, a tempo, o di sprone, come ho detto, gli uerrebbe quasi sempre in memoria il bastone, che il tempo passato hebbe in su'l capo, & nell'orecchie, & liberamente tantosto si emenderebbe.

Castigo, quãdo caccia il mostactio di fuori, e non ua fermo di testa.

Questa è la forma de i torni offerti da me, con alcune parole scritte, che si per esse, & si per quello, che auanti ui dissi, facilmente saranno ben intesi, & del modo che ui sono dipinti conoscerete quanto sieno differenti da i giri antichi: i quali giri ancor pochi anni a dietro si usauano fra gli alberi, & nella campagna, & erano piu larghi, & in quelli con niuna misura ne di numero, ne di larghezza, cambiandosi luogo, si andaua, & non così ordinatamente, come ora si ua.

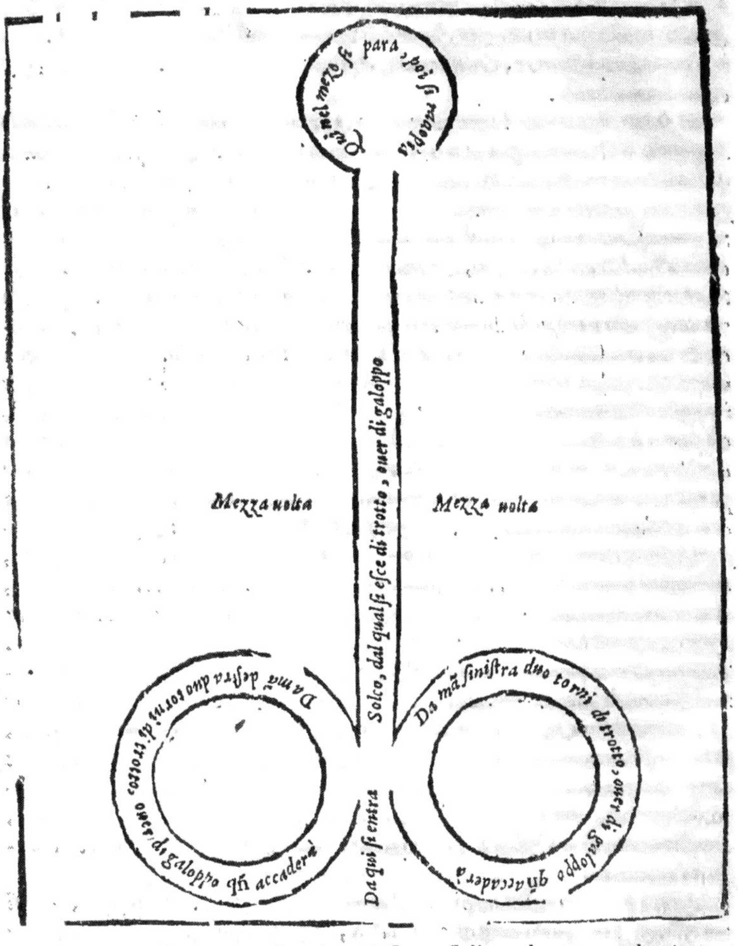

Qui nel mezo si para, poi si raddoppia

Mezza uolta

Mezza uolta

Solco, dal qual si esce di trotto, ouer di galoppo

Da mā destra duo torni di trotto, ouer di galoppo qñ accaderà

Da mā sinistra duo torni di trotto, ouer di galoppo qñaccaderà

Da qui si entra

Quanti torni fanno una uolta; & come decsi parare all'uscir de' torni; & il modo del raddoppiare.

QVESTE due meze uolte giunte insieme si dimandano una uolta intera, che sono quattro torni, cioè due torni per banda, come qui gli uedete, & come gia doue occorse ho pur detto. Et si comincia sempre dalla man destra, & ogni torno sara un quarto: il qual torno si può anchora chiamar giro, tondo, & cōtorno. Ma come siete arriuato nel fin di questo solco, ilquale si potrebbe pur fare da una delle bande del torno destro, parando il Cauallo con far le posate, ui douete un pezzo fermare: et dapoi che egli sara quieto, & giusto, se uolete ancora ra insegnargli che raddoppi, gli darete pian piano due uolte strette da man destra, aiutandolo con la lingua, & modestamente dalla banda contraria con la bacchetta, & con la polpa della banda sinistra, et rado, & attentamente con lo sprone della medesima gamba, a poco a poco, & piu, & meno secondo che accade; et subito dapoi cosi farete dalla man sinistra, aiutandolo col simile ordine cō la gamba destra: & al fin tornerete alle due uolte della man destra del modo di prima, & ui fermerete al solito uostro accarezzandolo.

E da mirarsi bene, che quando il Cauallo al raddoppiare si uolta da man destra, uuole incauallare il braccio sinistro sopra il destro: & quando uolta dall'altra mano, parimente il braccio destro anderà sopra il sinistro, conforme à gli ordini delle uolte del maneggio de' repoloni, cosi come dissi auanti quando ne parlai. Et lo sforzerete che uada giusto, & non si allarghi, ritornādo sempre al medesimo luogo, & alla pista, & che muoua le spalle, & le braccia dinā zi. Et ogni fiata che darete la uolta, in qualunque mano si sia, terrete questa misura di ponergli la testa dou'egli tiene la groppa, & chiuder le uolte in quella parte, uerso la quale era il uostro uiso quando l'incominciaste.

Come dee incauallar le braccia al raddoppiare.

Se il Cauallo uiene difficile à muouer le braccia con l'ordine uero, cioè, che quando si uolta dalla man destra, egli non solo non incaualca il braccio sinistro di sopra il destro, ma lo pone di sotto, & ancora con quello assai fiate si batte; et questo medesimo fa uoltandosi dalla man sinistra, che il braccio destro pone di sotto, oueramente con esso si percuote l'altro: ui dichiaro che poco importa, che quanto piu egli uien duro da ogni mano, & quanto piu si batte le braccia, tanto maggiormente uerrà castigato, & ricordeuole del suo male si guarderà, o con far la ciambetta, o con quell'incauallare, cosi come gli conuiene, tal che da poi si trouerà in uoltarsi con piu leggierezza, & misura.

Quando nō incaualca bene le braccia.

Ma accioch'egli uenga con piu facilità in questo, & tanto piu quando fosse di un senso fallace, & poco disposto à maneggiarsi, anderete al capo di una strada lūga, & posatamēte senza furia lo uolterete pur in quel modo una o due uolte dalla man destra, & appresso pian piano caminerete due passi auanti, & al tempo che lo fermerete uoltandolo altrettanto dalla man sinistra, et caminādo inanzi due altri passi, farete il simigliante dalla man destra: cosi passeggerete tutta quella strada, in ogni due passi con le uolte, ora da man destra, & ora da man sinistra, non partēdoui da quel numero, & da quell'ordine che cominciate, aiutandolo con la lingua, & con la gamba, & con lo sprone contrario della uolta che allora farete, et con la bacchetta, come dissi da prima; & in un tempo alcuna fiata si uuole attondare, & aiutarsi con gli due sproni. & lo saprete ben fare, perche ue l'ho detto. In questo modo caminando, il Cauallo si trouerà inuiato il braccio contrario quasi sempre a uoltarsi sopra l'altro, come ragioneuolmente cōuiene alla uera uolta. Et l'ultima fiata giunto che sarete al fin della strada, senza caminar piu passi auanti, uoltato che sara dalla man destra, non mouen-

Acciò che uē ga facile alle uolte.

dolo da quella pista, lo uolterete dalla man sinistra, & tornerete ancora a uoltarlo dalla man destra, & iui dapoi ui douete fermare.

Qualhor nõ sa ben le uolte da una bãda.

Però auuertite, che se'l Cauallo non sa da una banda le uolte bene, & come conuengono, douete in ogni due passi uoltarlo sempre dalla medesima mano: & tanto a quei passi, come in ogni tempo che sono fornite le uolte douete castigarlo di sprone dalla banda contraria; & fin che si aggiusti, benche si arriui nel fin della strada, quindi lo uolterete: ma come egli poi s'accorge, & ua bene, & uoi cosi al dare di quei passi, come al fin delle uolte l'accarezzerete, uoltandolo una o due fiate per ogni mano; pur con l'ordine che ho dichiarato dinanzi.

Vn'altro modo per far, che uenga bene alle uolte.

Si potrebbe anco in ogni due passi uoltar due fiate da man destra, & due da man sinistra; oueramente in ogni due passi farete sei uolte, cioè due da man destra, & due da man sinistra, & con quelle tornando pure alla man destra, et cosi douete seguire, dandogli a tempo doue accade il castigo, o aiuto, & carezze, come dissi, & apertamente si dira di passo in passo.

Ma douete notare, che a tutti questi ordini sempre l'ultime uolte parimente come le prime saranno da man destra, & si uogliono insegnar caminando auanti in alcuni di questi modi, non solo per alleggerire il Cauallo, & fargli incauallar le braccia, ma ancora perche, quando si raddoppia, s'egli o poco o assai si facesse indietro, la uolta sarebbe falsa, & mirabilmẽte da biasmare; che la sua perfettione è solo farla sempre in una pista, & in un medesimo luogo: & se pur auãtaggia poco auanti, non sarebbe uitio, come sarebbe farsi a dietro, oueramente da qualche banda.

Et se la strada doue farete questo, passeggiando le uolte, fosse corta, ui ricorderete, come siete giunto al fine, ritornare indietro, & dapoi andare auanti, sempre per la pista battuta, & per le prime pedate, pur con quegli ordini: tal che il numero tra l'andare, & il uenire sara tre fiate, ouero farete il numero maggiore quanto ui parerà che basti.

Modo ꝑ dargli furia nelle uolte raddoppiate.

Appresso bisognerà con l'arte a queste uolte raddoppiate dar furia con una certa misura ueloce: altrimenti quanto ho ragionato intorno a questo sarebbe quasi nulla. & ora per tal effetto ui dico, che douete farlo andare di trotto, o di galoppo quanto tiene una picciola carriera, & lo fermerete al fin della strada con una, o due, o tre posate, dapoi aiutando il cauallo di lingua, & di sprone sinistro. et s'egli fosse pesato, & di poco senso, & anco se non ui rispondesse bene, attondando in un medesimo tempo con l'uno, et cõ l'altro, lo uolterete sospeso dalla banda destra, ponendogli la testa doue allora tiene la groppa, che sara meza uolta, & lo fermerete un pezzo, et dalla medesima bãda destra col simile ordine chiuderete l'altra metà, posandolo giusto, & a quella pista, nella quale era prima, & cosi egualmente farete dalla mã sinistra, & all'ultimo ritornãdo pur dalla man destra, come allora faceste, tal che saranno tre uolte, la prima et l'ultima da man destra, et quella di mezo da man sinistra. Et in questo modo sollecitandolo

citandolo spesso se gl'insegnano le uolte sospese, furiose, & alte, oueramente di mezo aere, o basse: & come dapoi egli sara facile, se gli potrebbe raddoppiare il numero, chiudendo integramente le uolte da ogni mano senza pausa niuna.

Oltra di questo se gli potrebbe usare un'altro modo, & udite come. Ogni fiata che date le due uolte da man destra, pur che'l Cauallo intenda l'ordine di mouer le braccia, cosi come ho insegnato, douete in ogni seconda uolta, come siete alla metà d'essa, aiutarlo di lingua, & di bacchetta, & di sprone contrario, che egli uerrà presto, & con bell'aere a chiuder sempre l'ultima meza uolta: & il medesimo farete alla metà d'ogni seconda uolta che prenderà da man sinistra, aiutandolo ancor di lingua, & di bacchetta, & di sprone contrario piu, & meno, o piu l'un dell'altro, secondo il senso che tiene. Ma tanto all'una come all'altra mano attonderete in un tempo con l'altro sprone, se pur allora gli accaderà: & questo attondare, facendosi a tempo, è cosa mirabile per fargli pigliare al suo dispetto ogni fiata che uolete la uolta giusta, & eguale, furiosa, & alta. Però notate, che le prime uolte, o siano da man destra, o da man manca, secõdo questa regola, non uogliono essere furiose: & assai basterà che uadano con misura incaualcando il braccio contrario sopra l'altro, & dapoi nella metà d'ogni seconda uolta dargli un poco di furia, nel fin chiudendola come ho detto. Et accio che con piu facilità ui sia noto quel ch'io ragiono, ui fo chiaro, che quando si raddoppia, ogni uolta è due quarti: tal che due uolte in man destra sono quattro quarti, & ogni quarto è meza uolta; et, incominciãdo dall'ultimo quarto, da quarto in quarto gli darete furia: ma fin che non ha furia nell'uno, non glie la darete all'altro: et similmente farete alle due uolte della man manca, che sono pur quattro quarti: & seguendo questa maniera, ui accorgerete appresso, che da se stesso uerrà & alle prime, & alle seconde uolte da ogni mano furioso, & a tempo, & giusto; & si potrebbe ancora per molti giorni solo nell'ultimo quarto d'ogni uolta mantener ueloce, & far che uada leggiero, & sospeso, & a cader a quel segno donde prima si mosse. Et al fine come egli intenderà bene tutte le uolte, con quella uelocità che gli bisogna, douete ordinariamente (fin che haura preso con facilità grande il raddoppiare) uoltarlo tre uolte per ogni mano: & la prima uolta sia sempre pian piano con tutta la pausa che si può fare. Perche si trouerà inuiate le braccia con ordine; et senza che dapoi si confonda, & sperda da quelle, seguira da se uelocemente con infinita misura le altre due uolte doppie per ogni lato. Et ui essorto che siate ben auuertito a quel che ora dico, perche ciascun di questi modi sara mirabile per agilitar ogni Cauallo al raddoppiare; & quantunque sia pigro, & di mal senso, egli con tali ordini uerrà non solo facile, & destro, ma uelocissimo. Et douete distinguere, & accortamente conoscere a qual Cauallo conuiene usar l'uno, & a quale l'altro. Però uolendo insegnarli che dia calci quando raddoppia, non gli sarebbe questo cosi a proposito, come il primo modo, ch'io dissi inanzi: che allora in ogni meza uol-

Vn'altro modo per insegnarli le uolte raddoppiate.

Come si dimandano le uolte, quando si raddoppia.

ta si uuole aintar in fargli tirare un paio di calci, tal che in ogni uolta integra egli ui porgerà due paia di calci, che saranno giusti, un paio auanti, & un paio adietro, sempre a quel dritto doue lieua la testa, & pone la groppa. Et anco ra di piu, prima che doni la uolta, si potrebbe aiutare al primo, o al secondo, o al terzo tempo, che sta pallottando, & fargli dare un paio di calci in dietro, & dapoi seguendo la uolta con le due paia di calci, cosi come u'ho detto, & per fargli pigliar animo, dal principio in ogni quarto, che è meza uolta, lo douete fermar un pezzo, & a quel tempo se lo accarezzerete, assicurandolo con la mano, tanto maggiormente s'inanimerà. Et ui auuertisco, che solo alle uolte raddoppiate una uolta semplice si chiamerà meza uolta: le qual uolte semplici gia furono mostrate da me, quando parlai de gli altri tre tempi del maneggio de' repoloni.

Che si dee fargli raddoppiare al fin de' torni.

Sarebbe assai meglio, & da stimarsi molto al fin, quando sarete uscito o di trotto, o di galoppo da i uostri torni, parato che hauera il Cauallo, farlo raddoppiare, al modo che hora ui dissi: & se la durezza, & poco senso, & inattitudine, che egli tiene, non ui sforza, parimente uscito che è da i torni, & fatto che ha le posate, & dapoi che iui un pezzo sara stato fermo, senza usar tanti ordini, se gli può insegnare il principio, & anco il fine di sapersi collocare le braccia, come appresso la figura auanti ui dichiarai, & l'uno, & l'altro pur se gli potrebbe similmente mostrare all'ultimo del maneggio de' repoloni, o siano di passo, o di trotto, o di galoppo, quando ha parato; non partendolo mai da quel l'orma, cosi come feste al fin dell'uscita de i torni. Però gli ordini caminando auanti, saranno solo per alcuni Caualli, che si lasciano adietro, oueramente che sono durissimi a queste uolte, & forse gran tempo radicati nel mal costume, & con trauagliarsi a quello il piu delle fiate diuengono dapoi facili, & si supplisce al difetto loro, & à quel che lor manca la natura.

Quando sia duro, e pegro a gli sproni, & difficile alle uolte raddoppiate; & quando sia uiuace, e molto sensibile.

Ma un Cauallo che fosse duro, & pigrissimo a gli sproni, & difficile alle uolte raddoppiate, quando sa incauallar le braccia, uoi sdegnosamente in un luogo stretto, oueramente nella campagna, uoltandolo con quella furia, che se ne può cauare, senza pausa niuna, lo batterete continuamente di sproni, cosi come si suol aiutare, & tanto spesso, che da i lati appresso le cigne se gli faccia sangue, & per ogni mano gli darete o piu o meno di sette uolte, non partẽdoui mai dal numero che gli comincerete, & pur da quella banda contraria battendolo molto di bacchetta sopra la spalla; & benche uada molto sollecito, nõdimeno caualcandosi dapoi la mattina che segue, per la doglia che ha in quelle parti delle pũture non saldate, che hebbe di prossimo, le quali allora non saranno piu calde, ma dogliose, & fredde, sentirà piu le botte de gli sproni, et conoscerà liberamente, che quelle furono per castigo della sua pigritia: tal che maneggiandosi con una o due uolte da ogni mano, non senza aiutarsi con gli ordini ueri, sara molto piu facile, & assai piu presto, che non è di natura, in ogni uolta doppia, che

egli

egli fara; cosi come ancora se fosse uiuace, & molto sensibile, usandogli a tempo il simile che ho detto, lo fara patiente, & egualmente ui risponderà con quel la misura che gli conuiene, come piu chiaramente parlando del Cauallo, che non soffre gli sproni, ui ragionai. Però in questo caso nõ bisognerebbe caualcarsi la mattina seguẽte, perche accaderebbe solo quando fosse pigro, del modo che ora ui dissi: altrimẽti farebbe l'effetto contrario, come hauete dinãzi gia ben inteso.

Ancora a Cauallo che uien'aßai lento al raddoppiare, come sapra nelle uolte incauallar le braccia, gioua molto, per alcune fiate, al fin di un picciolo repolone di trotto, che ua a terminarsi di galoppo, al tempo che ha fatto la uolta semplice, chiuder presto l'altra metà di uolta dalla medesima mano, et iui facendogli carezze fermarlo per un poco, & forse allora (senza fermarsi) lo trouerete in tanta attitudine, che potrebbe seguir due uolte raddoppiate per mano. & si uuol auuertire (fin che raddoppia) di non mancar mai di aiutarlo cõ quanta uelocità si può di lingua: perche trouandosi auiato con quella furia del repolone, prenderà non pur con facilità grande preste le uolte doppie, ma il uero senso dell'aiuto: & quando poi a quel suono della lingua intende le uolte bene, non bisognerà donargliele piu con quei repoloni; che le fara in ogni tempo, & da fermo a fermo, & consertamente, & in ogni maniera che uolete.

Quando uenga assai lento al raddoppiare.

Se il Cauallo, quando raddoppia, fa le uolte caminando troppo auanti, & non ne lo potete a niuna guisa correggere, uoi ui ponerete con la testa del Cauallo all'incontro di un muro, ouero di un'albero da sei palmi lontan da esso, & farete le uolte con gli ordini che ho detto, chiudendole sempre uerso quel muro, o uerso quell'albero, perche non potra farsi auanti, & in un medesimo luogo bisognerà farle giuste.

Quando al raddoppiar faccia le uolte troppo auanti.

Volendo togliergli questo uitio, senza che ui sia muro, ouero albero nell'incõtro, si uuol maneggiar con la mano un poco piu ferma del solito, ma non tanto che non ui sia il suo giusto temperamento: & ogni fiata che son chiuse le uolte, tanto quãto egli si fe auãti, lo douete pian piano ritirare, et farlo far indietro.

Si potrebbe ancora dapoi che lo hauerete maneggiato a repoloni di passo, o di trotto, o di galoppo, nella maiese a trauerso per un segno battuto dalle sue stampe, parato ch'egli hauera, iui farlo raddoppiare, & bisognando ritrarlo appresso, pur come ui dissi: perche allora, ogni fiata che si fa auanti, gli sara fatica partirsi dal terren duro, & andare doue affonda. Onde poi da se stesso a poco a poco si correggerà, & al fin fara sempre le uolte in un luogo solo, non partendosi mai dalla pista sua, cosi come ancora sarà quando egli al raddoppiare si facesse in dietro: & uoi, correggendolo di tal'errore, altrettanto lo farete far'auanti.

Similmente, quando egli raddoppiando si fa auanti piu di quel che gli conuiene, gli ualerà molto farlo spesso raddoppiare al piano nel fin d'un pendino con le braccia; & con la testa uerso l'alto, & con le gambe uerso il basso, &

Quãdo al raddoppiar faccia le uolte troppo auāti, o troppo a dietro.

per opposito uolendo castigarsi che non si faccia indietro, pure iui si può raddoppiar col suo capo, & le braccia uerso il basso, & le gambe, & la groppa uerso l'alto.

Castigo di sprone, quando non ua giusto al raddoppiare.

Et s'egli si confonde in questo, senza incauallar le braccia, oueramente senza sapersi sospendere, & alzarsi col suo ordine, & se non ua giusto, & se non si ferma giusto, & ancor se non ua con furia, uoi ogni fiata che hauete fornite le uolte, lo fermerete, & tãtosto fermato che sara, se le uolte furono in qualunque modo mal fatte, gli darete una o due botte con lo sprone dalla banda contraria delle uolte che fece, & subito corrisponderete con altrettante botte con l'altro sprone, & in quello instante seguirete appresso pur il battere con lo sprone dalla parte contraria, & non partendoui da quella pista lo uolterete dapoi parimente onde fallendo si uoltò prima, perche all'ultimo con tal castigo si correggerà. Et come ui accorgerete che una fiata fara le uolte perfette, lo accarezzerete, fermandoui un pezzo, & cosi douete seguire. Ma ricordateui, sempre che'l Cauallo fara male, castigarlo come u'ho detto, & facendo bene accarezzarlo, senza dargli altro aiuto di sproni.

Castigo di sprone, quando fa le uolte troppo alte, o basse.

Et se ui fara le uolte alte, per abbassarsi lo douete con simil'ordine castigare, & ritornar dapoi a uoltarlo dalla mano doue si uoltò, che cosi si abbasserà. Et se fa le uolte basse, & uolete alzarlo, pur con tal'ordine, & castigo di sproni si alzerà. Et non è marauiglia se nel Cauallo una sorte di castigo fa due effetti, uarij l'un dall'altro, perche il ueggiamo egualmente all'ammaestrare di un fanciullo, che per il timore di un solo castigo tacerà, & stara saldo, & fermo; & poscia per tema pur di quello egli, piacendo al maestro, parlera, et mirabilmente essercitando, si mouerà con la persona.

Castigo di sprone, quando nõ ua giusto al raddoppiare.

Ma notate però, che se uolete castigarlo, hauendo, in ogni maniera che sia, mal fatte le uolte raddoppiate, si potrebbe correggere, come a molti ordini, doue fu necessario, u'ho gia detto, solo battendolo una o due fiate con lo sprone dalla banda contraria delle uolte, senza le botte corrispondenti, che qui auanti ui dissi; non lasciando appresso di uoltarlo ancora da quella parte, nella quale comise l'errore. Il che sara piu facile, & non ui bisognerà usarci tanta arte: benche quel modo gli sarebbe maggior castigo, & maggior cagione di aggiustarsi, facendosi a tempo, & come conuiene: & tanto piu quando egli, essendo di molto senso, oueramente maligno, & non di troppo buona uolontà, fugge la stampa della sua pista, sopra la qual si ha da trouare, non solo a tempo, ma sempre giusto.

Aiuti alle uolte raddoppiate.

Dapoi, come il Cauallo sara totalmente giusto, & fermo, & facile a uoltarsi, & intenderà bene la uolontà nostra, ogni fiata che uolete raddoppiarlo, aiutatelo di lingua; & se la necessita ui sforza, douete ancora aiutarlo di bacchetta dinãzi o di dietro, colà piu, doue piu bisogna eleuarsi: et quella poi gli mostrerete sempre dalla banda contraria della uolta in uno di quei due luoghi, doue

con-

conuien tenersi, soccorrendolo a tempo di sproni, del modo che u'hò detto. Et alcuna fiata si uuol aiutare di polpe di gambe, & o questo, o quello, & o piu, o meno, & o l'uno & l'altro farete, & a tempo a tempo, secondo che ui richiede, et secondo che ui accorgerete che gli conuerria; & fin che si raddoppia, lo aiuto di lingua non se gli manchi quasi mai, perche uerrà a spesolarsi furioso, & giusto, & mouendo non solo le spalle, ma anco la groppa, & iui fermo ponendo la testa in quell'instante chiuderà le uolte a quel dritto, & a quella pista, doue prima egli era, & egualmẽte, & all'una, & all'altra mano. et se pur uolete che egli si lieui con calci, di piu lo aiuterete di uoce, ricordandoui sempre di accompagnar le uolte giuste col tempo della persona, & le prime, & l'ultime continuamente pigliarle dalla man destra.

Pur è da sapersi, che'l raddoppiare si può incominciare in due maniere: l'una è, quando prima che si raddoppia lo farete accorgere di quel che ha da fare, due o tre fiate solleuandolo dinanzi pallottando, & al secondo, ouero al terzo tempo lo piglierete, tantosto aiutandolo alle uolte, come ho gia detto. Et l'altra maniera è, quando non uolete che si sollieui con quel pallottare, & forse auanti, & dietro, a modo di capriola; ma facendolo di subito raddoppiare, al primo tempo che si lieua, lo aiuterete alle uolte, senza aspettare ne secondo tempo, ne terzo. Et in questo non ui bisognerà ne arte compita, ne tanta misura, come è di mestiero all'altro modo. Et non tacerò, che il uostro discorso bisogna che ui uaglia, che alcun Cauallo sarà, che quando si raddoppia, intenderà piu lo aiuto della bacchetta dalla banda contraria della spalla, che dello sprone nel uentre, così come altri piu intenderanno lo aiuto dello sprone, che della bacchetta: onde allora gli darete quello piu, che esso piu sente, & ubidisce. Ma è da sapersi, quãdo ui risponde piu facile al soccorso della bacchetta, che de gli sproni, che è segno il piu delle uolte che sia debole, & si preuaglia piu della leggierezza, che della possanza: così come quando ui andasse piu destro a gli sproni dimostrerebbe preualersi piu della forza. però quando egli sarà ben creato, sia pur di qualunque natura si uoglia, intenderà sopra tutti gli altri aiuti gli sproni.

Come il raddoppiar si può cominciare; e di che natura sia, quando sente piu un'aiuto, che un'altro.

Et auuertite, che tanto al passo, come al trotto, & al galoppo, & alla carriera, & al maneggio de' repoloni, & alle uolte raddoppiate, al chiuder che si fa dell'una o dell'altra uolta, ogni fiata che al tenere ui si fura, & fugge alla man destra, douete in un tempo, quando si ferma, o poco auanti, accostargli la polpa della nostra gamba destra, & forse anco lo sprone dalla medesima banda nel uentre. Et quando egli si butta dalla man manca, similmente douete accostargli la gamba sinistra nel uentre, & all'una, o all'altra parte, alla qual facesse questo disordine, piu & meno pungendolo di sprone, secondo che conoscerete la facilità, et intelligenza sua. Et cõ tal modo sarà sempre sforzato di fermarsi eguale, & giusto, & in una pista: & al fin si trouerà totalmẽte corretto, che

Quando a chiuder la uolta ui si fura.

che poi non hauerà bisogno ne di questo ne di altro aiuto, tal che allora facendo si pur quello sarebbe uitio.

Modo di maneggiare a repoloni.

Mi pare ancora di darui luce di quanto sarà possibile farsi per un Cauallo. La onde ui fo intendere, che ogni fiata che egli sarà destro, & facile al raddoppiare, si potrebbe a poco a poco sopra il passo, o il trotto insegnar di maneggiarsi a repoloni a questo modo. come siete al termine del repolone, donategli una uolta & meza raddoppiata, & subito ritornando in dietro per la pista del medesimo repolone, giunto all'altro termine, prenderete la simigliante uolta dall'altra mano, et cosi continuerete fino a quel numero, al quale egli possa resistere: & la prima, & l'ultima uolta sarà dalla man destra, & al fin lo douete parare con le posate.

Vn'altra maniera di maneggio a repoloni.

Si potrebbe pur maneggiare in questa maniera che ora ui dirò. come siete arriuato al termine, gli donerete meza uolta da man destra, & in un tempo subito cambierete mano dalla banda sinistra, raddoppiando la uolta integra, & per la pista del repolone caminando auanti, come siete all'altro termine, prenderete la meza uolta sinistra, & in quell'instante chiuderete la uolta raddoppiata da man destra, & cõ tal'ordine seguirete gli altri repoloni in ogni capo sempre con una uolta & meza fallita, et in ultimo posando lo farete parare. Et tanto a questo maneggio, quanto a quel che ho detto dinanzi, dal principio si uogliono far le uolte pian piano, incauallando solo le braccia.

Et come il Cauallo intenderà bene queste uolte, sopra il passo, ouer nel trotto si potrebbon fare questi repoloni di galoppo piu o meno furiosi, secondo potrà soffrire. Però auuertite bene, che l'uno & l'altro garbo di tal maneggiare nõ è utile a niun modo di battaglia: anzi se il Cauallo fosse di pocha schiena, gli annullerebbe tanto piu la possanza. nondimeno essendo se non pur in tutto, in parte gagliardo, per una nuoua uista, & per un bel uedere, mostrando il ualore, et l'attitudine sua, sarebbe da stimare in una stalla fornita d'un grã Principe che ui fossero almen un paro di questi caualli. Et sappiate, che all'altre uirtù da poi si mostrerebbe con maggior conserto, & pronto, & facile piu del solito suo.

Come si dee raddoppiare un cauallo d'bole, e grauoso.

Di piu dico, che le uolte raddoppiate, non solo al repolone, del modo che ora qui auanti ho detto, ma quando sono da fermo a fermo, & massimamente se fossero due uolte per mano, se il Cauallo è debole, & non è leggiero, & in esse non tiene attitudine, uolendo troppo sforzarlo, gli rõpono i lombi, et debilitano i nerui, & se gli manca gran parte del suo potere. Però ui ricordo, che in tal difetto, uolendo maneggiarlo con le uolte raddoppiate, come conuengono, bastera per alcun tẽpo usargli sol'una uolta per mano: che al cõbattere sarà piu utile, che non sono le due uolte, & preseruandogli la forza, non finirà tanto presto la sua bontà. Oltre di questo la uolta uerrebbe di schiena, & piu attondata, et aiutata di sproni, & in ogni uolta si accõmoderà le braccia con piu bell'aria, et piacendoui al fin dapoi farà pur l'uno & l'altro: & se cento uolte l'hora lo richiederete

chiederete da ogni mano, in questa guisa ui risponderà sempre giusto: & se totalmente egli non fosse atto a chiuder le uolte, et in farle fosse grauoso & pigro, di troppo duro & mal'intelletto, & assai floscio, in tal caso ui dico, che non son durabili, & in niuna maniera è bene donargliele, perche anco di piu lo auilirebbono, & appresso cãbiando mano, et uenẽdo in poter d'un Caualiero nõ così bene esperto, nõ farebbe giuste, secondo che si ricerca, le uolte semplici de i repoloni.

Et perche non è dubbio, che per hauer il fondamento d'ogni uirtù bisogna che il Cauallo sia fermo di arco di collo di testa, & habbia buona bocca, mi pare sopra di ciò ch'io sia costretto di farui noto, che uogliate fuggire il disordine che molti usano, che, mutando tante aspre, & uarie briglie al Cauallo, pensano con quelle fermarlo di capo, & al tenere agilitarlo, & non si aueggono, che con esso s'inuilisce, oueramente si esaspera: onde con si graue errore non sarà mai possibile, che uenga nella sua final perfettione: ma con la buona arte, & uera disciplina, & con la briglia piaceuole, alla qual si possa temperatamente appoggiare, & assicurar la bocca, & col trotto, & col galoppo, portando la man temperata, & ferma, & co i torni, & non ponerlo in fuga, & con dimostrargli il modo delle uolte a i repoloni, & al raddoppiare, & con insegnargli le posate, & fargli conoscere la uoce, quando uolete che si fermi, & pari, & con la rarità della carriera, & fargli a tempo carezze quando fa bene, & castigarlo sempre a tempo quando fa male, uerrà compito in ogni bontà, el a confermarsi col uolere del Caualiero, che gli sta di sopra. Ora chi non sa, che se uoi maneggiando il Cauallo, gli darete da dieci repoloni, se all'ultimo si pone in su la mano, & ua uia col mostaccio alto, cacciato in fuora, oueramente basso, piu & meno uerso il petto, che egli il fa, non per colpa di briglia, ne per uolontà che habbia di correre, & trauagliare, ma solo per posarsi, & pensa di scampare, & superarui, accio che non habbiate piu da fastidirlo? tal che nõ solo in questo caso, ma in qualunque tempo che usi tal uitio, se allora non ui fate uincere, & battendolo in testa, & in mezo, & fra le orecchie dall'una & dall'altra banda, et cõ terribili uoci correggendo fin tanto che dura nella sua perfidia, et malignità, non mancando da ciò, egli uerrà uinto, & temerà un'altra fiata uenire a quel termine, oue egli sempre si ricorderà, che per lui sarebbe maggiore il trauaglio: et tanto piu se ui accadesse questo in una maiese fonda. Et notate bene, che allora che ui accorgerete che esso sia almeno in parte uinto, non lo douete lasciare senza di subito ritornare a maneggiarlo un poco sopra il trotto, & appresso sopra il galoppo, & che non esca molto della lena sua, & fermandoui, come al male hebbe il correggimento, così ancora douete al bene tantosto fargli carezze sopra il collo, oueramente sopra il garrese; & lasciandolo con quella buona bocca, un'altra fiata non oserà egli uscir dalla nostra meta, & intenderà quel che uolete. Et benche sia col capo grosso, con le mascelle piene, corto, & carico di collo, & lungo di schiena, & totalmente debole, & di

Non douersi mutar spesso briglia, e castigo, quãdo ua di bocca.

picciola

picciola & mala bocca, con hauergli fatto conoscere con questi ordini la nostra uoluntà, uolendogli dapoi dar la carriera, senza tirargli quasi la briglia, come egli udirà quel modo di uoce, si fermerà co i falchi, & con far le posate bellissime, & di gentil garbo; & forse il piu delle uolte sara talmente suggetto, che ancora senza barbazzale farebbe un bel parare, & castigatamente senza ripelo alcuno si maneggierà. Tutte queste cose sono esperimentate, & ue l'ho chiarite auanti, & tuttauia ui si faranno piu chiare.

La qualità della briglia esser necessaria.

Non dico che totalmente la qualità della briglia non sia necessaria, perche dapoi che il Cauallo sara fermo, & bene ammaestrato, bisogna porgliela poco piu o meno gagliarda, secondo conuerrà all'esser della sua bocca, accioche uenga maggiormente o piu leggiero, o piu appoggiato, soggetto al suo Caualiero:

Onde proceda l'hauer mala bocca.

Et ui fo intendere, che quando egli ha mala bocca, procede da una di queste cagioni, ouero è duro di barba, o duro di barre, o duro di lingua, oueramente è di tanta estrema fiacchezza, che abbandonandosi al corso, & non potendo appresso ricogliere la schiena, non può cosi facilmente fermare. Alcuna uolta suol'accadere, quādo è di gran senso, che essendo molto battuto, & fuor di misura, & di ordine caualcato, al parare non conosce la uolontà del suo Caualiero: anzi forse pensa con quel fuggire & correre saluarsi dalla soggettion sua, & perciò disperatamente se ne ua di bocca.

Quādo il cauallo sia duro di barba.

S'egli è duro di barba, dico che quanto piu ponete barbazzali quadri, spinosi, a punte di diamanti, a spica, & a serrette, & duri, et sani, con nodi, et senza nodi, tanto è peggio: perche rompono la barba, & tanto piu, quanto piu si difende; & dapoi la Natura a quel mēbro leso prouede di maggior durezza, & di maggior callo & osso talche il Cauallo uerrà con piu libertà a temer meno la briglia: & benche dal primo paia ch'egli uada leggiero; nondimeno come la barba sarà calda a poco a poco, tanto maggiore se gli caricherà di sopra, & quanto piu la rompe, per il calor naturale, che ui è di dentro, il dolor è minore.

Forma del barbazzale.

Però è necessario non porgli altro barbazzale, che quello che communemēte si usa ad S tonde, & con l'arte, come ho detto, si supplirà al suo difetto.

Quando sia dilicatissimo di barre, e di barba.

Ma perche, quantunque di rado accada, suol'essere alcun Cauallo delicatissimo di barre, & delicatissimo di barba, tal che benche se gli ponga il cannone auinto, & uecchio col barbazzale couerto di tela, egli mai non oserà di appoggiarsi, che andera talmente attentato sopra la briglia, che uolendo poi mostrargli come si ha da maneggiare, non ui potra rispondere ne a tempo, ne giusto all'aiuto della uostra mano, & de' uostri sproni, ne meno fara in niuna maniera cosa buona: dico che allora bisognera caualcarsi senza barbazzale, & come ui accorgerete che egli pigli animo & securta, appoggiandosi sopra la briglia, uoi per alcuni giorni, in cambio di bar bazzale, gli ponerete una zagarella risforzata, & larga quanto è il dito pollicare, che non gli sia stretta nella barba, ma gli sia tanto tirata, quanto gli basta, che non gli trab occhi molto la briglia,

& all'ulet all'ultimo che sarà bene ammaestrato, leuandogli la zagarella gli porrete il solito barbazzale, oueramente ne farete far un'altro leggiero, di ferro filato, a maglie cesarane, che sieno piane & eguali quanto sarà possibile, a quel modo che gli orefici sogliono far le catene chiamate da loro alla cesarante.

Se quando egli è duro di barre, gli porrete quei bastonetti, quelle ballotte tagliate, quelle rote, quei fälli, quei monti asprissimi, quelle briglie sane, & di un pezzo, dico che allora il Cauallo fuggirà il uero appoggio, & ui bisognerà sempre andargli cō la mano attentata, & nō hauerà niuna fermezza, ne potrebbe far cosa da bene. ma se pur se gli ferma la mano, ouer egli, per uolersi da quella asprezza difendere, si carica sopra la briglia, facilmēte le barre, che son couerte di carne, & non di ferro, si rompono: et si per la medesima cagione c'ho detta de i barbazzali, come anco perche sempre nella bocca il freno contrasta tra la carne sana, & la inferma, egli farà qualche mal motiuo, et non sarà mai giusto; che per l'offesa, che si sente continuamente, non può pensare al buon ordine che il suo Caualiero li dimostra: onde la uolontà sua non si potra unir con esso, come richiede la uera disciplina; ma il suo pensiero sarà solo in difendersi. et quantunque, prendendo egli quella rottura di barre per castigo, andasse fermo, assai sarebbe disordine mantenergli la bocca rotta.

Quando sia duro di barre.

Nondimeno se uoi gli ponete il morso aperto, che sia snenato, ouero a cappione, gli donerete il uero appoggio; & con la dottrina si farà leggiero, & abile ad ogni uirtù; perche senza liberargli almeno un poco la lingua, non se gli potrebbono far suggette le barre quando sono dure.

Morso di cauallo duro di barre.

Ma se pur il Cauallo è duro di lingua, et si difende dalla briglia, oueramēte la fugge, & se l'ingorga, ponēdogli le castagne, le rote, & altre cose per farglie la poner di sotto, o farla sottile, & leuargli la difensione che fa con essa, mi par che sia grandissimo errore, che essendo la lingua membro inquieto, che sempre si opra, conforme quasi alla palpebra dell'occhio, ogni uolta che si muoue, et truoua con offesa sua doue appoggiarsi, o fuggirà; o se pur si pone di sotto, essendo gagliarda, & di mal senso, non potrà mai soffrire, ne aggiustarsi, & farà sempre disordine.

Quādo è duro di lingua & ingorga.

E si uede chiaro, che ogni uolta che parimente se gli ponera in bocca il morso aperto, la lingua perderà la sua difesa, et senza uitio si assicurerà sotto la briglia; dalla quale col mezo dell'opre si farà l'uno & l'altro effetto.

Se quando tira di bocca per mancamento di forza, uolete tenerlo cō una briglia molto aspra, dico, che se ne anderà uia piu disperatamente: & se pur in parte si tiene, il piu delle uolte fara bestiali motiui di testa, & al parare uerrà cō dispetto, & fuor di ogni misura.

Quando tira di bocca per poca forza.

Ma ponendogli la briglia che non gli offenda, & regolandolo con la rarità della carriera, & con la uera lena, & co i ueri ordini, come ho detto, & pur dirò, il Cauallo farà un bel tenere. & similmente dico, che conuiene usarsi, quādo

egli

egli se ne ua uia per troppo senso, et perche non sa il uoler del suo Caualiero. Et qual briglia sarà piu lieue, & qual piu gagliarda, ora il dirò, & parimente a qual bocca conuiene l'una, & a qual bocca l'altra. Et dirò solo quelle, che ueramente mi pare che conuengano, & l'altre lascerò per uso della gente uolgare, senza farne mentione alcuna, & pur appresso u'insegnerò molti bei correggimenti da togliere ogni difetto.

LIBRO TERZO.

La prima briglia, che si ha a porre al cauallo.

LA prima briglia che si ha a ponere al Cauallo, o sia di buona o di mala bocca, è il cannone con le guardie dritte, come ho gia detto al primo; & fin tanto che egli sarà fermo, & saprà ben'operarsi, & che intenderà tutto quello che conuiene al uero ordine, non glie la douete mai cangiare. Dapoi s'egli è di gentil bocca, gli ponerete un cannone con le guardie uoltate.

Quãdo il caual mostri qualche poca durezza di bocca.

Se il Cauallo mostrerà qualche poca durezza di bocca, gli ponerete la Scaccia.

Briglia ꝑ caual di nõ grã bocca, & delicata, e buona.

S'egli nõ ha gran bocca, & è delicata & buona, oltre di queste briglie se gli potrebbe ponere conuenientemente un mellone liscio a simiglianza della oliua, & solo con la Siciliana di sopra.

Quando fa piumacciuoli, e si difende con le labbra, e non si posa sopra le barre.

Questi melloni si potrebbono far tondi, & piu grossetti, & allora da ogni banda di fuora si gli ponerà un'anelletto, il quale uolgarmẽte si dimanda fallo, & accade a Cauallo che fa un poco di piumacciuoli, che è quãdo egli si difende con le labra, & non si posa sopra le barre, come gli conuiene, ma quelle si richiude di tal maniera dentro la bocca, che sopra di esse si appoggia, & mirabilmente ui sforza.

Quando fa piumacciuoli, e porta la lingua fuori.

Nondimeno a Cauallo, che farà questi piumacciuoli, sarà piu a proposito ponergli un pero, ouerarmente un cãpanello col suo timpano a uolta, il qual timpano ancora può esser piano. & quando l'uno o l'altro di questi morsi fosse a faccette, non uogliate usargli: ma se in ciascuno di loro si pone un falletto dalla bãda di fuora, tãto piu farà possente l'opera sua dẽtro la bocca. in tal difetto pur gli gioua mettergli una Scaccia con un bottone incastrato facile a uoltarsi in ciascuna banda di essa, & quanto piu sono grossi, tanto piu scuopre, et sarà forte. Ma io loderei sempre che fossero di meza maniera, anzi piu tosto bassi, & piccioli: & pur in ogni banda del nodo appresso il bottone si potrebbono ponere due anelletti: & se quei bottoni fossero poco piu stretti, gli anelletti allora saranno tre, & suol giouare à Cauallo che porta la lingua di fuora. Et perche anco si usa per correggere i piumacciuoli un pero doppio, ouero un cãpanello dop

pio

pio col timpano a uolta, cioè due peretti, o campanelletti per ogni banda, ouera mente un bastonetto co i bottoni tondi, o co i falli gagliardi, & assai rileuati a guisa di ruote, ui essorto per tanto a fuggirgli, & rade uolte ui ualerete di essi, & massimamente del bastonetto, che ha i falli gagliardi.

Queste briglie a melloni tondi, a peri, e campanelli, & a scaccie, & a bastonetti co i bottoni, quãtunque sieno chiuse, pure hãno un poco di similitudine del l'aperto, & se non molto, almeno in parte fanno libera la lingua.

Le briglie a meloni, a pera, a cãpanelli, a scaccie, e simili hauer dell'aperto.

Et notate bene, che ne a questi, ne ad altri morsi uuol'essere la castagna nel mezo, come anticamente si usaua, & come alcuni moderni in alcune parti del mondo ancor'usano. che è cosa pessima: la qual castagna era piu proprio chiamarsi rota, o rotella.

Che a niuna sorte di briglie uuole esser la castagna nel mezo.

Ma se pur ui parerà donargli qualche lecchetto, in cãbio della castagna ponerete uicino al nodo di ciascuna di queste briglie un'anelletto, & al piu due, et forse tre per ogni banda, così come ui dissi alla scaccia co i bottoni: & sieno giusti, & abili a uoltare. Però quando non ui fossero, io ne farei poco caso. Et perche queste briglie tutte sono chiuse, le quali cõuengono solamente a Caualli di buona natura, ouer non di troppo mala uolontà; hora dirò le briglie aperte, che sono di piu ualore, & facilmẽte correggono qual si uoglia errore di bocca, & totalmente con esse, & col mezo della uera dottrina si ferma et aggiusta ogni cauallo.

In uece della castagna potersi donargli qualche anelletto per lecchetto.

Se è delicato di barre, & si ingorga la lingua, gli ponerete un mezo cannone suenato, che non ui sieno quei bracciuoli co i pater nostri, doue communemente si sostiene & annoda la briglia: ma senza di loro con se stesso si leghi a perno; ma piu giusta, & molto meglio sarebbe a cappio, & semplicemente tenerà solo la Siciliana di sopra. Et la uolta della suenatura si può fare in due modi, cioè a piè di gatto, & a collo d'oca: il qual garbo a collo d'oca il farà piu libero di lingua, & piu soggetto di bocca, tal che sarà in parte piu forte dell'altro.

Quãdo è delicato di barre, e s'ingorga la lingua.

Se il Cauallo non è delicato di barre, & similmente si ingorga la lingua, gli ponerete il cannone suenato integro co bracciuoli pieni di anelletti, come generalmente si usa: & questo & quello si potrebbono accappiare con una pizzetta in mezo; & gli faranno un poco piu soggetta la bocca con piu libertà di lingua.

Quãdo nõ è delicato di barre, e s'ingorga la lingua.

Se li potrebbe ponere una meza scaccia suenata, et farà il suo lauoro confor me al mezo cãnone, che auanti ho detto; et la uolta di essa si potrebbe anco far a piè di gatto, & a collo d'oca.

Se il Cauallo è alquanto piu duro di barre, & s'ingorga la lingua, gli ponerete una scaccia suenata, come si costuma, co i bracciuoli: & parimẽte l'una et l'altra si può accappiare con la pizzetta, & lo farà piu libero di lingua, & piu soggetto di bocca.

Quãdo è alquãto piu duro di barre, e s'ingorga la lingua.

Si

Scaccia co i profili, che gli farà soggette le barre, e giouerà, che non faccia piumacciuoli.

Si potrebbe ancora nella scaccia tanto suenata quanto chiusa, in ciascuna banda di essa doue egli si appoggia, farli due profili rileuati tondi a modo di cordonetti, un profilo di sopra, & l'altro di sotto, & sieno grossi poco piu di uno spago doppio; che in tal maniera la scaccia gli premerà nelle barre, & non solo gliele farà piu soggette, ma li giouerà che egli non faccia piumaccioli.

Quādo si beue la briglia.

Et così al cannone suenato, come alla scaccia suenata, a Cauallo che si beue la briglia, i bracciuoli allora si potrebbono accappiare dalle bande delle stanghette a quei forami doue si sogliono ponere i polzonetti della Siciliana. & quantunque solo con l'arte con ogni briglia piaceuole egli si toglierà da questo uitio, il che presto ui farò chiaro, pur mi ha paruto nominarui questi garbi, acciò che siate ben'esperto di ogni buona briglia che si può usare.

Quādo sarà molto duro di barre.

Se il Cauallo sarà molto duro di barre, gli ponerete un cappione con le oliue, o co i melloni lisci: & se a i melloni ui fossero i falli dalle bāde di fuora, sarebbe alcuna fiata piu da temere.

Quando ha la bocca grande.

Se il Cauallo ha la bocca grande, & è duro di barre, gli ponerete una scaccia a cappione.

Quādo è duro di bocca, e si difende co' piumacciuoli.

Se il Cauallo è duro di bocca, & si difende molto co i piumacciuoli, gli ponerete un pero a cappione, oueramente un campanello a cappione, il qual campanello si potrebbe fare col suo timpano piano, ouero a uolta: & similmente in ciascun di essi campanelli & peri si può anco ponere dalla parte di fuora un fallo, & farà piu gagliardo il suo lauoro.

Come deue esser la briglia a cappione.

Et notate, che tutti questi cappioni uogliono esser sani alla metà, & in essa uuol pendere la saliuera, & qual si uoglia di loro si annoda co i bastonetti che reggono i melloni, e i campanelli, e i peri, doue si appoggia il Cauallo. ma quando sono di un pezzo con le bande, fuggitegli, perche tali briglie sono aspre, & con poco sapore.

Cappione p caualli di pessima natura, carichi di garze, duri di barre, e di bocca, e che si beono la briglia.

Ancora ciascun di questi cappioni si potrebbe far co i bracciuoli pieni d'anelletti accappiati dalle bande del mōte, & in quei forami doue si suol ponere la Siciliana, & non a quei luoghi a i quali si sostiene & incastra la imboccatura, come communemente si usaua prima, & ancora al presente si usa in molte parti. Però si uogliono usar solo a Caualli di pessima natura, carichi di garze, & duri di barre, & di bocca, oueramente che si beono la briglia. Ma è da sapersi, che quanto piu sono in alto i forami delle stanghette, doue si annodano i bracciuoli, tanto piu sarà la briglia gagliarda. & il medesimo ui dico, quādo similmente accappierete i bracciuoli a i cannoni suenati, & scaccie suenate, come ho pur detto poco auanti al ragionar ch'io feci di quelli. Questi bracciuoli da molti maestri, & in molti luoghi si dimandano filetti, & anticamente tutti i cappioni si dimandauano briglie a ferro di Cauallo, specificando in ogni una di loro il nome della qualità delle bande, dou'era il suo appoggio, in questa maniera: briglia a ferro di cauallo co i melloni, & a ferro

di

di Cauallo co i peri, & scaccia a ferro di Cauallo, & in simili modi.

Se il Cauallo ha picciola bocca, & è duro di barre, se gli può porre un semplice & integro piè di gatto co i melloni lisci, o cō le oliue; ma essendo la bocca grande & duro, sia co i peri, o co i campanelli.

Quādo il cauallo ha picciola bocca, & è duro di barre, e quando ha gran bocca, e dura.

Se ha la bocca insipida, & secca, & non è molto duro di barre, & ua col capo basso, se gli potrebbe ponere un mezo piè di gatto, & alle bande con due melloni lisci, ouerarnente con due peri, o campanelli, quando oltre di ciò egli facesse pinnacciuoli, e quasi conforme al cappione, che ui ho detto poco auanti, & differisce da lui solo, che questo è spezzato, & giunto in mezo, & è quadro, poco piu stretto di sopra il monte, che non è di sotto, & sano di un pezzo alle bande doue il Cauallo si appoggia, & iui pur si potrebbe fare accappiato, & allora sarebbe assai men forte: & alla Siciliana, piacendoui, ponerete due o quattro saliuere. Ancora si può chiamare Cappione spezzato: & si uuol notare che alla metà, doue si giunge, si può legare, & unire insieme a perno, ouera mente a cappio; nondimeno a cappio il piu delle uolte fara il Cauallo piu fermo, & giusto di testa, & di collo. Molti chiamano questa briglia Quadretto. et auuertite che il monte si può fare non solo a piè di gatto, ma anco a uolta il bel garbo a collo d'oca, così come conuiene a i cappioni o sani o giunti, del modo che gli ho detti.

Quando ha la bocca insipida, e secca, & è duro di barre, e ua col capo basso, e fa piumacciuoli.

Ora tutte queste briglie suenate, & aperte si potranno fare piu o meno alte di monte, secondo conuiene alla bocca del Cauallo, dichiarandoui, che quanto piu sarà il monte alto, tanto piu il farà suggetto; & essendo basso sarà piu libero, tal che l'una farà maggiore effetto dell'altra: & sappiate che la piu grande altezza che si debba dar al mōte, sarà solo quanto basta a liberar la lingua, et che non offenda il palato a niun modo, altrimenti sarebbe errore grauissimo; il che molti anni sono era in uso. Et notate, che s'egli è fermo di testa, ouer se la porta bassa, in ciascuna di queste briglie chiuse, oueramente aperte le guardie saranno dritte, & tanto piu, quanto piu si pon di sotto; & non essendo così le guardie, le farete uoltare, & allora quanto piu son dritte, & uengono in dietro uerso il Caualiero, tanto meno sarà la briglia gagliarda, releuando, & cacciādo il mostaccio di fuora, & quanto piu sono uoltate, & corrono auanti, tanto piu gli ponerà il mostaccio di sotto, cioè uicino al petto.

Altezza del monte delle briglie suenate, e gagliardezza delle guardie p alzare, & abbassare la testa del cauallo.

Dichiaro ancora, che l'occhio della briglia, essendo alto, rileua il collo, & la testa del Cauallo, & per opposito l'effetto sarà contrario. nondimeno io loderei molto la uia del mezo, che non fosse ne troppo alto, ne troppo basso, ma sia commune, & giusto secondo che conuiene alla proportion della briglia, non essendo però costretto da necessità.

Occhio della briglia.

Mi pare anco di dirui, che la briglia uuole essere piu o meno lunga, secondo la grandezza del Cauallo, & secondo la forza che tiene, & secondo che ua con la testa; perche essendo di gran taglia, o fiacco di schiena, ouero andan-

Misura delle guardie.

do col capo basso, & poco fermo, ponendosegli poco piu lunga di quel che si costuma, egli auanza molto. però auuertite, che quella briglia, che io giudico che sia lunga, fra molti Caualieri si chiamerà corta: perche a qualunque Cauallo (non occorrendoui necessità grande) uoglio che rare uolte sia piu lunga di un palmo. tal che ui douete sforzare quãto ui sarà possibile di usar sempre le guardie piu presto corte, che lunghe; ma non tanto che si disconuengano alla fattezza del Cauallo.

Quãdo si debbono por le guardie dritte, e quando uoltate.

Et cosi come un'altra uolta ho gia detto, fin che sarà totalmente fermo di testa, ponerete le guardie dritte, & dapoi se gli uogliono ponere uoltate, le quali, oltre che collocano la testa di sotto al suo naturale, & doue si ricerca, faranno tal uista, che la briglia gli sarà in bocca piu gratiosa: quantunque ancora le guardie dritte si potrebbon far di tal sorte buttate inanzi, che farebbono quel effetto, che fanno le uoltate. Et circa il temperamẽto della briglia, & conoscere a qual Cauallo bisogna maggiore il monte, & esser piu alta di occhi, & con le guardie piu & meno dritte, o piu & meno uoltate, & a qual saranno piu lunghe, & a qual piu corte, per non porui in confusione, non ho uoluto piu distintamẽte parlarne. Nondimeno se discorrete bene, da uoi stesso ui sarà chiaro, aggrauando piu & meno la qualità della briglia, secondo piu o meno sarà la malignità della bocca. Et ui ricordo che non uogliate usare altre forme di briglie di quelle che hora ho detto, perche sono piaceuoli, & solo offendono la bocca quãdo egli si pone in qualche disordine, il che è necessario, & gli gioua in dargli castigo: ma quando ua giusto, ogni briglia di queste gli dona sapore, & un dolce appoggio senza fargli offensione alcuna, quel che forse non faranno le altre, perche il Cauallo non oserebbe appoggiarsi sopra di loro; & se al fine, quando pur fosse fuora di lena si appoggiasse, ogniuna di esse, rompendogli la bocca, lo condurrebbe a maggior male, tal che o per ordine, o per disordine ch'egli facesse, il pouero animale si trouerebbe sempre offeso, & sarebbe potentissima cagione non solo di distonarlo di testa, ma di ponerlo in confusione, & non fargli mai conoscere qual'è la uolontà del suo Caualiero.

Tre maniere di briglie p correggere ogni difetto di bocca.

Però è da notarsi mirabilmente, che ogni Cauallo si potra il piu delle uolte correggere di qual si uoglia difetto di bocca, senza usar tanti morsi, ma solo con l'arte, & con queste tre qualità di briglie. La prima è il cannone. La seconda è la scaccia, chiuse, oueramente snenate. La terza sarà il cappione co i melloni lisci ad oliua, con falli, o senza falli; benche ui bisogna grande accorgimento in dargli la uera proportione, come auanti ne ho brieuemente ragionato.

Douersi por la briglia poco piu sopra gli scaglioni.

Auuertite, che la briglia se gli uuol sempre ponere poco piu di sopra gli scaglioni, perche tanto maggiormente anderà eleuato, & fermo di testa, & piu sicuramente si appoggierà in essa, & con minor trauaglio se gl'insegneranno le posate: però accaderà piu o meno bassa secondo che sarà l'esser suo; ma generalmente

mente a tutti i Caualli basterà solo che se gli ponga tant'alta, che la briglia, posandosene nelle barre, non gli tocchi, ne batta sopra i detti scaglioni, che altrimenti farebbe spesso motiuo col capo.

Molto è da lodarsi la musarola: perche se egli porta naturalmente la bocca chiusa, non gli può nuocere; & se pur la tiene aperta, non solo gli gioua, ma lo corregge di tal sorte, che essendo assuefatto con essa, dapoi (quantunque se gli tolga) sarà egli talmente corretto, che anderà sempre con la bocca giusta, & con misura grande il fara fermo di testa, & fermo di collo, & d'arco, caminando sempre col suo uero appoggio. Et non rispondo a quelli che la uogliono biasimare, che forse per il poco discorso, & la poca esperienza che hanno, bisogna tacendo lasciar la lingua loro disciolta. Vtilità della musarola.

E da notarsi ancora, che non solo quando il Cauallo si maneggia da fermo a fermo, ouero a repoloni, ma quando passeggia, & trotta, & quando galoppa, & corre, uuole andare almeno con un poco di appoggio: perche andera piu sicuro, & all'incontrare hara piu fermo, & grande urto, cosi come al maneggio similmente di qualunque sorte si sia sarà sforzato uenir sempre fermo in un segno, & in una pista, eguale, & giusto, & assai corretto. Che sempre dee hauere un poco d'appoggio.

Quando il Cauallo si beue la briglia, oueramente fa chiomazzuoli, benche l'uno & l'altro uitio si può correggere con la qualita della briglia, nondimeno ora mi pare, come poco auanti promisi, quando parlai delle briglie, di dirui questo modo, ilquale è degno da stimarsi. Quãdo beue la briglia, o fa piumacciuoli.

Prẽderete poco piu di un palmo di cordella, che sia sottile a modo di un duplicato & grosso laccio, & legate un capo di essa all'occhio della briglia di sotto il barbazzale, & dapoi riuersate al Cauallo il labro di sotto, & iui ponetegli questa cordella fra il detto labro, & la gengiua, doue sono incastrati i dẽti, uoltandola nella banda dell'altro occhio, al quale legherete l'altro capo parimente come la legaste all'occhio di prima; & quãto maggiormẽte la legherete tirata, tanto piu fara la briglia gagliarda: & se uoi annodate dall'una bãda et dall'altra i nodi, non sara mai huomo che di tal misterio si aueda. & notate, che in cambio di quella cordella se gli potrebbe ponere una catenetta. Et questo gioua non solo in castigarlo che non si beua la briglia, & nõ solo totalmene lo corregge, che nõ faccia chiomazzuoli, ma anco il piu delle uolte a Cauallo, che porta la lingua di fuora, fara che spesso la ritiri dentro, & lo alleggerisce quando si appoggia piu di quel che gli conuiene, & s'egli fosse duro di barre, con questo artificio si fara leggiero, di sorte che non potra con esse far difesa, ne forza. Et questa cosa non solo con le briglie gagliarde, ma con ogni semplice cannone, o scaccia fara il simigliante.

Quando il Cauallo fa forfici, põnendogli la musarola stretta bene, & con essa, & con dargli a quel tempo di sprone, ora con uno, et ora con l'altro, & molto piu dalla banda contraria, doue piu gangheggia, & torce la bocca, & casti Quando fa forbici.

gandolo per alcuna fiata di briglia dall'una, o dall'altra barra, oueramente ad ambe giunte le barre, & con tenergli la mano salda, et temperata, egli facilmente si correggerà.

Ancora si potrebbe in sua correttione castigar alcuna fiata non solo con gli sproni al uentre, ma con la punta del piede, ouero con la staffa, battendolo nella spalla di sotto, o di sopra uerso la grassola pur dalla parte contraria: & sempre che egli usi questo uitio, uoi ritornerete a donargli trauaglio, ora in uno & ora in altro modo, che così al fine uerrà a conoscere la cagione del suo castigo, & conuincendosi aggiusterà sua bocca.

Et perche assai uolte egli fa forfici non per malignità di bocca, ma perche non puo soffrire il monte nella briglia, dico, che allora, senza usar questi ordini, ma solo ponendogli la briglia chiusa, ouero non totalmente aperta, & piu & meno gagliarda, secondo che si conosce piu & meno la delicatura di sua bocca, egli anderà bene. ma ui auuerto a tener la man salda, et piu & meno leggiera, secondo che conuiene alla qualità della bocca: perche alcuna fiata in alcun Cauallo suol' accader questo uitio, per esser la man del suo Caualiero distẽperata, non hauendo arte in soggiogarlo a tempo, & in far che egli soffra la briglia, o dure, o molli che siano le barre.

Castigo di sprone, quando il caual si sommozza sopra la briglia.

Quando il Cauallo si sommozza sopra la briglia, ogni fiata che egli, arrobbando il tempo, ui farà questo motiuo, fermerete la mano, & non ue la farete sforzare, & castigandolo subito, gli darete una o due botte di sprone con l'uno, ò con l'altro. & se questo motiuo farà quando state fermo, dandogli pur il simile castigo di sprone, non lo farete mouere da quel luogo doue si ritroua; & se'l farà caminando, uoi, fermandogli la mano, lo castigherete parimente di sprone, & alcuna uolta con gli duo sproni giunti, & non lo farete ponere in fuga, ne in maggior passo del solito; & se torna cento uolte a quello, altretante uolte sempre lo castigherete, che così si uincerà, & similmente farete accorto quando per gli altri errori, che ho detto, & dirò appresso, gli accadesse ancora questo.

Si uuol notare quando egli non si sommozza giusto, & si cala piu dall'una che dall'altra mano, che il castigo di sprone si faccia dal lato contrario, & non da quello s'abbassa & pende.

Et se fosse ardente & furioso, in quell'instãte che gli hauete gia dato il meriteuole castigo, gli ponerete la mano sopra la inarcatura del collo, o uerso il garrese, in segno di accarezzarlo: che in tal modo egli non si ponerà in fuga, et soffrendo non solo conoscerà l'error suo, ma assicurandosi farà sempre bene.

Castigo di briglia, e di sprone quando si sõmozza al parare.

Quando al parare, che farà, similmente si sommozza, oltre che si uuol tener la mano temprata, & ferma come egli fa quel disordine, douete dargli un poco di suffrenata con la redina destra, & fermato che sarà douete subito in quel tẽpo castigarlo con gli sproni, ora con l'uno, & ora con l'altro, & dapoi tornerete

rete in dietro,& un'altra uolta al medesimo luogo anderete di trotto, o di galoppo,secondo che faceste allora,& lo farete parare: et douete tenere quella redina destra con la man destra apparecchiata;che s'egli facesse quel,che fece prima,lo possiate pur a tempo correggere in quella barra. & se anderà bene, non percio resterete di fargli accorgere pian piano nella bocca, che tenete quella redina in mano, accioche egli per timor di quello totalmente cessi dal uitio:et come non farà piu errore, lo accarezzerete, & fin che dura nella sua malignità, tornandoui sempre non mancherete mai di dargli castigo.& questo si potrebbe anco fare con la falsa redina,& massimamente se fosse polledro:ma nõ sarebbe di tanto correggimento.

Se ciò non basta in farlo accorgere dell'eror suo, gli darete la suffrenata con le due redine, & solo con la man sinistra, che sarà il castigo di briglia in tutte le barre: & ora in quello, & ora in questo garbo lo trauaglierete fin tanto che si coreggerà.

Quando torce il collo, o caccia il mostaccio fuori.

Quando il Cauallo caminando,o passeggiando per la città, o per la campagna,& ancor quando sta fermo,si muoue,ouer uolta la testa, o se di piu caccia il mostaccio di fuora,ouero torce il collo, o a destro, o á sinistro, lo douete andar sempre castigando con lo sprone contrario,come ora ui dico. S'egli si muoue,o si uolta di testa,o si torce di collo dalla man mãca,allora gli donerete una o due botte con lo sprone destro,uoltando parimente, se uorrette, un poco il pugno della briglia dalla medesima banda destra. Et s'egli fa il simile dalla man destra,pur con tal'ordine lo castigherete con lo sprone sinistro,& uoltando il pugno della briglia da man sinistra:che si torrà dal suo uaneggiare, & totalmente si farà giusto di testa,& duro di collo,& d'arco, & non si mouerà mai. Et gli ordini seguenti non saranno men fattibili di questo.però tentatelo,& usate hor l'uno,hor l'altro,& poi ui fermerete all'ordine, che con isperienza conoscerete che piu facilmente egli si uinca,& ui consentaem in endarsi, ponendosi giusto come gli conuiene.

Castigo di briglia quando torce il collo.

Onde similmente dichiaro,che s'egli ha il collo molle da man sinistra, & duro dalla destra, tenendo uoi la briglia nel solito modo che gli appartiene, potreste pigliargli la redina destra col dito indicatiuo. La qual redina si tenerà poi fra il detto dito,& il pollicare. Si potrebbe anco non solo prender la redina destra col dito indicatiuo, ma che ui sia pur con esso giunto il dito di mezo:& se tien il collo duro da man sinistra,& molle dalla destra, si potrebbe allora tener non solo il dito auriculare fra le due redine, cosi come accade quãdo egli ua giusto,ma ponerui il dito anulare, & ancora quel di mezo;talche all'una o all'altra parte,alla qual'egli hauesse uitio, si sforzeria di maniera, che a poco a poco uerrebbe ad inchinarsi doue fosse il collo piu duro.

Ancora quando egli, girãdo il mostaccio ora dall'una,et ora dall'altra parte,non ua fermo di collo,et cõ la testa giusta,et sempre salda come gli bisogna, molto gli giouerà solo castigarlo a quel tempo di briglia, cioè in quell'esser che egli si uolta, & torce nella parte sinistra, uoi tantosto uoltando, & abbassando alquanto il pugno della man della briglia uerso pur la banda sinistra, gli darete la suffrenata, che gli percuota la barra destra, ritornando dapoi di subito il uostro pugno al suo debito luogo, nel qual'era prima: & cosi farete ogni fiata che egli commette quest'errore. & se dall'altra banda egli facesse tal disordine, uoi parimente un poco uoltando, & calando presto la man della briglia nella parte destra, dandogli quella suffrenata nella barra sinistra, lo castigherete, et in un tempo la ritornerete appresso a quel dritto, dal qual si mosse. Potrebbe anco darsegli questo castigo senza calar mano, ma tirandogli la briglia solo, quanto gli basta suffrenarsegli la barra contraria, doue uolete che egli penda; talche non consentendogli mai quegli errori, lo anderete maestreuolmente correggendo. Però bisogna che nella uostra man della briglia ui sia temperamento grande in saper con essa usar a tempo i moti, & usar a tempo la fermezza che si conuiene: et auuertite bene, che questa è cosa mirabile per correggere di testa ogni Cauallo.

Castigo di polpa di gāba, e di sprone, quādo ua torto di collo.

Se non solo alcuna fiata torce il collo, ouer la testa, ma continuamente ua in quel modo pēdente, & rotto, & molle, & torto dalla banda sinistra, douete allora non solo castigarlo di briglia, ouer batter con lo sprone destro contrario, ma appoggiargli la polpa della uostra gamba destra nel uentre uicino le cigne, & attentatamente da hora in hora lo pungerete con lo sprone del calcagno della medesima gamba; & alcuna fiata col detto sprone non solo lo pungerete, ma toccatelo molto bene: & l'uno, & l'altro farete piu & meno, secondo piu o meno cresce & manca il suo difetto. & come il Cauallo per la sua molestia, che egli di continuo si sente, uolta la testa uerso quella banda, piacciaui subito fuggire dal uentre il uostro calcagno, & gamba destra, & in quell'istante accarezzarlo, come piu uolte u'ho detto. & s'egli ua con la testa, ouer col collo torto dall'altra banda, cioè dalla destra, & uoi con la polpa della uostra gamba sinistra, & con lo sprone contrario parimente lo castigherete, tenendo pure il simile ordine, che cosi dapoi ogni fiata ch'egli a pena sentirà accostarsi al uentre quella gamba, si farà giusto, & incontinente quanto uolete uoi si girerà da quel lato.

Castigo di staffa, quādo ua torto di collo.

Et oltre di ciò in cambio di quel battere di sproni che farete dalla banda doue egli ha il collo piu duro, alcuna fiata lo batterete con la staffa, ouero col piede sotto la spalla della medesima banda, che cosi egli si uolterà per mirare che cosa è quella, che li da fastidio: & simigliante all'ordine dinanzi, pur in quel tempo li farete carezze, tal che lasciando di andar molle, & girato dalla parte contraria, conoscerà la causa del suo castigo; et sempre che lo toccherete in quel luogo prestamente si farà eguale, & giusto come conuiene; & a uoi allora, allargando la staffa, non bisognerà piu trauagliarlo, ma con piaceuolezza

ceuolezza assicurarlo bene. & userete quando l'uno, & quando l'altro modo, continuando piu quello ch'egli piu teme, & fin tanto che si correggerà, mai da ciò non mancherete.

Per togliergli questo uitio si potrebbe castigar non solo di briglia, o di sproni, o di polpa di gamba, o di staffa, ma di bacchetta nel fianco, ouero nel uentre uicino le cigne, doue si suol battere, facendosi pur a tempo dalla banda contraria, talche il castigo, ouero aiuto che si fa solo di sproni, si può far solo di bacchetta: però di sproni si fa piu spesso, & è di maggior effetto, & sarà piu da Caualiero, che non quel di bacchetta. benche ancora giuntamente si potrebbe in sua maggior correttione, o in maggior soccorso usare l'uno & l'altro, se conoscerete che gli bisognerà usarsegli maggiore, & non altrimenti.

Castigo di bacchetta q̃n ua torto di collo.

Auuertite, che sempre quando egli pende da banda, se gli uuol tenere la redina contraria piu tirata dell'altra; & tanto piu quanto egli ua torto in questo modo. Se pende da man sinistra, terrete piu corta la redina destra; & se pende da man destra parimente a poco a poco ui accorterete piu la redina sinistra: & questa o quella che bisogni tirarsi, fin che s'accorta, si farà con aiuto della man destra, & ancor si dimanda castigo di briglia. Però quando il Cauallo ua giusto, si debbono portar eguali, o poco piu lunga la sinistra. Et acciocheche non habbiate da portargli piu l'una tirata che l'altra, dal principio, che nella sua giouētù si caualca, ui sforzerete aggiustarlo di bocca con le false redine, portandogli sempre le redine giuste, perche in ogni cosa dapoi uerrà piu ordinato, non meno dall'una, che dall'altra parte.

Castigo di briglia quando ua torto di collo.

Ma per correggere cō piu facilità il Cauallo, che porta il collo molle, et torto dall'una parte, & dall'altra duro; ouer se ua pur cosi torto con la testa, uoi andarete a i uostri torni, & li donerete tāte uolte dall'una mano, & dall'altra, quanto ui parerà ch'egli possa conuenientemente soffrire, & anderete allora castigandolo di briglia, di polpa di gamba, di staffa, di sprone, di bacchetta, dalla banda cōtraria del collo molle, et rotto (che sarà nella parte, alla qual'egli nō si gira facile) non deuiandoui però mai dalla regola, & da gli ordini che ui ho detto dinanzi, & piu & meno uariando, & rinforzando questi castighi al luogo, & a tempo secondo sarà il suo bisogno: & ui ricorderete portar la man del la briglia come poco auanti ui dissi. & è maniera certa, che senza farsi dubbio diuenterà egualmente duro, & giusto di collo.

Quando porta il collo piu duro dal l'una, che dal l'altra parte.

Se uolete che si aggiusti presto caminerete da quindici, & al piu da uinti palmi di trotto, ouero di passo, et massimamente al primo, quando se gli comincia a insegnar questo, & ogni fiata il douete al fin fermare, & in un tēpo uoltare, aiutandolo di lingua, & di sprone, ouer di polpa di gamba dalla banda cōtraria: et assai fiate ui accaderà attōdar dall'altra parte, et allora sempre uuole incaualcare il braccio cōtrario della uolta sopra l'altro: & nō facēdo la uolta in quel modo, & col suo collo fermo, & cō la testa salda, l'anderete castigando di spro

Per aggiustarlo di collo, e farlo facile alle uolte.

ne pur dalla banda contraria, fin che arriuerete all'altro termine, & iui giunto che sarete, lo uolterete ancor dalla medesima mano come feste, ritornando sempre per una pista, tal che fin tanto che sarà giusto il douete trastullare continuamente da quel lato, & come conoscerete che uien'eguale & perfetto, & di testa, & di collo, & di braccia, il uolterete una uolta per mano, & alla destra, & alla sinistra, un gran pezzo trauagliandolo in questa forma; onde tra l'andare & uenire indietro, saranno da trenta fiate, piu o meno secondo può soffrire: & lo lascierete sempre con buona bocca: però la prima & l'ultima uolta sarà da man destra. & si uuol'auuertire non mancar mai di portargli la man ferma, & quella tempratamente torcere un poco uerso la parte doue il collo è piu duro, così come appartiene uoltarsi. Et non solo questo il fermerà di testa, & gl'indurerà l'arco, ma in ogni maneggio, che si usi, il farà piu destro & facile, consertandogli le braccia come gli conuiene. Et è da notarsi, quando fa bene, d'hora in hora fargli carezze, & non aiutarlo piu di sproni alle uolte, ne con essi castigarlo quando camina. nientedimeno lo aiuto di lingua non se gli mancherà mai.

Castigo di briglia, quando tiene il collo duro dall'una parte.

Ancora se egli tien'il collo duro da man destra, gli giouerà molto tantosto prendergli con la man destra la metà della redina destra; &, piu & meno tirandola, dandogli quei torni piegherà il collo: & similmente se lo tien duro dalla banda sinistra, quando siete a quell'atto de' torni, si potrebbe pigliare il gouerno della briglia con la man destra, & con la man manca prendergli per la metà la redina sinistra, et parimente farsi come feste all'altra mano. Però quando è duro di collo alla parte sinistra, non ui bisognerà questo, così come conuiene, quando è dalla destra: perche essendo naturalmente ogni Cauallo piu facile a quella mano, senza cambiar man di briglia, ilche uolgarmente pare disforme, tutta uolta che se gli accorterà la redina sinistra, seguendo gli ordini del modo che ui dissi prima, & ui dirò appresso, basterà in sua correttione.

Aiuto di persona quando tiene il collo piu duro dal l'una che dal l'altra bãda.

Et se'l uolete con maggior forza costringere che totalmente uẽga dalla mano dou'egli tien il collo piu duro, girandoui con la persona, ui calerete da quella banda con la spalla, & col corpo, & con la testa bassa, mirando sempre all'occhio del Cauallo, & iui anco douete girar la mã della briglia, come ui dissi auãti: che subito u'accorgerete, che con quel suo occhio castigatamente ancor egli ui mirerà nel uiso, et facendo tal motiuo sarà sforzato di abilitarsi da quella parte col suo collo. ma in un tẽpo, quãdo farete questo, accostategli dalla medesima mano doue siete girato col uiso la polpa della uostra gamba nel suo uẽtre, piu o meno, secondo sarà la necessità, et secõdo u'ho detto all'altra regola; et la detta gãba ue la ricoglierete un poco, fermandoui all'altra bãda sopra l'altro piede nella staffa: perche tanto maggiormente piu facile ui calerete cõ la testa dall'altra parte, doue egli col collo uien troppo sano, come ui ho detto: talche

dalle

dalle anche in giu totalmente pēderete da un lato, al qual lato per la forza che iui si fa, si calerà un poco la sella, et dalle anche in su pēderete da quella parte, doue egli ua col collo piu duro, & caminerete cosi torto, con dargli contrapeso di sopra con la uostra persona, tra l'andare, & uenire da un miglio; ouero alle uolte, per aggiustarlo con piu facilità, userete quest'ordine in ogni torno doue egli uien piu sano. Però auuertite, che fin che egli non sara fuora del suo difetto si ha da far in un luogo della campagna che niun ui miri: perche non solo quelli che sono ignoranti di questa facultà, ma molti forse, che al mondo presumono di saperne quanto se ne può sapere, per cagion che non ne sono tanto capaci, lo potrebbono biasmare; & assai basterà che dapoi se gli mostri l'opera quando sara compita, Et se per caso non intenderete quel che hora dico, non perciò uogliate disperarui della sua correttione, che tutta uolta che userete gli altri ordini che ho detti, facilmente trouerete quanto ui basta, & questo, & quegli ordini ancora ui aiuteranno molto in toglierli ogni credenza, della qual'io presto ui ragionerò.

Quando annichia, e sta per tirar calci, o per far qualche malitia con altri caualli.

Se il Cauallo annicchia, ouero ui accorgete che sta col pensiero di far qualche malitia con gli altri caualli che ui sono a lato, o da uicino, ouer conoscerete che sta per buttar calci, douete castigarlo parimente come ui dissi anãti con l'uno sprone, o con l'altro, duplicando le botte, secondo che sara l'importanza della sua malignità, & sara in questa maniera. S'egli fa l'errore uerso la man manca, si uuol correggere con lo sprone destro; & se'l fa uerso la man destra, il castigo sara col sinistro; & similmente quando erra da dritto in dritto: benche ancora si potrebbe castigare piu, & meno con le botte corrispondenti l'una all'altra; et alcuna uolta sara bene solo castigarsi di briglia nell'una o l'altra barra, oueramente ad ambe: & ciò nõ bastando gli darete il castigo di uoce, et di bacchetta nell'uno, & nell'altro fianco, & forse con essa conuerrà sol per una o due fiate castigarsi su la testa, & fra le orecchie.

Quãdo al castigo di sprone scuoterà il capo, e le orecchie.

Se quãdo, per qual si uoglia error che faccia, lo correggerete cõ uno o cõ due sproni, ouer con l'uno, & l'altro corrispondenti, & egli al dar di quegli scuoterà il capo & l'orecchie, allora tantosto, senza dargli tempo, duplicherete le botte di sprone pur a quella parte doue l'hauete castigato, moltiplicandole fin tanto ch'egli si rende; talche fermandosi di testa, senza uoltarsi ne di quà, ne di là, sopportando quelle botte sara uinto. Però starete auuertito di non consentirgli a niun errore quantunque fosse minimo, & ora in uno, ora in un'altro castigarlo sempre che erra.

Castigo di sproni con le botte corrispondenti.

Et per farui noto con piu facilità, qual è il castigo di sproni con le botte corrispondenti, ui dichiaro che sara questo. Quãdo il Cauallo fa l'errore dalla banda sinistra, subito che l'hauete battuto con lo sprone destro, in un'istante che quello sprone si lieua dal uentre, douete con lo sprone sinistro dargli l'altra botta, la qual'incontinente che è fornita, il douete pur battere con lo sprone

ne

ne destro, che saranno trè botte, due dalla banda destra, & una dalla sinistra, et cō tale ordine potreste cominciarle con lo sprone sinistro, quando egli uerrà dalla man destra: tal che non si batta paro; ma, a modo di musica, presto l'una botta chiami l'altra, & la prima: & l'ultima sarà dalla banda contraria, & una solo doue disordina. & con questa misura le moltiplicherete secondo che la necessità ui dimostra, & facendosi a tempo ne nascono uirtù mirabili.

Quando moue le orecchie, alzandone una, & abbassando l'altra.

Quando il Cauallo caminādo una orecchia lieua su, et l'altro cala giu, et ui fa certi motini che pare che dentro di essa ui sia qualche mosca, starete sopra di uoi, perche il piu delle uolte egli pensa di fare alcuna gran ribalderia, o di salti, o di buttarsi a trauerso, o di piantarsi, o di fare altro motiuo pericoloso, et disperato. & uoi tantosto in quel medesimo tempo douete interrompere quel suo pensiero dandogli da due o tre botte con lo sprone contrario di quella banda contraria di orecchia che piu muoue, & sempre che ui ritorna farete il simile; et se uoi siete in campagna sarebbe a proposito, & molto bene, in quel tempo che gli donate le botte di sprone, giuntamente con uoce orrenda castigarlo, & forse ancora non sarebbe male castigarsi di briglia in una delle barre.

Castigo per cauallo molto maligno.

Se fosse molto maligno, et siegue quei disordini graui ch'egli ha pensato, bisogna dargli castigo non solo di gran uoci, & di sprone, ma di bastonate fra l'orecchie. et bēche la sua superbia sia tale, che seguendo il uitio lo toglia da se, non importa: perche ui assicuro, che se non ui fatè uincere, castigādolo una fiata, et animosamente, & a tēpo cō questi ordini, ch'egli ui sara suggetto, et fin che gli sarete addosso non fallira mai, & sara finito il suo pensiero fantastico, & temēdo ui anderà sempre conforme alla uolontà nostra. nondimeno siate accorto di subito com'egli uà bene fargli carezze, & lasciarlo sempre con buona bocca.

Però auuertite che alcuna fiata ueramēte gli entra nell'orecchia qualche moschetta, ouero iui appresso li punge la testiera, & se pur fa motiuo sara per quello, & non per malignità, onde allora non merita si gran castigo, ma solo basterà sollicitarsi con lo sprone contrario modestamēte, acciochе si parta da quel pensiero della mosca che forse gli morde, o di quella cosa che gli dà molestia.

Castigo di bacchetta, quādo s'impenna.

Se per auentura quando riceue il castigo di bastone, o di bacchetta fra le orecchie s'impenna, o per ogni cagione che egli usi questo, douete subito in quel tempo che si sospende donargli grā botte di bacchetta a modo di man dritto fra le braccia, & le ginocchia, & di tal sorte, ch'egli piegandole non oserà mai piu cōdursi a quell'errore. Et douete pur notare, che ad un Cauallo, che è solito inalborarsi, auanti il tempo, che commetta il disordinē, douete almeno batterlo una fiata fra le braccia, & a maggior sicurità dapoi gli porterete la bacchetta calata innanzi a quelle, & allora sia lunga quasi fin a terra, che cosi egli conoscendo che si truoua suggetto, sara totalmente libero di questa malitia.

Cause, onde

La credēza procede al Cauallo da una di queste cagioni, o perche la briglia è troppo è troppo gagliarda, & premendogli da una banda, per quella offesa che si sente nella bocca egli teme uoltarsi piu da una mano, che dall'altra; ouero non sapendo ingarbarsi le braccia, ne anco il collo alla uolta, la prende talmente con dispetto, che dapoi, come si sente stanco, pugna di non uolersi a niun modo uoltare; & assai fiate (quãtunque fosse ben creato) non hauendo molta lena farà il simile; oueramente alcun Caualiero mal pratico l'aiuterà al contrario di quel che conuiene alla uolta; talche il Cauallo perche non l'intende, non si potrà risoluere, et all'ultimo non si uolterà: oueramente egli fu dal principio caualcato male, & se li roppe il collo da una banda, & dall'altra rimase duro, doue facilmente per ogni minimo sdegno, o picciola fatica non si uolterà; ouero il Cauallo riconoscerà la uiltà del Caualiero, che ha paura di lui, et non uolendo uoltarsi lo lascerà con la sua fantasia, il che sarebbe cagione di confirmarlo nella sua malignità. & benche secondo la causa donde procede, così ui potrei dire il modo da correggersi, nondimeno per non porui in confusione, non mi pare a proposito, ma dirò solo quegli espedienti di togliere ogni credenza, et sia pur nata da qual si uoglia effetto; & perche naturalmente è piu facile a uoltarsi da mã sinistra, che dall'altra mano, per tanto mi pare dire come si uuol correggere quãdo egli ha la credenza dalla mã destra.

procede la credenza.

Quãdo il Cauallo tiene questo uitio, douete andar in una campagna oue sia la maiese rotta nuouamente a solchi, & iui poi stamperete due torni, poco differenti da quelli che ui ho detti, & figurati auanti, & del modo che piu chiaramẽte ui dirò, & cõ la figura ui mostrerò appresso, & cominciãdo dalla mã destra, dou'egli ha la credenza, sopra un di quelli farete di trotto tre torni, & dapoi, non uscendo dalla pista dell'altro torno, pur da man destra farete di trotto tre altri torni, & appresso ritornerete a quella pista di prima co i simili torni, come gli feste allora, et così continuerete fin tanto che a uoi parerà che il Cauallo sia facile da quella mano. Et notate che sei torni, che son tre per ogni cerchio, il qual cerchio si dice torno, si chiamerà una uolta integra da man destra: tal che sette uolte, et meza, che son quarãtacinque torni, ouero noue uolte et meza, che son cinquãtasette, sara numero cõueniente ad ogni Cauallo di grã lena, & che tiene tal difetto. Et come haurete forniti i uostri torni, anderete di trotto da dritto in dritto, quãto è il corso di una giusta carriera, o poco meno, ouero quanto sara un giusto repolone, & al fin di esso ui fermerete con le uostre posate, & iui l'accarezzerete un pezzo, ponẽdogli la mano sopra il collo: & a tutte queste cose, & a quel che dirò appresso, tenerete sempre la redina destra piu corta, & piu tirata dell'altra. dapoi come sara quieto, & uoi fate che all'incontro gli sia un'huomo cõ la bacchetta nella mano, et in quel tẽpo uolterete il pugno per pigliargli la uolta da man destra, et colui che gli sta all'incontro cõ la bacchetta in quell'instante gli donerà con essa nel mostaccio dalla banda contraria sinistra una o due botte; & fin tanto ch'egli si uolti, non uuol cessare dal battere, facendo

Quando ha la credenza.

cendo

cendo sempre quel motiuo di lingua che si suol fare alle uolte, quando si maneggia: & acciochè il cauallo in quel tempo non s'impẽni, alcuna fiata quel tale lo batterà sopra le braccia, & cosi molestãdolo, son certo ch'egli si uolterà, et preso che hauerà la uolta, subito allora si uuol accarezzare, caminando insino al segno de i torni donde partiste, & iui poi come sarete fermato, sara un'altr'huomo similmente cõ la bacchetta in mano, & uoi uoltãdolo pur dalla man destra in un tempo quello il minaccierà, ouero il batterà dalla banda sinistra del mostaccio, come si fece da prima. et se egli è mal'ageuole a uoltarsi, acciochè uẽga piu facile, uoi egualmẽte, cosi quando sarete dall'uno, come dall'altro capo, posato che sara, gli farete far da due passi sempre indietro, & in quel tempo li prẽderete la uolta. però com'egli la intenderà bene, non accaderà dargli piu quei passi, perche sarebbe disordine, & cagione di farsi le uolte totalmente abbandonate, & troppo sopra le anche. cosi caminando, & uoltandolo poco piu o meno di sette fiate, egli sara uinto. Tal che usando da tre giorni questo buon modo, si ritrouerà fuora di uitio, confirmato nella sua bontà.

Et notate, che non essendo la credenza molta, & nõ tenendo il collo duro da una banda, & dall'altra molle, & rotto, quando al fin de i torni egli uscendo hauera caminato di trotto da dritto in dritto, allora che sara uoltato dalla man destra, & ritornerà di trotto uerso la stampa de i torni, sarebbe ancora bene, come sara giunto a quel termine, uoltarlo dalla man sinistra; & l'altra fiata, che arriua nel capo, si potrebbe anco uoltar dalla man destra con l'aiuto della lingua, & di quel castigo di bacchetta da colui che gli sta auanti. & con tal'ordine si può seguire: & al fin si può fermare uerso i torni, acciochè l'ultima uolta parimente a quella di prima sia da man destra. Dapoi come il Cauallo arriuerà uerso quello che tien la bacchetta, in ueder solo minacciarsi, et in udir quel motiuo di lingua, quantunque non si tocchi, egli si uolterà: & allora senza che altro huomo gli sia piu all'incontro, ogni fiata che gli calerà la bacchetta dalla man sinistra, & se gli fara quel moto di lingua, facilmente prenderà le uolte. Et auuertite che colui che gli stara in faccia cõ la bacchetta uuole essere non meno pratico di quello che gli sta sopra, perche bisogna saper battere, & minacciare, & aiutare a tempo, & fuggire quanto è possibile di dargli botte al mostaccio.

Misura de' torni seguẽti

Questa che siegue è la stampa de i torni, la qual poco differisce da quella dinanzi, perche gira in ogni tondo da ducento palmi: ma per la figura, che hora ui dimostro, & per le parole che sono in essa, & per quello che ui ho detto, & ui dirò appresso, piu chiaramente ui accorgerete del suo garbo, & di quei torni che gli conuerranno di sopra.

Torni

TORNI PER CAVALLO, CHE TIEN LA CREDENZA.

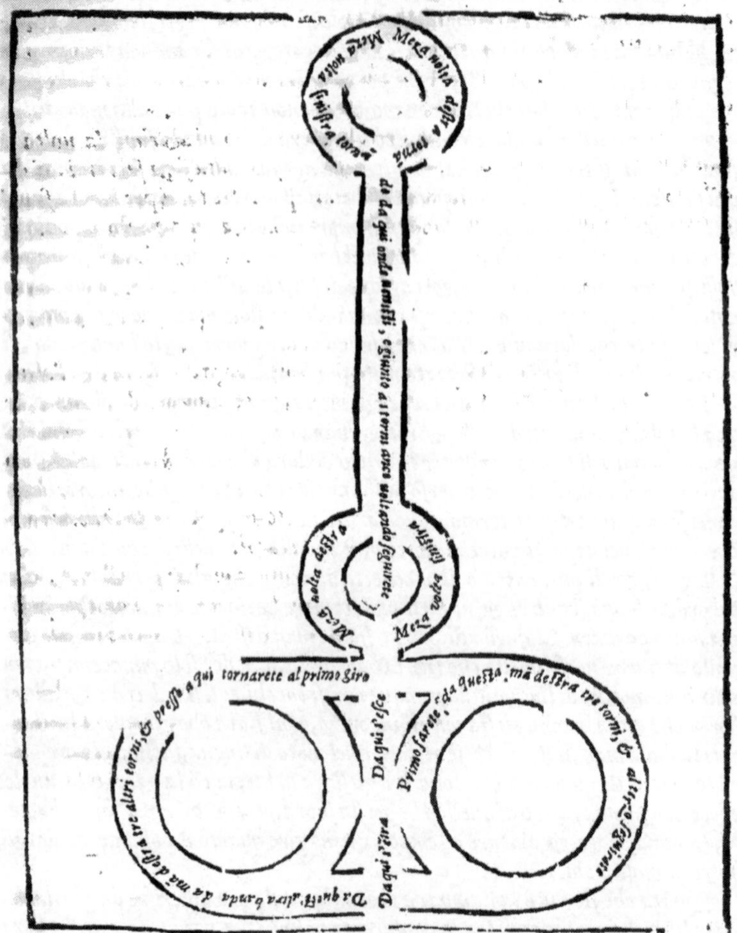

Questi sei torni da man destra, che sono tre per ogni lato, sara sol una uolta. & è da notarsi, che se il Cauallo tiene la credēza da man sinistra, douete cominciargli dall'altro torno, & parimente in ogni tre torni cambiar banda, uoltandolo pur dalla medesima mano, & da dritto in dritto anderete a parare, & dapoi parato ch'egli hauera, cosi come nella credenza di man destra al tempo che

Quāti torni fanno una uolta; & cōe debbono vsarsi, quādo teme la credēza che si uolta, si uuol castigare di bacchetta alla banda contraria, similmente nella credenza dalla parte sinistra si uuol battere nel mostaccio alla bādā destra, che sara la contraria, da colui che con la bacchetta gli sta all'incontro. talche userete tutti gli ordini, & tutti i tempi egualmente come feste alla credenza di man destra. la onde mi par souerchio abondar di parole, et dir tante uolte quel che da uoi stesso facilmente si può intendere.

Et accio che sappiate dar conto, perche causa a i torni di prima la uolta è quattro torni del modo che ui dissi, & a questi ogni uolta sara sei torni, ui dichiaro, che la ragion è questa, che quando fate questi tre torni per banda, se uoi al secondo torno cambiate mano, non sarebbe fornito, anzi a questo secondo ui mancherebbe, a chiuder la uolta, poco meno della metà. & perciò ui bisogna fornir quella metà, & al terzo cambiar mano: & benche al terzo nō si chiuda la uolta, non importa, perche i due torni furono chiusi perfettamente, & giusti, cosi come furono perfetti, & giusti quelli di prima.

Due sorti di uolte.

Et perche sono due sorti di uolte, l'una è la uolta larga de i torni, & l'altra è la uolta stretta del maneggio, tanto a repoloni, quanto ancora da fermo a fermo, mi par di dirui, accioche siate bene instrutto, et senza uostra cōfusione, che secondo quel che ui ho detto auanti, & ui dico, & ui dirò appresso di questo uocabolo, cosi conoscerete quando parlo dell'una, & quando dell'altra, cioè delle meze uolte de i repoloni, che pur si chiamano uolte semplici, o delle uolte raddoppiate, oueramente delle uolte che si fanno a i torni.

Queste regole non douersi prēder per estremo al dar de'torni.

Si uuol auuertire, che queste regole non si uogliono pigliar per estremo, che se trouerete il Cauallo difficultoso, & duro a qualche torno, sarebbe a proposito per la medesima pista a quella istessa mano ritornare da quattro o cinque fiate, & piu, & meno, secondo che il bisogno ui dimostrerà.

Altro modo per leuar la credenza.

Si potrebbe ancora senza questi torni liberar il Cauallo dalla sua credenza come ora ui dirò. Anderete alla campagna in una strada lunga, che da i due lati sia rinchiusa di siepi, o di mura, & senza che sia sopra di esso il Caualiero gli aggiusterete col bottone calato le redine sopra il collo, et dapoi hauendo la credenza da man destra, gli legherete un capo di guinzaglio fermo a modo di correggia in quel luogo della briglia, nel quale se gli pone al principio che si caualca nella parte destra la falsa redina, & l'altro capo alla sopracigna dalla medesima banda, & fate che sia ben tirato, acciochè il Cauallo uenga facilmente a piegarsi col collo; & dapoi lasciandolo solo, uoi subito ue gli ponerete all'incontro con una bacchetta, & un'altro similmente se gli ponerà da dietro con l'altra bacchetta: & primieramente uoi, che gli siete auanti, gli darete una botta di bacchetta nella parte sinistra del mostaccio, perche tantosto si uolterà: & ogni fiata che uolta il uiso uerso colui che gli sta da dietro, parimēte egli il batterà dalla banda sinistra del mostaccio. & cosi lo stimolerete un pezzo: benche appresso, senza altro aiuto di bacchetta, da se stesso, per tema di quelle botte che

hebbe

hebbe, uelocemente si uolterà, tal che da se a se si castigherà, uoltandosi sempre da quel lato, al quale egli non si uolea uoltare.

Ma notate, che sempre che il Cauallo si batte nel mostaccio di bacchetta, in un tempo si uuol fare in suo soccorso quel moto, & suono di lingua. & benche non si batta, pur fin ch'egli da se si uolti, non manchi mai, acciochè prenda quel l'uso, che ogni fiata dapoi che egli ode quel suono di lingua, determinatamente uoltando si giri, senza donarsegli altro fauore.

Aiuto di lingua. quando si batte di bacchetta nel castigo della credenza.

Et se al far di queste uolte egli cadesse, non ne facciate conto, ma lasciatelo pur cadere, che da se stesso si alzerà, & tanto maggiormente al fin si trouerà castigato. Dapoi come ui accorgerete che sia un poco stanco, uoi gli scioglierete quel capo di guinzaglio, che gli sta legato nella sopracigna, & tantosto douete caualcarlo, & con la man destra tenerete quel capo in mano caminando di trotto, & al fin di cinquanta palmi ui fermerete, & parimente, come ui dissi nella regola de i torni, fate che all'incontro ui sia un'huomo con la bacchetta in mano, che lo minacci dalla banda sinistra del mostaccio, et bisognando anco iui gli da alcune botte, fin che si uolti, & in quel tempo gli darete un poco di aiuto, tirando il guinzaglio, il qual ui seruirà per falsa redina, & non mancherete al tempo della uolta di far quegli scoppi di lingua, che in questo modo egli si uolterà, & caminando auanti fin al luogo donde partiste, ui fermerete un'altra fiata, et appresso lo uolterete similmẽte dalla man destra col medesimo castigo di un'altro, che gli starà all'incontro pur con la bacchetta: oueramente non ui essendo altro lo uolterete dalla man sinistra, & giunto a quel termine di prima così come si fece allora, uoltandolo dalla man destra, si aiuterà & da uoi, & da quel tale. Et notate, che solo da tre uolte si uuole aiutar con la falsa redina, & dapoi gli la leuerete, perche basterà solo a farlo uoltare il timor della bacchetta di colui che gli sta dauanti, & in ultimo senza che all'incontro ui sia persona, ogni fiata che uoi gli sete adosso, gli mostrerete la uostra bacchetta dalla banda contraria, & lo aiuterete di lingua, tenendogli la redina destra piu tirata dell'altra, & egli facilmente si uolterà.

Quando cadesse al far delle uolte di leuargli la credenza; e come si dee seguire.

Quando il Cauallo tiene la credenza dalla man manca, similmente douete iui legargli un capo di guinzaglio nell'occhio dell'incastratura della briglia doue se gli pone la falsa redina quãdo è polledro, et l'altro capo nella sopracigna, usando quel modo c'ho detto auanti nella credenza di man destra: & conforme a tutti quegli ordini egualmente lo douete correggere, posponendo solo la banda, nella quale se gli ha da dare il castigo, o aiuto.

Alcuni semplici caualcatori si potrebbono preualere ancora ponendo al Cauallo una cauezzanetta, sol con una corda, che gli penda nella banda doue non si uolta, & com'egli farà difesa in non uolersi girar da quella mano, un'huomo a piede, che tenerà quel capo di corda, tirandola il farà uoltare. & questa corda si uuol ponere di sorte nel cappio, ouero anello della cauezzana, che quando

Altro modo per leuargli la credenza.

si tiri si stringa, & che si allenti quando si lascia, & in un tempo allora il Caualiero, che gli è di sopra, l'aiuterà di lingua; accio che prēdendo quell'uso, dapoi senza tirarsi in altro modo, in udir quel suono di lingua si uolti. Se gli potrebbe anco ponere una cordella lunga da sei palmi, che per un capo se gli leghi ad un'occhio della briglia, doue si sostiene la testiera, della banda contraria della credenza, & che si uolta fra il labro di sotto, et le gēgiue, della maniera che ui dissi quādo ui parlai del Cauallo, che fa chiomacciuoli, et si bene la briglia. però l'altro capo nō si uuole annodare all'altr'occhio, ma bē passare da q̄llo, che sia tirato, o quāto il Cauallo può soffrire, o quāto gli basta, che nō gli esca dalla bocca: et senza dar uolta nel ferro, acciochè nō si allēti troppo, si farà solo un nodo alla corda uicino all'occhio: et appresso il Caualiero tenēdo quel capo in mano a guisa di falsa redina, ogni fiata che il tira, il Cauallo sarà sforzato uoltarsi, et pure a quel tēpo lo aiuterà sempre di lingua. & perche la cordella suole un poco nuocere alla mano, al tener che si fa di essa, dico di piu, che se gli potrebbe ponere lunga solo quāto gli basta nell'opra di dentro la bocca, & dapoi al capo, che esce dall'altro occhio, si può legare la falsa redina, che sia di corame.

Altro modo per leuargli la credenza con artificij di ferro.

Molti Caualieri sono, che correggono la credēza cō artificij di ferro, perche alcuni di loro farāno far le briglie, che dētro la bocca la metà sia di un lauoro, & l'altra metà di un'altro, & da quella bāda doue è la credenza farà la parte piu gagliarda, acciochè il Cauallo si habbia da uoltare da quella mano, alla quale piu gli offende la briglia. il che mi par falso, & senza il uero fondamēto. talche per assai ragioni che ui potrei dire, espressamēte ue le uieto, che per qualunque causa procedesse la credēza, nō sarebbe a proposito, perche la bocca del Cauallo bisogna sempre mātenersi cō sapore, & gli conuiene che la briglia gli sia giusta, & che nō gli prema piu da una parte, che dall'altra, atteso che quādo per caso tal briglia gli togliesse la credenza da una bāda, potrebbe poi facilmēte pigliarsela dall'altra mano. ma se pur questo nō fosse, non si potrebbe hauere ne giusto di collo, ne di bocca, & sopra di esso bisognerebbe starsi il piu delle uolte cō la mā attentata; et finalmēte senza il naturale appoggio nō uerrebbe mai ne eguale, ne giusto alle uolte doppie. Et se in alcū particolar Cauallo dimostra far qualche buon'effetto, non sarà per la qualità della briglia, ma per la sua benigna, & sincera natura. Bē ui auuertisco, che questo solo fallisce nella scaccia chiusa, o suenata d'ogni maniera che sia; che hauendo il Cauallo credenza, oueramente s'egli andasse col mostaccio torto, si potrebbe fare nella detta scaccia, solo dalla banda dou'egli ua duro, il profilo rileuato del modo che dissi, quando ragionai delle briglie: perche sentendosi premere da quella parte, senza togliergli la sicurtà di appoggiarsi, gli ualerà molto in farlo andare eguale come gli conuiene. Et perche mi si potrebbe dire, che per le simili ragioni contra di questo uitio si douerebbe pur usare la briglia cō due melloni lisci, & tondi, & che in un di quelli dalla parte, nella qual egli non ua facile, ui fosse ben incastrato il

fallo

fallo nel mezo di esso: perciò ui risoluo, che di tal mellone fallito per cosa niuna uogliate seruirui, offendēdo piu la barra, che nō fa la scaccia col suo profilo; che se pur a quel difetto allora giouasse, gli sarebbe appresso nō poco impedimento all'altre uirtù necessarie: ma chi non uolesse tanti effetti, se ne potrà preualere.

Se il Cauallo tiene la credēza dalla man destra o dalla sinistra, se gli può ponere dalla medesima banda lo uncinello, al quale si accappia la maglia del barbazzale, & che dietro quello ui sieno due punte acute, a guisa di speronetti di gallo, che dapoi com'egli si sentira pūgere nella barba, da quella bāda uicino la bocca, si uoltera; et dal principio, solo per mostrargli il camino della uolta, et di quel che ha da fare, nō sarebbe male aiutarlo da tre uolte cō la falsa redina: et questo uncinello il dimāderete guācetto. similmēte si potrebbe al nodo di quella S doue si sostiene l'uncinello, per far due punte alla parte di sopra, la qual si accappia nell'occhio della briglia; & queste pūte lo pungerāno piu in alto uerso il fin della bocca, et nō tāto basso uerso la barba, come farāno le pūte dell'uncinello. et alcuna fiata suol'accadere, che alcū Cauallo si correggera piu presto ponēdogli q̄ste pūte dall'altra banda del mostaccio, quātūque sia piu naturale, et a proposito porgliele dou'egli nō si uolta uolētieri, come ui dissi auāti di questo.

Ancora gli sara utile in cambio di quelle punte dell'uncinello, et della S, ponergli da tre chiodetti picciolini, inchiodati alla testiera del porta morso della briglia, che le punte uadano dentro, & le teste di sopra. Questo espediente pur gioua in un Cauallo, che ua con la testa, o col mostaccio torto, & allora si usa nel modo che dirò; & benche ne habbia diffusamente parlato auanti, al presente mi accade dirne queste poche parole, & appresso ui farò chiaro un bel secreto di togliere tantosto ogni credenza.

Quando egli ua di mostaccio torto, & uoi dalla banda contraria non solo gli porrete al porta morso della briglia tre chiodetti, ma ne inchioderete tre altri alla musarola; & s'egli di piu porta tutto il capo torto, oltre i chiodetti, che a quella parte hauete posti al porta morso & alla musarola, ne porrete tre nella testiera. però auuertite, che se il uitio non è troppo graue, basteranno solo quelli che gli ponete alla musarola, con gli tre altri nella testiera. ma essendo il Cauallo inuecchiato a quel difetto, se gli conuerrebbono tutti, et piu et meno secōdo che ui accorgerete che sara la necessita. Et accioche niun se ne aueda, ui dico che essendo la testiera doppia, & similmēte la musarola, si potrebbono scucire, & al secondo cuoio di sotto inchioderete con l'ordine che ho detto quei chiodetti, & cosi appresso le farete cucire come erano da prima, talche le punte uerranno a pungere la carne, & la garza del Cauallo, & le teste d'essi saranno couerte dal corame della testiera, il quale è di sopra; ouero questi chiodetti si potrebbono inchiodare in una piastretta di ferro, che sia larga quanto è la testiera, sotto la quale si leghera in quella parte doue uolete che egli s'inchini, il che sara di maggior castigo. Et si uogliono portare poco piu o meno di dieci

Quando ua di mostaccio torto.

giorni, che dapoi togliendoglieli per quelle rotture che i chiodetti gli fecero, starà timido, & anderà inchinato da banda, come se ancora ui fossero. Et in alcun particolar Cauallo ponẽdo questi chiodetti da quella medesima banda nella testiera onde egli sta girato, si farebbe in aggiustarlo qualche effetto. pur quando egli ua torto di mostaccio, se gli potrebbe ponere il guancetto con la S, che ui ragionai poco dinanzi, la qual' ancora ponendosegli sola, molto gli giouerà.

Et non u'ingannate, che queste cose il piu delle uolte non basteranno nella sua correttione, ma bisognerà oltre di ciò usar giuntamente con esse la disciplina che ui dissi auanti, benche quella solo, facendosi a tempo et bene, sarà di tãta uirtù, che senza il soccorso di tali artificij farà totalmẽte giusto ogni Cauallo: cosi come ancora la credẽza se gli potra togliere del modo che ui dissi prima, et ui dirò appresso senza la cauezzanetta, et la cordella, et senza il guãcetto et i chiodetti facilmẽte, et forse, et senza dir forse, in una sol'hora. ma di queste maniere et arte se ne potrebbe preualere alcũ Caualiero che non tiene troppo tẽto ne tẽperamento, & che non si sa risoluere, ne sa sopra di ciò quanto gli cõuiene.

Et perche sarà alcun Cauallo, che dal primo tempo in sin' al fine della sua disciplina si è sempre uoltato col mostaccio, & col collo torto, & per colpa del Caualiero nõ ui fu mai prouisto, tal che egli ha fatto il suo lacerto inarcato da una bãda, & dall'altra fermo, & sano, et dimostrerà che ui sia nato di quel garbo torto; per tanto dico che bisognerà con molta sollicitudine usarsegli tutti quei modi, che ui ho detto, & a tempo, & a misura; & oltre di questo gli sarà molto conueniente per alcuni giorni, dalla banda dou'egli sarà duro, legarli un capo di guinzaglio nella briglia, cioè nell'occhio dell'incastratura, ouero nella musarola che allora gli ponerete, & non a quella che tiene ordinariamente nella testiera, & l'altro capo nella sopracigna, come dissi auanti nella regola che corregge la credenza: & lo farete stare ogni fiata uno spatio lungo nella simile guisa: & cosi anco per alcuni giorni si potrebbe caualcare, legandosi però piu tirato: & farebbe maggior' effetto ponergli la cauezzana, et dalla parte dou'egli uien duro legargli similmente un capo di essa. & notate che fin che sarà giusto bisogna caualcarsi per una mano sola, et di uno che sia bene instrutto in questa facultà, perche uariandola, il suo difetto sarebbe incurabile: quantunque ui torno a dire che il Caualiero fondato in buona dottrina, senza di ciò lo toglierà non solo di questo, ma d'ogn'altro uitio, con gli ordini detti, & che pur tuttauia ui si diranno, doue con essi con gli accessorij suoi unitamente si opra lo intelletto. A Cauallo, ilquale ha questo uitio, et camina col collo torto assai fiate suole accadere, che uoltandogli i crini dall'altra parte s'addirizzi da se stesso a poco a poco, & maggiormente correggendolo a tempo con la man della briglia, ouero con lo sprone, cosi come a carte 19. & 20. ui ho ragionato.

Sono molti secreti mirabili, che ragionandone par che siano di poca qualità, ma dapoi che si uede la riuscita loro, si tẽgono in istima grãde. hor questo mi

porge

porge animo dirui cosa, che per uincere ogni Cauallo, & farlo al suo dispetto uoltar da ogni mano è infallibile, benche sia certo che alla piu parte de gli huomini, che oggi al mondo sono in udirlo, parerà lo effetto contrario, tanto piu, quanto meno sarà il discorso, & la pratica loro, della qual cosa io non fo conto niuno, perche penso che se non tutti, alcuni radi Caualieri con isperienza faranno conoscer la uerità mia. & uditi quel che è.

Douete andare alla campagna che sia maiese profonda, & molle, et iui fare te gli ordini uostri maneggiando il Cauallo a repoloni di trotto, o di galoppo, ma piu conueniente sarebbe incominciar i repoloni di passo, & dapoi seguirlī di trotto, & com'egl prende pugna in non uolersi uoltare da una mano, & uoi tosto gli mostrerete una terribile ferocità con uoci grandissime, & minacciandolo, & battendolo con bacchettone fra le orecchie, & dall'una banda, & l'altra della testa, & maggiormente onde si uolta uolentieri, ouero là piu doue conoscerete che ui sarà piu facile castigarsi, richiedendolo spesso che si uolti, & non uoltandosi, di subito anderete sbarattatamente sbrigliandolo, et corrēdolo, or di trotto, or di corso, or di galoppo, da dritto in dritto, ouero a i torni, & farete l'un & l'altro, o piu l'un dell'altro, secondo ui parerà che sia piu a proposito in uincere la sua malignità, senza dargli pausa, & senza rispetto disordinatamente lo douete superare, & cosi trauagliando castigare. Et se pure si pone in su la briglia andando uia, non percio ui spauenterete, anzi allora tanto piu lo castigherete con uoci, & gridi altissimi, & dapoi fermandolo con quella ira, un'altra fiata sforzatelo che si uolti, et non uolēdo uoltarsi, farete ancora quello, & in ciò animosamente non mancherete mai, fin che uiene al bene, & che si giri da quella mano: alla quale uoltato che sarà, lo maneggerete un pezzo a repoloni su il trotto, o su il galoppo, cosi come a uoi parera che meglio gli conuenga; & poi li toglierete la uia di inarborarsi. quando pure egli si disperasse di questo, lo douete, prima che uenga in tal disordine, da ora in ora battere fra le braccia dinanzi. & se pur si accorge dell'error suo, & fa le uolte libere senza farui punta, & uoi tantosto mancando quella furia, gli farete carezze, & di uoce, & di mano, & di riposo, & dapoi caminando passo passo: & quāte fiate egli torna nel suo disordine, & uoi similmente tornerete con asprezze a castigarlo, che in tal maniera ui dico certo, che in quel giorno che si caualcherà, egli totalmente sarà fuora di questo difetto, & piu presto da quella mano che dall'altra: però douete determinare et non partirui dal matino insin'alla sera, et fin tanto che egli sarà uinto, perche sarebbe error grande lasciarlo distonato, quantunque forse in assai meno spatio di un'hora egli si abbandonerà nelle uostre mani, & uolterassi mille uolte da ogni banda. talche questo è un de gli ordini maggiori di togliere ogni credenza, usando però tutto a tempo, & con i modi come cō uiene. Alla qual cosa non ui paia che ui sia contradittion di parole, perche il disordine fatto a tempo è il maggiore ordine che si può fare; et non pensate che si

Altro bel modo per leuar la credenza.

tolga di animo, perche dapoi hauerà si gran tema del suo Caualiero che si potrebbe appresso rimettere al luogo, che ui anderà determinatamente. Ma doue te ben'auuertire quãdo egli ui risponde a proposito, che nõ lo uogliate piu a niũ modo battere, anzi douete, quando camina, & quando passeggia, sempre assicurarlo di bacchetta, & da quella banda piu doue il castigo fu maggiore, cosi come prima che si giunga chiaramente ui si dirà.

Altro rimedio atto a leuar la credenza.

Mi par di dirui un'altro modo poco meno da stimarsi di quel che ui ho detto, & suol mirabilmente giouare, che quando egli prende tema di uoltarsi da una mano, o piu uolentieri da una che dall'altra; uoi tantosto che l'hauerete molestato che si uolti dalla mano onde uien duro, et fugge la uolta, per un pezzo douete cõsentirgli cõ furia mirabile alle uolte dell'altra mano, alle quali ua libero, senza ripelo, & a quel tempo non mancherete mai di castigarlo di uoci, & di bacchetta su la testa, & fra le orecchie, & dalla bãda dou'egli nõ si uuol uoltare, et in un fiato cõtinuamente lo uolterete tanto da quella mano sempre battendolo, fin che sarà fastidito, & quasi per ributtarsi, o per uera stãchezza comincierà a perdere, & a mancar di lena, tal che essendo stanco alle uolte di quella mano, uoltandolo poi dall'altra, alla qual'egli ripugnaua, con gli aiuti però che gli conuengono, si uolterà con assai meno fatica, non essendo in quella trauagliato, et uoltandosi non lo douete piu battere, perch'egli hauẽdo riceuuti quei castighi con insopportabil fatica, nel tempo che si giraua dalla bãda facile a lui, & riceuute carezze, & non percosse di bastone, & di uoci, nel tempo delle uolte dell'altra parte, si trouerà talmẽte corretto, che forse nõ uerrà mai piu in quella ostinatione di uoltarsi dall'una mano, & non dall'altra. Ma bẽ ui auertisco, che solo la pratica, et non la lingua totalmente ui può insegnare con che tẽpo bisogna farsi, & quando gli cõuerrà quest'ordine, & quando l'altro.

Douersi castigar la matina seguente, quando il castigate d'un uitio.

Et ordinariamẽte ogni fiata che hauete castigato il Cauallo, cosi di questo, come di qualunque altro uitio, che ui ho detto, et ui dirò appresso, douete caualcarlo la matina seguẽte, che per il castigo che hebbe il dì auanti andrà meglio re, & si trouerà piu pronto, & ricordeuole, & assai sensibile a conoscere la uolontà uostra, & in esser totalmente confirmato nella sua uirtù.

Onde proceda l'esser restio.

Se il Cauallo è restio, il piu delle uolte procede per colpa del Caualiero, per una di queste ragioni. Ouero il Cauallo è uile, & di poca forza, & essendo troppo molestato, si abbandona, & auilisce di sorte, che accorando non uuol caminare auanti. Ouero è superbo, & gagliardo, & dandogli fatica, egli, mancandogli un poco di lena, si preualerà con salti, & con aggropparsi, & con altre malignità, o farà pur questo dal principio che si caualca, di maniera che se allora conoscerà che il Caualiero lo teme, prenderà tanto animo, che usando molte ribalderie, si fermerà, contra la uolontà sua. Et di queste due specie di restij la peggiore è quella che nasce da uilta, & da poca forza. Bẽche ancora sono alcuni Caualli non solo di natura gagliardi, ma raminghi, & di

due

due uolontà, che pensano sempre di disendersi, & incorrendo in tal uitio, questi sono pessimi assai piu che non sono gli altri.

Quando questo uitio nasce da uiltà, et da poca forza, lo caualcherete in una strada lunga, & chiusa dalle bande di mura, oueramente di alte siepi, & ui porrete in un capo di essa, & di dietro al Cauallo fate che siano alcuni huomini con i bastoni, & alcuni altri con le pietre in mano, & come egli non uuole andare auanti, o di passo, o di trotto, o di galoppo, subito coloro che gli son dietro gli daranno de' bastoni alle garrette, & gambe, tirandogli ancor a i medesimi luoghi di pietre, & in un tempo non mancheranno mai di gridare, & minacciarlo con grandi, & terribili uoci. Ma uoi, che allora gli sete di sopra, starete saldo, senza dir motto, & fin che egli dura in quello, & non ua determinatamente auanti, non finiranno mai di gridarlo, & molestarlo con impeto & furia mirabile, al modo che ho detto. Nondimeno come egli sarà superato, et anderà uia, debbono coloro non solo incontinente, & in un'instant e tacere senza altrimēti batterlo; ma uoi, che gli siete adosso, doue tātosto accarezzarlo sopra il collo: et cosi tra l'andare et uenire a dietro caminerete tutta quella strada da otto fiate, & dapoi piaceuolmente smonterete, ouero passo passo ue ne anderete insino alla casa, & per alcuni giorni, fin tanto che egli sarà totalmente confirmato nella sua sincerità, non userete altro: & ogni fiata che egli ritornerà alla malitia, si potrà correggere come ho detto. Il che è modo ben prouato, & infallibile, et cō esso facendosi a tempo, ogni Caual restio si farà libero, & di una uolontà. Quando è restio p uiltà, & poca forza.

Et notate che questo medesimo si potrebbe fare non solo in una strada lunga & chiusa dalle bande, ma in una maiese, o campagna grande, & larga: nōdimeno sarebbe maggiore il trauaglio di coloro, che sono a piedi, perche il Cauallo fuggendo da qualche trauerso andandogli appresso per castigarlo, piu facilmente si stancherebbono.

Sono alcuni Caualli, che non solo non uogliono caminare auanti, ma tuttauia quanto piu gli molesterete, tanto maggiormente si faranno in dietro. per questi ui dico, che benche il Cauallo cada in tal difetto, non per ciò douete mācare di farlo castigare al modo c'ho detto, crescēdo sempre di bastoni, di pietre, di uoci nella sua correttione: anzi pur sarebbe a proposito alcuna fiata uoltarlo di faccia a quella parte doue per fuggir ui tēta, & ui par che egli uada uolētieri, & iratamēte cō un galoppo furioso, et stretto, minacciandolo di uoci, lo farete andare per ispatio di una carriera, sempre battēdolo et fra le orecchie, et nel la testa; & dapoi lo uolterete anco uerso la strada, nella qual prese la fantasia, et sforzatelo che camini auāti, allora correggēdolo piu di uoce, che di bastone: et s'egli camina, tacēdo l'accarezzerete, ꝑche al fine egli certo ui si rēderà, conoscēdo chiaramēte che minor fatica si truoua caminādo auāti cō carezze che star ostinatamēte fermo, o farsi in dietro, o correre, galoppādo cō tāti flagelli.

Ancora quando egli persiste nel suo mal pēsiero, & nō uuol caminare, potreste uoltarlo di meza uolta, et dapoi tãtosto tirandogli la briglia il farete fare indietro poco piu o meno di dieci passi con quanta furia si può, & appresso il uolterete girandogli la testa in quella parte doue era prima, nella quale egli non uolea farsi auanti, & di subito lo richiederete che camini, che in tal modo il piu delle uolte si suole auiare.

Et acciochе con maggior facilità egli sia totalmẽte corretto dalla sua malitia, oltre a questi ordini, se gli potrebbono anco legar al tronco della coda una corda, riuolgendola in quel tronco, come si fa con la zagarella quando si caualca: & fate che auanzi da sei passi, calata in terra, & dapoi caualcherete sopra di esso per la medesima strada, & richiedetelo che uada auanti, o di passo, o di trotto, o di galoppo, in quella specie doue egli suol pigliare la pugna, & non solo non uolendo auiarsi, ma facendosi in dietro, subito un'huomo a piede prenda quella corda pendente, & lo tiri pure in dietro uerso di lui, tal che egli, per il timor che tiene di farsi tirare, anderà uia, facendo forza di scampare, & caminare auanti: & in quel tempo colui che tiene la corda in mano presto la lasci, & tanto maggiormẽte anderà, sentendosi quello strascino di fune appresso, et ogni fiata che egli prende pugna di non uoler caminare, colui che gli sarà appresso piglierà quella corda tirandolo uerso di se, & similmente a tempo, com'egli camina, la lascierà. & a maggior cautela, oltre di ciò, lo farete sempre molestare di bastone, di pietre, di uoci, con l'ordine che ui ho detto dinanzi.

Perche al tirare che si fa della corda facilmente si potrebbe disciogliere dal tronco, & uenirsene, massimamente non hauendo cognitione di far l'ultimo nodo con i peli della fune, il che non si può dire, perche bisognerebbe con gli occhi uedersi; per tanto non sapendosi far quel nodo, mi è paruto dirui, che non solo si deue legar al trõco, ma si legherà il capo disopra della detta corda nella fibbia della sella, doue si pone la groppiera: che in questa maniera starà ferma, & per molto che si tiri non si discioglierà dalla coda, & liberamente si farà l'effetto.

Quãdo è restio per sua gagliardezza, e per colpa di Caualiero.

Quando conoscerete che egli sia restio, solo per la sua gagliardezza, & per colpa del Caualiero che ui fu uile, allora uoi sopra di esso anderete in una campagna che sia maiese, et in quel tempo, che dandogli la sua lettione, egli prende pugna di non uolersi auiare, o nel passo, o nel trotto, o nel galoppo, subito ch'egli si ferma, o con calci, o senza calci, o pensa di fermarsi, cosi come nella regola che ui dißi auanti douete tacere, senza che da uoi si batta, ora per cõtrario douete gridarlo con terribil uoce, & in quell'instante gli darete di bastone in su la testa, & fra le orecchie, & fra le braccia dinanzi: et benche egli forse dimostrerà di saltare, o di ponersi da trauerso, oueramente farà uista di piantarsi, o colcarsi, in quel tẽpo, quanto piu abonda in queste, et in altre malignità, tanto maggiormente uoi douete radoppiar le uoci orrende, & le bastonate; & a sua maggior fatica dargli a tempo colericamente i torni dall'una o l'altra parte, ouer da quella dalla quale egli stesso piu ui sforza: tal che al fine come si accorgerà

che

che non ui può offendere, ne superare, ne co i pensieri, ne con gli effetti, talmente ui si sarà suggetto, che caminerà in quella guisa che uolete senza uitio, & si maneggierà. & eguale all'altra regola douete, subito che egli si renderà uinto, accarezzarlo & di uoce, & di mano sopra il collo, & poco piu o meno di dieci uolte iui pure il passeggierete di trotto, & appresso di galoppo, & all'ultimo passo; & come ritorna nella sua mala & ostinata uolontà, & uoi similmente ritornerete sempre a castigarlo.

Benche il Cauallo sia restio per la cagione che hora ho detto, nondimeno si potrebbe anco tal uitio togliere con l'ordine di prima, il quale accade quando egli è uile, & di poca forza: cosi come pur quando è uile & di poca forza si potrebbe correggere col castigo solo del Caualiero, quantunque gli sia quello, che ui ragionai dinanzi piu naturale.

Auuertite che come il Cauallo riconosce le gran botte nella testa, & fra le orecchie, dapoi basterà solo castigarsi di uoci asprissime, et cõ mirabil tẽto quelle mancare, & crescere, secõdo che manca & cresce la sua perfidia: et tãto piu quando ui accorgete, per qualità del pelo, & de' suoi segni, che egli sia naturalmẽte ramingo, & di due cuori: & sappiate che contra di lui non fu, ne è, ne sarà mai maggior castigo, & di maggior terrore, piu che la uoce dell'huomo; et è di tal maniera, et di tanta uirtù, che non lo confonde, ne lo distona, ne lo toglie da se, ne lo auilisce, ne lo pone in fuga, ne lo accora, ne lo dispera, come assai uolte sogliono fare le bastonate, le quali bẽche fanno effetto grande, et da quelle nascano uirtù infinite, pur' è necessario che si usino a tẽpo, et appresso è dibisogno cõ le carezze, et co i modi fargli conoscere che l'error suo fu causa del suo castigo.

In una grãde necessità, solo quãdo il Caualiero nõ tiene dottrina, ne tẽpo, ne misura in uincere il Cauallo, & in fargli accorgere dell'error suo, piglierete un gatto, quanto piu feroce si può hauere, et leghisi alla supina nella cima di un'asta, grossa a modo di picca, & lunga da sedici palmi, et si uuol' auuertire legarsi di maniera, che le branche & la testa sieno disciolte, & come il Cauallo prende pugna di non uoler caminare auanti, si prenderà da un'huomo a piede quell'asta, & tantosto con essa se gli ponerà il gatto ora fra le gãbe, & ora ne i garretti, & fra le cosce, & fra i testicoli spesso, & nella groppa. Et cosi egli, come gli altri che gli sono attorno, a quel tempo lo uogliano minacciar con uoci. La onde sarà costretto abandonarsi ad andare come uolete. et allora il Caualiero che gli è di sopra uuol tacere, & attẽder solo ad accarezzarlo quãdo ua bene.

Pur suole a Caual restio molto giouare tener con la man destra un chiodo, & a quel tempo ch'egli non uuol caminare auanti, con quello pungerlo, con quãta forza si può, da dietro, uicino alla fibbia che sostiene la groppiera, & per qualunque cosa mala ch'egli facesse, o di salti, o di calci, non se gli toglierà mai di dosso quel chiodo tenendolo fermo sopra di lui, che continuamente gli punga fin che lascia le sue malignità, & si renda caminãdo auanti. però di subito che sara uinto, non solo non si uuol piu pungere, ma con la detta mano si accarezzera nel collo; & dapoi se pur alcuna fiata si ricordasse di ritornare al uitio suo, tantosto che a quella ora si toccasse dietro solo con la mano aperta, senza che altrimenti si punga, egli si ricorderà dell'error suo, & correggendosi caminerà del modo, che sara richiesto dal suo Caualiero.

Come sara superato, & è gia libero dal suo cattiuo proposito, et ua sinceramente, si potrebbe ponere a gli ordini, su'l passo, & su'l trotto, & su'l galoppo, & a repoloni, & a i torni, & non solo mostrargli qual'è il modo di sapersi collocare, & incauallar le braccia, & far la ciambetta nel maneggio, ma tutte le altre uirtù, cosi come ho detto, & si dirà.

Messer Vicenzo Respino di Napoli mi disse, che egli hebbe nella caualle-rizza del Re un Cauallo di molti anni restio, & che un giorno gli fece legare dietro la coda per un piede uno animaletto, che si chiama Riccio spinoso, ilquale incominciando a stridere, il Cauallo ne prese si gran terrore, che determinatamente con molta uelocità si fece auanti al correre: tal che dapoi diuenne si pronto al corso, che appresso fu necessario trauagliarsi molto in aggiustarlo di bocca, che non tirasse uia.

Et benche allora tal rimedio fosse a tempo, che cõueniua a quella malignità; nondimeno dico, che sarebbe disordine continuamente seruirsene: perche il piu delle uolte farebbe il Cauallo stordire, o disperare, & non sempre intenderebbe quel che uolete: cosi come ancora sarebbe legargli al sottocoda della groppiera un cagnuolo, o qualche altro animal mordente, & di gran uoce, che penda da due palmi, et appresso legandolo con un'altra cordella, la qual si passi dapoi fra le coscie del Cauallo, & quella pigliãdo il Caualiero con la man destra, tirando, & lẽtando il molesta di sotto: ouero in cambio dell'animale legargli da dietro alla simil maniera un ferro lungo da un palmo, & mezo, & largo poco piu o meno di tre dita, tutto pieno di punte a guisa di spine, et non uolendo il Cauallo caminare, pure se gli tira a quel modo la cordella: ui risoluo, che tutte sono cose di poco momento. però seguite gli ordini detti dinanzi con ogni studio, perche solo con essi il uitio di restio liberamente si toglie. Ma non ui niego, che non conuenga a Caualiero hauer notitia di questi, & di altri castighi, quantunque mini mi sieno, et di quanto si può fare in correggere ogni difetto: de' quali benche ne ne potrei parlare infinitamente, perche non sono da cauarne frutto, & si ancora perche perderei il tempo, douendoui ragionare de gli altri effetti di piu sostanza, mi è paruto tacendo conuenientemente lasciarlo.

Quando, caualcandosi, gittasi in terra.

Ma se ui capiterà nelle mani alcun Cauallo, che caualcandosi, caminato che hauerà un poco, o quãdo si ferma, o in qualunque tempo si sia, si butta in terra; uoi farete che un'huomo a piede, che sia bene esperto, se gli fermi all'incõtro, doue delibererete che egli uada a tenersi, o doue sapete che si suol colcare: & tantosto come il Cauallo comincia ad auicinarsegli, colui minacciãdolo di bastone con

con gridi altissimi, ora mancando, & ora crescendo di uoce, a tempo a tempo, secondo che si accorgerà, che gli cresce piu, & meno la fantasia di colcarsi, cõ gesti orrendi lo mirerà sempre nel uiso, acciochè se gli faccia soggetto; perche all'ultimo ne hauerà si gran paura, che si toglierà da quel pensiero di calarsi giu; & mirando egli ancora con infinito timore a gli occhi di colui, stara saldo, & solo intento alla uolontà del Caualiero che gli è di sopra. il quale allora fin che se gli fara questo, bisognerà tacere, senza far motiuo alcuno: & dapoi lo farete trottare a i torni, & in essi ponendo alcuni huomini che facciano pure il simile, egli si trouerà corretto. & se pur si pone in terra, iui forzatamente per un spatio lo farete tenere al suo dispetto, crudelmente castigandolo & di uoci, & di gran botte fra le orecchie, & nella testa, et donunque si può. ma se non si corregge, la colpa sarà del Caualiero, che gli sta all'incontro, & de gli altri che gli sono a cerchio ne i torni, che non haueranno a niun motiuo della lor persona ne tẽpo, ne modo terribile a correggere. Et questi tali potrebbono usarè un baston lũgo da dieci palmi, & nel capo di esso legare un fascio acceso di paglia, et stoppa, & subito che il Cauallo si colcherà, o fara uista di colcarsi, gli poneranno quello di sotto la bocca; perche haura non solo spauento della fiamma che si uede inãzi a gli occhi, ma del fumo che gli entra nelle narici, & del fuoco che gli cuoce il mostaccio, et la testa. Questo castigo pur si potrebbe far da dietro ad un Cauallo restio, ora alle gãbe, ora a i garretti, & ora di sotto fra le cosce, & a i testicoli, tẽtatamẽte quãto gli basta in dargli terrore, et nõ lo offenda. Ancora quãdo il Cauallo si colca, potrebbe andargli da ogni lato a paro a lui una persona col suo sguizzatoro nelle mani pieno di acqua, & al tempo che egli si colca, o pẽsa, o fa motiuo di uolersi colcare, tãtosto gli scaricherãno quell'acqua ne gli occhi; ilche pur gioua nella credẽza, però facẽdosi all'occhio della parte cõtraria di essa: et cosi totalmẽte in ciascũ di questi modi, rare uolte sara che nõ se gli tolga il suo uil costume da ogni caualcatore, bẽche fosse di poco ualere: dichiarãdoui che un Caualiero di buona disciplina nõ si preualerà mai di queste cose, perche fara l'effetto sẽza di esse cõ la sua propria uirtù, et in diuerse maniere.

Ancora ho da dire, che sono molti Caualli, che liberamente caminano, et nõ sono restij, ne anco si buttano in terra, nondimeno al passar dell'acqua, quantunque sia grande il fiume, non solo non uogliono andare, ma si lasciano cadere, & in essa si colcano: & non è dubio che nascano sotto il segno di Leone, il qual segno ha il dominio del fuoco; però non tutti quelli che sono produtti sotto questo influsso hanno tal difetto. & taccia chi dice, che si conosca nel collo al segno del remolino: perche non è uero: ne meno si può conoscere certo al mutar de i denti, ma solo a quel che si uede quando si butta nell'acqua. In tal uitio non è rimedio maggior di questi che ora dirò. Farete caualcarlo da un seruitore, et uadano da tre huomini appresso, & fate che egli entri nel fiume, & come si colca, tãto colui che sta di sopra, come tutti gli altri che gli uengono appresso, Quãdo si corca al uarcar d'un'acqua.

tantosto

tantosto gli siano addosso, & per uera & uiua forza gli pongano la testa sotto di quello, che l'acqua gli uada dẽtro le orecchie, & non lo facciano alzare per cosa niuna. anzi oltre di ciò si uuole in quell'acqua battere di bastone, & in quel medesimo tempo tutti debbiano terribilmente gridarlo: et se egli fa forza di alzarsi, coloro similmente faranno forza a mal suo grado di tenergli la testa dentro di esso. & dapoi che sara per lungo spatio trauagliato in quel modo, & uoi al tempo che spira, & sorge la testa attuffata nell'acqua, il farete sopra di essa fra le orecchie pur battere, & con impeto grande attuffargli un'altra fiata il capo nell'acqua, & come egli totalmẽte si alza, & uolete che uada fuora quegli subito lo accõpagneranno di bastone, & di uoci, fin che sara uscito. & come sara di fuora, nõ si uuol piu battere, perciochе altrimenti sarebbe disordine.

Dapoi nel seguẽte giorno lo farete caualcare un'altra fiata, & uada nel medesimo fiume, & in quel tempo che entrerà in esso, se colui che gli sta di sopra si accorge che pur fa motiuo di fermarsi, & di abbassarsi nell'acqua, o tal uolta prima che si accorga di questo, tantosto, senza dargli tempo di pensare, lo tocchi di sproni, & lo batta di bastone su'l capo, & fra le orecchie, et al fianco, terribilmente minacciandolo di uoce, che in tal modo sara interrotto il suo pensiero, & passerà sicuro. et forse che non bisognerebbe usarsegli quel castigo dinanzi, che con questo solo si correggerà.

Ancora si potrebbe da questo uitio pur togliere, ponendogli un cappio scorridore alla borsa de' suoi testicoli, & fra le cosce di dietro facendone uscire il capo della corda, & colui che allora gliè di sopra, pigliãdo quel capo cõ la mã destra entrerà nel fiume, & come egli si accorgerà che il Cauallo pẽsa di uolersi colcare, di subito tirerà quella corda, in un medesimo tẽpo minacciandolo di uoci, & battendolo forte di sproni; & se per tal castigo egli si fa auanti, in quello instante si debbe allentare, che essendo scorridore il cappio si allargherà, senza dargli piu fastidio. & quante fiate ritorna nel suo pensiero maligno, colui ritornerà sempre a castigarlo in tutti quãti i modi come ho detto. Et se nõ ostante questo castigo si colcasse; se gli fara della maniera che ui dissi attuffar la testa di sotto, che l'acqua pur gli entri nell'orecchie, & fin che sta colcato si tirerà la corda, acciochе per quella doglia facilmente si emendi dell'error suo.

Non mi è paruto tacere, che gli antichi a qual si uoglia specie di Cauallo restio similmente usauano il cappio scorridore. nondimeno a me pare mal fatto usar cosa, quando il Cauallo persenera nell'error suo, che non solo possa fallire, ma crudelmente offendere la sanità. ilche non faranno gli ordini ch'io ui ho largamente detti: che tutta uolta che in essi perseuerando si userà quel tempo, che allor conuiene, lo effetto senza dubbio, & senza disastro succederà certo. & questo cappio si uuole usar solo in uno estremo bisogno di un Cauallo perfido et inuecchiato a fermarsi, & a colcarsi nell'acqua.

Per qual ca- Ora ui dirò il contrario del uitio di restio, che sara quando il Cauallo tira,

& ua

& ua uia:il che procede nõ solo per esser di mala bocca,ma per la creanza che gli diede il suo Caualiero,laquale fu senza ragione,& ordine ; che essendo egli di troppo senso,et uiuacità,oueramẽte cõ le parti dure della bocca,come ui feci chiaro auãti,nõ sapẽdolo uincere,ne soggiogare,ne farlo accorgere della uolõtà sua,ne quando egli si ha da fermare,et parare,ponẽdosi in su la mano nõ si fermerà,et se pure si ferma,fara un disordinato,et mal tenere.Ilqual uitio si corregge nõ solo cõ la briglia,ma col timore del uostro castigo,si come intẽderete.

gione il cauallo tiri, e uada uia di bocca.

Occorrẽdoui nelle mani un Cauallo si male auezzo,lo comincierete a caualcare con maggiore attentione che se fosse polledro. Et primieramente ui bisogna in una strada lunga,& chiusa da i lati insegnargli che si fermi sopra il passo,& appresso sopra il trotto,& poi sopra il galoppo, & sempre che si fermi nel fin del passo,o del trotto,o del galoppo,gli farete far le posate;& auanti ui ho ben detto il modo,con gli aiuti,& castighi,come se gli hanno da dare. Ma perche egli ha preso quella natura,& libertà maligna di andarsene,non lo douete per molti,& molti giorni correre:anzi ogni fiata,che egli al fin del galoppo ha fatte le posate,ui sarà un'huomo all'incontro con una bacchetta ouer bastone in mano,& in quell'instante leggiermẽte battẽdolo nelle braccia,et rade uolte nel mostaccio, il fara fare indietro poco piu o meno di cinque palmi, tal che come egli conoscerà il uoler nostro,subito che sara fermato, & si uederà quello che tiene il bastone auante,& ancora sentendosi da uoi tirar un poco la briglia,da se stesso senza farsi battere si fara indietro.dapoi che egli sara ben fermo,& facile al parare,& sicuro al ritirarsi,anderete al medesimo luogo,et senza toccarlo di sproni,o di bacchetta,& senza dir moto, & senza troppo sforzarlo,gli darete piaceuolmente la carriera: & come siete uicino a quella parte, doue si suol fermare al galoppo,& uoi lo aiuterete di uoce al parare, & in un tẽpo colui,che gli stara all'incõtro,ancora a cautela maggiore aiutãdolo di uoce lo minaccierà col bastone.et se pur si accorge che egli uoglia passare auanti,et tirar uia,gli dara con esso una grã botta nel mostaccio,la qual botta, usando bene a tẽpo l'ordine che ora ui ho detto,son certo che nõ gli bisognerà, perch'egli in udir da uoi quella parola che si suol dire al far delle posate, & in sentirsi tirar la briglia,& in uedersi colui col bastone inãzi,facilmẽte da se stesso si fermerà,& fermato che egli sarà,lo accarezzerete un pezzo, & parimẽte come feste al fin del trotto,o del galoppo,lo farete fare indietro,et poscia tra lo andar et uenire passeggierete da sei uolte per la carriera,fermandoui sempre in quel medesimo luogo doue solete parare. Et per alcuni giorni non bisognerà piu correre,ma userete l'ordine del passo del trotto, & del galoppo, pur a quel modo di prima.& auertite che ui sia sempre all'incontro colui col bastone in mano, il quale ancora senza il bastone potrebbe tenere alquante pietre,et tirargliele a tẽpo nel mostaccio,ouero nelle braccia: ma allora bisognerebbe maggior tẽto alla mano,che tira la pietra; il che di raro accade hauersi: & perciò

al

al mio parere il tirar di pietre non si farebbe mai. Et se gli ponessero auãti uno o due huomini con quei fasci accesi di paglia legati alle punte de i bastoni, come di sopra ui ragionai al uitio del Cauallo che si butta in terra, gli sarebbe correggimento grande in farlo di subito parare; quantunque ui assicuro, che solo con la briglia che egli porta, senza questi fasci, con le altre correttioni che ui ho dette, et che sono piu da lodare, facilmente si tenerà; & ancora questi simili bastoni accesi, ponendogli alla bãda contraria della credẽza, il farãno uoltar tosto. Della qual credenza ben che io ne habbia lungamẽte parlato, perche ora mi occorre, mi è paruto dirne questo, ma non che di ciò uogliate preualerui.

Mirate bene quanto gioua il castigo, et maggiormente essendo terribile, che assai fiate si è uisto alcun Caualiero, che casualmente correndo il Cauallo di pessima bocca per una distesa campagna, mosso da ira, uolendo forse amazzarlo per quella malignità sua, l'ha tanto corso di lungo, battendolo sempre di sproni & di bacchetta fra le orecchie, & in ogni luogo doue si può, & sollicitandolo di uoci asprissime, che non potendo piu durare, mancando di lena, è uenuto all'ultimo quasi da se a fermarsi: tal che il giorno dapoi, correndolo nella carriera giusta, nel fine tirandogli un poco la briglia, si è facilmente fermato. Però auuertite che non uoglio che questo si usi: perche oltre che si suol dissiuare, onde nasce il pericolo grande della uita sua, non sempre suol riuscire: che ad alcun rado Cauallo di mala fantasia bisogna con maggiore arte far conoscere la cagione uera del suo castigo. et l'ho detto, accioche siate ben'esperto dell'intelligenza sua, & come si truoua pronto a gli ordini buoni, ogni fiata che a tempo si corregge dall'huomo. Ma ben questo accaderebbe molto, quando egli forzandoui si ponesse in fuga, & in su la mano.

Regola general nel parare.

Anzi è da notarsi questa regola generale, che fin a tanto che egli non saprà ben tenersi, & parare al passo, & al trotto, non se gli uuol dare il galoppo; & dapoi fin chè non saprà tenersi, & parare al galoppo, non si uuol mai correre.

Quando nõ uolete, che al parar faccia le posate.

Et se uolete che egli non faccia le posate, ui basterà solo al fin del passo, o del trotto, o del galoppo, come egli sara fermato, tirandogli la briglia, & col timor di colui che gli sta col baston all'incontro farlo fare alcuni passi indietro: et col simile ordine c'ho detto, si potrebbe appresso seguire; nondimeno quando farà le posate, sarà il camino da tenersi piu sicuro & certo.

Ma se'l uolete con piu facilita correggere di quel difetto, oltre a questi ordini, gli ponerete una briglia conueniente alla qualita della bocca sua, cosi come auanti ne l'hò segnalate.

Quãdo sarà inuecchiato all'andarsene uia.

Or benche il Cauallo fosse di qual si uoglia pessima natura, et inuecchiato a quel mal'uso di andarsene uia, facilmente sarà uinto tutta uolta che uoi userete l'ordine del modo che ui ho detto, & di piu gli ponerete la cordella sotto le gẽgiue, & legata a gli occhi della briglia, come diffusamente ui dissi auanti. Quãtunque

tunque solo quella, il piu delle uolte farà l'effetto con ogni semplice morso. ma dapoi che sarà con essa ben castigato della bocca, non gli bisognerà ne questo, ne altro soccorso, perche solo con la briglia sempre si tenerà.

Nondimeno auuertite, che per mantener giusto, & con buona lena il Caual lo tanto a quel che ho detto, come ancora a quel che dirò appresso, non douete mai lasciare i uostri torni, & dapoi sopra il pendino alleggerirlo, & fare le uostre posate.

Non douersi lasciare i torni, & alleggerirlo con le posate sopra il pendino.

Ma perche da molti, che solo giudicano secondo quel che mirano da prima faccia, & non fondano le ragioni doue conuengono, si potrebbe dire, che il castigo del bastone fa il Cauallo timido, & gli toglie l'ardire; per tanto mi pare di dichiararui, che questa opinione è falsa: perche quando incontinente che egli fa il disordine, si correggе, dapoi che sara corretto dell'error suo, chiaramente conoscerà, che quella malignità sua ne fu cagione. & questo si fa chiaro per l'esperienza che egli stesso continuamente ui dimostra, perche come sara, mediante il castigo, emendato, egli mai piu non ritornerà a quel uitio, ne di muouer la testa, ne di credenza, ne di restio, ne di andarsene di bocca, ne di buttarsi da una banda, ne in altre fantasie. Nondimeno quando se gli dà di bastone, o di bacchetta, senza che commetta qualche errore, allora si trouerà confuso, ne si potra risoluere, & non sapra mai pensar la cagione, che ui conduce a quell'atto, tal che poi sempre che uede il bastone, o la bacchetta, egli ne prenderà spauento: che non si può far peggio che battere il Cauallo, & massimamente nella testa, quando egli ui risponde, & ua bene. per questo tante uolte ho detto, & dirò sempre, che bisogna dal Caualiero usarsi il castigo, & ancora il soccorso, o aiuto, a tempo, & a misura. Et perche mi si potrebbe dire, che pare impossibile che il Cauallo habbia tal discorso; a questo rispondo, che essendo creato da Dio per seruire, & conformarsi con la uolontà dell'huomo, non è marauiglia che egli in parte sia quasi conforme all'intelletto nostro. & qual certezza se ne uuol maggiore di quella che ogni dì ne ueggiamo, non solo dell'intelligenza, & dell'ubidir a tempo, che egli dimostra nell'operarsi, ma in quella prontezza, che si uede nel suo animo? Or qual'animale si truoua sicuro, & intrepido, eguale all'huomo, piu che questo? che lo ueggiamo correre con tanta uelocità dentro gli eserciti, & da quegli entra, & esce, et non teme ne arme, ne spade, ne lancie, ne tāta uarietà di uoci, di romori, di bombarde, ne acqua, ne fuoco, ne ferro; et benche sia mortalmente ferito, egli non si rimuoue dal suo camino, onde aparo al suo Caualiero persiste insino al fine. Nōdimeno a maggior cautela mi pare di ricordarui, che questi castighi di bastone, & di bacchetta, quando si farāno da un'huomo a piede, si uogliono far solo in una estrema necessità, quando il Cauallo è inuecchiato a non uolersi uoltare, ouer è uso grā tempo a tirar uia di bocca. & la ragione è questa, perche son rari coloro, che all'incontro del Cauallo sappiano a tempo dargli il castigo, solo come gli

Il castigo di bastone nō fa il caual timido.

gli accade, & quanto gli conuiene. Bisogna dunque allora che il Cauallo è disanimato dal suo caualiero, o da colui che gli stara all'incontro, per il castigo che hebbe di bastone fuora di tẽpo, o senza che habbia mai fallito, con l'arte fargli conoscere, che la uoluntà uostra è, che non tema ne bastone, ne spada, ne cosa ueruna: che in tal maniera tantosto ritornerà ad unirsi con uoi, & al suo naturale. & se pure egli fosse o per natura, o per altro accidẽte uile, parimente gli giouerà molto in dargli animo. & quale sara il modo che douete usare, oltre che poi ui farò note alcune uirtù che se gli hanno da mostrare, donandoui ancora altri auisi, brieuemente hora il dirò in questo quarto, & ultimo libro.

LIBRO QVARTO.

Che non tema ne bastone, ne spade, c'habbia all'incontro.

CAVALCHERETE sopra del Cauallo, et fin che ua di passo, o di trotto, anderete assicurandolo, porgendogli sempre la bacchetta fra le orecchie, & ora all'una, & ora all'altra banda della testa uicino a gli occhi, et spesso con essa lo accarezzerete nel collo; dapoi com'egli sara sicuro in questo, anderete in un luogo, ilqual a uoi sara piu grato, et fate che all'incontro ui sia un'huomo col bastone in mano, & apoco apoco con quello comminciera a fargli segno di uolerlo battere nella testa: et allora uoi darete animo al Cauallo che uada auanti, rimettendolo uerso colui, ilqual in quel tempo debbe mostrar di fuggire, & farsi indietro, & come conoscerete che non teme piu il bastone, uoi similmente gli farete andar con una spada all'incontro; & tal'ordine continuerete fin tanto che egli sara totalmẽte assicurato. ma auuertite bene, che allora non si uuole in niun modo toccare, ne di bastone, ne di spada in su la testa, che assai gli basterà che se gli faccia quel segno uicino di essa, & che egli arditamente a colui che'l fa uada sopra. appresso di questo gli porgerà molto animo che inanzi di lui sieno alcuni huomini a piede, & all'incontro lo minaccino con uoci altissime, & allora uoi che gli siete addosso, rimettendolo da tre fiate a quelli. La prima uolta di passo: la seconda di trotto: la terza di galoppo. pero in quel tempo coloro uoglino mostrar di fuggire, o caminare, ritirandosi in dietro: & se oltre di ciò lo minacciassero con piu bastoni, o con piu spade, tanto maggiormente si fara sicuro.

Che non tema archibugi, ne artiglierie.

Non poco gli porgerà pure animo il caualcarlo, & ponerui al costato d'un Cauallo, o in mezo di due Caualli che siano uecchi, & sicuri al romore, & alle botte dell'artiglieria, & non troppo uicino a lui gli farete poi, senza palla, sparare alcuni archibugi, et quanto piu si assicura, tanto piu quelli se gli potranno auicinare, & spargli da presso. Et allora non mancherete continuamente assicurarlo sempre con la mano, & fargli carezze con la parola, & in quanti modi di si può, i quali modi presto ui si diranno, talche ordinariamente non lasciere-te mai di usargli piaceuolezza quando egli ua a uolontà uostra.

Ma perche molto importa, che egli habbia buon'animo contra gli altri Caualli, uoi anderete da faccia a faccia all'incontro di un'altro Cauallo, auuertendo di non fargli riceuere, ne dare qualche urto, accioche per la botta non si spauenti ne si disanimi. Et allor che rimettete adosso di lui, se quello è uile, si fara indietro, et se pur fosse animoso, ordinerete al Caualiero, che gli sta sopra, che tirando a se la briglia, uoglia in quel tempo ritirarsi, che il nostro cosi prenderà uigorosamente ardire di sempre farsi auanti.

Per darli animo contra altri caualli.

Oltre di queste andrete in una campagna insieme con un'altro Caualiero a cauallo, & ui porrete quanto sara lungo il repolone da dieci passi all'incontro l'uno all'altro, & in un tempo ui partirete di trotto l'un uerso l'altro, & donde egli parte, andrete uoi, & egli uerrà doue erauate uoi, & giunti che sete, tanto sto in quell'instante ciascun di uoi prenderà la uolta destra, & ritornerete à passare, et come siete a quel termine, prenderete l'altra uolta di man manca, et con questo ordine maneggiando, ogni fiata nella metà del repolone, l'un Cauallo passerà da un palmo discosto dall'altro, talche con quel ripassare ogniun di loro assicurandosi diuerrà di buona faccia, & questo pur dapoi con simil tempo, & modo farete di galoppo.

Et auuertite che al passare, & ripassare non ui urtiate, ma basterà solo che si passi tanto stretto, che non tocchi l'un l'altro.

Ancora si potrebbe andare in campagna doue sono i uostri torni, et incominciare di trotto la uolta da man destra, & in un tempo per il medesimo torno un altro Caualiero prender la uolta da man sinistra; & con tal'ordine cambiare i torni, & seguir le uolte: & accioche non ui urtiate all'incontrar che ui farete, un di uoi allargherà il torno alla uolta da due palmi piu di quel che è, & parimente si potrebbono appresso far di galoppo, tal che l'un & l'altro Cauallo cō questo modo, & spesso incontrarsi facilmente s'inanimerà.

Di piu dico, che molto gioua, per assicurare il nostro Cauallo, star fermo con esso da una banda de i torni, allora che un'altro in quegli andera di trotto, o di galoppo. Et similmente gli gioua quando ui fermerete in un luogo doue alcun Cauallo al fin della carriera uerra a parare, oueramente quando corre ui poserete da un lato, nel quale egli ha da passare; et se il Cauallo, o per natura, o per incontro che hauesse hauuto, in quel tempo che l'altro se gli accosta, per timore si uolta, uoi allora farete che un Cauallo animoso ui sia in un lato, perche cō lo essempio di quello il nostro prenderà cuore, & si farà sicuro, & non fuggirà; tal che ancora non poco gli porge animo alcuna fiata il passeggiarsi per la città, similmente con un Cauallo di buona faccia.

Et perche molte uolte sara un Cauallo timido, & spauentoso, massimamente per le citta, oue sono diuerse maniere, & uarietà di cose, per tanto ui dichiaro, che

Cause dello spauento de' caualli.

che tal uitio procede per esser giouine, et non uso di uedere, ne di caualcarsi per luoghi publici; ouero suol accadere per qualche offesa, che hebbe da alcuno incidente che gli occorse: et ogni fiata che gl'interuiene, o sente, o uede quello, si spauenta; oueramente quel che sara peggio, hauerà corta, & mala uista.

Quādo il caual giouane sia timido, come si può assicurarlo.

Quādo accaderà questo difetto a Cauallo giouine, uoi, sempre ch'egli si spaūta per qualche nouità che uede, non douete a niun modo batterlo, perche battendolo, penserà che quelle botte nascano da quello che mira, & ogni fiata che uederà il simile, tanto piu si fara uile: ma ui douete fermare, & assicurarlo, & appresso, quando pure in parte pugnasse di non passare, ui accorgerete che egli a poco a poco, ora fermandosi, & ora caminando, si assicurerà di quella cosa, che teme. dapoi sopra di essa ui fermerete un pezzo, & in quel tempo che camina, ui ricorderete di accarezzarlo di sopra il collo. Però potrebbe esser che alcuna fiata egli uenisse in perfidia di non uolere in niun modo passare, il che uiene il piu delle uolte quando per quello che uede o sente, gli occorse qualche offesa. allora sara di necessità, che non solo uoi uogliate tacere senza dargli altra molestia, ma bisogna che un'huomo a piede da dietro il solliciti cō quel truscio di labra, & con minacciarlo di uoce, & forse anco con dargli di bastone, & di bacchetta nella groppa, & nelle gambe, & come egli comincia a caminare, sempre lo anderete accarezzando.

Come si possa assicurarlo quādo sia ammaestrato, & intēdagli aiuti, e i castighi

Nondimeno come il cauallo è totalmēte ammaestrato al passo, al trotto, al galoppo, al correre, al parare, a i repoloni, al maneggiarsi da ogni mano, & intēde tutti i castighi, et aiuti, liquali appresso ui faro chiari, allora, s'egli si spauēta, et si ferma, douete tosto senza farlo riconoscere dargli aiuto al caminare cō la uoce, & forse ancora con le polpe delle gambe, o con gli sproni, et alcuna uolta giuntamente con la bacchetta, che in tal maniera egli si fara sempre auanti.

Quando ua dubbioso per difetto di uista, come si dee assicurarlo.

Quando per mancamento di uista ua dubioso, non si uuol battere, ma a poco a poco caminando auanti, & accarezzandolo lo aiuterete, & alcuna uolta lo aiuterete solo con la parola; & se ui accorgete che egli si spauenti, et sta tra il passare, & non passare, et tra il si, e'l nò, in un'instante allora, senza donargli tempo, ma solo donandogli animo, lo aiuterete di uoce, & ancora di sproni, se pure è necessario; perche egli il piu delle uolte lascerà il pensiero di quel timore, che imaginandosi figura, & caminerà.

Come si dee assicurarlo, quādo sia giouane.

Ma per assicurare totalmente il cauallo giouane, molto giouerà caualcarlo di notte, & di giorno lo caualcherete per que' luoghi doue sono molte qualità di artificij, & doue si ode sempre strepito, per gli mercati, per le piazze, per gli fabbri & caldarari, per gli armieri, per gli orefici, & doue sono pelli, & animali morti, & passo passo caminerete, & sempre che egli prende quella tema, farete gli ordini che ui ho detti, & cosi facilmente si assicurerà.

Ventarello p assicurare il cauallo.

Assai fiate suol giouare al Cauallo per alcuni giorni porgli un uentarello nella fronte, oueramente poco piu basso in una delle orecchie, da una banda fermato

fermato di sotto il cuoio della testiera, & cosi o di giorno, o di notte caminando prenderà uento, per il che non solo uoltandosi, & ruotando continuamente con molta uelocità auanti gli occhi suoi, si farà egli il piu delle uolte assai sicuro, ma anco per quella bianchezza, che tiene il uentarello, quando ruota, la uista non hauerà forse piu da dubitar di quell'ombre, che per la sua fiacchezza auāti se gli figurauano. Questo uentarello da molti si dimanda molinello, il quale sogliono portare i fanciulli correndo all'incontro dell'aere. Nōdimeno ui auuertisco che alla maggior parte de' Caualli gioua mirabilmēte, & in alcuni altri radi suole piu presto, dapoi che gli se toglie, crescergli il timore. & non perciò ho uoluto tacerlo; ma ben ui dico, come uoi ui accorgerete di questa qualità di Caualli, che in niun modo uogliate usar più tale artificio, ma userete gli altri ordini, co i quali si farà l'effetto, come auanti largamente ui ho ragionato.

Ancora quando si usa questo uentarello, si potrà fare non solo bianco in color della carta, ma si potrebbe tingere giallo, uerde, rosso, azurro, negro, & di quella maniera che ui parerà piu atto in assicurarlo.

Al Caualiero, benche non gli sia di necessità il giuoco della palla, & anco il saper uolteggiare, nondimeno gli gioua molto, non solo per dargli ornamento, ma per farlo abile, & piu destro a quelle cose, che poscia cōuengono all'arme. cosi dirò del Cauallo, che quantunque non gli bisogni il far della capriola, che uada ondeggiante, & con aggropparsi da groppo in groppo, & leggiero di mani, & di piedi, auanti, & dietro; non perciò si può negare, che egli non faccia un bel uedere, & che poi non uenga con piu attitudine alle altre uirtù necessarie. per tanto mi è paruto ben conueniente dirui il modo, che se gli ha da mostrare se uolete la capriola. *Che si come al Caualier gioua il giuoco della palla, & il uolteggiare, cosi gioua al cauallo la capriola.*

Quando il Cauallo saprà far le posate, & lo hauerete anco alleggerito di dietro, cosi come l'uno & l'altro ui ho detto, per alcuni giorni andrete di trotto sopra il pendino, che sia lungo, & fra i primi due terreni ui fermerete, facendogli fare due posate, & tantosto dapoi si uuole aiutare col truscio delle labra a fargli far di trotto due passi auanti da tre palmi, et all'ultimo passo l'aiuterete alle simili due posate, come da prima, & seguirete parimente con quei passi di trotto, & al fin di essi con l'altre posate, & ui fermerete: tal che dapoi, com'egli intēde bene, ogni fiata che ua a parare appresso, in cambio di quei passi di trotto, fara, sospendendosi di dietro, due groppi, giusti, et eguali, con un bel tempo, rileuandosi con le posate auanti: onde dapoi da palmo a palmo andera di schiena, con quel groppeggiar pallottando, & con le braccia piegate, & giuste. & in questa maniera sempre che uorrete, ui fara la capriola. et se allora uolete aiutarlo, in ogni groppo ui porgera un paio di calci, & con facilita, & ordine grande appena arriuera in terra, che si leuera in alto. & si uuole auuertire non uscir mai dal tempo, & dalla misura, & come dal principio, cosi nel fine, andar continuamente eguale & giusto. *Modo d'insegnargli la capriola.*

Se il Cauallo è debole di lombi, farà quei passi di trotto terragnuoli, oueramente eleuandosi eguale, & sempre ad un numero, con le posate appresso di così bel garbo, & misura, che benche egli non aggroppi la capriola, sarebbe da lodarsi, & sarebbe un bel uedere.

A quai caualli si cõuenga la capriola, & a quali i ceruetti.

In questa maniera essendo il Cauallo per la ginetta, se gli potrebbono anco insegnare i cornetti. nondimeno quando è grande per la ghisa, molto piu gli cõuiene la capriola, la qual facẽdosi bassa, poco differisce da i coruetti: che questi coruetti non solo si fanno caminando auanti, come conuiene alla capriola, ma stando in un luogo, non partendosi per un pezzo, ballando sopra l'anche, & le braccia, & similmente dapoi ritrahendosi in dietro, & dall'uno, & dall'altro lato.

Modo di dargli il galoppo gagliardo

Notate che quel che si fa in dar la capriola, ancora si farà quando uolete donargli il galoppo gagliardo. Però in ogni due passi bisogna pigliare il tempo, et la misura, & aiutarlo. Ma in questo, & in dare i coruetti con l'arte non si potrebbe mai sforzare al tutto, s'egli naturalmente non fosse leggiero della persona, & di braccia, & di gambe.

Modo d'insegnargli la ciãbetta.

Se pur uolete mostrargli che faccia la ciambetta, il che non solo sarà util cosa, ma molto gioua in dargli ornamento quando si maneggia, poneteuegli di sopra, & andateuene uia in un lungo stretto, oueramente in un fosso che sia fatto in una di quelle due guise, ch'io ui dissi a gli ordini che correggono il Cauallo, che uolta le anche prima delle spalle, & iui pian piano lo uolterete da man destra, & appresso da man sinistra tornando pure alla uolta destra, da quarto in quarto, una, o due, o tre uolte per mano, del modo che ui fu ragionato, quando parlai delle uolte raddoppiate: perche essendo la strada stretta, & uoltando lo stretto, il Cauallo sempre che si uolta, non potendo al chiuder che di essa farà, senza fatica grande, incauallare il braccio, temerà di si battere l'altro braccio con quel braccio contrario della uolta: la onde egli poi, per fuggir quello, bisogna che così duro di arco, & duro di collo, et fermo di testa lo sollcui in alto, & uerrà con la ciambetta. talche prendendo quell'uso, ogni fiata che si aiuterà di sprone dalla banda contraria della uolta, & che udirà l'aiuto di lingua, o giunti insieme, o l'uno, o l'altro, la farà sempre da quella banda doue si girerà, così come ueramente li cõuiene. Ma si uuol ben auuertire, che il Cauallo in cambio di sollenare il braccio, nõ si faccia in dietro, ouero in uoltarsi esca dal fosso, ilche sarebbe uitio, & opposito molto del nostro bisogno. però conuerrà che siate ben'accorto a uoltarlo con fermezza, & temperamento di mano, et a tẽpo, & a misura castigarlo, & tal'hor aiutarlo, & accarezzarlo cõ quei modi che ben credo che per hauergli detti ora gli sapete, & da passo in passo ui saranno piu noti; & pur su la strada stretta, o dentro quel fosso potreste o andar di passo, ouer di trotto quanto è lungo il repolone, ouero anderete piu al corto da quindici palmi, & dandogli da un capo la meza uolta di man destra, & dall'altro capo la meza uolta di man sinistra, si adatterà con assai piu facilità il brac-

cio

cio con la ciambetta, & iui anco userete i simili castighi, ouero aiuti a tẽpo quã do bisogneranno, tal che ancora a i repoloni poi si maneggierà, ora con l'uno, et ora con l'altro braccio, pur con la ciambetta. & il medesimo effetto anco si farà con molta piu facilità in un luogo, nel quale sia qualche strada corta, che suol'esser da i lati un poco eleuata, et spesso accade trouarsi nella campagna in alcune parti, doue la poggia con la forza dell'acqua, & con la laua che corre, ha fatto una certa uietta cauata da due palmi, & dalle bande un poco col terreno alto, che saglia di sbiagio, pur quasi a modo di barchetta, nella guisa del fosso ragionato dinãzi, tal che uoltandosi dentro di quella uia, & sopra quella breue altezza delle bande, gli sarebbe trauaglio nõ uenir con la ciambetta da doue si uolta, & allora si uuol parimẽte cominciare a uoltarsi basso con la man ferma, senza quella torcere, & a tempo aiutandolo di lingua, & di sproni, o di polpe di gambe piu & meno, o piu l'un dell'altro secondo l'animo che ha, & secondo che ui obedisce. Et notate che se i capi di quei luoghi, ne i quali co i repoloni di passo, o di trotto anderete a parare, & si faranno le uolte, oltre alla poca altitudine de i lor lati, fossero alquãto pendini, sarebbe da lodarsi; & cosi anco se la uia fosse da tre palmi larga: nientedimeno in qualunque guisa si sia, gli giouerà. Et se pur l'altezza di quella sarà solo da una banda, & nõ dall'altra, benche non sia di tanto ualore, potreste seruiruene, seguendo però allora gli ordini delle uolte dalla sua parte alta. Et non è da tacere, che al maneggio de' repoloni la ciambetta gioui molto: anzi mi pare mirabilmente necessaria, et assai piu conueniente, che non è alle uolte raddoppiate.

Modo di mostrargli la ciãbetta alla stalla.

Ma se uolete sforzarlo, che egli la faccia senza di questi modi, andrete alla stalla, & poneteuegli dalla banda destra della magnatora, doue egli sta legato, tenendo la bacchetta in mano, & con essa il batterete nel braccio destro, ora sotto il ginocchio, ora nel mezo, ora nella giuntura di basso, & ora nella piegatura di dietro, or meno, et ora piu graue; et in un tempo, fin che si alzera, farete quel motiuo di lingua: et come egli lieua il braccio, fin tãto che il tenerà sospeso non douete piu batterlo, ma douete tacendo, solo minacciarlo spesso spesso sopra di esso con la bacchetta, acciochè, per quella tema, non l'abbassi. & sempre che egli tornerà a ponerlo in terra, uoi parimente douete tantosto tornare ad aiutarlo, & castigarlo: & da ciò non mancherete mai fin che egli un'altra fiata la lieui in alto, tenendolo poi per un pezzo cosi fermo. & per inanimarlo a questo, è da lodarsi, & assai bene al tempo che egli tiene il braccio sospeso, alcuna fiata con la mano grattargli il garrese, che tanto piu uolontariamente il tenerà eleuato; & questo simile ordine, ponendoui dalla banda sinistra, sarà quãdo uolete che egli faccia la ciambetta col braccio sinistro.

Come egli all'uno, & all'altro braccio intenderà bene questo, uoi similmẽte nella stalla ue gli ponerete dalla banda destra con la bacchetta in mano, et uno altr'huomo con uno sprone in mano se gli ponerà dall'altro lato di man sini-

stra, & a quel tempo che uoi lo batterete al braccio destro cō la bacchetta, co lui uuol subito dargli una botta di pūta di sprone appresso le cigne, doue si suol battere; & in un'instante ancora farà quel motiuo di lingua, & uoi tacerete, perche egli udendo il suono di lingua, & sentendosi percuotere dallo sprone, & in quel tempo battere dalla bacchetta, alzerà il braccio destro; & pur questo modo, battendolo di bacchetta al braccio sinistro, et in un tempo pungendosi di sprone dalla banda destra, tenerete quando uolete che egli sospenda il braccio sinistro; & si uuole a tempo battere col detto sprone, alcuna fiata piano, et cō mirabil tento, & alcuna fiata forte, & determinatamēte, tal che dapoi ogni fiata che uoi con quello sprone, o con un chiodo, o bastonetto, che ui sia la punta, lo pungerete, dalla banda contraria, & giuntamente farete il moto di lingua, senza che ui sia con la bacchetta in mano niuna persona dall'altro lato, egli alzerà il braccio, tenendolo sospeso forse un quarto di hora, & piu & meno, & tanto tempo quanto uoi uorrete; et anco il piu delle uolte senza che si aiuti di sprone, non oserà abbassarlo fin che gli sarete presente; onde trouandoui dalla banda destra, egli sempre tenerà in alto il braccio sinistro, & trouandoui dalla sinistra, farà il simile col braccio destro.

Ma s'egli dal principio facesse pugna di uoler solo alzare quel braccio della banda doue si sente pungere, il che spesso accade, uoi in quel tempo che gli date la botta di sprone, non essendo però malitioso, gli toccherete col uostro piede il braccio contrario, che con quel segno si accorgerà dell'ordine, & lo alzerà senza ponersi in altra confusione: & fin tanto che sarà ben accorto, due o tre uolte farete questo motiuo col uostro piede, che dapoi non gli bisognerà. ma se a maggior sicurtà, tanto piu se fosse cauallo superbo, a uoi piacesse tener la bacchetta nell'altra mano, & solo quando non ui risponde toccarlo con essa nella piegatura, ouero in altro luogo del braccio contrario, in quel tempo che gli date la botta di sprone, si potrebbe pur fare, & facilmente si correggerà.

E da notarsi, che allora quando gli date la botta di sprone, s'egli non alza il braccio contrario, oueramente s'egli sospende quel braccio della medesima banda doue si sente battere, uoi tātosto raddoppierete le botte del uostro sprone. ne da ciò, ne da gli altri ordini mancherete mai, fin tanto che egli si accorgerà del l'error suo, & alzerà il braccio contrario come uoi uolete: perche uerrà di maniera castigato, che ogni fiata che dapoi se gli farà solo quel segno di uolerlo toccar di sprone, quantunque non si batta, egli di subito ui risponderà.

Et benche non solo in un giorno, ma forse in assai meno spatio facilmente se gli insegni questa ciambetta con quei modi, de i quali ui ho ragionato, accioche egli ne sia ben'auezzo, & uenga poi con piu facilità a maneggiarsi con essa, sarebbe anco da lodarsi molto, che ogni dì almeno un'hora tenesse or l'uno, & or l'altro braccio eleuato nella stalla, facēdogli sempre intendere quel suono di lingua, et conoscer la botta della bāda cōtraria, cosi come diffusamēte u'ho detto.

Se

Se pur egli fosse di molto senso, ouero di qualche malignità grande, non per ciò lascerete di seguire il uostro intento: anzi allora per qual si uoglia difesa, et errore che egli faccia, ogni fiata ui douete in quel medesimo tempo dimostrar terribile, & gridarlo, o battere di bacchetta, o l'uno, o l'altro, o giuntamente; et poscia tantosto ritornerete pure a gli ordini uostri.

Però auuertite, che questo modo di fargli la ciambetta nella stalla non è da farsi fin tanto, che conoscerete, che il Cauallo cominci ad intēdere le altre cose, & che sia suggetto: perche altrimenti se gli mostrerebbe con piu difficultà.

Bisogna poi, che non solo egli faccia la ciambetta nella stalla, ma ancor quã do gli sarete su la sella, et che egli la intenda, ogni uolta che uoi la uolete. onde, per insegnargli questo, è di mestiero quando gli siete di sopra, che ui fermiate un pezzo, tenendolo fermo, & saldo, con la testa ridutta nel suo luogo, & dalla man destra ui sara un'huomo con la bacchetta in mano, & parimente come uoi feste nella stalla, egli il batterà nel braccio destro, facendo pur quel motiuo di lingua, & fin tanto che egli sospenderà il braccio, nõ mancherà mai molestarlo in quel modo, piu & meno secondo che risponde, & soffre: & tantosto che il Cauallo rileua il braccio, uoi che gli siete addosso douete grattargli il garrese, per che tanto piu uerrà con piacere, & presto a far la ciambetta. & quando uolete che egli la faccia dall'altra banda, similmente colui gli anderà da mã sinistra, & farà pur quello che fece dalla banda destra.

Come si dee fargli far la ciambetta caualcãdo, poi che saprà far la in stalla.

Dapoi come il Cauallo intende questo, a quel tempo che se gli batte l'uno, o l'altro braccio, uoi che gli siete di sopra, douete far quel suono di lingua, & colui tacerà.

Appresso come intendera pur questo, & uoi a quel esser che egli batte o l'uno, o l'altro braccio, douete non solo far quel motiuo di lingua, ma ancora il douete battere con lo sprone contrario, & come sollieua il braccio, douete di subito accarezzarlo, & cessar da quello.

Al fin come il Cauallo ha inteso bene quel che uolete, & riconosce lo sprone, uoi allora, senza che altri il batta di bacchetta, quando ui piacerà che faccia la ciãbetta dalla banda destra, gli darete una botta di sprone dalla bãda sinistra, et in un tẽpo farete il uostro moto di lingua; et quando egli nõ uolesse uenire in questo, oueramente ui uenisse pigro, uoi sempre moltiplicherete le botte di sprone, non mancando mai quello aiuto di lingua: che cosi egli senza dubbio uerrà. & uolendo che egli sollieui il braccio sinistro, il battera dalla banda destra pur col simile ordine, perche egualmente uerra tantosto con la ciambetta.

Se a maggior cautela uoi torrete la bacchetta, & egli al dare che gli farete dello sprone contrario, & al moto di lingua non ui rispondesse di subito, allora, cosi quando stara fermo, come ancora al tempo che gli date la uolta, & lo uolete maneggiare, di piu gli potreste cõ essa cingere da quella banda del braccio, che non uuol'alzare, una gran botta, & tanto di sprone, quãto di bacchetta il batterete piu,& meno,secondo che sara il bisogno;benche ui so certo,che solo al moto della uostra lingua,& appena sentendosi la botta del uostro sprone dalla banda contraria,oueramente che in quella egli si senta solo accostare attentatamente la polpa della gamba nel uentre,fara quanto uolete,& non ui bisognerà ne bacchetta,ne altro aiuto.

Quantunque sia facile uenire a questo, & imparare in meno spatio di tre hore,non perciò douete lasciare,ogni fiata che gli siete a cauallo,di farlo stare un gran pezzo con la ciambetta sospesa,ora con l'uno, & ora con l'altro braccio, ad effetto che dapoi uada con maggiore intelligenza, & facilità in essa quando si maneggia,cosi da fermo a fermo al raddoppiare, come ancora a i repoloni,con le uolte semplici.

Et acciochè quando raddoppia,uenga a far la ciambetta con attitudine,& di bel modo,dal principio se gli uuol dar sol'una uolta per mano: perch'egli da poi non si presto hauerà fornito la uolta destra con la ciambetta, che si apparecchierà con l'altra nella uolta sinistra;la qual fornita,egli stesso similmente si apparecchierà tantosto pur con la ciambetta nella man destra, chiudendo la uolta cosi come fece da prima.

Ancor per inanimirlo bene alla ciambetta,douete spesso maneggiarlo a repoloni sopra il passo,ouero su'l trotto:perche essendo giusto, & fermo di testa, & uoltandosi basso,& stretto,& intendendo gli ordini della ciambetta, con quel battere,& aiuto a tempo,come u'ho detto,sara sempre forzato poi accorciarsi quella gamba,doue egli fara la uolta,con bell'aria,& di un bel modo;et come ui accorgete che egli sa bene quel che ha da fare, a uostra uolontà si potrebbe maneggiare allora di galoppo,& a tempo,& con furia.

Perche all'insegnare,l'un Cauallo sara piu difficile dell'altro, per tanto dico,che non uogliate disperarui,se alcun di loro non uien presto a quel che uolete,ma determinatamente seguite gli ordini, che quanto piu uien duro, & in questo,& in tutte le altre cose,che ho detto,& dirò appresso, tanto maggiormente al fin uerrà nella sua perfettione.

Et non è da tacere,che ogni Cauallo di buona natura,come sara condotto a quel termine di andar fermo di testa,& di collo,& d'arco,et intende la uolta, & la fara giusta,& stretta,intertenendola con quel tempo,& aiuto che gli cōuiene,uoltandosi con le braccia dinanzi,sara costretto, quando si maneggia, à poner la testa dou'egli tiene la groppa,& uenir con la ciambetta,senza che se gli dimostri con tanti soccorsi, & artificij.però douete spesso continuar gli ordini uostri dentro quel fosso,o dentro quella uia naturalmente fatta dalla pioggia, che sara il meglio : & in questi altri ordini della ciambetta solo ui bisognerà trauagliarlo se pur uolete abondar di cautela, & farlo piu facile a quella uirtù,quando fosse in un caso estremo di poco ualere, & non che grauoso,ma di duro,& mal'intelletto.

Se uolete mostrargli, che battendolo di sproni, si ponga il mostaccio di sotto, il che al combattere molto gioua, ogni uolta che fermerete il uostro Cauallo, se egli si pone col mostaccio alto, & uoi tenendolo in quel modo, subito lo moleste rete, ora battendolo con lo sprone destro, ora col sinistro, ora giuntamente con l'uno, & con l'altro, & a tempo a tempo farete questo, et allora terrete ferma & salda la man della briglia, & alcuna fiata in quel medesimo tempo con la man destra lo sforzerete sopra il collo, che uoglia abbassarlo; & se non ui consente a quel che uolete, tirãdo la briglia, gli farete far da tre passi in dietro, che sarãno poco piu o meno di cinque palmi, & appresso pian piano lo farete ritornare al medesimo luogo, dõde partiste, & questo si fara piu uolte: & in quell'essere ogni fiata che egli si caccia di fuora, lo castigherete pur della maniera che ho detto: & come egli al dar dello sprone una fiata calerà il mostaccio uerso il petto, uoi tantosto lo accarezzerete senza batter piu altrimenti, & senza forse tirargli poco piu la briglia di quel che si staua. et se cento uolte egli torna ad alzare la testa, et uoi altre tante tornerete al simile come faceste da prima. tal che sempre che alla botta dello sprone ouer quando egli si fa indietro abbasserà il mostaccio, & uoi nõ solo in quel tempo mancherete di trauagliarlo, ma gli farete carezze, conoscerà chiaramente quel che uolete: là onde dapoi sentẽdosi battere di sproni, caminando auanti, o quando starà fermo, incontinente si ponerà di sotto al suo debito luogo.

Modo di fargli porre il mostaccio di sotto, battendolo di sproni.

Et s'egli fosse in ciò duro, uoi alcuna fiata come l'harete molestato cõ li due sproni, ouer con l'uno, o con l'altro, lo batterete con la punta del piede, o con la staffa nella grassolla, o sotto la spalla nel suo gomitello, & iui forse la tenerete un pezzo ferma, che cosi egli si abbasserà da quella bãda per mirare che è quel lo che gli da molestia, & come si abbassa, uoi in un'instante gli allargherete da dosse quel piede, ouer la staffa, accarezzandolo sopra il collo, & l'uno, & l'altro farete et all'una, et all'altra mano, fin tanto che risponde a quel che uolete.

Come la uirtù del fuoco, ouero del sole assai uolte suol fare effetti l'un contrario dell'altro, che una materia fara molle, & l'altra dura, cosi quì dirò del castigo dello sprone, che benche fara il Cauallo poner di sotto, nondimeno quã do egli si pon troppo basso portandogli piu alta la man della briglia, & temperatamente poco piu leggiera del debito, & toccandolo spesso da sopra la spalla uostra cõ la punta della bacchetta nella metà della groppa, & castigandolo col battere a tempo pur di sproni, eleuerà la testa, ponendola giusta, & nel suo luogo. In questo difetto molto gli gioua mettergli la briglia piu alta del debito, & appuntargli largo il barbazzale, che sia couerto di tela; & parimente quando il Cauallo non si uuol quietare, fermandogli a tempo la mano, col simile castigo di sproni, ora con l'uno, & ora con l'altro, & ora con amendue giunti insieme conoscerà l'error suo, & senza muouersi da quel luogo doue si ritruoua, si ponerà in quattro, non ostante che la principal qualità dello

Modo di alzarlo di testa, quando l'abbassasse troppo: con molti modi di castigo, & aiuto di sproni.

Quando passeggiando si toglie dal trotto.

sprone è di farlo caminare auanti; & ogni fiata che passeggiando per la città, o per la campagna egli si toglie dal trotto, lo douete battere con uno sprone da quella banda doue egli tiene piu duro il collo, che tantosto si ponerà non solo in esso, ma in un bel passeggio, & oltre di ciò egualmente si aggiustera, & si fara fermo di collo, & prendera piu lena, & si fortificherà piu i lombi, & si addattera la schiena, ponendosi a quel tuono che gli conuiene, & si fara piu leggiero, & disciolto di braccia, & di gambe. ma quando egli tiene il collo eguale, & giusto da ogni mano, allora se lo uolete ponere al trotto, lo batterete con gli due sproni pari, & piacendoui, per piu inanimarlo, si potrebbe anco aiutare in un tempo col truscio di labra, oueramente con qualche parola, che solete dire quando si uuole auiare. & sempre che egli abbandona il trotto, farete il simile. & acciochè l'uso uenga in natura, non gli douete mai consentire di andare al passo; eccetto quando il uolete per la ginetta: che non bisognera cosi spesso molestarlo di sproni, & ponerlo al trotto, perche gli conuerra il passo, & assai ui bastera quando solo con essi il batterete per addirizzarlo, & fermarlo di testa, & di collo, & aggiustarlo alle uolte semplici de' repoloni, & alle uolte raddoppiate, et quando alla carriera se gli uuol dare uelocita: perche quanto meno si batte, tanto maggiormente egli portera ferma la coda. ilche conuiene molto al ginetto, per cagion che l'ha da portar disciolta, & non legata, come al corsiero, & a cauallotto di meza taglia. però di qual si uoglia sorte che sia, o per la ghisa, o per la leggiera, il piu delle uolte, quando egli al castigo di sproni ui risponde bene, per assicurarlo, douete a tempo a tempo fargli carezze, & tanto piu come ui accorgete che egli sia uinto, oueramente se fosse ardente, & per quelle botte si ponesse in qualche timore, & nausea, che l'uno si fa per inanimirlo al bene, & l'altro per farlo sicuro in soffrire. Et in ciò si uuole usar diligenza grande. Et, se stando fermo ui piacesse che egli si faccia dall'uno, o dall'altro lato, & uada di costato, similmente a poco a poco lo minaccierete, & tal'hor lo batterete bene con lo sprone dalla banda contraria in questo modo: se uolete che egli accosti dalla parte sinistra, il castigo sara dalla banda destra: & uolendo che egli si faccia dalla parte destra, il castigherete dalla banda sinistra: & fin tanto che ui intendera, non mancherete mai di molestarlo, ora con la polpa della gamba, & ora con lo sprone, & or meno, & or piu graue, continuamente alle parti che ho detto. & come egli una fiata, fuggendo la botta del uostro sprone, ua di costato, cosi come uolete, & uoi tantosto accarezzandolo, in quel tempo allargherete il uostro calcagno senza piu toccarlo, che poi sempre che si sentira fermare un poco la briglia, & appena, in quella maniera, toccarsi da uno sprone, o uer dalla polpa della gamba, si fara di subito dall'altro lato, o poco, o assai secōdo che a uoi piacera, et insegnādoli questo, forse ancor in tal modo andera in cornetti. Et se uolete che egli si faccia da un lato solo cō la groppa, & le anche

Quando si uuol per la ginetta, non si dee molestarlo cō sproni, e mettere al trotto.

A qual caual si dee legar la coda, & a qual lasciarla sciolta.

Quando, stādo fermo, si uuol, che si faccia da un lato, & uada di costato.

di dietro,& che non muoua le spalle,& che la testa sia sempre all'incontro del nimico,il che ual molto al combattere a corpo a corpo a cauallo,userete pur tale ordine:nondimeno di piu allora uolterete un poco la man della briglia,in un medesimo tempo,da quella banda doue gli darete,per fargli girare l'anche, lo aiuto,o castigo di sprone;& si farà l'opposito con la man della briglia, quando uolete che uada tutto insieme egualmente da un lato,come ui dissi dinanzi. Et tutti questi castighi,o aiuti,non solo faranno i ragionati effetti, ma gli daranno la uera intelligenza,& che soffra uolentiermente gli sproni. Et,se uolete anco sopra di ciò fargli conoscere la bacchetta,si uuole a quel tẽpo che si tocca di sprone dalla medesima banda cõtraria,nel fianco,& tal'hora alla spalla minacciare,o battere,ouero aiutar con essa,onde dapoi la intẽderà,& sola senza sprone,& accompagnata con lo sprone.& se dal principio, quando se gl'insegnano queste cose,egli non rispondendoui bene,facesse il contrario, non perciò ui disanimerete,perche al fine con la sollicitudine si trouerà facilissimo in ogni minima richiesta,che gli farete.

La uera arte è il far conoscere al cauallo la cagion del castigo, e dell'aiuto.

Però questa è la difficoltà grande,et l'arte del ualoroso Caualiero di far intendere chiaramente al Cauallo la cagione,perche se gli dona il castigo, ouero aiuto,non solo di sproni,ma di qualunque sorte si sia. Perche come egli conosce questo,sempre gli anderà conforme a quel che uuole. onde conuiene talhor tento,& talhor fermezza di mano, & talhor asprezza, & talhor temperamento a i calcagni,& in ogni opra del corpo; talche bisogna infinito discorso in conoscere,& usare il tempo,& la misura,& quando se gli uuol mancare,& quando crescere quel castigo,o aiuto;& doue gli conuiene l'uno,& doue l'altro;& senza loro è impossibile che si arriui in questa uirtù compitamente, che ben si può dire,che l'ignoranza di queste cose fosse la cagione che mai niuno hauesse tentato scriuer di tal dottrina. Perciò son certo che molti biasmeranno quel che ora dico,perche a lor parerà che questo modo di ammaestrare il Cauallo sia falso,& non uero,& fattibile,essendo molto alieno,et fuor dell'uso di tutti gli altri,che al mondo furono,et sono:ma tutti coloro che dapoi uedranno nascere tanti belli effetti da questi ordini, conosceranno il ualore dell'infinita gratia,che ora il cielo ne dona.

In sette modi si può castigare il cauallo,e gli effetti loro.

Et auuertite bene,che il Cauallo si può castigar in sette modi. Di uoce,di bacchetta,di briglia,di polpe di gambe,di staffa,di sproni,di uolta. Il castigo di uoce,come prima u'ho detto,è quello che egli piu teme,& fin che si fa,meno sconserta,& a qualunque disordine gioua. Il castigo di bacchetta, benche in alcun Cauallo nel principio paia mal fatto, & che lo distoni, nondimeno appresso si conoscerà, che facendosi a tempo, ual molto in fermarlo di testa, & toglierli ogni mal pensiere. Il castigo di briglia corregge assai la bocca, & lo aggiusta di collo,& di testa,& non poco gioua in assicurarlo. Il castigo di polpe di gambe,& ancora il castigo di staffa,l'uno,et l'altro ferma,et aggiusta in ogni

parte

parte auanti,& dietro. Il castigo di sproni non solo mirabilmente ferma & aggiusta, ma fa il Cauallo soggetto, & intelligente, & conforme al uolere del Caualiero. Il castigo di uolta dimostra la misura, & uera forma del maneggio, non solo a i repoloni, ma anco da fermo a fermo al raddoppiare. & a questo castigo di uolta assai spesso, & quasi sempre ha da precedere il castigo di sprone, et se notate bene quel che ho detto, trouerete che tutte queste cose ue le ho diffusamente dichiarate, & quando conuiene usar l'un castigo, & quando l'altro, et quando giuntamente.

In sette modi si può dare aiuto al cauallo, e quai sono.

Al Cauallo se gli può donare in sette modi parimente aiuto, di uoce, di lingua, di bacchetta, di briglia, di polpe di gãbe, di staffa, et di sproni. Et tutti questi aiuti sono marauigliosi, quando si faranno a tempo, come chiaramente, quãto mi fu permesso dalla difficoltà della materia, auãti ho detto, in tutte le parti doue occorse parlarne. & ui auuerto che lo aiuto di staffa rare uolte si usa, di che ben credo che nel mio discorrere ui sete accorti.

Chi nõ ha la misura in aiutarlo a tẽpo, nõ dee aiutarlo in alcũ modo, ma castigarlo a tẽpo, quando erra.

Se non hauete la misura in donargli alcun di questi aiuti a tempo, non ui bisognerà in niun modo aiutarlo; ma almeno allora habbiate solo cognitione di sapere a tempo seruiruene in castigarlo quando egli erra, che sarà piu facile, perche il Cauallo per timor di quello ui risponderà poi molto piu, che aiutandolo fuora di tempo, doue stordito senza intendere quel che uolete si confonderebbe.

In due modi si assicura, & si accarezza il cauallo.

Parmi ancora conueniente dirui, che solo in due modi si assicura, & accarezza il Cauallo, con la uoce piaceuole & bassa, et con la mano toccargli sopra la inarcatura de i crini, ouer con essa iui grattargli, & massimamente nel collo, o uicino sopra il garrese, o con la bacchetta si farà il simile; & a che tempo bisogna l'ho dichiarato. Et perche sarà molto piu sicurtà del Cauallo accarezzarlo con la mano, perciò dico, che quãdo uolete far questo effetto, et tenete la bacchetta nella man destra, uoi tantosto in quel tempo la douete ponere a trauerso, quasi per la metà di essa, nella man sinistra fra il dito grosso, & le redine, che cosi hauerete la man destra libera per assicurarlo, & la bacchetta sempre ui starà facile, & assai commoda quando poi uolete pigliarla: & fin che la terrete con la man sinistra in quella guisa, ui farà parer Caualier disposto, & non ui disturberà di cosa niuna.

Il uero e buõ Caualiero saprà dare a tẽpo i castighi, e gli aiuti al cauallo: e come si guidi.

Et ui fo noto, che ogniun che saprà a tempo castigare il Cauallo cõ un di questi castighi, che conuenirà al suo fallo, & saprà a tempo donargli aiuto, piu & meno, secondo che gli bisogna, & a tempo saprà accarezzarlo, potrà ben chiamarsi Caualier fondatissimo in questa facoltà. benche queste carezze a tempo non sono di tanta necessità, perche senza di esse, & solo con sapersi castigare, et aiutare quando conuiene, uerrà in ogni perfettione. nondimeno a maggior cautela, & per inanimarlo facilmẽte presto al bene, ho uoluto dirle ui: tal che se pur alcuna uolta si lasciano, non si può imputare a disordine. Ma per arriuare a tal

uirtù,

uirtù, & in ogni sua bontà, dico che come la naue si guida dal nocchiero col mezo del timone, che altrimenti sarebbe confusa, così il uostro Cauallo si gouernerà secondo che si muoue il suo timone, che sarà la briglia; & le redine che la sostengono, sarà il manico del timone, il quale si tiene dalla man sinistra, & si guida dalla ragione, & dal uostro discorso, & quando passeggia, & quãdo trotta, & quando galoppa, & quando corre, & quando para, et quando salta, con calci, o senza calci, & quando uolta a i repoloni, & quando raddoppia da fermo a fermo, & quando fa cornetti, & la capriola, bisogna che il piu delle uolte al moto della uostra man sinistra che tiene il gouerno corrispondano a tẽpo i remi, cioè le uostre gambe, oueramente gli sproni, o giunti insieme, o l'uno, o l'altro, & la bacchetta, & tal'hor la uoce, ouero la lingua.

Notate, che quando il Cauallo sarà ben disciplinato, & giusto, non ui bisognerà bacchetta per aiutarlo, ma solo per assuefarui la mano in quelle due parti, nelle quali combattendo ui conuien tenere la spada; ne sarà mestiero far piu motiuo di uoce, ne torcere piu le gambe, ne anco la persona per soccorrere al difetto suo, ma anderete giusto di corpo, di mani, di cosce, di ginocchia, di gambe, di calcagna, di quel modo che auanti brieuemente ui dissi: perche egli in ogni minimo cenno di aiuto, di briglia, & di sproni, intenderà il uostro core; & in ogni opera, che farà, egli accompagnerà uoi, & uoi accompagnerete lui: tal che uerrà a tempo, & a misura, & alla uista de' riguardanti parerà che egli, & uoi sia un corpo, di un senso, & di una uolontà.

Quãdo il caual sarà bẽ disciplinato, e giusto, si dee leuargli gli aiuti.

Et benche alcuni dicano, che sarà piu utile che allora che si caualca, egli uada con la testa disciolta, & libera, mantenendolo con la sua natural ferocità, senza fargli conoscer castigo, ne suggettione alcuna; nondimeno si uede apertamente, che in questo modo il Caualiero sarebbe da lui guidato, & non essendo egli ne atto, ne creato a correggere l'huomo, anderebbe giunto a precipitar con esso. però bisogna che egli intenda uoi, & a tempo risponda alla uolontà uostra, & con l'arte uera fargli sapere, che la piu gagliarda parte del suo corpo uada auanti, che è la fronte; & la piu debile, che è il mostaccio, uada di sotto. Et tacciano que' moderni che di ciò han detto il contrario, perche il Cauallo quanto piu uà con la testa disciolta, & col mostaccio di fuora, tanto maggiormente anderà con la schiena abandonata, & lassa, talche non solo il piu delle uolte farà il maneggio dispettoso, colcato, & largo, & con niun'ordine, ma piu facilmente perdera la lena. La oue quando egli portera il mostaccio di sotto al suo debito luogo, & ua a ferir con la fronte, d'hora in hora rinforzera la schiena, & hauera doue appoggiarsi, & assai uolte da groppo in groppo unirà tutta la possanza sua, dal che anco gli nascera leggierezza, & maggior forza & lombo, & facilita grande in adoprarsi. Quando egli porta il mostaccio di fuora, non solo gli manchera la forza, della qual potrebbe il Cauallo preualersi, mn nel corso, & in ogni opra sara pericoloso, & assai facile al cade-

Che sempre dee andar soggetto, e non cõ la testa disciolta, e libera.

al cadere, tal che ogni picciola pietra lo potrebbe offendere, perche non può mirare il terreno, & doue egli pone i piedi; ma quando porta il mostaccio di sotto, & ua a ferir con la fronte, non andera alla cieca, ma sempre al correre, et in ogni atto mirera bene tutto quel che fara. Quando egli porta il mostaccio di fuora, urtando con esso, per essere non solo la piu debile parte che egli tiene, ma luogo doue piu teme le botte, oltra che l'incontro sarebbe di poca forza, facilmente per tal percossa si potrebbe naturalmẽte riuersare; ma quando egli urta con la fronte, & col mostaccio di sotto, per essere la piu forte parte che gli ha concesso la natura, dara la botta gagliarda, che senza pericolo di caduta mandera per terra qualunque cosa se gli oppone auanti. Quando egli porta il mostaccio di fuora, per ogni minimo sdegno si potra inarborare, & impennarsi, il che non potra fare s'egli il tiene di sotto, & ua a ferire con la fronte. Quando egli porta il mostaccio di fuora, se alla carriera cade, non potra aiutarsi; & se per troppo natural sua forza, o leggerezza pur si preuale, il fara non senza difficoltà grande. Ma se egli il tiene di sotto, & ua a ferir con la fronte, non cadera mai; nondimeno interuenendogli tal disastro, per qualche giusto impedimento che gli occorreße, benche fosse debole, & di poca sostanza, la caduta non sarebbe cosi mortale, & gagliardamente si preualerebbe. Quando egli porta il mostaccio di fuora, non si potra mai fermare, et aggiustar totalmente, ne di bocca, ne di collo, ne di testa: ma s'egli il tiene di sotto, & ua a ferire di fronte, non solo andrà fermo di bocca, ma con mirabile misura tenera il collo duro, & giusta, & come fabricata la testa, non mouendola mai dal suo luogo, & con un soaue appoggio apparentera di sorte la briglia con la bocca, masticãdola sempre, che parera che miracolosamente ui sia nata: & quanto piu se gli da trauaglio, tanto maggiormente si confermera nella sua uirtù; & sia o di buona, o di mala qualita, che egli sempre in cotal modo mostrera ualore, & in ogni tempo sara giudicato perfetto.

In tre modi si ha a portar la man della briglia, e gli effetti loro.

Ora ui dirò, che la man della briglia s'ha a portare in un di questi tre modi.

Il primo modo si è di tenerla baßa, uicino al garrese, di sopra il fregio della couerta.

L'altro è poco piu di sopra uerso il mezo dell'arcione.

Il terzo modo sarà tener la man piu alta nell'orlo dell'arcione, & rade uolte poco piu eleuata.

Il primo è per correggere. Il secondo per mantenerlo. Il terzo sarà quando si ha da oprar, & da mostrarsi. Nondimeno si uuol considerare la qualita de Caualli: che se alcũ di lor fosse mal'ageuole a uenir di sotto, bisognerebbe usare il primo modo: ma s'in ciò fosse facile, fin tãto che sarà ben'assueto in quella uirtù, si userà il secondo modo, & dapoi il terzo: il qual terzo modo ancor conuiene a Cauallo naturalmente embriano, ouero inclinato a portar la testa nel suo conueniente luogo. cosi ancora quando egli sarà totalmente fermo, & assicura

to

to nella sua bontà. Et perche forse ogniuno non intende che uuol dir Cauallo ombriano, ui dichiaro, che è quando egli ua col uiso chino, et sempre mira basso all'ombra sua: benche ora questo uocabolo sia corrotto, che uolgarmente si dice Moriano. Finalmente userete ciascun di questi modi con piu, o meno libertà di mano, secondo piu o meno il bisogno ui dimostrerà. Ma notate che fra le due redine douete sempre tenere il dito picciolo auricolare, & che il monte di Venere con quella parte della linea uitale, che è uicino la giunta della mano, sia uerso l'arcione, col dito pollicare di sopra le due redine, et sia girato alla banda destra. Però auuertite, che quanto piu uoltate il pugno, il dito picciolo uada di sotto, talmēte che, se'l dito grosso pollicare anderà piu presto allora di sopra uerso il collo, che non uerso l'arcione, tanto piu uerrà soggetto: ma ciò non accade sempre, ma si fara piu o meno, secondo la qualità del Cauallo, & secondo che ui sforza la necessità.

Et mi pare che sia pure a proposito che sappiate, che caualcādo con le false redine, allora il uostro dito picciolo uada di fuora delle redine, & in mezo di esse in cambio di quello ponerci il seguente, che è il dito dell'anello, perche le redine con piu facilità, & con maggior efficacia in questa maniera saranno soccorse dalle false redine.

In che modo si hanno a portare in mano le false redini.

Ancora non mi par di tacere, che cosi come la prima cosa, che si uuol fare, auanti che si caualchi, è uedere il barbazzale, se sta nel suo punto, & nella maglia doue conuiene, & appresso mirar le cigne, se sono ben legate; cosi subitamente che gli sarete addosso, douete aggiustarui le redine alla man sinistra, del modo che conuiene alla qualità del Cauallo, & dapoi ui douete accommodare i uestimenti, fermandoui un pezzo in quella guisa, che un'altra fiata ui ho pur detto.

Auuertimēti prima che si caualchi, & quando si è a cauallo.

Le cagioni, per le quali la briglia non si ha da portar con la mano alta, sono infinite, & fra molte, a satisfattion di quegli che non hanno la uera capacità, con queste poche parole ne dirò alcune. Chi non sa, che portando la man della briglia sospesa, & alta, non pur solo il braccio facilmente si stancherebbe; & al tenere, se pur bisognasse, non potrebbe far quella forza, che gli conuenisse: ma il Caualiero non farebbe cosi bel uedere? Et chi non conosce, che portando la man alta, se gli potrebbono tagliare in battaglia sicuramente le redine? & che anco il Caualiero non andrà talmente giusto, & unito, & stretto, come farebbe della maniera che ui ho detto? il che molto accade. Or chi non sa, che, allhora che si combatte, portando la mano alta, non solo si toglie la commodità della maggior difesa, che è nella spada a Cauallo, ma anco non si potrebbono cosi facilmente offender i nimici, quando ui fossero dalla banda sinistra, oue a loro sempre fareste scouerto? Chi non sa, che allora il Cauallo tutta uia piglierà libertà, & a poco a poco furandoui la mano, non solamente non ui accorgerete dell'error suo, ma sara difficile che in quella guisa si

Per qual cagioni non si dee portar alta la man del la briglia.

possa castigarè che egli ui sia suggetto? Et bẽche alcun di loro per qualche tempo par che uada bene, sara impossibile, che al fine a lungo andare non ui dimostri disordine. Chi non sa, che portandogli la mano alta, non hauerà un segno fermo doue appoggiarsi la bocca? Perche non è dubbio, che la mano alta non uada quasi sempre uacillando, tal che dapoi non so come potrebbe maneggiarsi con quella misura, che gli conuiene. Dunque non lasciate la uera dottrina, che con essa facilmente egli si fara di tal sorte fermo, & giusto, che dapoi, o alta, o bassa, o con ragione, o senza ragione, che se gli porti la man della briglia, egli diuinamente ui risponderà: anzi non solo portando alte le redine con la man sinistra, ma portandole co i denti, sempre fara bene, & per qualunque suffrenata non fara mai motiuo di testa. Or questo portar di mano alta si usa nelle parti della Numidia, oue sono Arabi, et altre gẽti, le quali non sono capaci della uera arte, che conuiene a ualoroso huomo: & bene accade a loro per cagion che caualcano corto, con sellè piane, buttati in dietro, & i lor Caualli sono scapoli, & assuefatti alla libertà; & molti di quegli uanno senza freno, & cõ un certo modo, & tento di lancia gli fermano & uoltano. Però non solo abili a combattere a corpo a corpo, come appartiene alla uera dottrina, fondamento d'ogni Caualiero. Et perche non hanno il uero ordine, quando gli uogliono dar forza, & lena, oltre al correre che fanno continuamente, al tempo che sono di due anni, gli pongono addosso un sacco pieno di arena, trapunto con lana di sotto a modo di panello, & cosi il faranno stare una parte del giorno nella stalla; et a poco a poco ogni dì gli rinforzano il carico fin tanto che a lor pare, che sia di peso di un'huomo graue, & armato.

Di che età dee essere il cauallo, che si uuole ammaestrare.

Or tutte queste uirtù se gli potranno cominciare a mostrare com'egli sara giunto a i tre anni, oueramente a i tre & mezo: benche si potrebbe ancora caualcare da i due anni in su; nondimeno quella sarebbe età piu conueniente a soffrire ogni trauaglio, & con maggior sicurtà di mantenersi gagliardo, sano di corpo, & di braccia, & di gambe. & perciò l'Imperator Federigo uoleua che il Cauallo non fosse caualcato infino a i quattro anni. Et quando comincierete questo, non uoglio, se la necessità non ui sforza, che si uarij spesso il luogo alla campagna: perche il Cauallo alla solita parte ua bene, & non solo augumentando di bene in meglio sempre che iui arriua, si ricorderà dell'ordine uero, ma di tutti i castighi, ch'egli hebbe de i disordini suoi, da i quali fu tolto: talche uerrà soggetto, & piu sicuro, & fermo in ogni bontà. però in alcun caso particolare di tema grande, uariando luogo, sarebbe con piu facilità uinto. Et douete senza intermissione, prima che egli si mangi la biada, ogni mattina sollecitarlo, & fin che intende i torni, & le altre uirtù, non mancherete mai: & come ui par che habbia preso lena, et intenda perfettamente, si potrebbe caualcare ogni terzo giorno, & alcuna fiata dapoi basterà caualcarsi due uolte la settimana. Ma douete auuertire, come ui accorgete che egli per quel riposo diuien

uien poltrone, & disimentichi qualche parte di quel che sa, tantosto per alcuni giorni parimente ogni dì, o piu o meno di un'hora, secondo che può resistere, caualcarlo con gli ordini che ui ho detto, solleuandolo da quella cosa, oue egli erra. Et ui fo intendere, che ogni Cauallo, non preterendo gia quelle regole, che minutamente ui ho ragionato, in quattro, ouer in sei mesi al piu sara instrutto in tutte l'opere che ui ho dette, & in quanto è possibile far per lui. Nientedimeno ui auuertisco, che sono molti Caualli di qualche razza, che sono tardi, et fin che haueranno appareggiata la bocca, ouer fin tanto che siano piene, & egualate le sue fattioni a quella età di cinque, o di sei anni, benche intendano, & sappiano tutti gli ordini, non dimostreranno ne forza, ne ualere, ne compitamente la uirtù loro. Et perche forse potrebbe essere alcun curioso di uoler sapere qual sara la dispositione, & qual sarà la età del Cauallo piu conueniente al combattere, & alla battaglia; dico, che a questo effetto, quanto piu è grande, tãto è meglio; che di ogni specie di animale, fuor che l'huomo, il picciolo sempre teme il piu grande di lui. Et da i sei anni insino a i quindici egli generalmente sara perfetto in ogni cosa; & se è ben gouernato, & con trauagliarsi modestamente, & senza oppressioni di ferite, & di spesse infirmità, egli sara sempre uinto nel buon esser suo insino a i uent'anni; & a nostro proposito ui potrei addurre molti esempi, ma per non fastidirui ne dirò solo questi.

Essendo il Re Carlo Ottauo con cinquecento Caualieri, per andarsene d'Italia, se gli pose incontra l'essercito del Duca di Milano, ilquale era unito co' Venetiani, & con Ferrara, & Mantoa; & fin che non fu giunto a Furnouo, nõ intese che i nimici erano gagliardi piu di lui, che haueuano mille, & cinquecento lance: &, non ostante questo, il Re, confidandosi nel giudicio, & nel ualore de' suoi Caualieri, & del Signor Giouan Giacomo Triuulzi gentil'huomo di Milano, suo generale, quantunque tutti gli dicessero, che gli harebbono dato luogo, & uia da saluare la persona sua; uolse il giorno appresso far la giornata; & ponendosi sopra un caual morello Villan di Spagna, il quale era non solo cieco di un'occhio, ma hauea uentiquattro anni, mandando prima i carriaggi auanti, contra i quali gran parte dell'essercito Italiano, con disordine grande, si diede al guadagno, incominciò la battaglia si ualorosamẽte, che seguendo il suo uiaggio sforzò i nimici, de' quali si trouarono fra morti, & presi diecisette conduttieri, principalissimi di quello essercito: & tal possanza & animo dimostrò il Cauallo, che il Re molte uolte disse che da lui nacque la cagione della uittoria sua: ilqual Cauallo essendo giunto nella città di Molina, oltre che fosse diligentemente fin che uisse gouernato, senza piu trauagliarsi, dapoi che morì, fu per ordine di Madama di Borbona, sorella del Re, onoreuolmente sepelito.

Ancora quando il Gran Capitano uenne all'impresa del Regno, trouandosi a campo nella Cerignola, accade che essendo il Vice Re di Francia con molti baroni all'incontro dell'essercito di Spagna, il dì seguente uolendosi combatte-

re,

re, ui giunse in quel tempo un Caualiero Napolitano, il cui nome era Giacomo Guindazzo, & perche si trouaua senza suoi caualli, andò al Signor Troiano Caracciolo Principe di Melfi, pregandolo che uolesse solo per quella giornata donargli un cauallo. Il Principe generoso gli fece gratia che si eleggesse il migliore che fosse nella sua stalla. Il detto Giacomo ui andò, & fra tutti quelli si prese un Caual Baio, di gran taglia, che non solo quel medesimo anno uenne dalla monta delle giumente, ma era uecchissimo di uentisette anni: & benche il Principe gli persuadesse a pigliarne il piu giouine, egli come esperto de' Caualli, & che haueua buona cognitione di essi, non uolse mai farlo; talche la giornata seguente cominciandosi la battaglia, il Cauallo hebbe molte ferite, & talmente furono grandi le opere del Cauallo, & del Caualiero, che ne rimase ogniun ammirato; et finalmente per la uirtù di quello egli, mostrando mirabile ualore, fu saluo della uita, & l'uno & l'altro degni, che ora il nome loro trionfante sia nel mondo, & nella quinta spera.

Finiscono qui gli ordini del Caualcare: & benche assai secreti ui fossero da dire, per non porui in confusione, mi è paruto tacerli, che dichiarandoli per quelli forse, non haureste inteso ne questi, ne quelli. Talche ora solo ui dirò, che bisogna, per essere compito Caualiero, che primieramente la natura ui habbia produtto in quella costellatione, la qual quasi ui sforza, & induce, non che in seguir sempre la uera scuola di Marte, ma in esso continuamente pensare: & appresso con la lunga pratica, & hauendo il principio, che ui ho detto, da uoi stesso si conosceranno molte cose, che sono accessorie, lequali io taccio, et spero che a uoi saranno ben chiare, per la bontà di quel grande IDDIO, che le sue gratie a chi le dimanda, & a chi le cerca fa sempre note: quantunque sia quella uirtù, che piu di rado si conceda; perche d'ogn'altra facoltà si troua nel mondo infinito il numero, & questa è quell'arte, laqual si segue da molti, & è tanta la difficoltà, che un solo sara colui, che al fin compitamente arriuerà al suo uero segno.

IL FINE.

PERCHE non ſolo col tempo ſi mutano i nomi delle coſe minime particolari, ma delle antiquiſſime Città, anzi molte di quel tempo ſono eſtinte & di nomi, & di fatti in obliuione eterna: mi è paruto, per non venir meno al l'utilità de i poſteri, non fidarmi a i nomi delle Briglie, che ho dette, che facilmente ſi potrebbono uariare; ma per maggiore intelligenza ho uoluto coſi ordinariamente, come auanti l'ho ſcritte, tali, quali elle ſi ſieno, una per una con ogni minutia qui appreſſo far dipingere: che con la figura in ogni tempo, & in ogni età non ſi potrà errare la uera forma di eſſe. Et laſcierò di dire a qual Cauallo accaderà ciaſcuna di loro, per hauerne con quella chiarezza che ſi può lungamente già ragionato.

H

CANNONE.

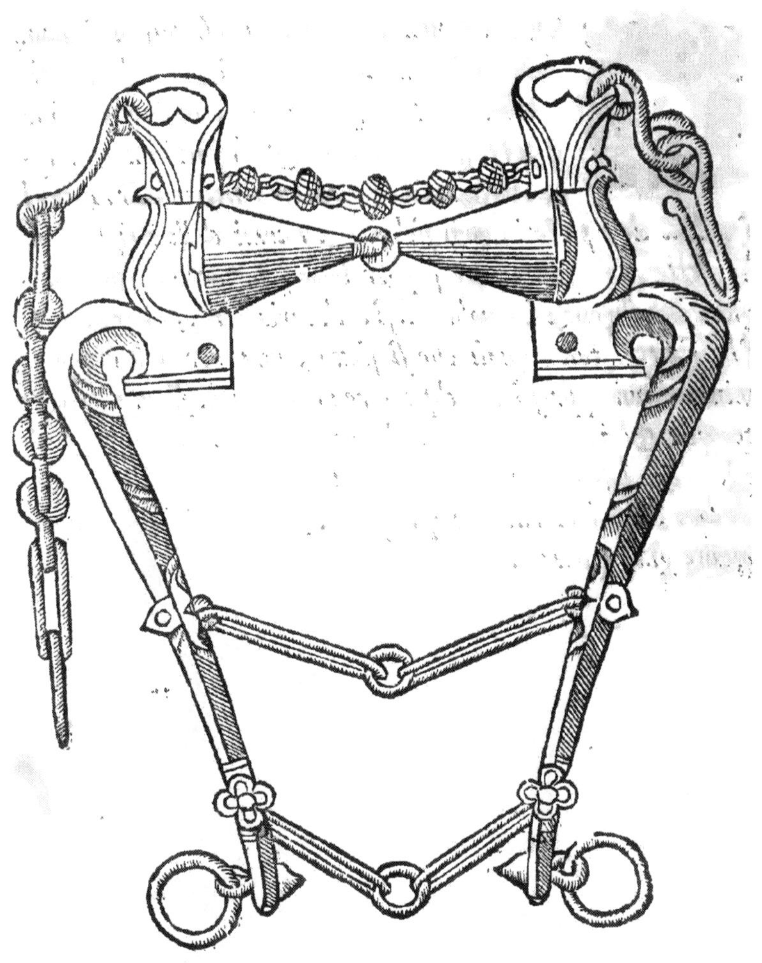

La prima briglia, che si ha a porre al Cauallo.

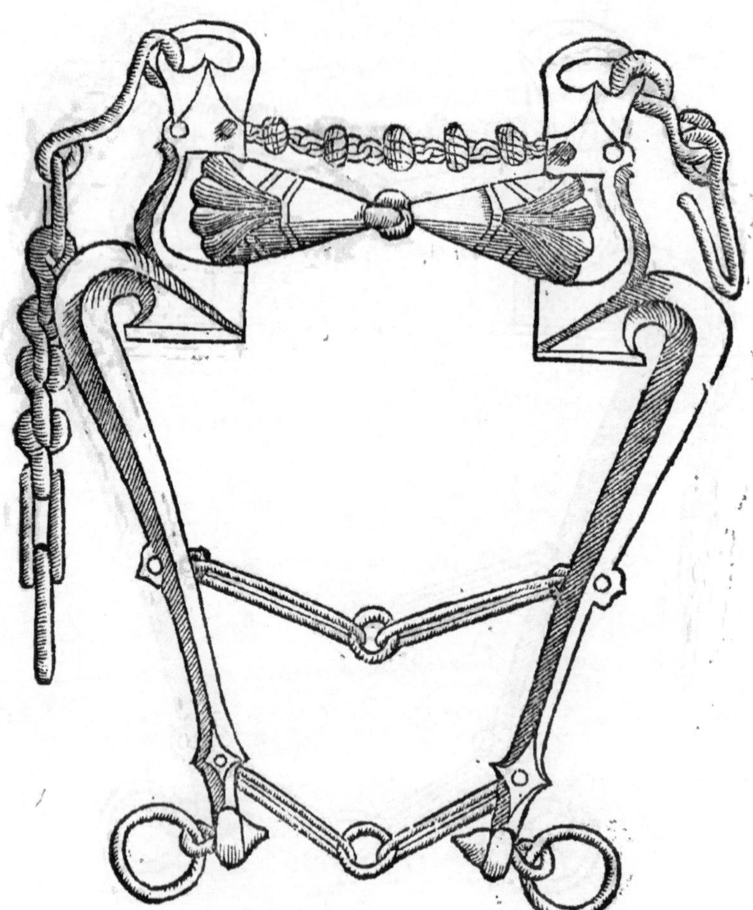

Quando si mostri alquanto duro di bocca.

Mellone liscio: & tanto questo Mellone, quanto quelli che seguono, si potrebbono far piu sottili a guisa di Oliua.

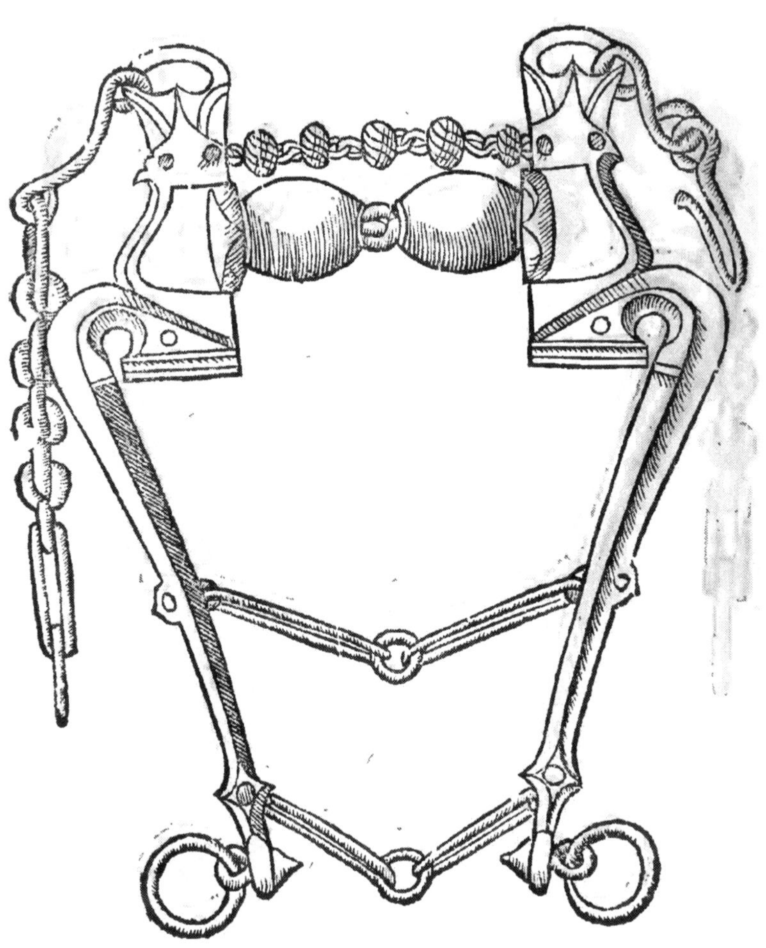

Quando non ha gran bocca, & sia delicata, e buona.

Mellone poco piu tondo, con un fallo di fuora. Et pur ui si potrebbe ponere un'altro fallo in ogni banda uicino il nodo.

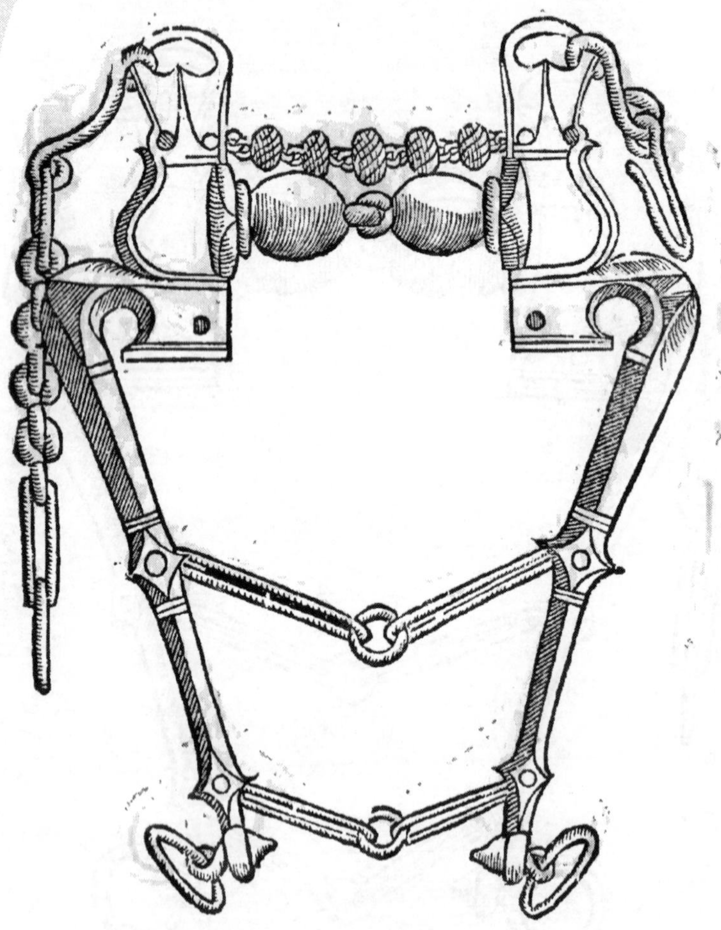

Il fallo di fuori giouerà, quando fa un poco di piumacciuoli.

Mellone con duo ſalli (cioè anelletti) per ogni banda uicino al nodo.

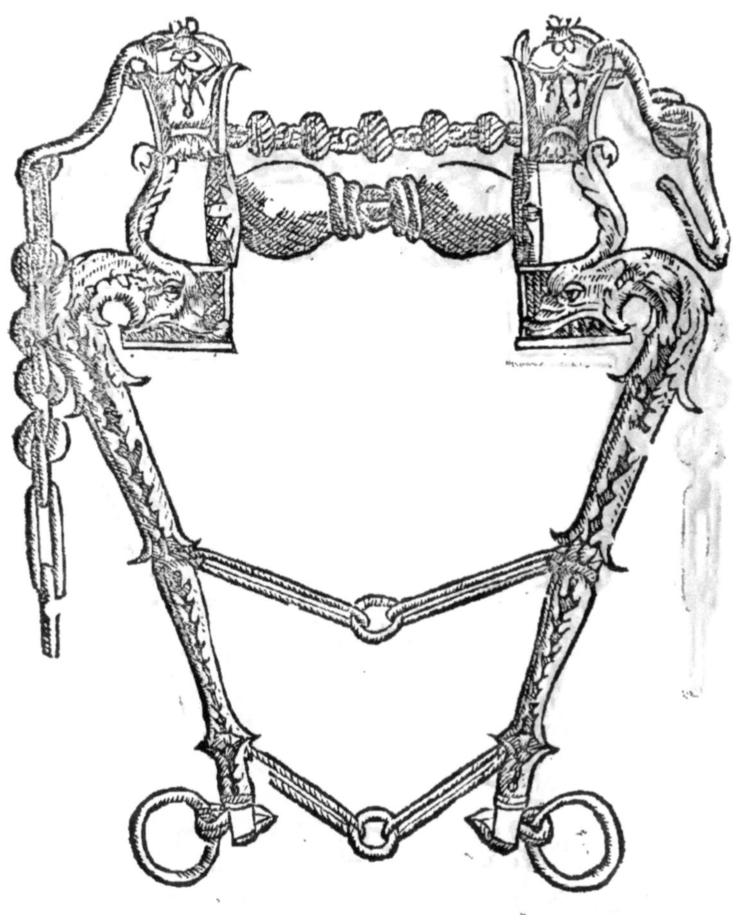

Gli anelletti, uicini al nodo, ſeruono per dargli qualche lichetto in cambio della caſtagna, che anticamente ſi uſaua nel mezo. Però ſi dee farne poca ſtima.

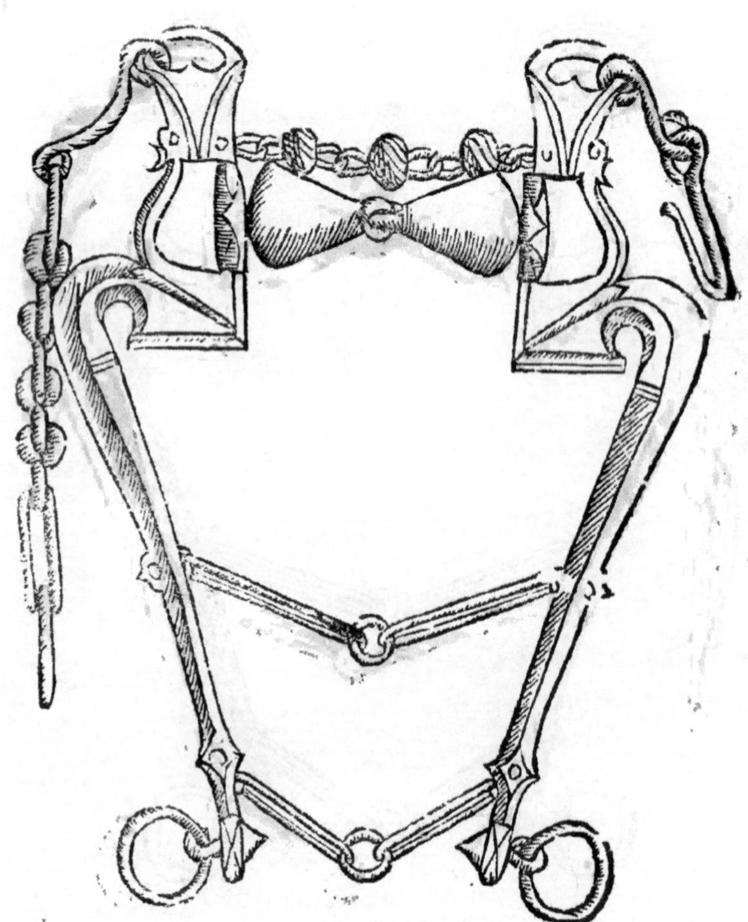

Quando fà piumaccinoli.

Pero con un fallo di fuora.

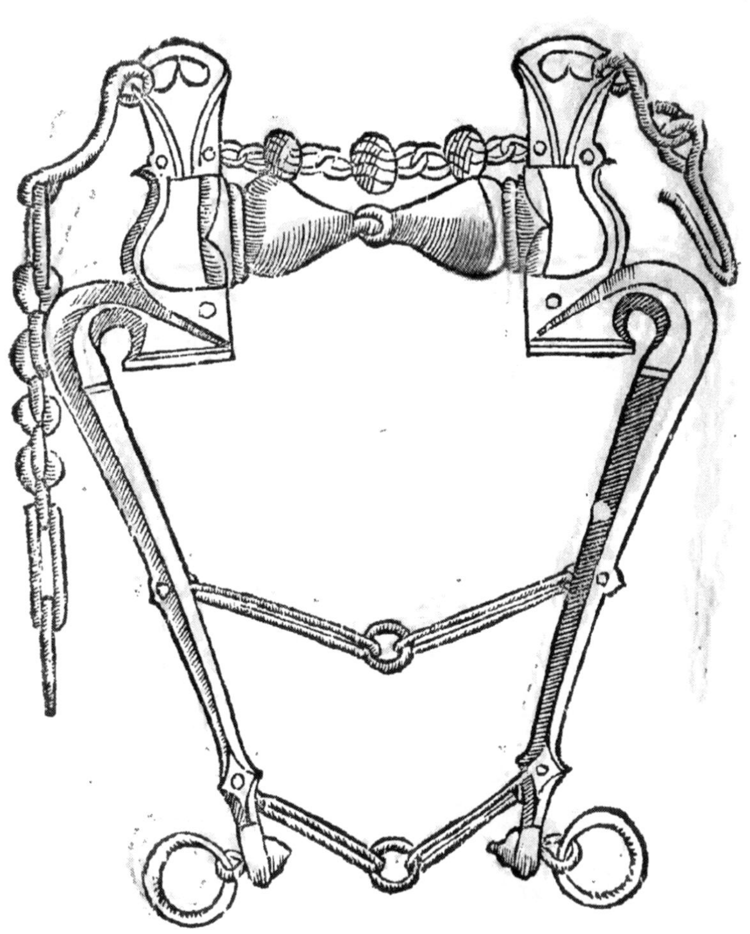

Il fallo di fuori farà piu possente l'opra sua dentro alla bocca.

Pero con due o tre anelletti, uicino al nodo.

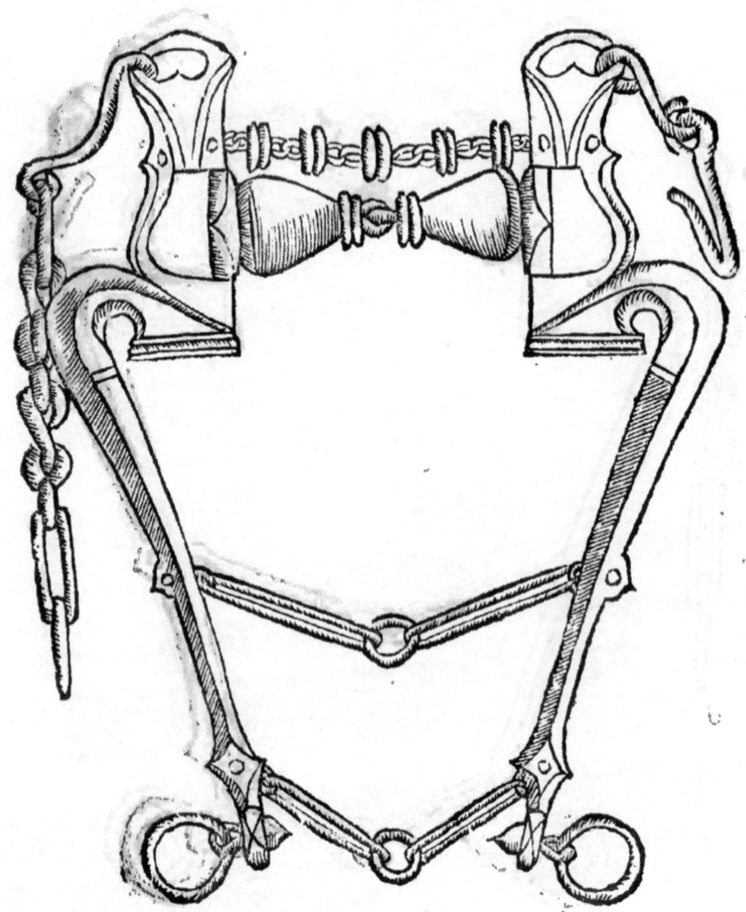

Campanello col timpano a uolta.

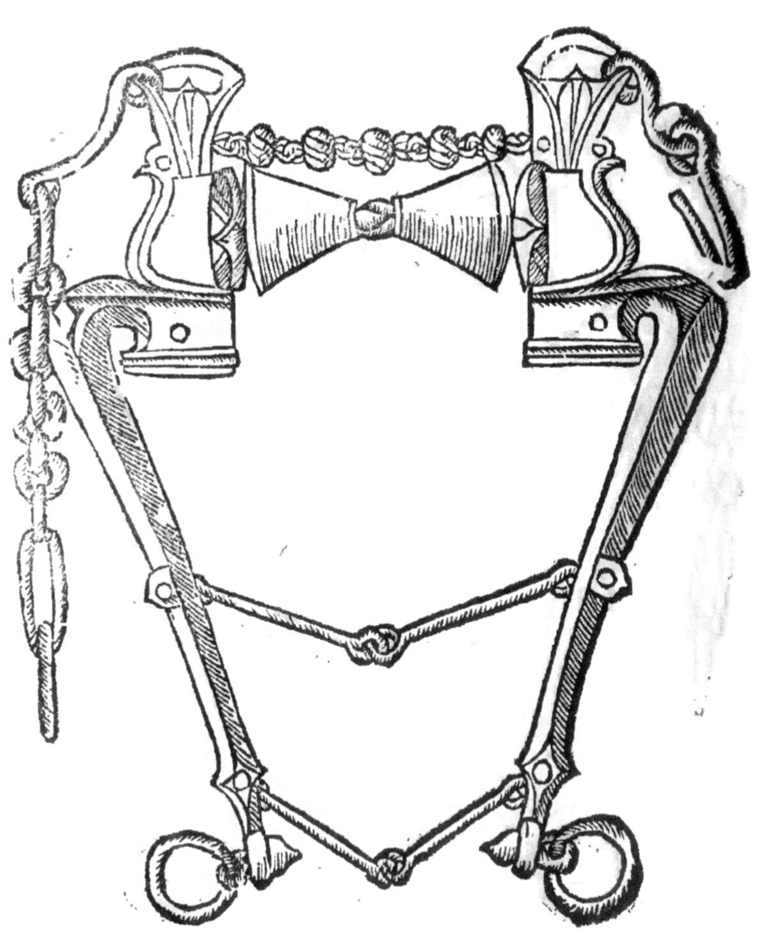

Quando fa piumacciuoli.

Campanello col timpano piano.

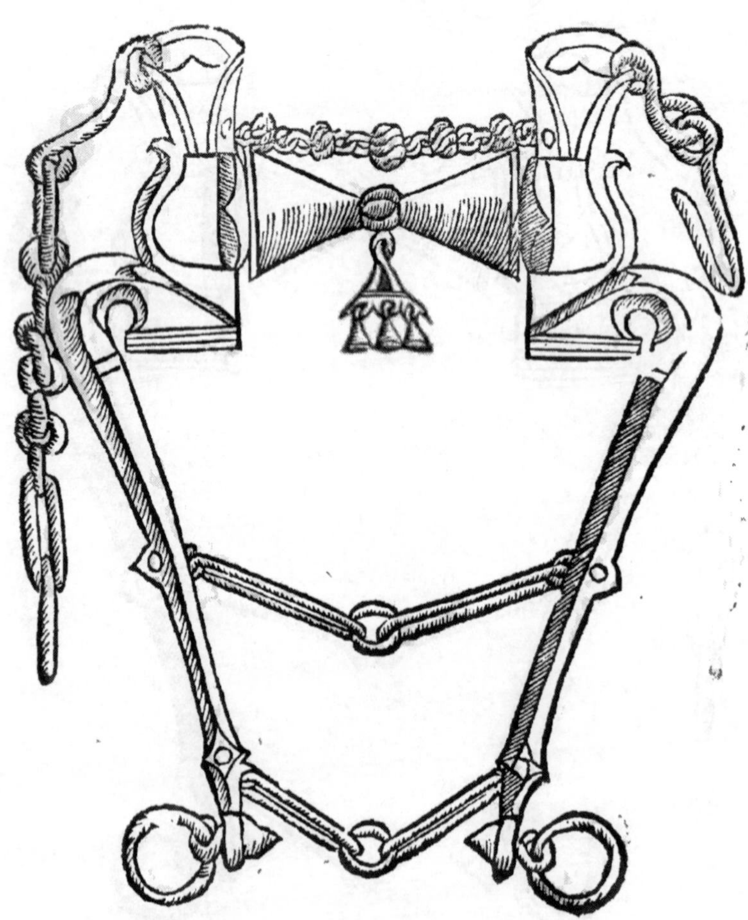

Quando fa piumaccinoli.

Campanello col fallo di fuora.

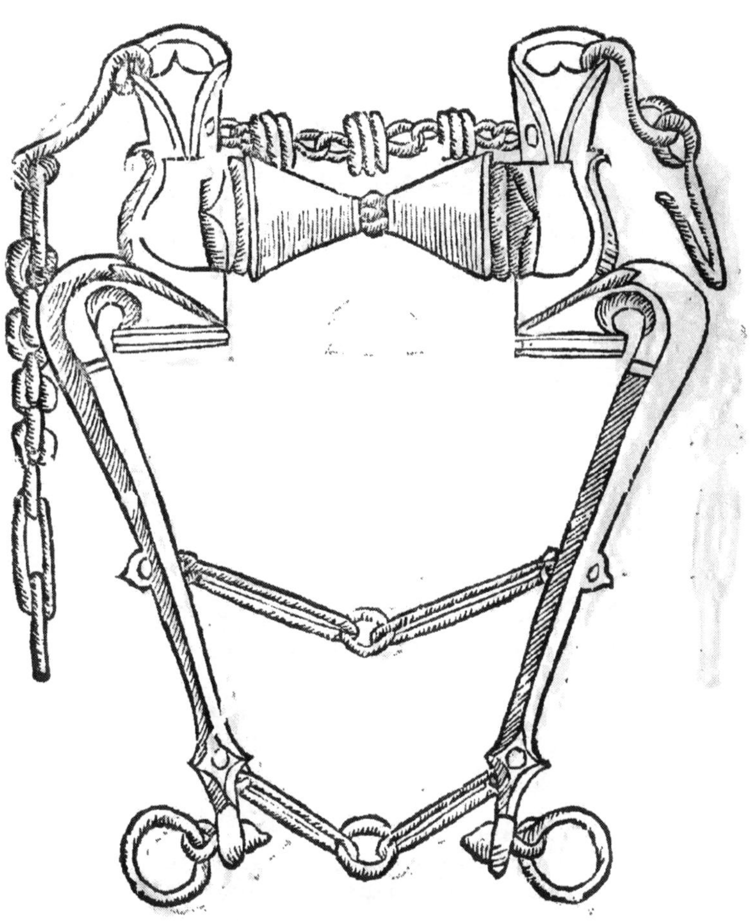

Il fallo di fuori farà piu possente l'opra sua dentro alla bocca.

Campanello con due anelletti, uicino al nodo.

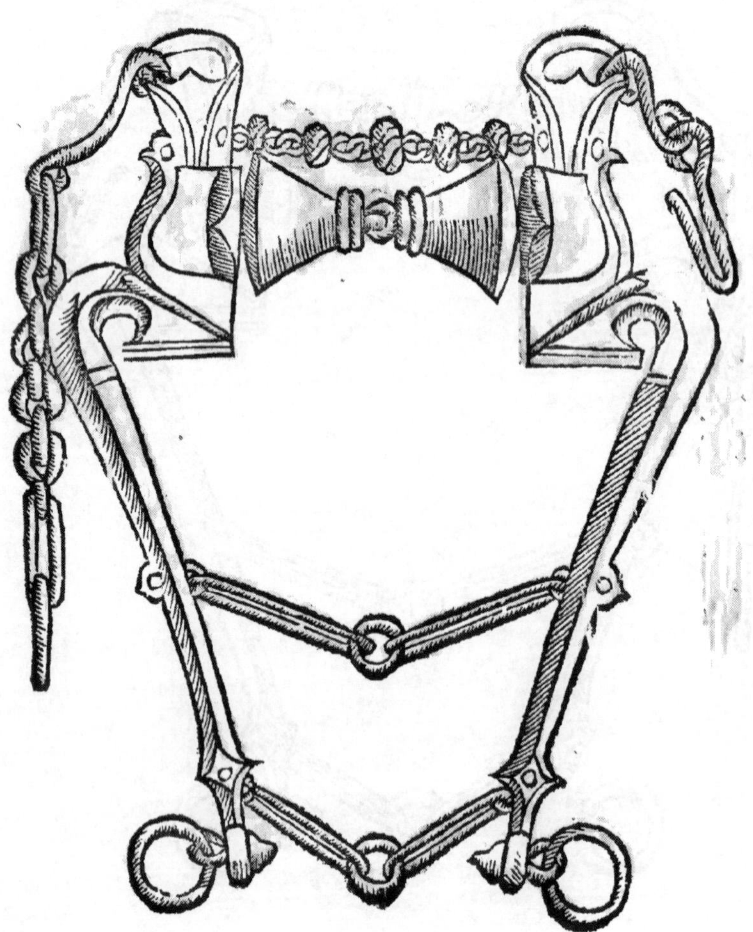

Scaccia con un bottone incastrato, facile à uoltarsi in ogni banda di essa.

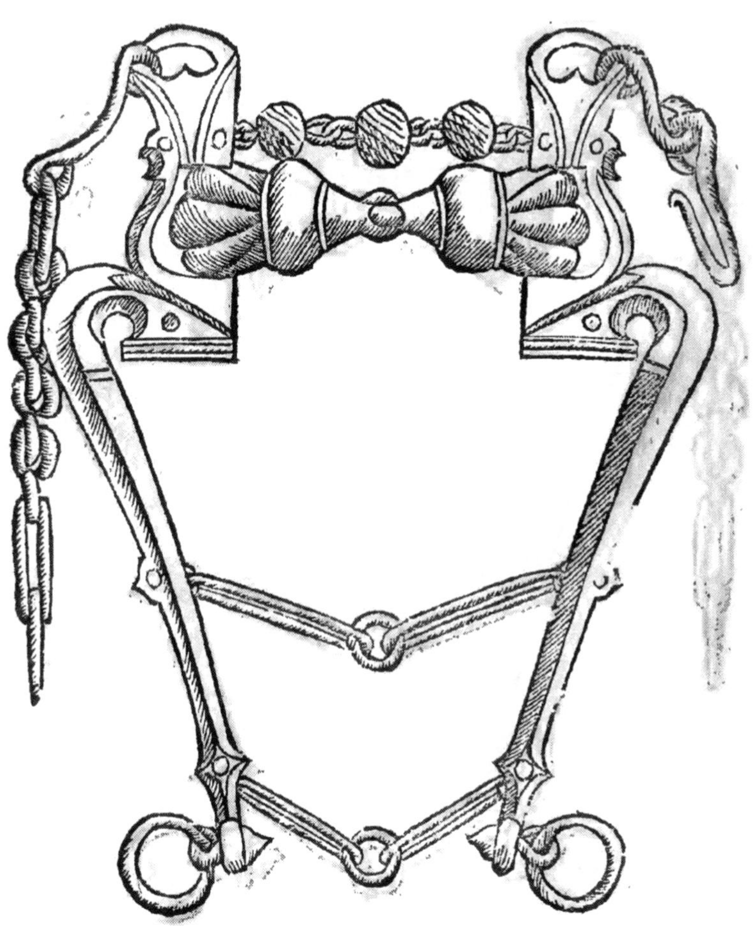

Quando fa piumacciuoli.

Scaccia col bottone incastrato, & con due o tre anelletti, uicino al nodo.

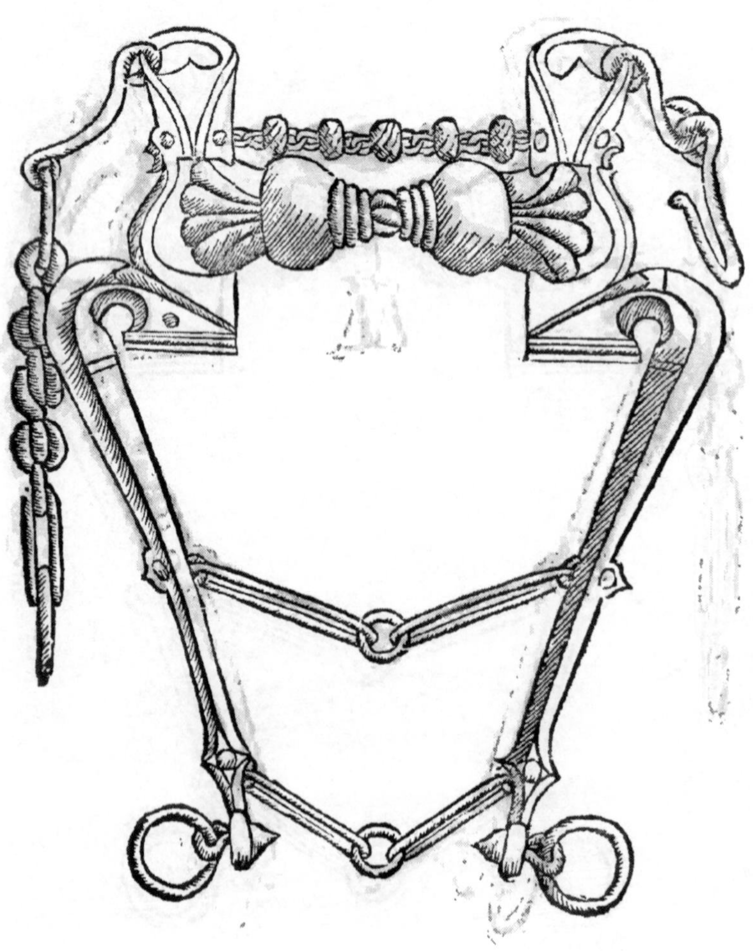

Gli anelletti, uicini al nodo, giouano, quando porta la lingua di fuori.

PERO DOPPIO.

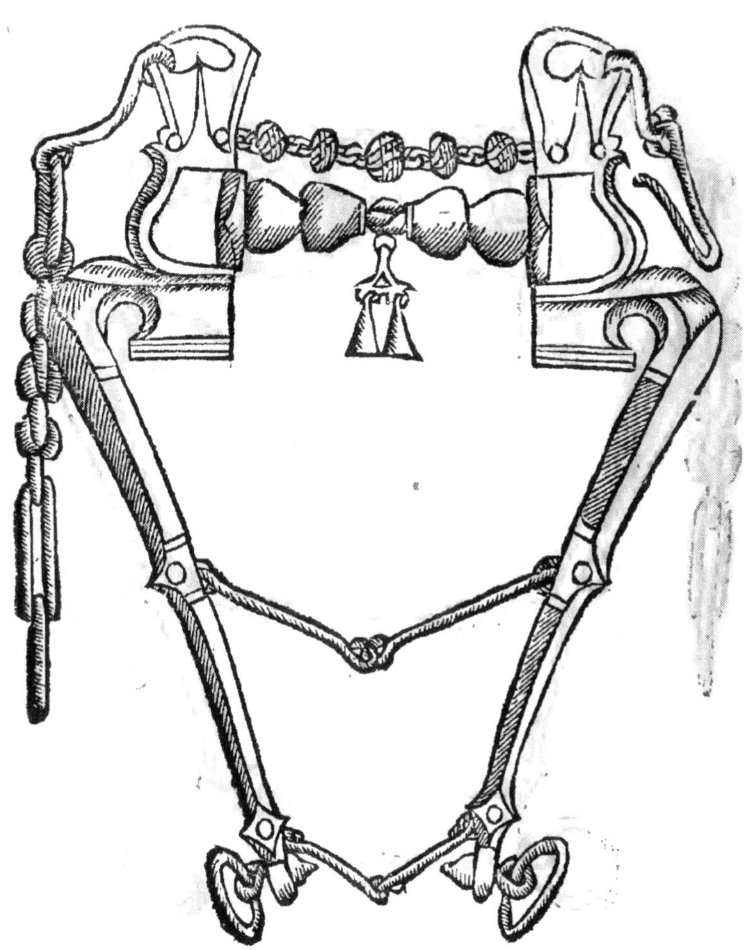

Quando fa piumacciuoli. Però è da fuggirsi.

Campanello doppio.

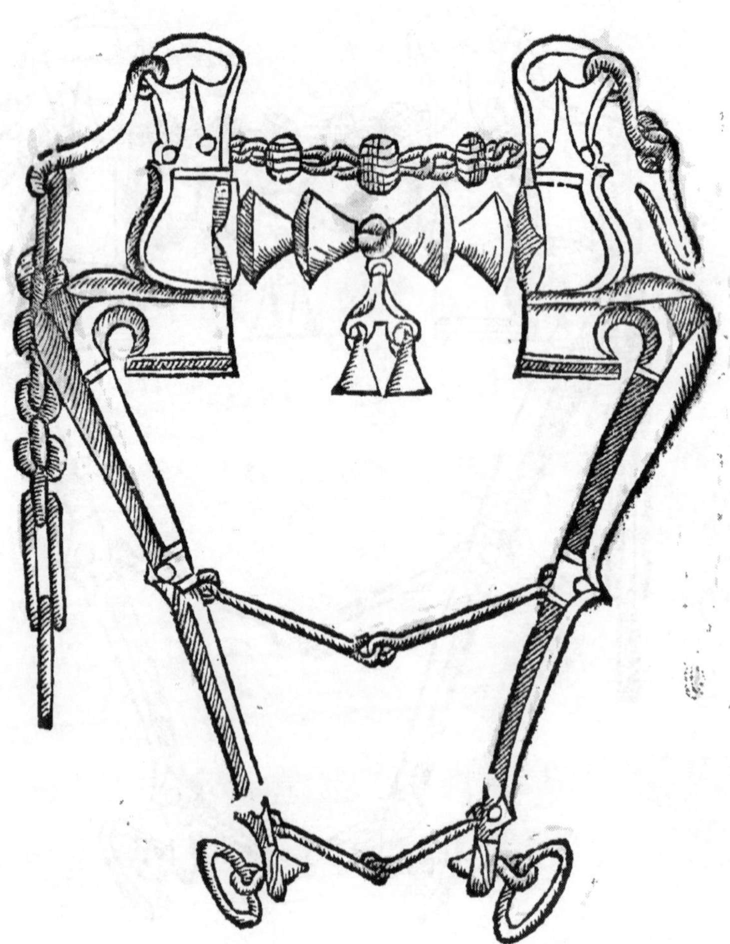

Quando fa piumacciuoli. Però è da fuggirsi.

Bastonetto co i bottoni incastrati, li quali si voltano.

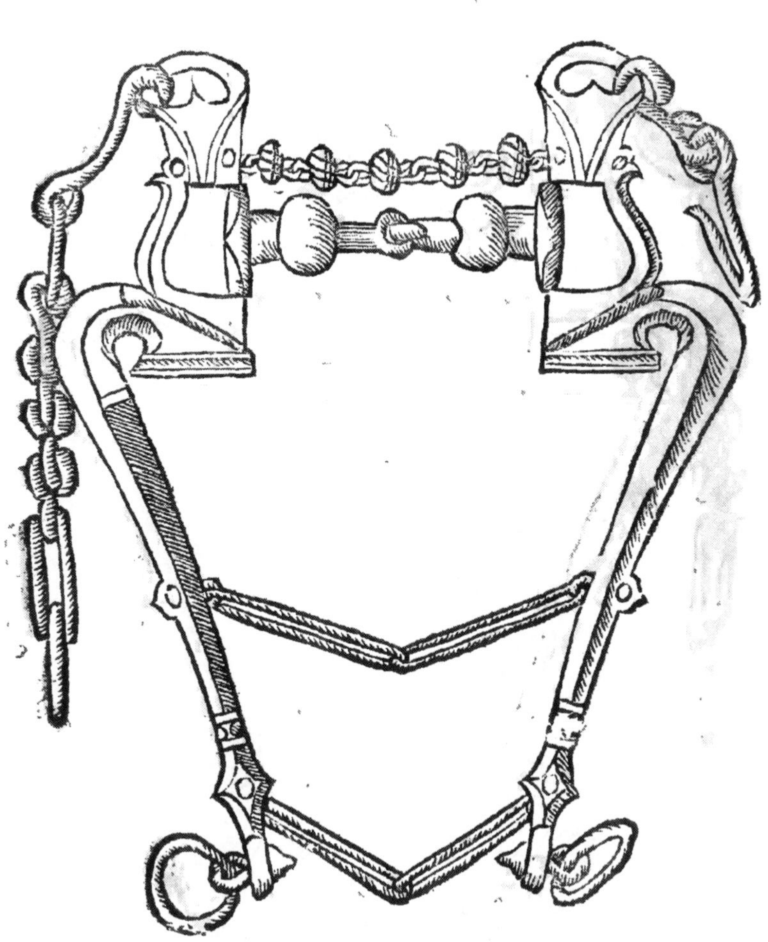

Quando fa piumacciuoli. Però è da fuggirsi.

Mezo cannone suenato a collo d'Oca, legato a Perno.

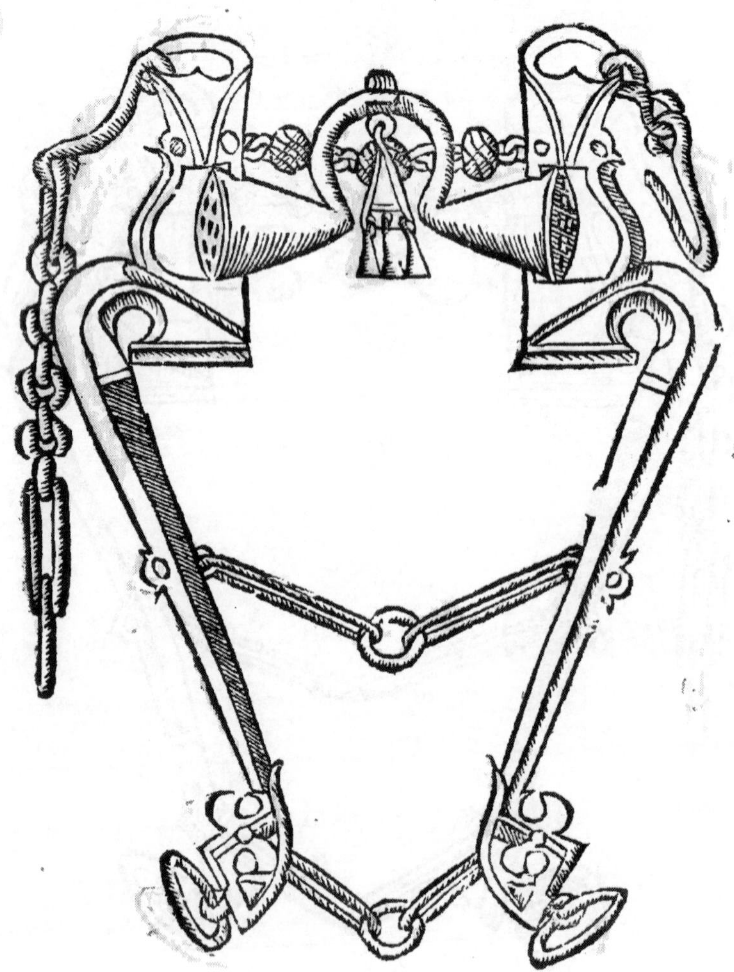

Quando è delicato di barre, e s'ingorga la lingua. e così a collo d'Oca lo far piu libero di lingua, e piu soggetto di bocca; e sarà in parte piu forte, che no a piè di gatto.

Mezo cannone ſuenato a collo d'Oca, legato a Cappio.

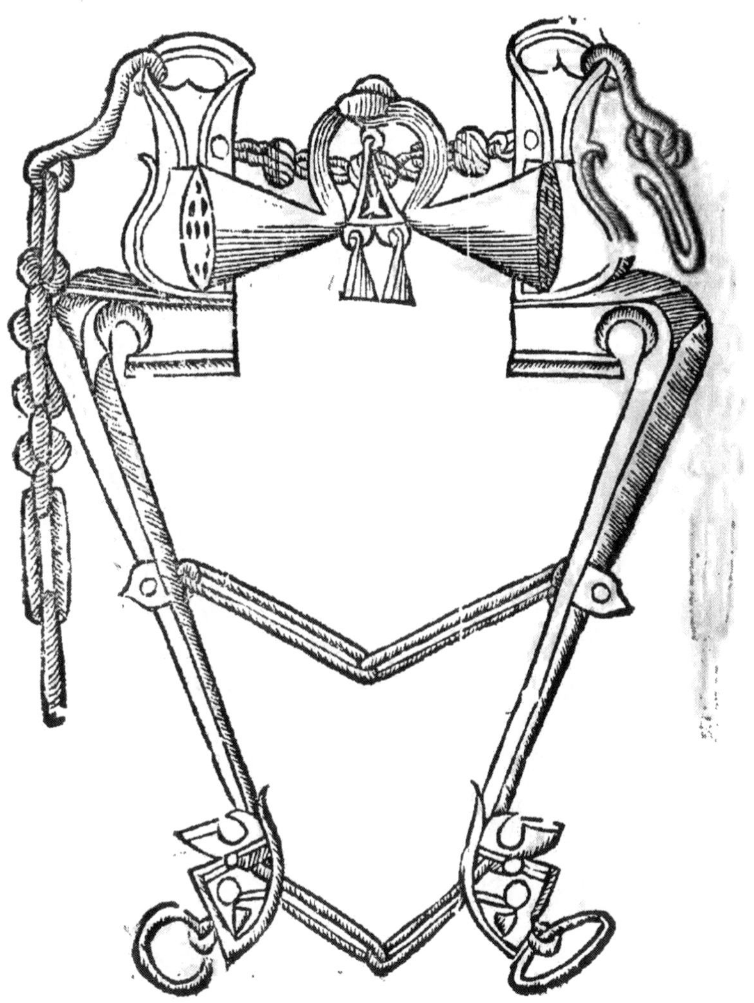

Legato a chiappo farà piu giuſta, e molto meglio, che a Perno.

Mezo cannone ſuenato a pie di gatto, legato a Perno.

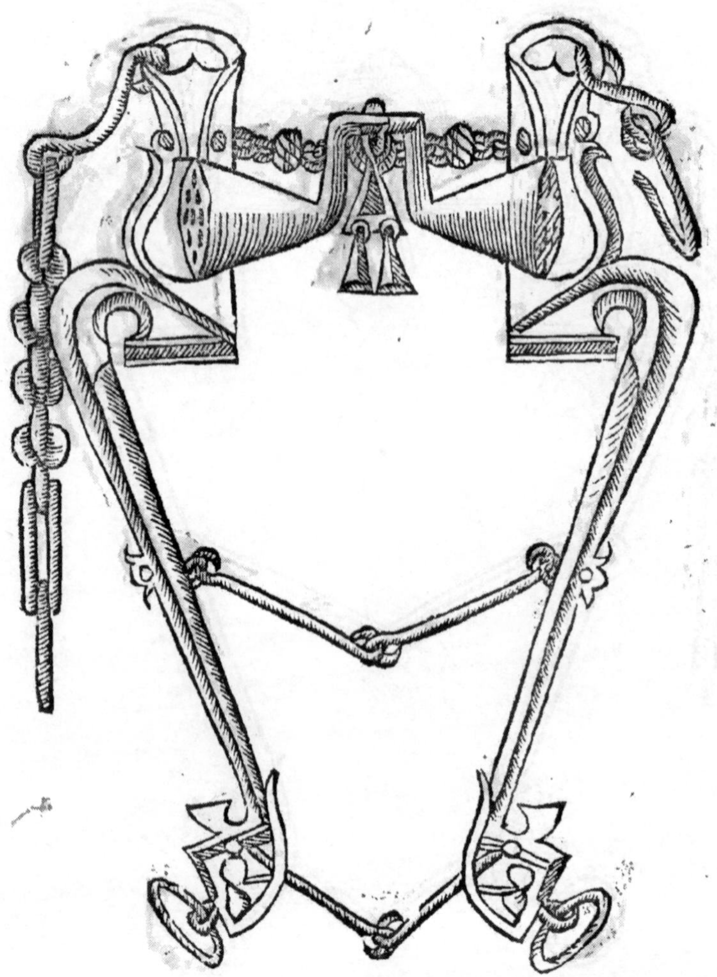

Quando è delicato di barre, e s'ingorga la lingua, & in parte non ſarà tanto forte, ne farallo tanto libero di lingua, ne tanto ſoggetto di bocca; come ſe foſſe a collo d'Oca.

Mezo cannone suenato a pie di gatto, legato a Cappio.

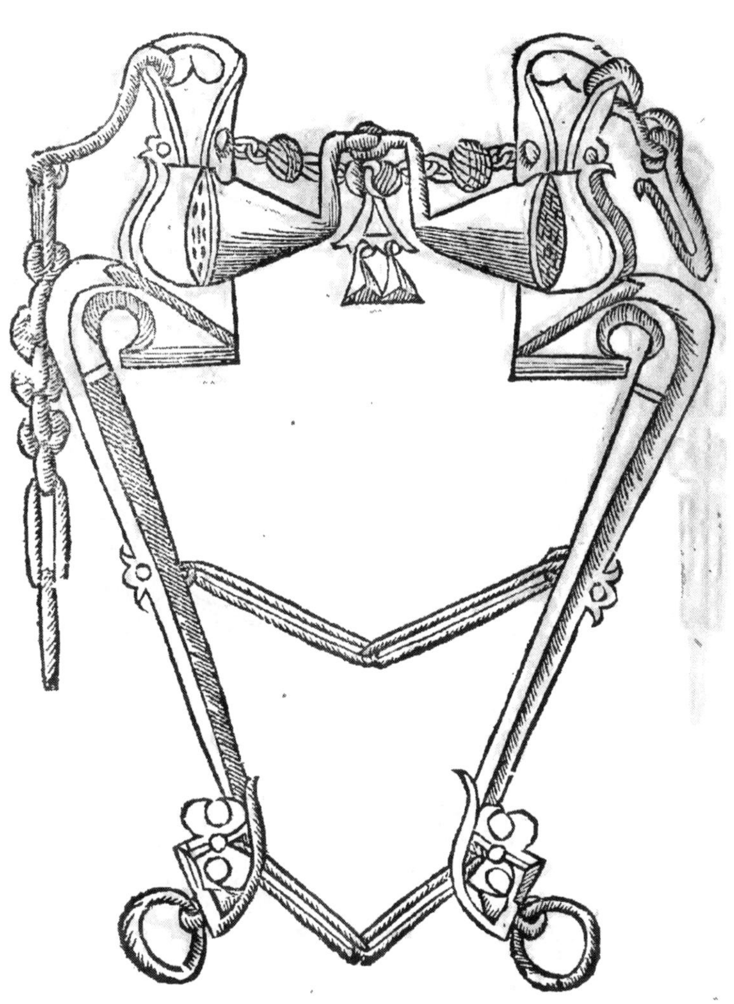

Mezo cannone ſuenato a collo d'Oca con la pizzetta.

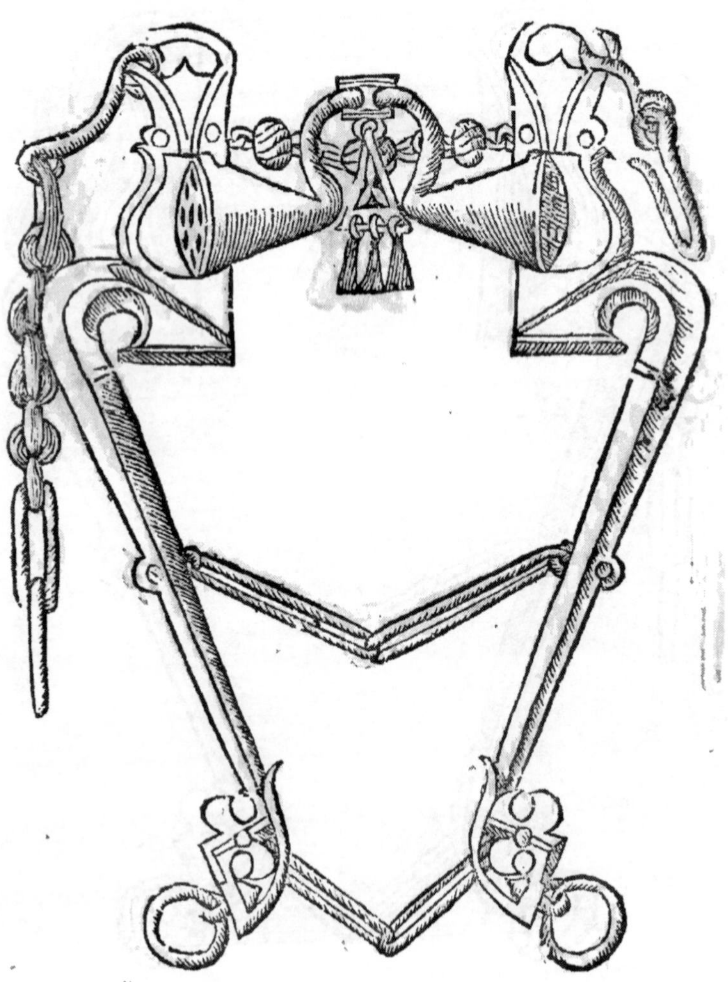

La pizzetta gli farà piu ſoggetta la bocca, e piu libera la lingua.

Mezo cannone suenato a pie di gatto, con la pizzetta.

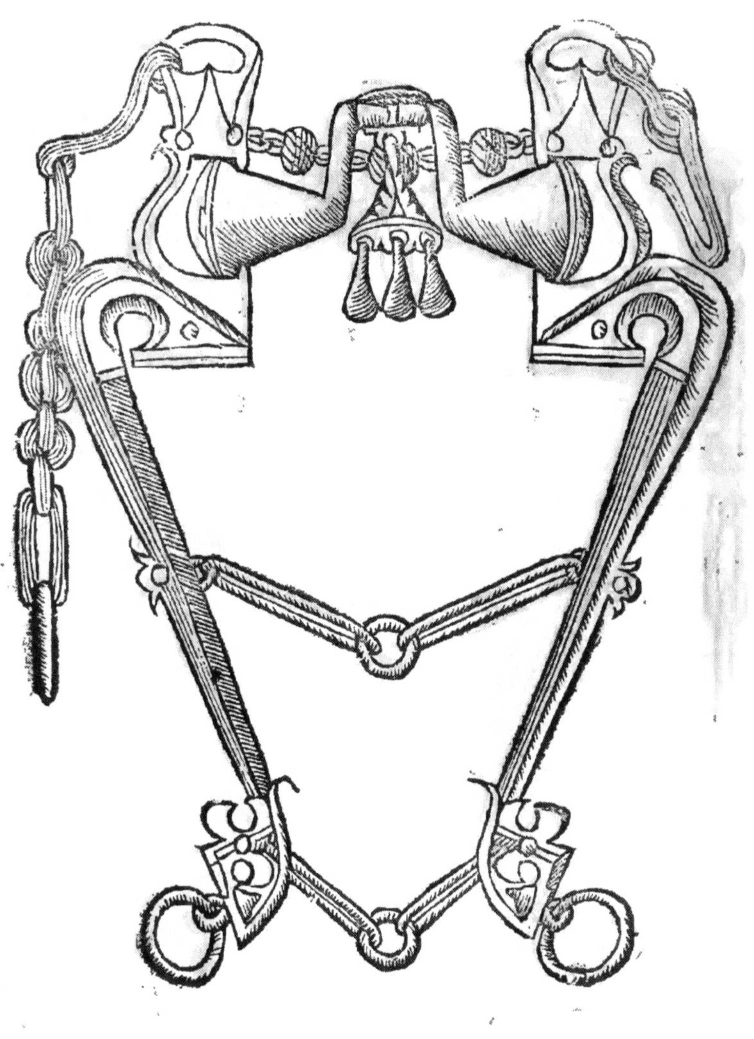

Cannone fuenato integro.

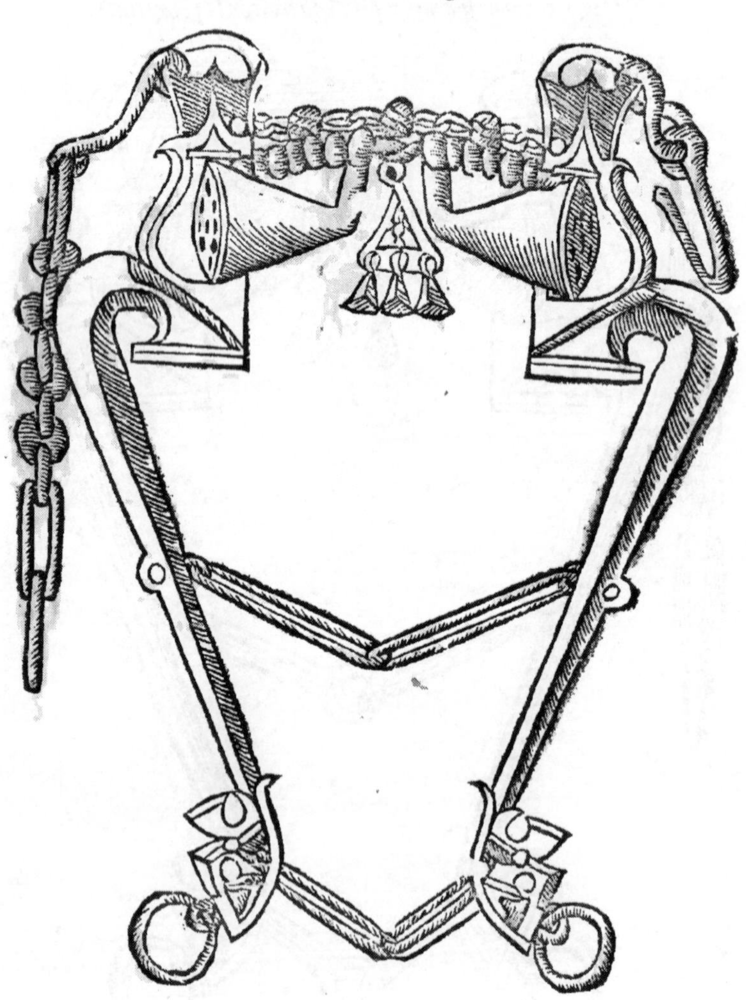

Quando non è delicato di barre, e s'ingorga la lingua.

Cannone ſuenato integro con la pizzetta.

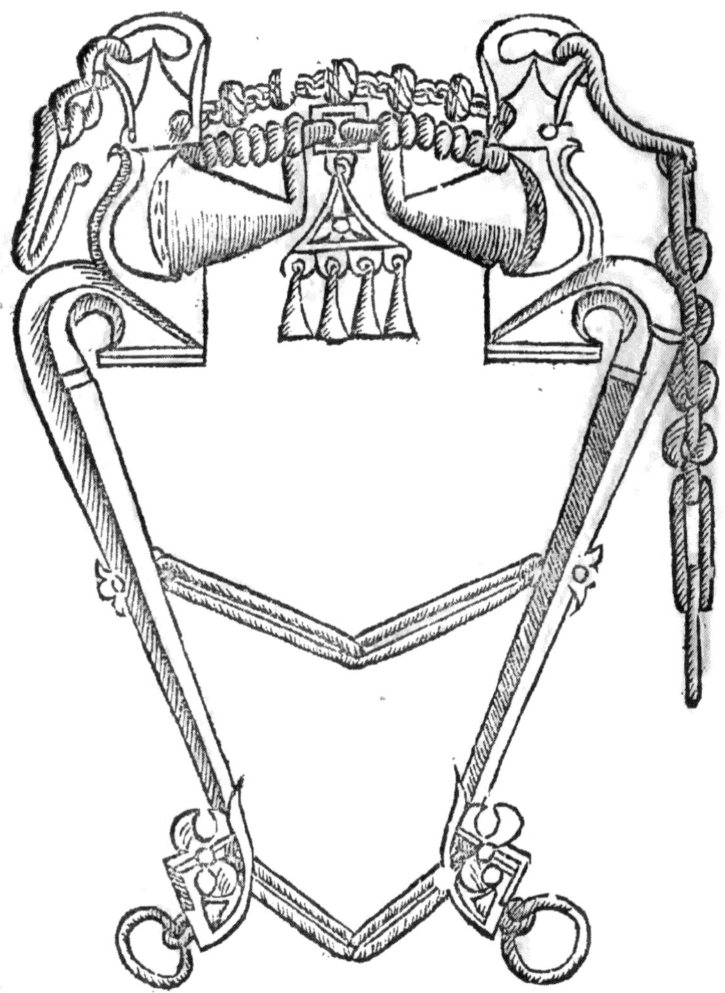

La pizzetta gli farà piu ſoggetta la bocca, e piu libera la lingua.

Cannone suenato co i braccinoli a i luoghi della Siciliana.

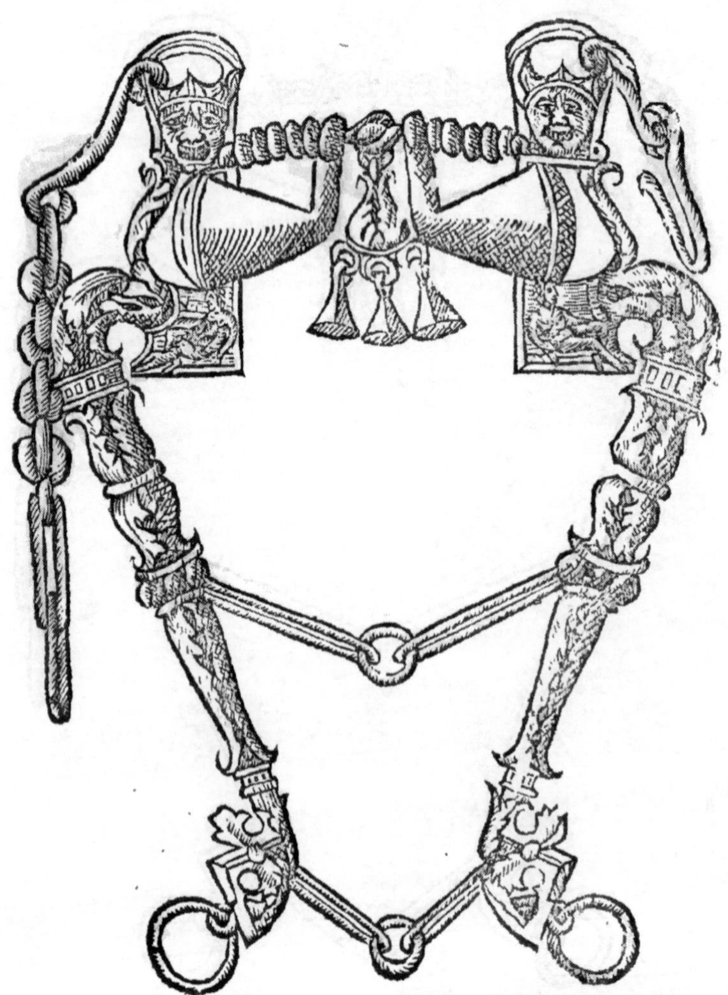

Quando si beue la briglia. e quanto piu sono alti i forami delle stanchette, oue si annodano i braccioli; tanto sarà piu gagliarda. però deesi usar solamente in cauallo di pessima natura, carico di garze, duro di barre, e di bocca.

Meza scaccia suenata a collo d'Oca, legata a Perno.

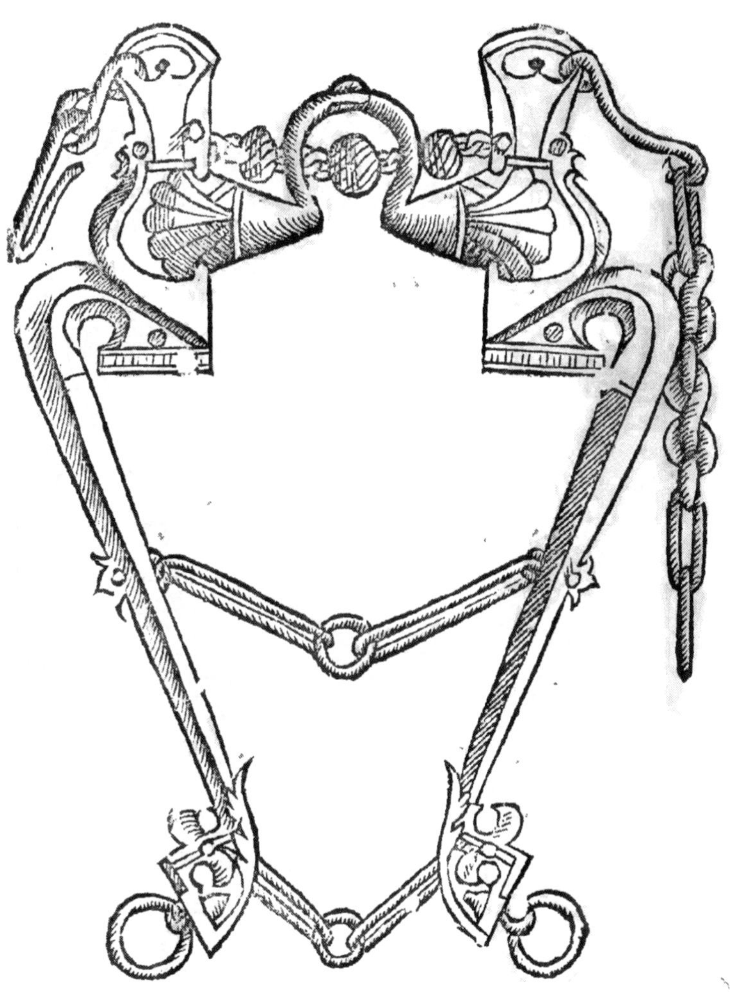

Quando non è delicato di barre, e s'ingorg a la lingua.

Meza ſcaccia ſuenata a collo d'Oca, legata a Cappio.

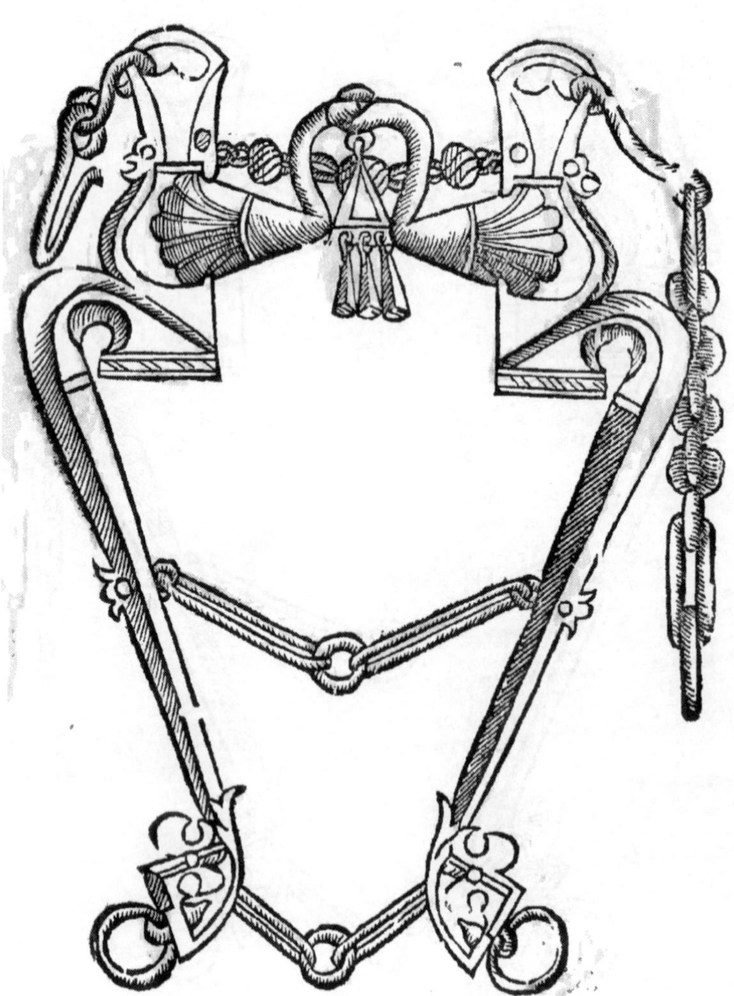

Legata a chiappo ſarà più giuſta, e molto meglio, che a Perno.

Meza scaccia snenata a pie di gatto, legata a Perno .

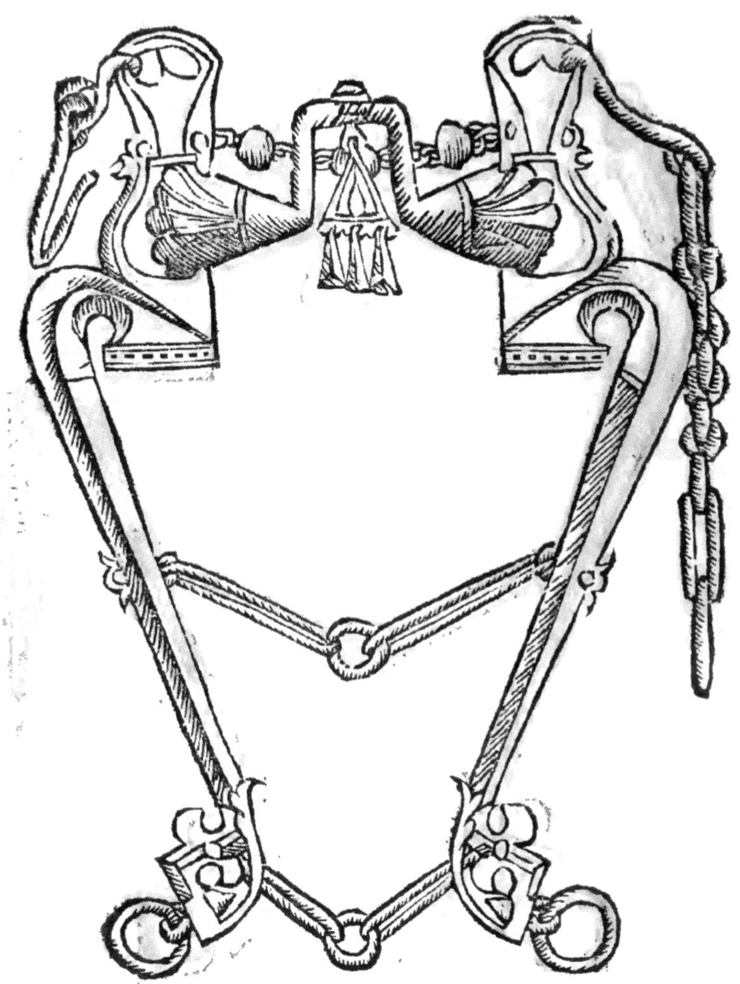

In parte non sarà tanto forte, ne lo sarà tanto libero di lingua, ne tanto sogget to di bocca, come se fosse a collo d'Oca.

Meza ſcaccia ſuenata a pie di gatto, legata a Cappio.

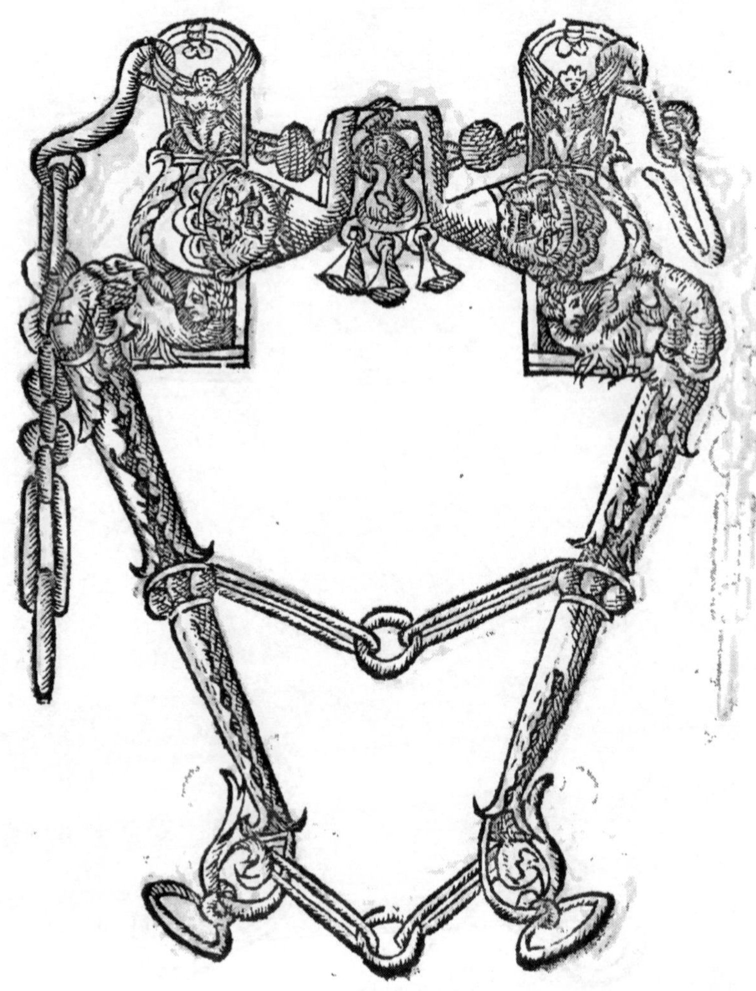

Meza ſcaccia ſuenata a collo d'Oca, con la Pizzetta.

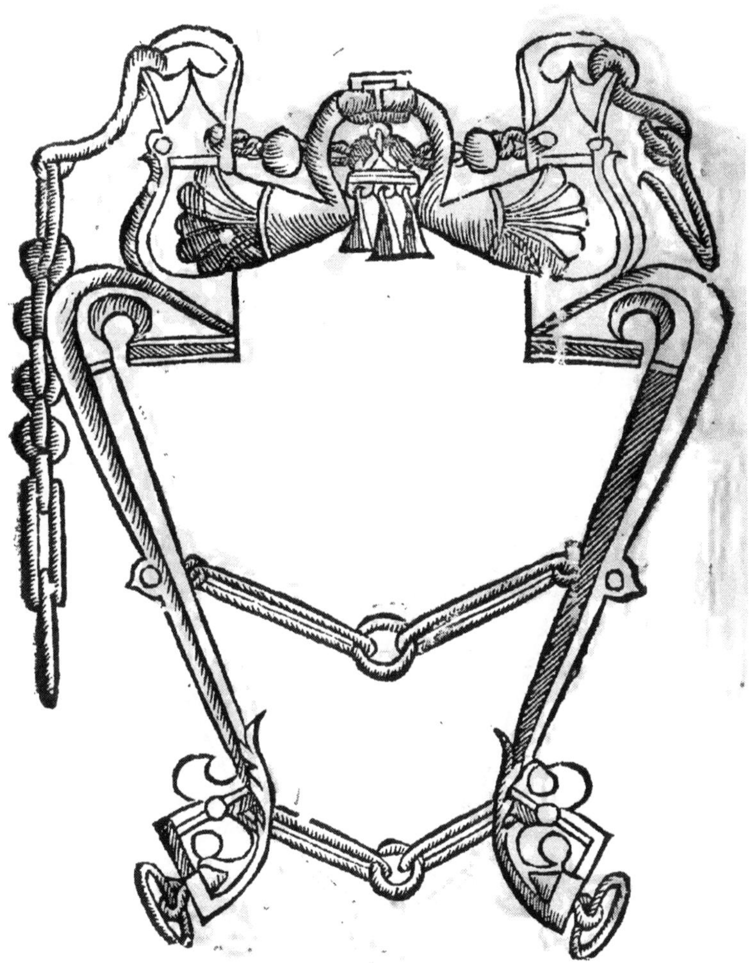

Meza scaccia suenata a pie di gatto, con la Pizzetta.

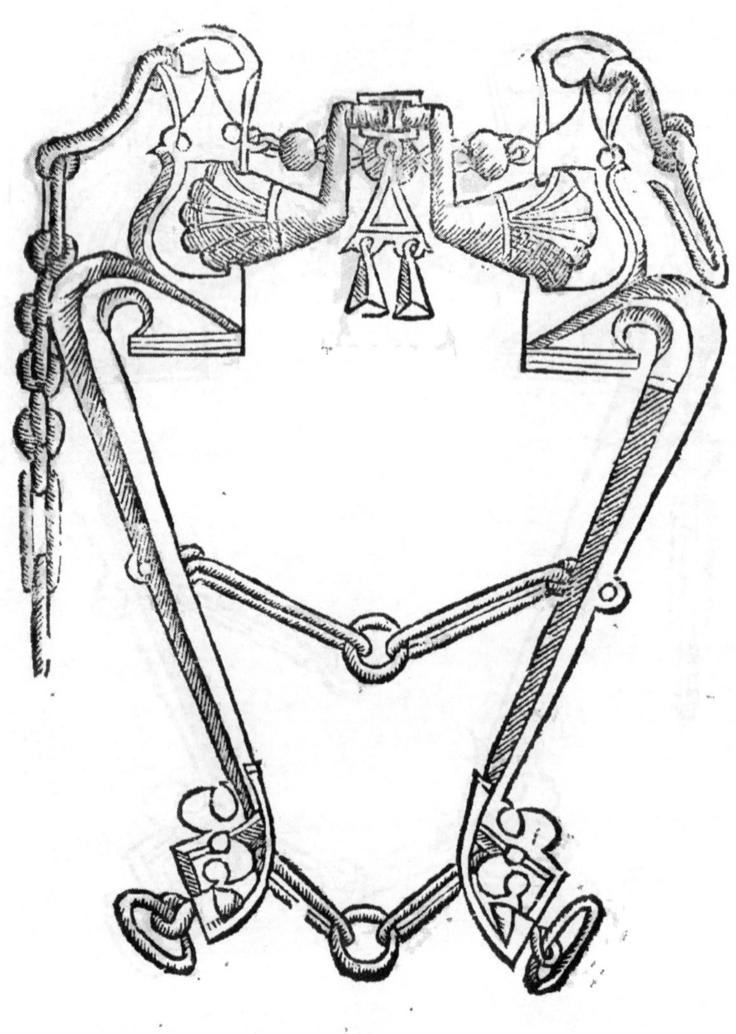

Scaccia ſuenata integra.

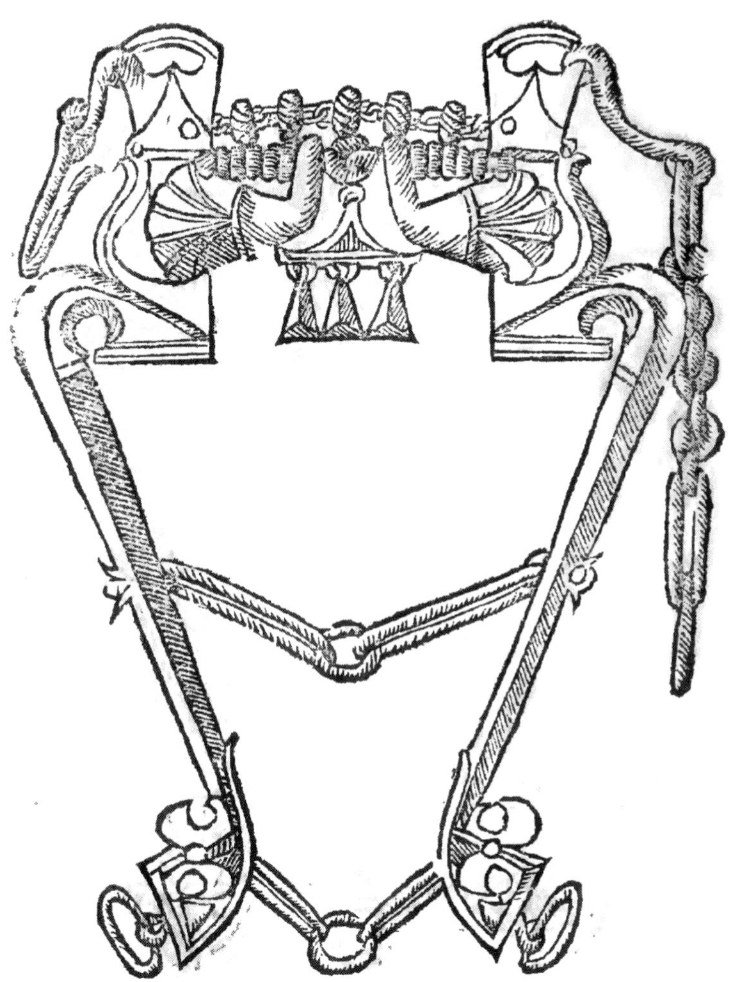

Quando è alquanto piu duro di barre, e s'ingorga la lingua.

Scaccia ſuenata col profilo di piu. Et con la metà qui dipinta al riuerſo, accioche ſi ueda oue, & come ha da eſſere il ſuo profilo.

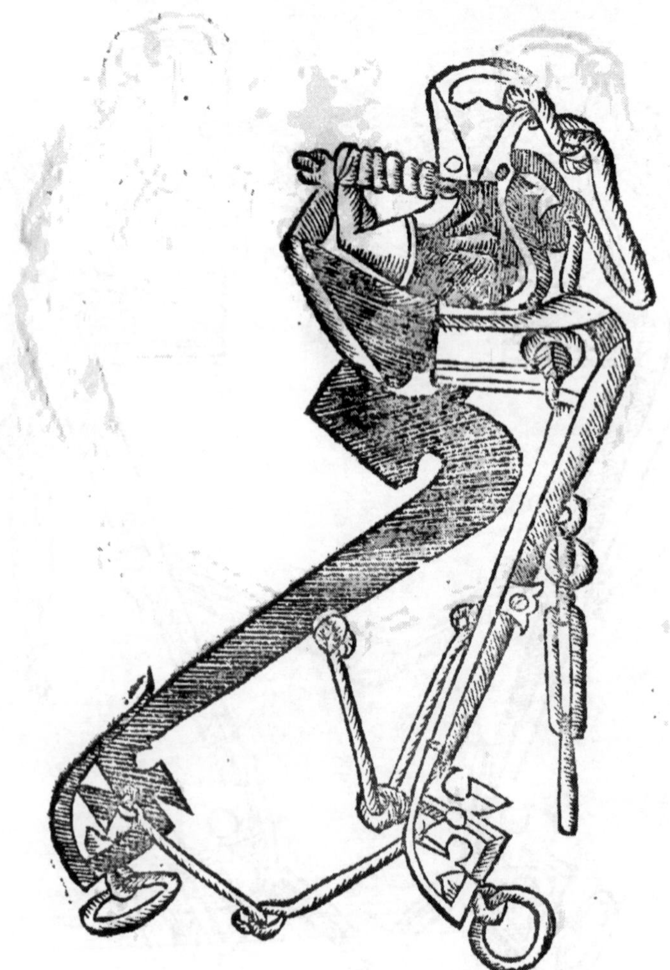

Tanto chiuſa, quanto aperta, farà col profile le barre piu ſoggette; e giouerà, che non faccia piumaccioli.

Scaccia snenata integra Con la Pizzetta.

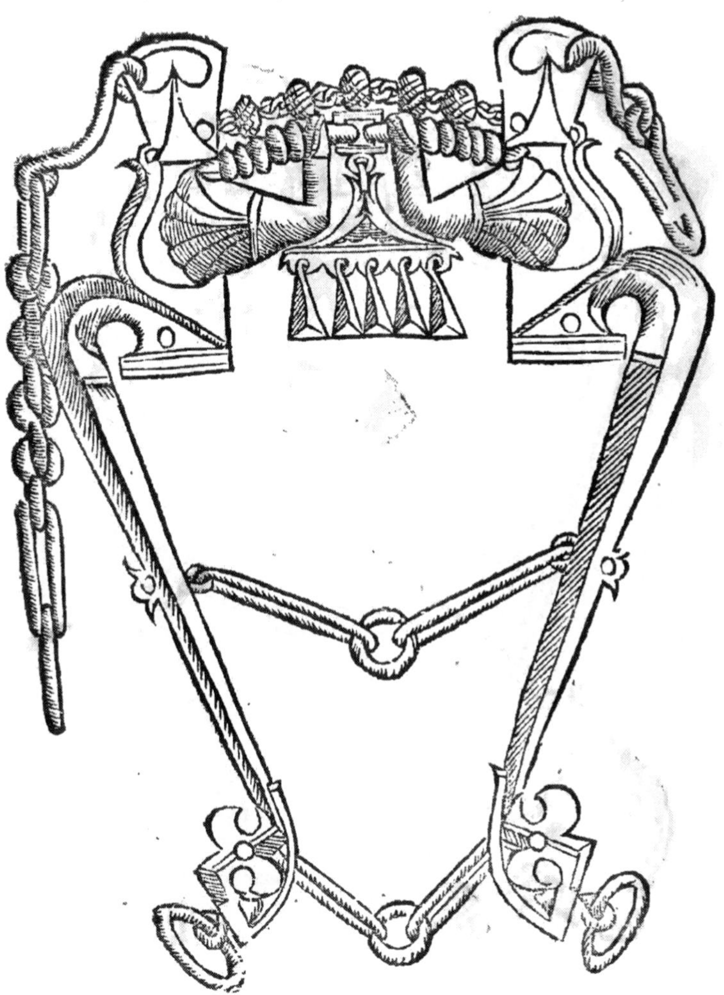

Scaccia ſuenata co i bracciuoli a i luoghi della Siciliana.

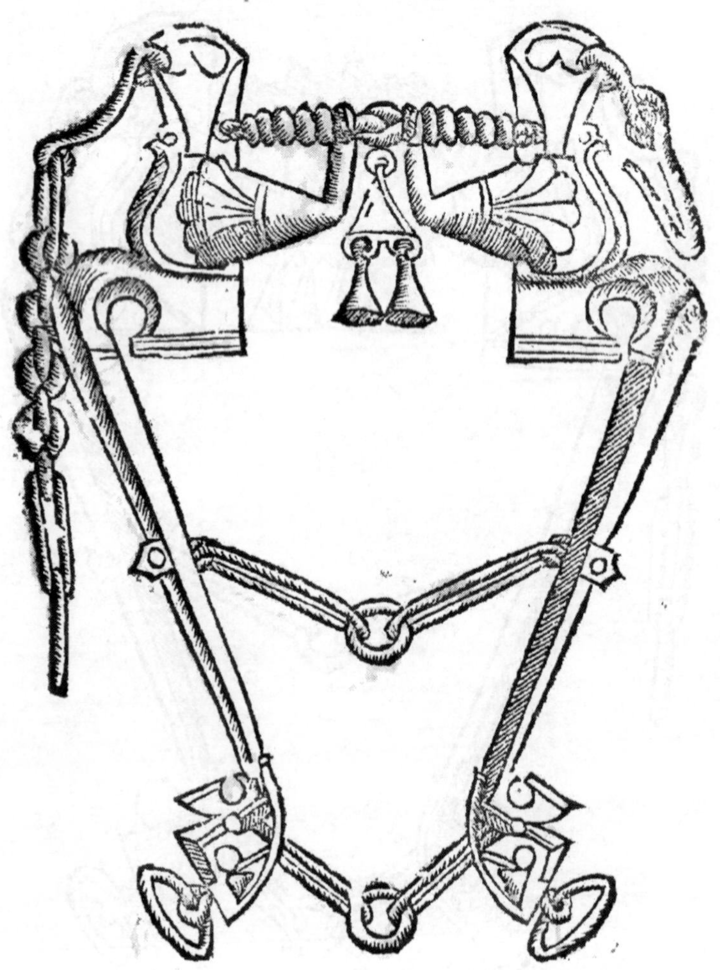

Quando ſi bene la briglia. e quanto piu ſon alti i forami delle ſtanchette, oue ſi annodano i bracciuoli; tanto ſarà piu gagliarda. Però ſi dee uſar ſolo in cauallo di peſſima natura, carico di garze, duro di barre, e di bocca.

Cappione con le oliue, & generalmente corregge, & aggiusta piu del Cappione co i Melloni lisci.

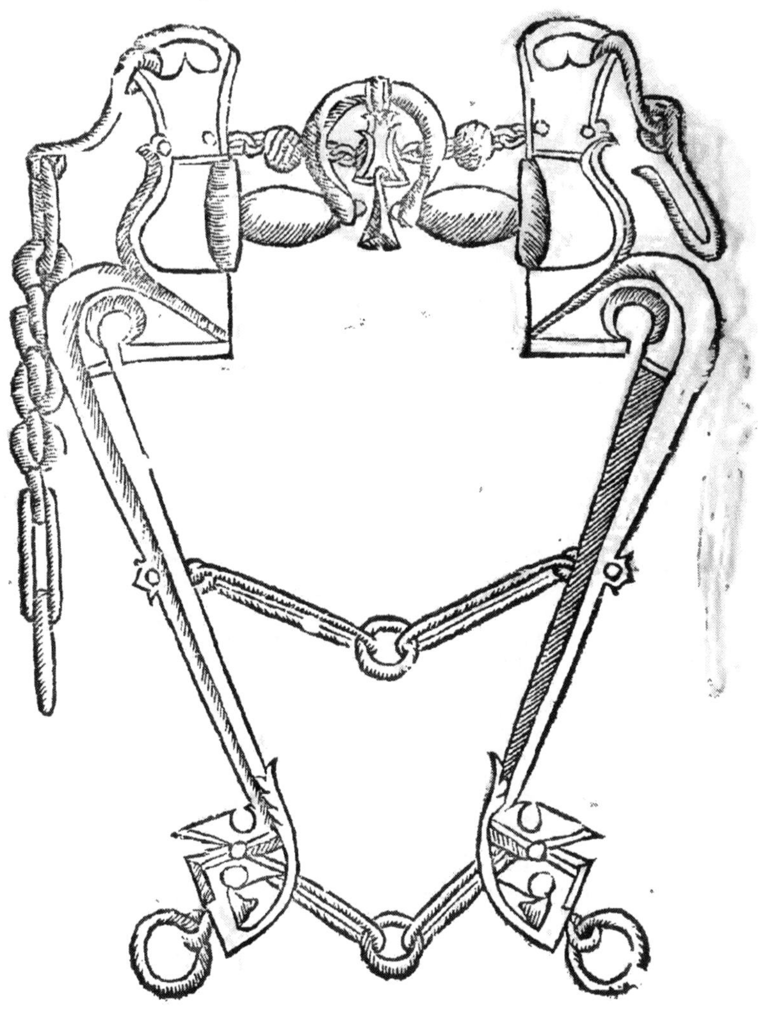

Quando fosse molto duro di barre, e, se a i melloni ui fossero i falli dalla parte di fuori, sarebbe alcuna uolta piu da temere.

Scaccia a Cappione.

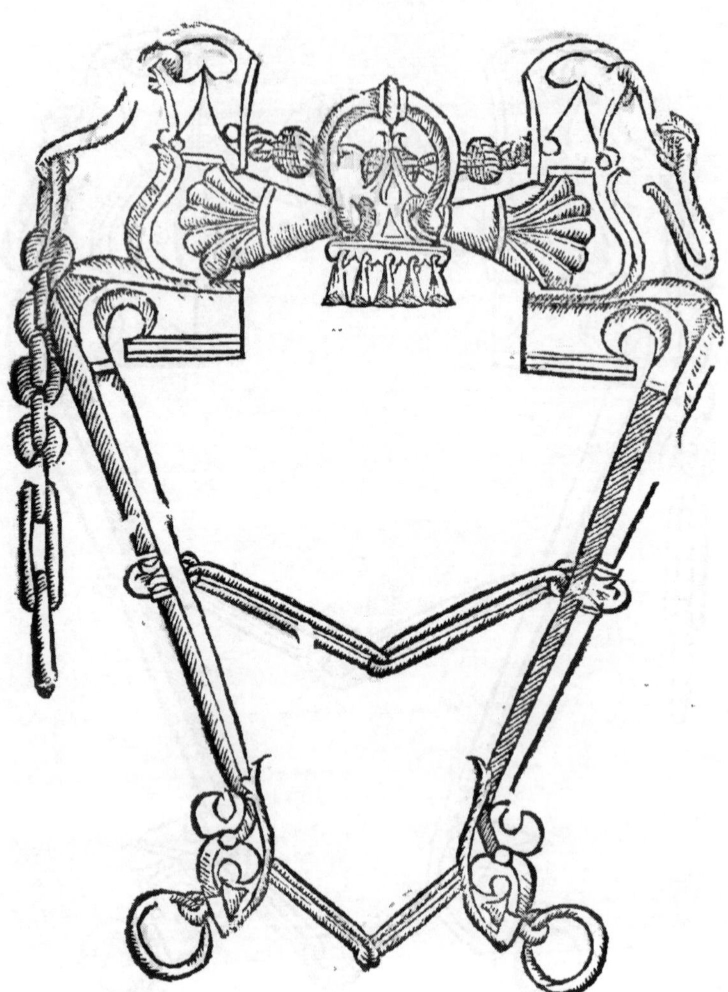

uanQdo ha la bocca grande, & è duro di barre.

Pero a cappione.

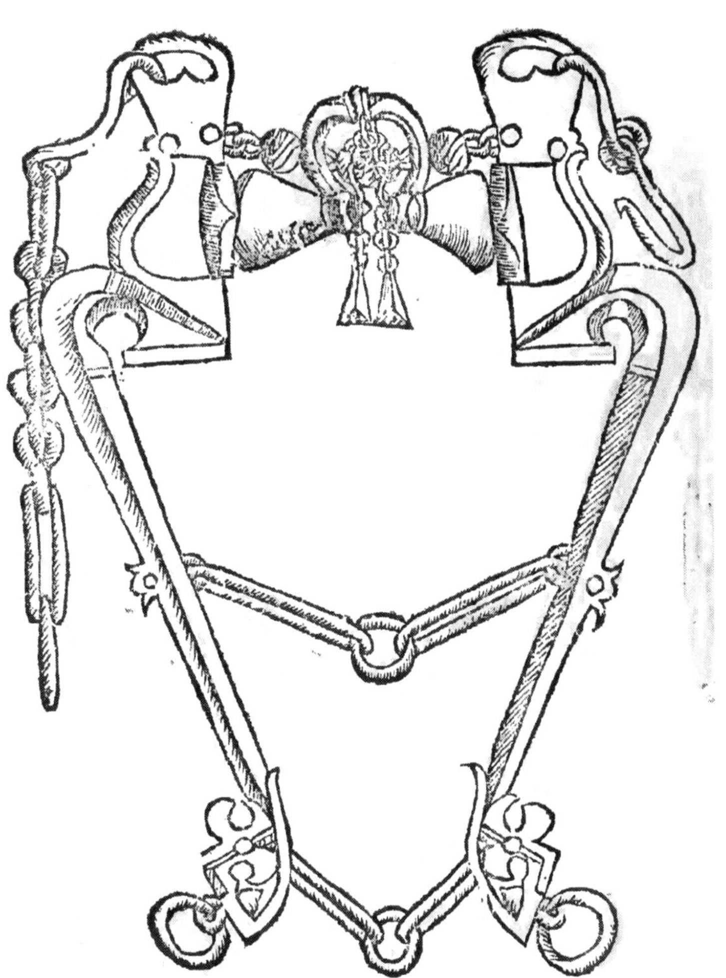

Quando è duro di bocca, e si difende molto co i piumaccinoli.

Campanello a cappione, & si potrebbe fare col timpano piano, & con un falletto in ogni banda di fuora.

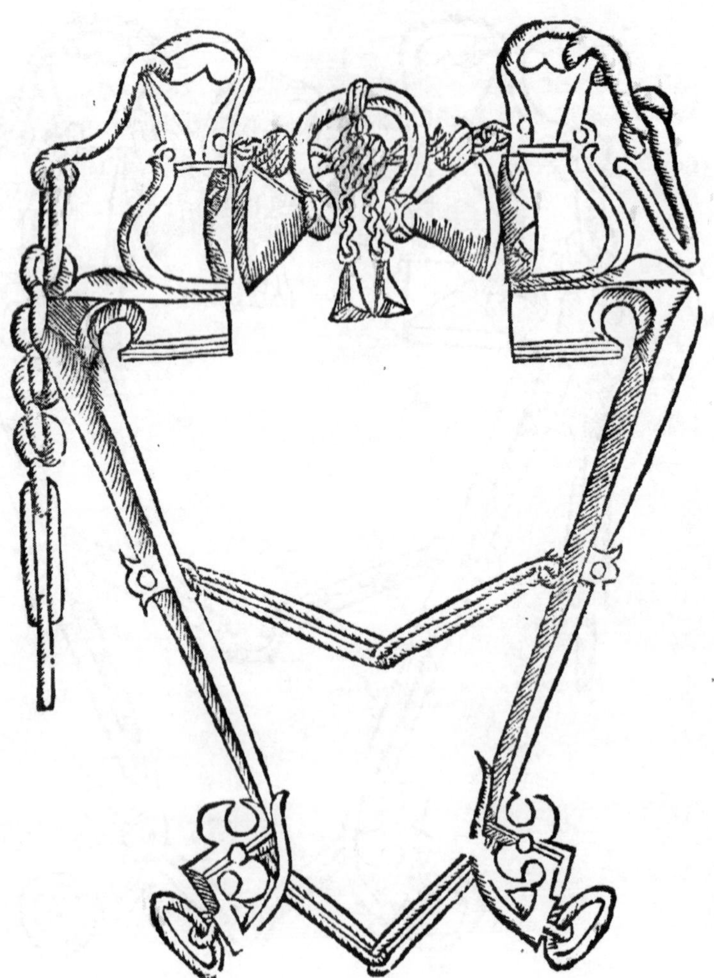

Quando è duro di bocca, e si difende molto co i piumaccinoli. & un fallo di fuori farà piu gagliardo il suo lauoro.

Scaccia a Cappione co i braccinoli a i forami della Siciliana.

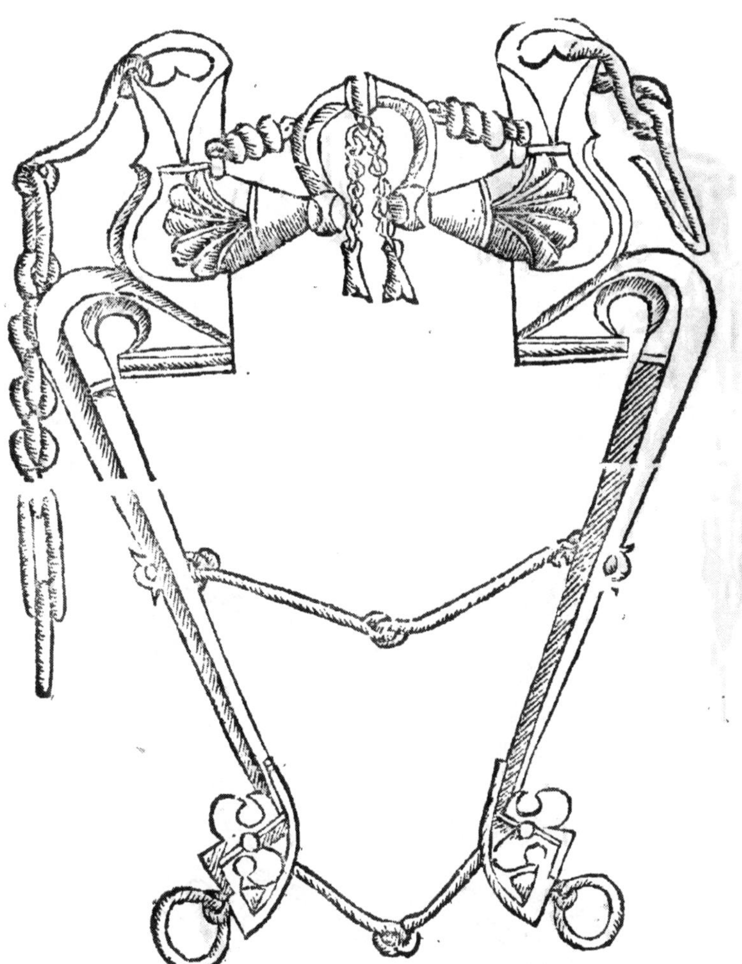

Quando ha la bocca grande, & è duro di barre; & i braccinoli a i forami della Siciliana si uogliono usar solo a cauallo di pessima natura, carico di garze, duro di barre, e di bocca; ouero che si bene la briglia. Et quanto piu son alti i forami delle stanchette, oue si annodano i braccioli; tanto sarà piu gagliarda.

Pero a Cappione co i braccinoli a i forami della Sicilìana.

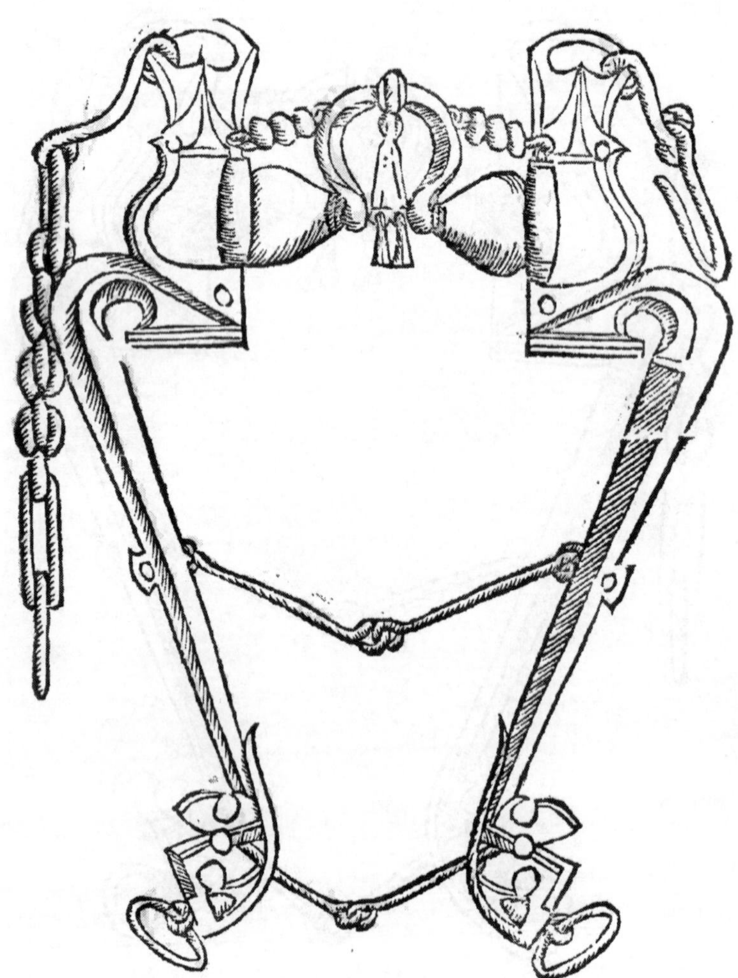

Quando è duro di bocca, e si difende molto co i pinnaccinoli, & un fallo di fuori dalle bande farà piu gagliardo il suo lauoro.

Campanello a Cappione co i simili braccivoli.

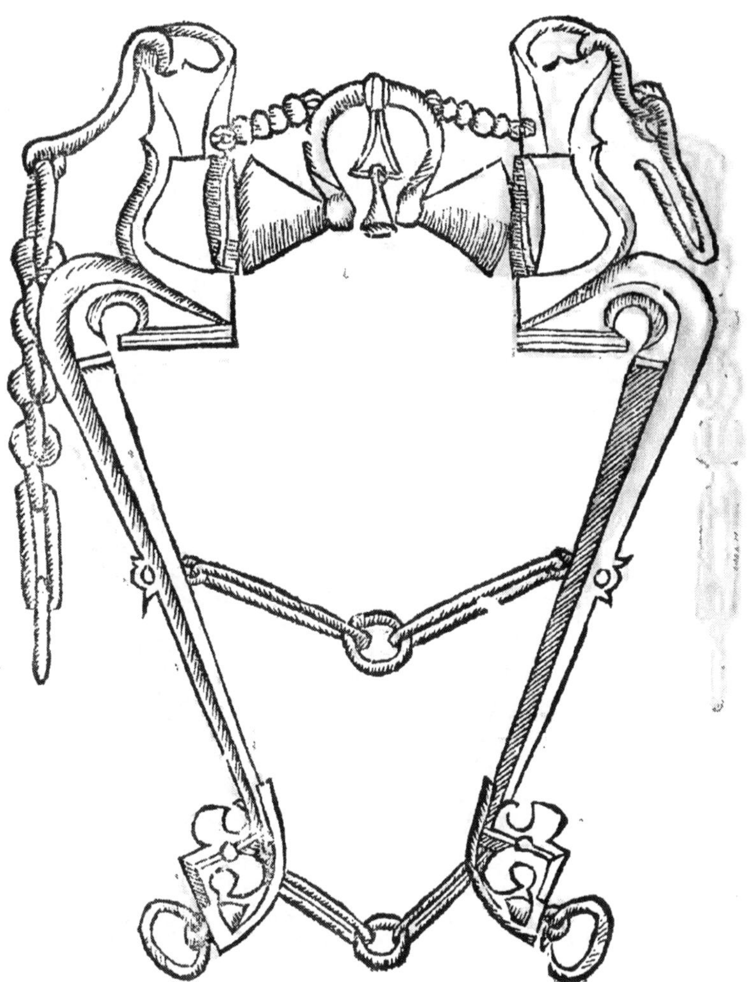

Quando è duro di bocca, e si difende molto co i piumaccivoli. & un fallo di fuori dalle bande farà piu gagliardo il suo lavoro.

Cappione con le oliue co i ſimili bracciuoli; & in cambio delle oliue potrebbono ancor' eſſer due melloni.

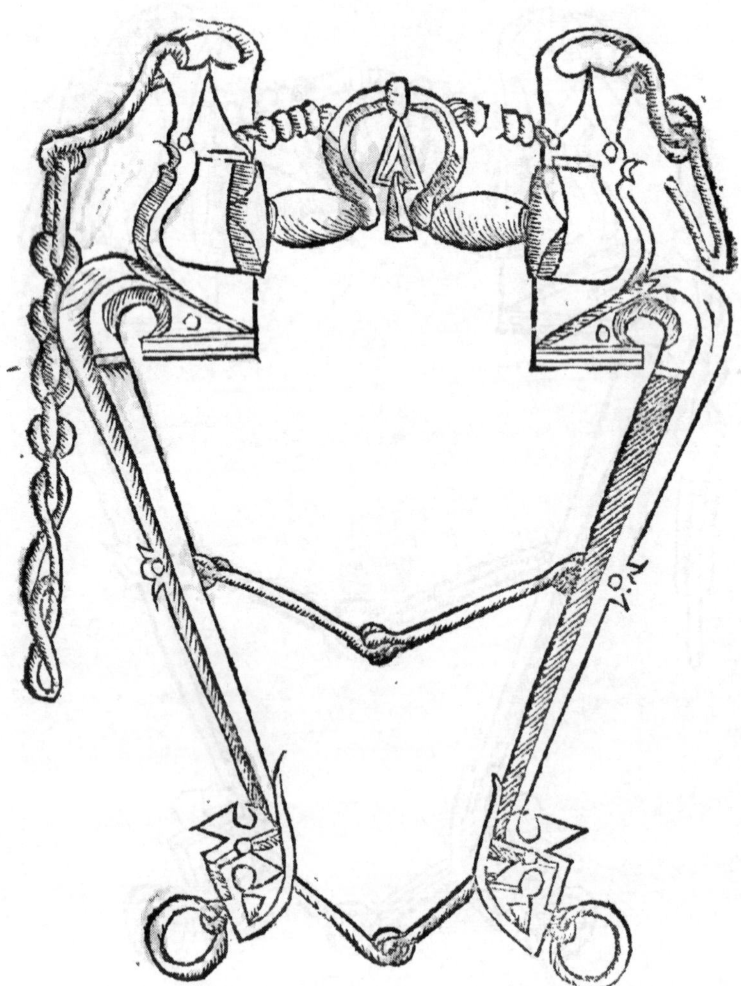

I bracciuoli ſi uogliono uſar ſolo a Cauallo di peſſima natura, carico di garze, duro di barre, e di bocca; e che ſi beue la briglia. E, quanto piu ſon alti i forami delle ſtanchette, oue ſi annodano i bracciuoli, tanto ſarà piu gagliarda.

Mezo pe di gatto con le Oliue, in luogo di esse ponerui due Melloni lisci.

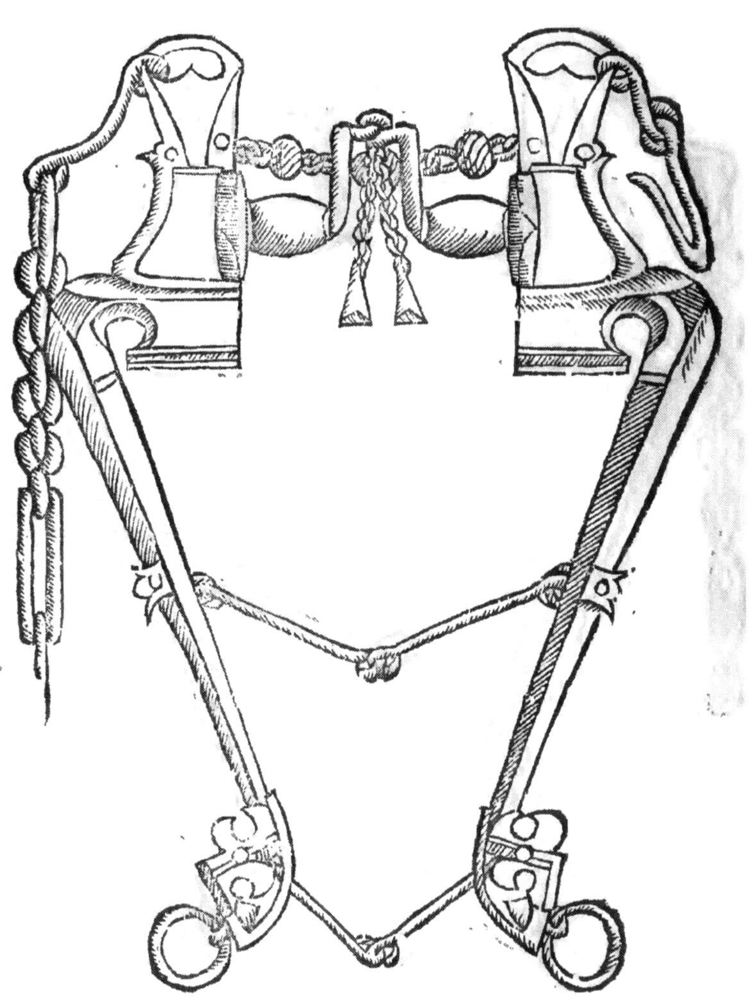

Quando ha la bocca insipida, e secca, e non è molto duro di barre, e ua col capo basso.

Piè di gatto con le Oliue, & si potrebbe fare cõ i Melloni lisci.

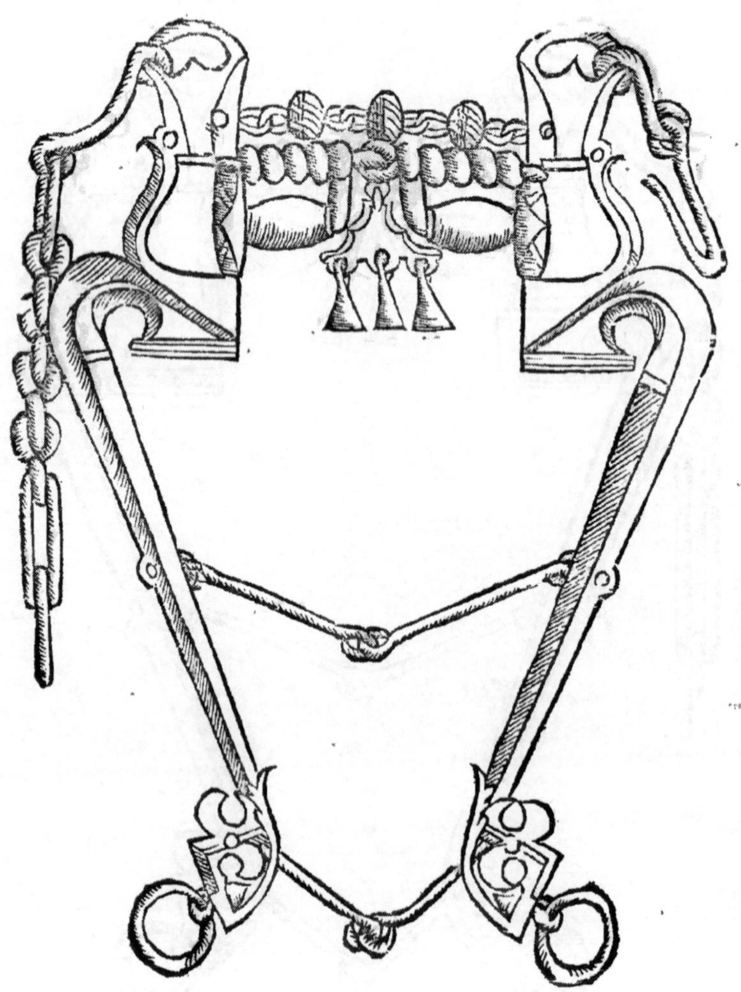

Quando ha picciola bocca, & è duro di barre.

Mezo pe di gatto a pero.

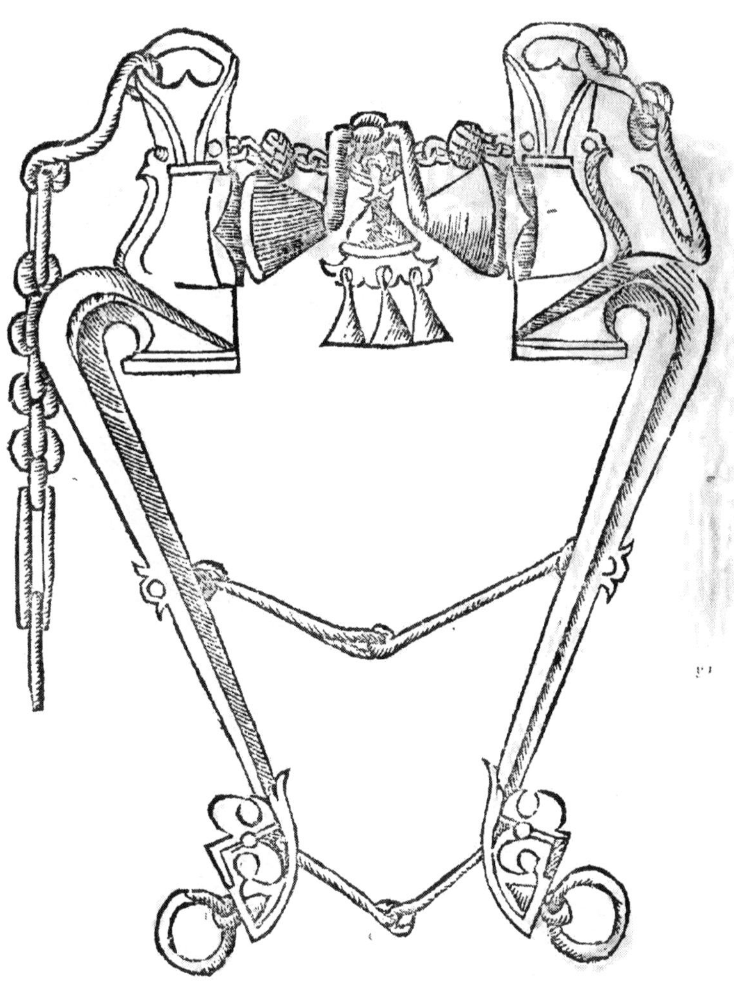

Quando ha la bocca insipida, e secca, e non è molto duro di barre, e ua col capo basso, e fa piumacciuoli.

Piè di gatto co i peri.

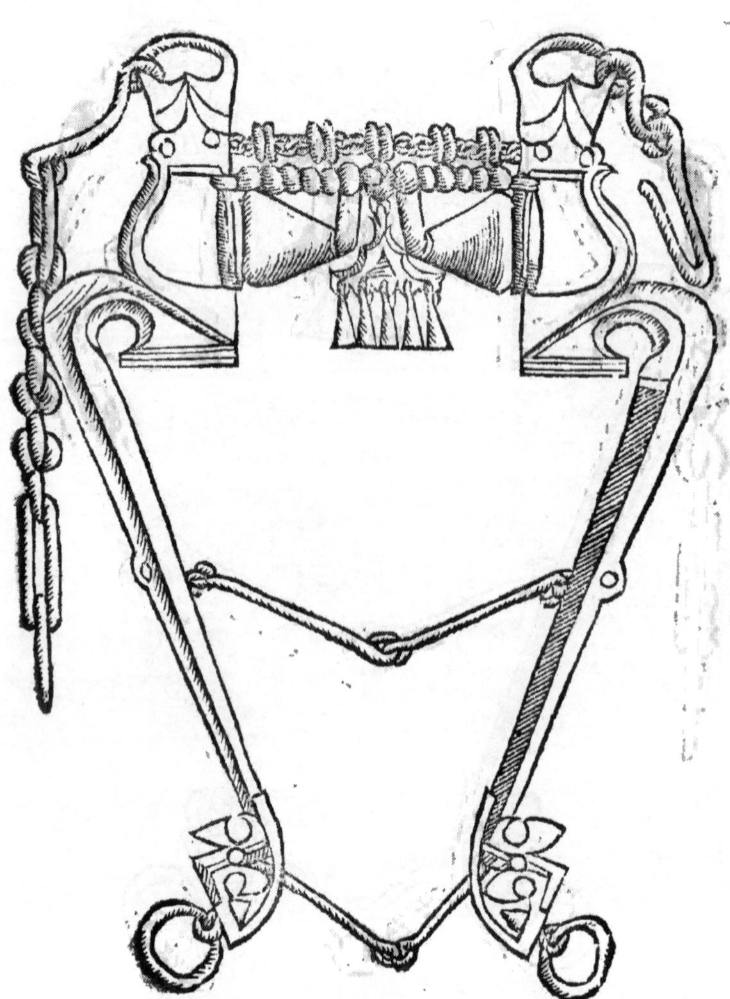

Quando ha gran bocca, e dura.

Mezo pè di gatto a Campanello.

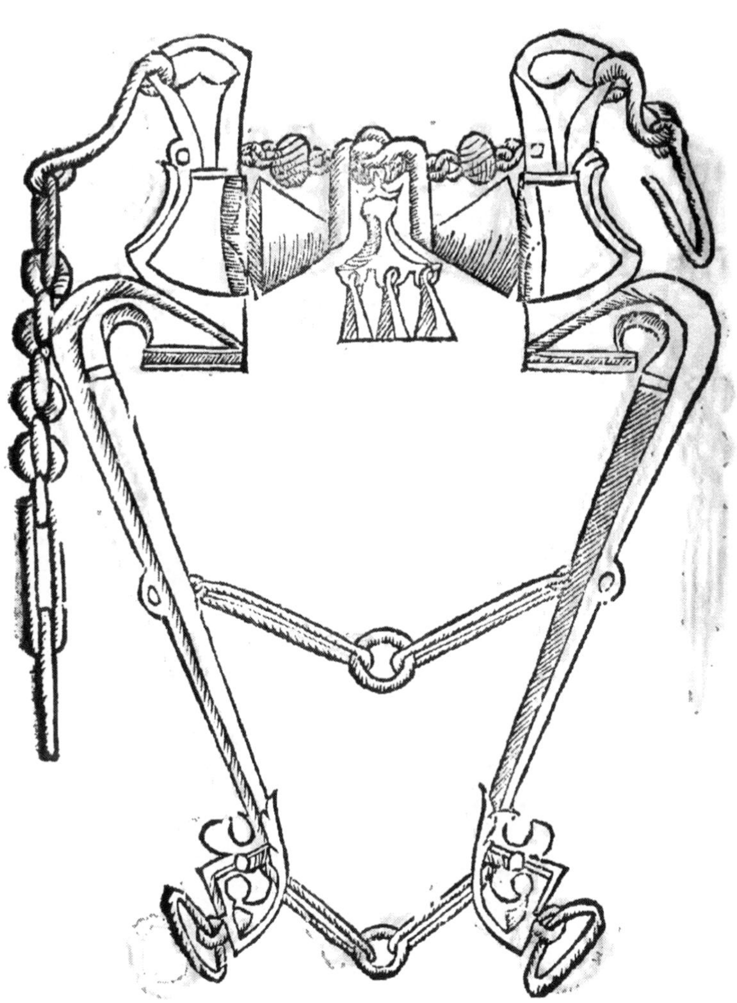

Quando ha la bocca insipida, e secca, e non è molto duro di barre, e ua col capo basso, e fa piumaccinoli.

Pè di gatto a Campanello.

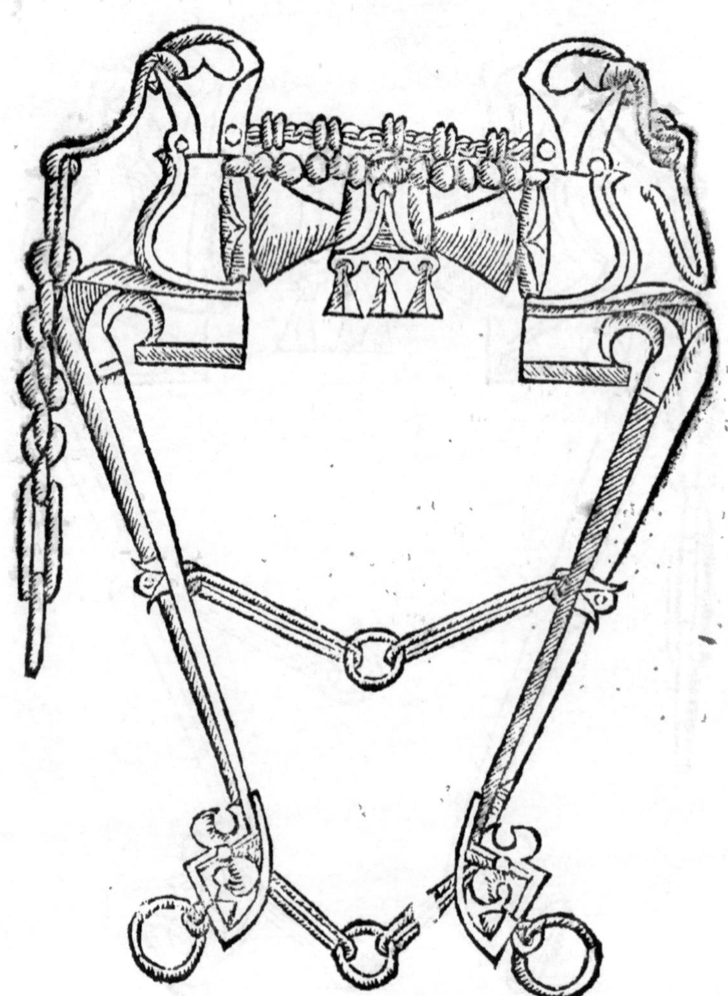

Quando ha gran bocca, e dura.

QVESTI Pie di gatti (chiamati ancor quadretti, o cappioni spezzati) si possono aggropparc nõ solo a Cappio (come sono dipinti) ma a Perno: nondimeno a Cappio sono di maggior ualore. Et possono essere con la uolta non pure a pie di gatto, ma a collo d'Oca. Le quali forme per non figurare tante fiate quasi una medesima cosa, ho uoluto lasciarle, perche con quello che ho scritto quando parlai delle briglie, & con questi disegni che in ultimo uedete, da uoi stesso si potranno facilmente conoscere. Ma benche in tutte queste briglie, tanto le chiuse con le guardie dritte, quanto le aperte con le guardie uoltate, si possono fare piu o meno con le guardie, che siano auanti, o dietro, & similmente piu alte, o piu basse di occhi, secondo che la necessità dimostra nella qualità del Cauallo; nondimeno per mantenere ordine, l'ho fatte dipingere solo in un modo dritte, & in un modo uoltate, & in un modo con gli occhi bassi. Et cosi come queste briglie aperte con le guardie uoltate si potrebbono fare con le guardie dritte: cosi ancora le briglie chiuse con le guardie dritte si potrebbono far con le guardie uoltate. Et qual modo sara piu gagliardo, & qual piu debole, parlando d'esse, ue l'ho dichiarato nel terzo libro. Et se per colpa & errore di penna alcuna di loro non fosse scolpita totalmente giusta & eguale come conuiene, non solo delle guardie, ma della imboccatura, il Brigliaro prouederà in tal difetto; al quale basterà semplicemente uederne la forma. Et consiglio ancora ad ogni persona, che non ardisca in questa opera fare a niuna guisa il Repertorio, che s'io hauessi almeno in parte conosciuto esser cosa utile, haurei compita la minor fatica, cosi come ho fatta la maggiore, lasciandola per cagione che quanto piu spesso si rileggono questi ordini, liquali consistono piu nella pratica di tutta la scienza, che nella teorica di un particolare, tanto maggiormente dapoi si fara perfetta la cosa che si cerca.

IL FINE.

SCIELTA
DI NOTABILI
AVVERTIMENTI,
PERTINENTI
A' CAVALLI;

DISTINTA IN TRE LIBRI.

Nel primo si descriue quel che adoperar si deue per far razze eccellenti.

Nel secondo spiegasi l'Anatomia de' Caualli; & narransi le cause d'ogni loro interna indispositione, & le cure a lor necessarie.

Nel terzo si ragiona della Chirugia, & de' suoi effetti.

Col ritratto del CAVALLO: oue si ueggono tutti i suoi morbi, co' medicamenti applicati a loro.

Con licenza de' Superiori, e con Priuilegio.

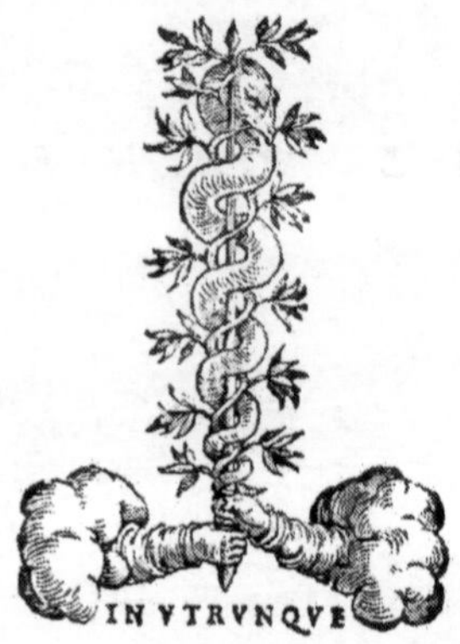

In VENETIA, appresso Gio. Andrea Valuassori, detto Guadagnino. M. D. LXXI.

DI QVELLO SI CONTIENE NELL'OPERA.

Libro Primo.

Libro Secondo.

a 2 Ri-

LIBRO TERZO.

Il fine della Tauola.

SCIELTA DI NOTABILI AVVERTIMENTI, pertinenti a' Caualli.

LIBRO PRIMO.

De' pascoli necessarij alle giumente da razza.

LA temperatura dell'aria, la qual prouien dalla benignità de' corpi superiori; è causa, come ogniun sa, de' buoni pascoli, e de' cibi sani: da' quali procedono le temperate complessioni de gli animali. Chiunque per tanto uorrà attendere a razze, deurà principalmente por cura in conoscere i pascoli, per inuiare a quelli le mandre. Eleggerassi adunque regione abondeuole d'herbe sane, e d'acque correnti, oue non nascano cosche, ferole caualline, od altre tai herbe uelenose, e pestifere, e per la loro malignità atte ad uccidere i poledri, e le madri. Non prattichi in tai luoghi gregge di porci, o di pecore, o d'altri somiglianti animali, da' caualli odiati. Conducansi l'inuernata alle ualli, alle selue, & in luoghi secchi, e sassosi, oue poco temano l'empito de' uenti, la freddura delle neui, e qual si uoglia assalto dell'aria sdegnata: non si partendo però mai da gli herbaggi, & allontanandosi sempre dalle paludi; il cui proprio è di dar cattiua ugna al cauallo. Ascendano le giumente alla montagna la state; & iui all'herbe, & all'acque fresche si pascano, e s'abbeuerino. Gioua assai loro l'essercitio, che fanno, montando, e smontando; e per cotal fatica generano i poledri di temperatura piu secca, e piu leggieri, e piu snelli. Ne si potrebbe dire, quanto atto sia il sasso a far dura, e soda lor l'ugna. Perche siano i monti, ou'hanno le caualle ad usare, pietrosi, e piani in alcuna parte, per poter sottometterle a gli stalloni commodamente. Cosi ne trarrai caualli ben complessionati, e pronti ad ogni fatica. La qual uirtù nasce in loro dall'abondanza del calor naturale, e da una proportionata siccità, che fa il cauallo agile, ben disposto, e ueloce, & atto ad apprendere qualunque cosa gl'insegni. Et, conciosia che le buone piante sogliano produr buoni frutti; auuertirai diligentemente di far elettion di Stalloni pregiati, &, s'è possibile, d'ogni parte compiuti, ben formati, sani, e leggiadri: ma sopra tutto che nelle parti posteriori, o delle braccia, o delle mani, o de' piedi non patiscano Corue, Schinelle, Galle, Formelle, Ricciuoli, Polziue, o Quarti, od altre somiglianti enfiature, e difetti, che per lo piu hereditarij si stimano: poi che da' padri contrarebbono i figliuoli quelle istesse malignità, e que' uitij medesimi. Pon mente appresso al buon pelo, e al colore, indicij aperti della buo-

na, o ria complessione de' padri. Questi sono il Baio, il Leardo, il Sauro, e Saginato sopra nero, che altri dicono Cauezza di moro. li quali manti cosi debbono ricercarsi nelle madri, come ne' padri. Siano le giumente di bello aspetto, di gran corpo, di giunture buone, e lodate, habbiano uaghe orecchie, & con l'altre loro parti perfette; siano suelte, et habbiano le mammelle intere, & abondanti di latte, nudrimento cosi necessario, e gioueuole a' teneri parti. Scielgasi giumentario intendente, e fedele: il quale all'apparir dell'alba inuij l'armento alle basse, per abbeuerarlo; indi a poco a poco a' luoghi alti il conduca; in quelle parti non dimeno, nellequali piu lungamente l'herbe fresche conseruansi; & oue siano degli alberi, che co' rami loro, quando a riscaldare il Sole incomincia, porgano l'ombre a' caualli. Passato poi il uespro discenda alle ualli, & conduca la greggia ne' luoghi piu herbosi; a ragioneuol'hora dando a lei bere o ne' fiumi, o ne' fonti: e finalmente al tramontar del Sole esca al piano, & a' prati. Ma nel tempo del uerno, se i dì sono sereni, guidi le mandre in paese spacioso, ed alto; riseruando il ualoso, e ristretto per li dì procellosi.

Auuertimenti intorno a' genitori de' poledri.

MOLTE cose auuertirai ne' genitori di questo animale, ma specialmente quattro: la bonta, la bellezza, il colore, e la statura loro. Vuolsi nello stallone il corpo grande, ma accompagnato da tutte parti da sodezza, e grossezza cosi proportionatamente, che niente l'occhio t'offenda. Habbia trauersi lunghi, petto largo, e chiome lunghe, e crespe; & il corpo, doue appaiono i muscoli, forte, e nodoso. Mira, s'egli ha il piè asciutto, piano, ed intero, e l'ugna concaua, ed alta. E nelle madri guarderai la grandezza, e la lunghezza del uentre, necessaria alla concettione, & alla generatione, appresso l'agilità, e la proportion delle membra.

Dell'età allo Stallone conueniente.

DEE, per produrre i figli robusti, alla generatione applicarsi padre forte, e robusto. Forte, e robusto fia il padre quando haurà le membra compiute: nella quale età la uirtù, & il uigore in lui sarà in colmo. Atto fia per tanto alla generatione il Cauallo passati i cinque anni della sua età. Se piu gioueni s'useranno, produrran figli inutili, e deboli; e da' quali, per essere sneruati, e senza possanza, poco di bontà potrai aspettare.

Le cose necessarie ne gli Stalloni atti alle razze.

NVDRISCANSI gli Stalloni dedicati alle razze, abondantemente, e senza, *za risparmio di cibo, ne co'l continuamente caualcarli si dia lor troppo di noia: perciochè dissecca l'humido loro la smisurata fatica, & indebolisce la loro uirtù, e quegli spiriti, liquali con l'humidità alla generatione concorrono. Non ue di tu, che'l riposo accresce gli spiriti, e il uigore? onde poi nasce il desiderio del coito. Non intender però ch'io dia per precetto, che tu tenga pegro, et ocioso il cauallo, dedicato alla generatione. Dico ben, che tu lo caualchi, ma piaceuolmente, ma quasi a diletto, e senza alteratione: poscia che'l temperato essercitio desta il calor naturale, dissecca il souerchio humido, rende forti le uirtù de gli spiriti, et aiuta la digestione. Et essendo quella concettione migliore, la quale da piu puro seme deriua; il qual seme, per esser puro, conuiene, che sia temperato: consiglio per ciò, che si caualchi piaceuolmente il cauallo. Conciosia che la souerchia quiete genera humidità, per cui s'indebolisce il calor naturale, e quegli spiriti altresi, che'l mantengono: et è manifesto, che'l seme troppo humido, o freddo non è atto alla generatione; &, se pur genera, genera anzi femina, che maschio: perciochè participano, come sa ciascuno, le femine, piu che i maschi, del l'humidità: la doue il temperato genera i maschi; ma il freddo & humido nò: essendo il calore agente da queste due qualità soffogato, non altrimenti che'l soffoghi, e gli tolga la uirtù il troppo secco; ne lascia, che si stenda per la concettion la materia: ma si abbrucia, e si risolue, senz'altro: si come la troppa humidità, per esser fluida e feminabile, non informa. Nasce adunque, e procede la generatione dal temperato proportionatamente: e gli estremi, si come in ogni altro caso, in questo parimente della generation, son dannosi. Mira oltre a ciò, che gli stalloni non sian grassi, ne magri, ma di qualità mezana, e lodeuole: e, se pur deono eccedere, pecchino in grassezza anzi che in magrezza: poi che per questa piccioli, si come quei, che da uirtù troppo secca son generati; e per la grassezza non ismoderata grandi son generati. Di che molte ragioni potrebbono addursi, dimostrate parte dalla ragione, e parte dall'isperienza: se non si hauesse riguardo alla breuità, che desideriamo d'usare. Et, doue si ragionò dell'essercitatione, intendasi solamente de' caualli, che nelle stalle dimorano; e non di quelli, che nelle campagne a casa si trouano; & lo stesso intendasi delle giumente.*

Quante giumente debbano sottopporsi allo Stallone.

A caualli ben complessionati, e forti si sottoporrano xij. giumente: a' fortissimi, & in perfettion nerboruti xv. a gli altri quante parrà lor conuenirsi.

L'età de gli Stalloni.

POTRASSI *la giumenta sottopore allo Stallone, passati i due anni dell'età*

sua;

sua; & usarla fino a dieci anni: oltre al qual termine è inutile, e non atta al coito. A gli antichi piacque, ch'ella fosse idonea alla generatione da' sei fino a' 14 anni: & io da' cinque solamente fino a' dodici, & oltre nò, idonea la giudico.

Come debba accoppiarsi lo Stallone con le giumente.

ACCOMMODATO c'haurai acconcio luogo per lo congiugnimento de gli stalloni cō le giumente; e queste chiuseui dentro: u' introdurrai lo stallone, legato con un cappezzon forte di cinque, o sei passa, et condotto da gagliarda mano: & farai, menato che ui sia, auuicinarlo alquanto alle giumente, acciò ch'esse lo riconoscano. le quali riconosciuto che l'hauranno, destatosi in loro il natural desiderio, uerranno a trouarlo. Allhora, facendo tu allentare il cappezzone, perch'egli possa annasarle, e toccar loro la bocca, poi che li uedrai tra loro amici, e sicuri, aspetterai che la giumenta uolga le groppe. et in quel tempo liberando lo stallon maggiormente dal legame, non però del tutto sciogliendolo, lascierai, che possano unirsi: lo stil medesimo seruando ne' congiungimenti dell'altre; fin che a te parrà che il maschio moderatamente sfogato si sia, & che piu desioso, che fastidito dal coito si parta. Quindi procurerai ch'egli sia ben gouernato, netato, e pasciuto. E ciò farai con gli altri stalloni per lo spatio di dieci giorni, poco piu, o poco meno. E potrai poi lasciarlo libero andar uagando per la mandra fra le giumente, che saranno a lui destinate; acciò che a suo uolere usi hor con questa, hor con quella. e dopo questa loro prattica, tragghansi della mandra, e mandinsi a' pascoli. Il che sia detto particolarmente della congiuntion libera.

Della congiuntion libera.

A qualunque uorrà far ciò fia di mestieri considerare il numero ch'egli haurà di stalloni, e giumente; per poter distinguer le qualità loro, et accompagnarli con ordine, e con giudicio. La qual cosa, per isprimer meglio, diremo, che, destinato alle tai giumente il tale stallone, con le quai prima assicurato il uedrai, con lor nella campagna deurai lasciarlo lo spatio d'ott'hore: & indi cacciato l'uno spingerui l'altro pur con la stessa regola. conciosia che in tanto spatio appunto essendo il seme loro caldo, e uiscoso, può generarsi: doue, se piu lungamente dimorassero insieme, uscendone al fine il seme liquido, e freddo, infeconde renderebbono le giumente, & essi assai patirebbono. Ma nel già detto spatio e non piu oltre pratticando fra loro, ne otterrai poledri perfetti, & ricourerai gli stalloni piu freschi, e gagliardi. ch'io non lodo già coloro, li quali permettono, che per uentiquattro, e piu hore si mescolino: perciochè debilitano il uigor delle bestie in modo, che imbecilli per sempre rimangono.

Gioua all'animal la purgation moderata del seme; e specialmente, s'egli è sano, e robusto, e per lo piu ocioso: doue il coito souerchio non solo infinitamente nuoce a' debili, e infermi; ma annulla a poco a poco la uirtù de' piu forti. &, si come è atto alla concettione il seme caldo, ammassato, e grosso; cosi il freddo fluido, e sottile per l'uso immoderato, non genera, ond'è che il seme del Sommiere, per natura freddo, aiutasi col calor di quel del cauallo, per renderlo atto alla generatione. Et, percioche già dicemmo, che di due maniere son le giumente, atte alla generatione; cioè in grosse, e minute: dalle grossi incominceremo; le quali hauranno i manti, le qualità, le parti, auuertite prima da noi: & saranno atte al coito da' sei fino a' quattordici anni; nel qual corso di tempo è in colmo il lor uigore, i loro spiriti, e la sostanza loro spermatica, & generabile in aumento: si come fu d'opinione Dion Greco, Caualarizzo maggior dell'Imperator di Constantinopoli, e maestro Giouan Marco Greco, e Tullio: Maliscalco l'uno, e l'altro gouernator della razza Imperiale. i quali commandano, che, passato l'anno quartodecimo, non si sottoponga piu la giumenta allo Stallone; percioche ne nascerebbono in quella età mescolandosi, figli deboli, e piccioli, e di mantel riprouato.

Delle giumente giouani.

Fu dal sopradetto Marco Greco, e da un Tedesco dello stesso nome conchiuso, che le giumente giouani non prima, che ne' suoi anni della sua età, si sottoponesse ro a gli stalloni. conciosia che auanti questo tempo, essendo esse piene di lussuria, e focose, per la sinisurata loro caldezza, e copia d'humore concepiscono difficilmente, e smagrano, e si distruggono per l'amor souerchio, mentre, douunque uanno, seguono gli stalloni. Corregge nondimeno la natura l'arte, e la diligenza dell'huomo; & si è gia prouato, che da' tre a' sei anni si fa lor concepere. Et, percioche determinano i filosofi, che le femine carnose, e grasse per lo piu siano indisposte alla concettione; essendo che il seme sparso in loro, in nudrimento conuertesi: buona cosa fia allontanar le giumente, c'habbiano qualità cosi fatte, da' luoghi fertili, e grassi; e tentar di smagrarle con l'essercitarle. Onde seguirà, ch'elle no poscia per la carestia del cibo, et per lo trauaglio, cōtinuamente lor dato, men desiderose siano del coito. Ilche per conseguir piu ageuolmente, soleano i cozzoni antichi alle giumente trar sangue, per priuarle di tanta copia d'humori. Queste, ridotte al numero di tre decine, in una mandra si collocheranno con gli ordini, di sopra ricordati da noi; & con lor, come habbiam già detto, si mescoleranno due stalloni, che di dodici in dodici hore si muteranno, e non di otto in otto. & in questo modo si farà buona monta, e se ne acquisteranno ottimi poledri; e tanto migliori, quanto piu essercitati alla monta gli stalloni saranno. Errano assai coloro, che sogliono con quaranta giumente mescolar due soli Stalloni, e con lor lasciarli dimorare un dì intero; usando poi trascuragine nel mondarli, nel pascerli, nel ricrearli, e gouernarli, come si deue. Ne marauiglia è poi, se, così facendo, di qual si uoglia gran razza pochi poledri buoni essi traggono. Ponga adunque molta cura chiunque di far bella razza desidera di hauer giumente, e stalloni attissimi alla generatione, e concettione; & indi in gouernarli, & usarli temperatamente, non mancando lor di quanto necessario si stima alla lor conseruatione. Molto studio in ciò impiegano gli Spagnuoli; tra' quali alcun non tien razza, che non ne dia conto a' Caualieri, sopra ciò ordinati: ne si ammette o Stallone, o giumenta, che da costoro prima approuata non sia; ne si da a persona di razza carico, che fedele, et intendente non sia giudicata. Quinci nasce, c'hanno gli Spagnuoli eccellenti palafreni, e destrieri, e per attendere alla militia, e per darsi piacere: sì come altroue, per la negligenza, & qui massimamente in Italia, pochi caualli sono di pregio, e molti buoni per uetture, e per uili essercitij. Et come esser puo altrimenti? poi che, se alcuna uolta da' buoni padri generanosi tristi figliuoli; quasi necessariamente sogliono nascer tristi da' tristi.

Della monta a mano.

DVE fu da noi sopradette esser le maniere delle giumente; e due altresì diciamo esser le maniere del coprirle: l'una libera, di cui habbiam parlato a sofficienza; e l'altra manuale, o a mano, di cui hora discorreremo. Per tanto auuertirassi di ridur le giumente in una mandra, o cortil murato; e quiui poi intrometter lo stallone, menato a man per lo capezzone sopranominato, & nel modo, che da noi fu già ricordato. Et, come che si soglia in questa monta e legare, e scior le giumente: per esser nondimeno in un sciolto uie maggiore il diletto, che in un legato, io consiglierei a lasciarle libere, acciò che di lor ciascuna a quello Stallon si uniisse, che piu gli piacesse. Et così fatto modo osseruerassi, fin che le giumente sian piene. Auuertiscasi appresso, qual Stallone con qual giumenta si mescoli, acciò che de' figli poi nati si conoscano i padri, e si uegga la perfettione, o imperfettion loro, per sapere un'altra uolta usarli, o lasciarli. E fia buono ancora, se della giumenta fia maggior lo stallone, al luogo del loro coito cauare il terreno tanto, ch'egli agiatamente possa mescolarsi con lei. conciosia che, se minore, o maggiore è l'uno dell'altro, per lo souerchio trauaglio infiammasi il seme e si debilita assai, e scocca spesso in uano, e si tormentano gli animali. Et, poi che a' bisogni humani son necessarij caualli di diuerse stature, guarderassi, che, essendo il padre principio, della generatione, e la madre la materia concipiente, grandi, e ben formati sempre siano i corsieri, destinati alle razze: da' quali, secondo la minore, o maggior statura delle giumente, con lequali si mescoleranno, trarrai corsieri, caualotti, e ginetti. doue che, piccioli, e poco forti essendo gli stalloni, generano figliuoli, uili, deboli, e piccioli, o nelle parti sproportionati, con distruttion delle razze, nō atti al seruigio dell'huo *mo difficili d'esser domi, di poco nerbo, uitiosi, & facili a disconsertarsi, & apprendere ogni difetto.*

Del tempo della Monta.

PAR, *che tengano alcuni San Giorgio per protettore, e padre de' Caualllieri; penso io, per esser la stagion, nella qual come il suo di solenne, attissima alla monta de' caualli, premio de' Caualllieri. Il che si dimostra esser uero, per essere in quel tempo il terren coperto d'herbe, e di fiori; e l'aria temperata, e soaue. Dal giorno adunque dedicato a questo Santo, fino al principio di Luglio potransi acconciamente a gli stalloni sottopor le giumente; seruate tuttauia le regole, e gli auuertimenti, dati da noi; & hauuto a' luoghi meno è piu caldi il deuuto rispetto. E ciò per le giumente piu uecchie s'intenda: le quali poi che sian pregne, s'allontaneranno dalle piu giouani. Et a queste si concederà il congiugnersi al maschio fino all'Agosto: conciosia che l'ardor ne' corpi giouenili, per l'abondanza de gli humori, e uigor de gli spiriti, non si smorza cosi ageuolmente. Biasimo il lasciarle unite tutte insieme in un luogo: & perciochè le pregne, e piu uecchie riceuerebbono danno dall'importunità de gli stalloni; & perche essi partirebbono assai, e si diseccherebbono, e struggerebbono per lo calor dell'estate, e per lo souerchio congiugnimento. Potransi adunque separar le piene dalle non piene, e da' maschi; e condur destramente, & a poco a poco ne' luoghi piani, & herbosi, non paludosi, & non isposti a rugiada, o da essa in qualche modo difesi: conciosia che le regioni rugiadose producono certa specie d'herbe, che, mangiate dalle giumente, fan loro partorir sconciature. Perche a gli esperti piacciono assai le alture, e le bassure dispiacciono. Ne lodo, che ui si lascino i garagnoni. li quali benche possiano impregnarle non pregne; seguendo nondimeno le pregne sogliono farle spregnare: &, (quel, che importa piu) mentre uogliono armar per forza, dan de' calci alle madri, & uccidono i figli teneri loro nel uentre, cagionando spesso che producano parti imperfetti. Oltra che uana fia la diligenza, spesa in procacciare eccellenti stalloni, se, non iscompagnando questi dalle giumente, auuenir può ageuolmente, che graui de al fin dell'anno siano de' maschi uili, e imperfetti. & chiunque ciò ammette, chiaramente dimostra amar piu il numero, che la bontà de' poledri. Hauui però chi usa di non separare i garagnoni dalle giumente, piu per ignoranza, che per ragione; e piu per commodo suo, che per altro: poi che gli piace assai hauerli appresso, per poter ne' dì festiui de' uicini luoghi andarui senza trauaglio; senz'hauer riguardo a gli sconci de' poledri. li quali se poi nascono morti, o imperfetti; ad ogni altro accidente, che a se stessi, ne danno la colpa. &, se costoro dicono tenerliui per guardar le giumente da' lupi, scioccamente son bugiardi, & iscusano il loro commodo: poi che alla lor difesa non questi, ma uagliono i ualenti cani, che per ciò la natura ci dona. Apportano i garagnoni un'altra non lieue incommodità: & è,* che, per tenerliui, è necessario aggrandir la monta. onde auuien, che poi nell'anno seguente non sono le giumente a tempo di nuouo coito, per non hauer di già parto rito. Et, uscendo il parto in stagion calda eccessiuamente, e pouere d'herbe, onde s'apparecchi il latte per lui; da quelle, che la madre allhor pasce, riscaldasi, e cor rompesi il sangue: da che nasce pessimo alimento a' figliuoli; & per consequenza essi riescono piccioli, difettosi, sparuti, e sproportionati; uestiti di pelo duro, e lungo; co' mostacci rugosi, & horridi, percossi, et attauanati; come tutto dì per isperienza si uede.

De' cibi dello stallone.

PASCANSI gli stalloni di cibi, non contrarij alla lor natura, hauuto all'essercitio, e fatica loro riguardo; per la qual spesse fiate la lor robustezza s'indebolisce. Quindi si da loro a mangiare non sol biada, fieno, e paglia; ma cece, e faua; legumi, che augumentano il seme, & han natura uentosa, & humida. le quai cose essi mangierano ageuolmente quando haueran fame, se altrimenti non uolessero gustarle: &, s'egli auuerrà pure, ch'essi le aborriscano, per desiderio di uerdura, o d'altro cibo loro ordinario, appongauisi piu che altr'herba la Ferragina; ch'è di sostanza copiosa, temperata, e nutritiua. e sopra tutto tengasi lo stallon mondo, e guardisi con diligenza da lordure, e brutture; che lor sogliono arrecar molto danno.

Del conseruar gli stalloni.

GIVSTA cosa è il premiar coloro, che meritano; e quelli specialmente, che lieue e giusto premio ricercano. La onde, poi che uno stallone, fatto padre di molti, & eccellenti poledri, haurà di razza il suo Signore arricchito; per qual cagione, s'egli haurà scemato essai di uigore, e di sanità, non si deurà ristorarlo, e tentar di conseruarlosi in uita? Per che soggiacendo egli per natura nell'età graue, ad abondanza di humori, si userà quella purgatione uniuersale, ch'è di trargli sangue dall'una e dall'altra parte del collo in conueneuole quantità. il che si uede dalla ritirata, che fanno i genitali nel luogo loro. Con questo suo sangue mescolerai uoue 2. farina lib. 3. sangue di drago lib. 3. et boloarmenio lib. 1. ridotto in polue, con aceto forte lib. 3. & farai un'empiastro, con cui lo stallone ungerai dalla corona de' piedi intorno, ascendendo per le spalle, & il petto, e girando a' filetti, e alle rene, & finalmente, eccetuata la testa, e il collo, tutto il rimanente del corpo da tutte le parti. Il che fatto, con una tela doppia, e assai grossa lo fascierai, tutte le parti unte auuolgendo. Di questo habito gli farai uscir fuori le braccia, e gliele cucirai sopra il garrese, perche non cada: tenendogliele alto e rileuato soura le spalle; ma in ogni altra parte bene assettato. e gliele

gliele bagnerai ciascun dì fino a' quattro giorni continuamente di aceto, e lisciuo tepido, quanto basterà a mantenere humido il drappo, & a schiuar, che quello così fatto strettoio non si disecchi. nel quale lo terrai inuolto per alcun giorno, acciò raffreni gli humori, che per le fatiche durate haueun fatto corso in quei luoghi. Et, conciosia che le membra per le passate fatiche per molte uolte si smouono, e si risentono, loderò, che così unto, e impasticciato per un mese lo tenga in stalla, senza che tu nel faccia uscir mai. Quiui lo farai gouernare, e mondare, e pascer di quei cibi, che alla sua natura si confaranno: procacciando, che alcuna uolta egli habbi da mangiar delle cicorelle fresche, acciochè piu tosto s'ingrassi. Et così, bagnandolo d'otto in otto dì, come già si è detto, con l'aceto, e lisciuo tepido, lo ridurai al primiero esser suo, cioè sano, e senza difetto. Dopo la qual fattura gli leuerai quel panno, e l'empiastro; & potrai caualcarlo tallhora piaceuolmente: adoprando nondimeno, ch'egli sia ben gouernato, e da gli sconci guardandolo. percioche col temperato essercitio si conseruerà, e fortificherà la uirtù digestiua, ond'egli uiurà sano, & assai, & alcuna fiata potrai ualerti di lui.

Della conseruation della razza.

NASCONO delle giumente pregne le sconciature le piu uolte o per la mutation de' uenti, o per la intemperie dell'aria, o per la complession fredda della madre, o per fatica smisurata. Perche auuertiscasi alla qualità del luogo, doue habitano, a' pascoli, a' uenti proprij di quella regione, & al ualor de'l Sole sopra quei paesi. Guardinsi da que' campi, da quelle riue, o quei luoghi, oue nascono Cosche, e Ferole caualline. Di queste i nouelli parti mangiando si muoiono, e muoiono altresi nel uentre alle madri i figli. Segno, che le giumente debbano partorire anzi tempo è l'enfiamento della natura, e del fondamento; usando elle albora di corcarsi, e leuarsi nel modo, che si corcano, e leuano quando sono addolorate per qualche doglia. Perche le toccherai in questo tempo con la man sotto al uentre, per ueder, se la creatura si mouerà: &, sentendola mouersi, sarà indicio, che fra poco uscirà fuori imperfetta. ma, se non la sentirai, mouersi, haurai ciò per indicio, ch'ella dentro sia morta. La onde, acciochè tu proueggga, che con lei non si muoia anco la madre, le apprestterai la sottopposta beuanda. Prendi adunque d'oglio d'oliuo lire 3. di succo di cipolla bianca, lire 1. di lisciuo, lire 4. di latte di giumenta, d'asina, o buffala, lire 4. &, incorporate queste cose tutte insieme adoprerai che beuute siano dalla giumenta indisposta; e ne uedrai riuscir buono effetto. Et, dopo questa purgatione, la profumerai con quello, ch'io ti pongo qui sotto. Togli un bacino, & empilo di carboni accesi, e ponui sopra oncie 4. di Zolfo pestato, oncie 6. di seuo uecchio di bue, & una scorcia, o ueste di Serpe nera, se fia possibile hauerne: et accommoda da il bacino con queste cose posteui dentro sopra le bragie sotto il mostaccio della giumenta, si che il fumo, che n'esce, gliele ferisca. Ma, se per auuentura non si potesse hauere il cuoio di serpe detto, dopo la sopranominata beuanda, le ne apprestera un'altra tale. Piglia Succo di Titimaglio minore, oncie 4. Acqua di fumo terre, oncie 8. Aceto squillitico oncie 5. E dalle a ber tutti questi liquori, uniti insieme nella quantità mentouata: che o col profumo, di cui già parlammo, o con questa potione facendole spremer fuori l'embrion morto, l'hauerai salua. Et conciosia che nati i poledri sogliono alcune uolte diuenire asinatici, ò bolsi; &, non potendo la natura de' corpi loro, per la souerchia humidità, aitarsi, e scacciare il male, auuien che facilmente periscano: userai questo bel rimedio, ritrouato da Giouanni Apollonio, già maestro di razza di Carlo Magno. Prendi quella pellicella, che nel lor nascimento portano seco i poledri, & alcuni chiamano Milza; e, disseccatala, e ridotta in polue, danne a' poledri di minore età di sei mesi tanta, quanta può star sopra un denaio, in uno, o due sorsi di latte. Questa medicina consumerà un certo pannicolo, che si genera nello stomaco loro. Mettono molti medici antichi, e moderni per rimedio uero dell'asma, & per cosa atta alla conseruatione della buona habitudine del polmone il polmon della uolpe, disseccato nel forno, & mangiato, o beuuto in polue. Et, come che essi dicano, giouar ciò a gli huomini; giudico nondimeno che giouerebbe assai anco a' bruti. Ma auuertisca quelli, alla cui diligenza sarà commesso il gouerno delle razze, di non far cauar sangue all'animal, c'haurà presa questa polue, fino al mese di Marzo, prima che si mandino all'herba; acciò che dopo l'uniuersal purgamento il particolar purifichi loro il sangue, e gl'ingrassi, senza cagionar superfluità di humori. Non biasmo tuttauia la sagna di Maggio, per prohibir che gli humori, li quali uanno aumentando, non calino alle parti inferiori: & parimente quella del Settembre, per diuertire, & diuietar quegli humori, che fosse cominciato ad incaminarsi allo in giù. Ma fauelliamo hora di qualche rimedio atto a spegner quei dolori, che dal mangiar ferole, e cosche suol molestar le giumente. Dimostra cotal loro infermità certa balordagine, certo stordimento, certo furore, certa infiammatione, certa angoscia, che in lor si uede. A che si ouuierà in questa guisa. Prendi Radice d'Imperatrice, ouer di Mortella, lib. 1. Di Radano, lib. 1. di Spiconardo lib. 3. di Galangà, lib. 2. di Cannella, oncie 3. Acqua uite, oncie 3. Vino, oncie 3. Composte queste cose insieme le farai disseccar nel forno, e ridurraile poi in polue. Indi daraine a bere alla giumenta in uin buono, con mele, onc. 1. & oglio d'oliuo. on. 1. Questa purgatione se nello spatio di 24. hore non farà effetto, morirà la giumenta fra quattro dì; si come sente Marco Greco. Il che non nascerà altronde, che da questa causa; cioè che la malignità accidentale, da cui saranno stati estinti, e distrutti i uitali spiriti haurà leuata alla medicina la forza. E guarderai di non usar così fatto rimedio in tempo, che la Luna cresca; percioche troppo è grande l'impressione dell'humi

da

da sua natura ne' corpi bassi: fuor che se la giumenta fosse molto sanguigna, e grassa, o di cotale indispositio sua tardi ti fossi accorto. ne' quai casi, come uuol Galeno, per toglier l'auttorità alla medicina, dee il medico abandonar l'infermo; o gouernarlo alla riuersa, per non aspettar di dargli il rimedio dopo che sarà morto.

Medicina per la desloratione, o flusso di sangue de' poledri.

COME che due siano i moti ne' corpi inferiori, cioè naturale, e uiolento: e è perciò il flusso del sangue sia o naturale, o uiolento; onde par che questo da quello meriti con particolar uoce d'esser distinto. Flusso nondimeno chiamano i medici qualunque corso di sangue si causa ne' corpi: cagionisi per distemperamento o di humori sanguigni, o di flegmatici. Patiscono ciò i corpi o per l'eccessiuo essercitio, o per malignità di aria, o per hauer beuute acque morte, e grosse, o per altra simigliante cosa. Quinci nasce l'indigestione, e dall'indigestione l'indigesta orina. Son diuersi i pronostici di questa indispositione ne' poledri da quelli de gli animali rationali. Conciosia che di souerchio orina l'huomo, qualhora è da questo male aggrauato; e si giace stanco, e dimesso: doue al poledro uedi lasciare il cibo, & il bere, & diminuirglisi il budello, e lui disseccarsi, & debilitarsi. Et, si come i segni di cotale infermità ne gli huomini, e ne' poledri son differenti; sono altresi diuerse le medicine, e i rimedij. Gioua all'huomo il mutare aria; e a' poledri gioua il mangiar cose uiscose, e calde: poi che in loro è gran forza, riscaldati che siano, di ritenere, &, ingrossandolo, di scemar quel corso. Ma, perciochè u'è un'altro appropriato rimedio, ho uoluto porlo qui sotto. Togli farina di faua, onc. 4. farina di castagna, onc. 4. Cotognata onc. 3. Rossi d'oua cotte nell'aceto forte, quanto sia la terza parte d'un boccal commune: &, mescolate tutte queste cose insieme, e distemperate porgile, a bere al cauallo, affannato dal suddetto male. Cosi coreggesi la uentosità di quei frutti, e si discaccia il morbo, medicandolo, puossi dire, con cose contrarie a lui, secondo i precetti di coloro, che dotamente n'han ragionato.

Per fare allattar bene i poledri.

NASCE nel uero l'odio ne gli animali, anco delle cose gioueuoli, e grate, dalla souerchia copia, che n'han talhora. La onde, bramando tanto, come natural nudrimento loro, il latte i piccioli parti, acciò che la molta abondanza non ne cagioni in loro fastidio; (il che suole auuenir, quando le madri, o le balie assai ne producono) a queste si leuerà la copia del cibo, atto a conuertirsi in latte. Perche lasciando di parlar de gli huomini, come materia non nostra; e seguendo in dir de' caualli: si condurran da' luoghi humidi, e piani, le giumente a gli aspri, e montani.

tani, ne' quali asciugasi ne' poledri, che ui dimorano, l'humidità copiosa, che in loro è per l'età; si fortificano i nerui, e le membra hor salendo, hor scendendo; & per lo moderato essercitio, si auezzano alla digestion sana, e perfetta, e per conseguente il sangue, consumato il flemma, resta piu puro, e netto. Nascono le infermità del capo, & quelle, che dal capo dipendono, da malignità d'aria, soggetto a uapori humidi, e freddi, e grossi, ond'è, che i palustri luoghi sono naturalmente mal sani, e i sassosi sanissimi, purche non habbiano acque morte uicine. Dall'aria dunque cosi fredda, & humida destasi in noi il catarro, e da questo un'acuta febre; la qual nelle femine corrompendo il souerchio latte, in oltre, accendendo le parti spiritali, il dissecca. La quale infermità si discerne in loro dal batter de' budelli, o mantici, che si dicano dall'allargar le nasche, dal sudor delle coscie, e ne' maschi dal sudor de i testicoli: dal polso ineguale, dalla siccità della lingua, e dall'ardor delle tempie. a che souenirai con questa potione. Piglia Giuleppe uiolato on. 2. Mãna un terzo d'onc. Diamoron on. 1. Queste cose ben unite con latte di giumenta, o d'asina onc. 4. daransi a bere allo infermo, quantunque ber non le uoglia. Indi gli farai un cristero di acqua d'Edera lambiccata, la qual mirabilmente gioua alla infiammation delle occulte membra. Questo gli apprestrerai con instrumento sottile, acciò che non se ne spanda sopra altro membro, che doue è necessario; poi che altroue bagnando, per la sua freddezza potrebbe nuocere. E di freddissima qualità l'Edera: onde raccontano i fisici, che i serpenti nell'ardor della state si ricouerano presso quest'herba per rinfrescarsi. Sentono, come già s'è detto, gran danno i poledri, quando troppo lungamente stanzano in luoghi molli: o corrono, e fatican troppo ne' piani; indi si raffreddano: da che si debilitano loro i nerui: o per altro accidente. A che te opporrai, facẽdo cosi. Rappreso che tu uedrai il poledro, caccialo a corso per lungo spatio; acciò che per tal moto uiolento, per cui si riscalderan le membra stirate destandosi il sangue, e bollendo, loro dia moto, e risolua quell'appreso rigore. Ma perciochè non s'infiammino per cosi fatto trauaglio le membra già deboli, usa poscia la seguente untione. Togli. Altea, onc. 4. Botiro, onc. 3. Oglio uecchio, onc. 5. & fa con queste cose onger al poledro risentito il colo sotto la gola, e la spina. Prendi poi tre pietre uiue, & accendile in modo, che s'infochino tutte. indi, postele in una caldaia senza altra cosa, profumagli col fumo il uentre per qualche spatio di tempo. Bagna poi quelle pietre con uin perfetto, puro, e odoroso, acciochè il fume, ch'indi nascerà, ascenda a ciascuna parte. Poscia lo cuopri con un graue, e caldo mantello, & alla stanza lo mena. Et in questa guisa facendo lo risanerai in breue tempo.

Rimedio contra i morsi delle serpi.

SONO i caualli, perciochè uiuono per lo piu alla campagna, assai esposti alle ingiurie de' serpenti: e specialmente la primauera, nel qual tempo piu che in altro

tro si mandano a pascer l'herbe tenere, e fresche; e le serpi incominciano a rinuigorire, per la forza della stagione. Perche, qualunque uolta auuerrà che alcun cauallo sia morso, o punto da serpente; poi che minor danno perciò sentono i caualli, soggiacciono minor pericolo che gli huomini, per la lontananza del corpo, e del cuor loro dalla terra, e per la loro natura humida; piu schiettamente procederai nel curarli. Raderai prima il luogo morsicato, o punto dal serpe; indi lo percuoterai con un ferro, simigliante alla lettera T ciascun giorno due uolte. poscia gli ungerai la ferita con grasso di lupo; &, quando ciò non gioui, ui adoprerai il seme, o il succo del Cardamomo, se questa pianta sia uerde, col succo del sanguine, o Cordoncello, e con quel del Sinape, ouer col suo seme pesto, ottimamente. delquale immollerai una spugna, & bagnerai il luogo offeso, raso, e punto che sia, come di sopra si è detto. Et, se non trouerai l'herbe atte a tritarsi, piglierai il seme di tutti i sopranominati semplici; di cui ne spremerai succo. O, pesti che gli haurai, li cuocerai con oglio uecchio, e lisciuo di uite, o salcio, che sia ben purgato. Ma, quando ancor questo rimedio non gioui, usaui il foco, e dallo al luogo oltraggiato dal serpe: perciocbe in cotal maniera ouuierai alla uiolenza del ueneno, che per natura corre ne gl'ingiuriati alle uiscere, & le membra interne, e spiritali infettar suole; & guarrirai il patiente.

Il fin del primo libro.

LIBRO SECONDO NEL QVAL SI SPIEGANO MOLTI RIMEDII *per la conseruation de' Caualli.*

Gouerno particolar de' Caualli.

PRIMIERAMENTE *io consiglio, che nella stalla tu leghi il cauallo con una cauezza diuisa in due parti, l'una delle quali all'anello destro, l'altro al manco della mangiatoia s'appenda. percioche, se da un solo canto lo leghi, potrà, a quel solo uolgendosi, auuezzarlo a portar torta la testa, & indurare, o intenerir troppo il collo in guisa, che malageuole, & impossibile anco sia renderglielo diritto. oltra che, concorrendo gli humori piu assai dalla parte affaticata, che dalla queta; può correr rischio di apprender qualche indispositione importante; come Lacerti, Strangoglioni, Capogatti, Capistotichi, Tiri, et altre tali infermità, nascenti dal concorso d'humori. Lodo altresi, che il luogo doue il cibo riceue, sia basso, e profondo assai: cõciosia che da cotal difficultà, et inchinatione a poco a poco inarcherà il collo; e col continuo e faticoso moto lo renderà forte, & asciutto: & masticherà appresso meglio la biada; piu facile rendendola alla digestione doue, se a ciò non si mirerà, potrà il cauallo apprendere uarie indispositioni di petto; come son concorsi, discorrenze, & auanti cuori: da che corrompendosi alcun de' membri principali, e spiritosi, potria l'indiuiduo disciorsi. Piaceмi ancora acciò ch'egli tenga sempre i piedi uguali (percioche da tale ugualità nasce la conseruatione, e giustezza de gli homeri) che stia con le pastore, e col trainello. altrimẽti correrà risco di sfilarsi, intraprirsi, e spallarsi: essendo che il trainello è contrario a storte, et altre passioni, facili a nascer dal frequente moto delle parti posteriori; senza che la commodità de' legami nõ lascia per la difficoltà del molto concorrer molto humore nelle parti anteriori. Tengasi molto netta la stanza del Cauallo: e facciaglisi il letto di paglia, o di fieno tanto abondeuolmente, che egli ui si attuffi fino al ginocchio. Chiunque in ciò sarà trascurato, oltra che, fatto lordo, se uorrà nettarlo, non potrà se non difficilmente, per esseruisi incrostato il lezo ne' peli: adoprerà ancora con la sua negligenza, che il pelo surgerà ineguale, duro, & hirsuto; & molte infermità cattiue gli auuicieranno le gambe: come sono humori,*

mori, pustule, schinelle, reste, bierde, crepaccie, & altre somiglianti. Satio ch'ei sarà di riposo, lo streggierai, & monderai; facendolo prima passeggiar per stalla due o tre fiate; acciò che il sangue, per lo sonno ne' suoi fonti, e uasi ridotto, s'incamini a' luoghi uitali: il qual moto dopo il sõno sente anco Aristotile che sia buono. Ne poco gioua la streggia, oltre al nettar le immonditie, anco a commouere il sangue; il quale acciochè per tal uiolento moto non corra troppo, bagnerai con acqua fredda l'estremità del suo corpo, & le gambe, la coda, i crini, e tuppo; ma, bagnate tutte queste parti, le asciugherai poscia bene; acciò che quella fredezza, non penetri, onde s'indeboliscano i nerui, si secchi il sangue, & nascano capelletti, e galle. Sia il cibo del cauallo biada, auena, spelta, e cosi fatto. Non gli appresterai ne gran cotto, ne farina col mele, ne germano con oglio, ne beueroni, brodame, od altre tai cose: & gli appresenterai dopo i sopradetti cibi concessi la paglia, o'l fieno. Et farai le sopradette cose ben crinellare, acciò che non tragga il cauallo danno dalla polue; la qual suole al di dentro nuocer molto, smagrando, scarnando, opilando, e rendendo bolso il cauallo. da cui, quando è tale, non si può trar l'utile che si brama, riuscendo egli alle fatiche impotente: si come i troppo grassi, e pieni, per l'inclination loro, causata da souerchia humidità, alle discorrenze, & a i flussi delle parti basse, a febri acute, & altre somiglianti indispositioni, son mal atti a seruirci.

Del curare i caualli.

ADVNQVE, come habbiam ueduto, conserua l'animale il cibo moderato, e l'essercitio; & mantiene i corpi il fondamento di quelli, cioè i piedi, quando si gouernano diligentemente. Il che in due maniere può farsi. Et prima facendoli andar sferrati, quando ancor son poledri; percioche lor gioua il trauagliarli ne' piani teneri, e molli, ne ui pon patir l'ugne, le quali anzi per lo continuo lor moto ogni dì piu s'indurano. Poi ferrandoli, quando si uede l'ugna ridotta a compiuta durezza, acciochè possano senza lor danno caminar per luoghi duri, e sassosi. E ferrarli si douerà non senza diligente consideratione del piede, ritirandolo piu che si può alla forma rotonda, con l'estremo di cotal rotondità stretto di uerga. Et, come che s'usi da molti di por sotto a' caualli ferri grossi, e greui, acciochè non premano; a me piaceria nondimeno, che ui si mettessero lieui: conciosia, che il caual per tal leggierezza meno impedito è piu ageuole al mouersi. Il che può ueder ciascuno, & essaminar ne' caualli Turchi, e Spagnuoli; che son uelocissimi, e presti non per altro, che per la leggierezza de' ferri. Et ueramente che se alcuna cosa è per se greue, se ui aggiugnerai altra grauezza appresso, assai piu greue la renderai: doue che accompagnando con le lieui le lieui, leggierissime le uedi riuscire. E ciò anco tengono i Medici; li quali nel curare i corpi incominciano da' medicamenti leggieri. Et cosi prima tentano di estin guer gli humori preparati al moto, auanti che le membra infettino, con medicine non troppo potenti, et in un tempo atto a tale effetto, & conueniente al bisogno de' corpi. Si come adunque l'arte ha proueduto de' bagni a gli huomini; cosi la natura a' caualli e de' bagni, e dell'herbe tenere: &, si come i bagni le membra lasse confortano, disseccano gli humori, e spengono le superfluità; cosi l'herbe tenere purificano il sangue, e nettano le parti del corpo da' noceuoli humori. Quindi si disse essere stata l'inuention de' bagni miracolosa; & tanto maggiormente, quanto che possiamo usarli secondo il uolere, e bisogno nostro. La onde nell'està tepide, nell'inuerno caldi, nella primauera, e nell'autunno quai li desideriamo sono adoperati da noi. Ma perciohe, si come nella ragioneuolezza, cosi nelle qualità, e natura de' corpi son da noi differenti i caualli; (concio sia che noi si pasciamo di cibi cotti, e leggieri; e di crudi, e grossi il cauallo: noi dimoriamo nelle stãze coperte, dou'essi habitano le aperte campagne: ueste l'huomo il panno, & gli altri drappi artificiosamente composti; & al cauallo la natura di pelo denso prouide) non douremo in beneficio de' caualli usar cosi i bagni, come a beneficio nostro gli usiamo. Doue adunque noi adoperiamo i bagni tepidi, o caldi; loderò, che sian condotti la state i caualli all'acque fredde, e correnti di stagni, o di fiumi: & quiui per mez'hora si facciano star fino al ginocchio. perciohe, cosi facendo, rimanderai all'in su con la freddezza dell'acqua gli humori, che alle parti basse scendeuano. Questo stesso potrai far nel mar l'inuernata, per disseccar le materie, che haueano incominciato nell'autunno a calare. oltra che in casa potrai loro lauar le gambe dalle ginocchia in giù con acqua sorgente nella stagion della primauera, che è temperata; e ribatte destramente gli humori, che s'inuiano uerso le parti basse. L'autunno poi li lauerai col uin tepido, nel qual tu habbia fatto bolire alloro, roselli, e cedri, cose atte a confortarli molto. In cotal modo adoprando conseguirai che non daran loro trauaglio galle, cerci, e riprensioni; & haurà le gambe ferme, & asciutte, e l'ugne sode, cereali, e ferme, e senza difetto. Ma, si come in cosi fatta maniera si conseruano i piedi a' caualli, cosi si monda loro il corpo con le medicine: non già con le tassie, co' reubarbari, con le manne, o co' siloppi d'infusioni di rose, che si porgono, a gli huomini; ma con l'herbe domestiche. Diansi adunque a' poledri le ferragini; che dan loro gran nudrimento, & assai giouano all'accrescimento de' membri col loro succo. Diansi parimente a caualli magri, e scarmati: perciohe rinfrescano, & inhumidiscono lor le membra, lequali per carestia d'humore prima non poteano ben uestirsi di carne. Et a' destrieri, che non ricercano tanta cura, & nondimeno uogliono esser riguardati, mettansi dauanti l'inuernata i Lupini, il prato la primauera, la state le cicoree, & la gramigna l'autunno, auuertendo nel cauar loro sangue quel che appresso si dimostrerà.

Quando

Quando deesi insagnare il Cauallo.

DEBBIAMO *in ogni nostra attione hauer riguardo a' tempi. conciosia che chiara cosa è le cose inferiori esser gouernate da i corpi superiori, e specialmente dalla Luna, alla cui humidità maligna par che'l tutto sia sottoposto. Questa in uenti otto giorni adempie il suo corso, e due giorni e mezo con ciascun de i segni dimora. Vedrassi adunque in quai giorni non sia buono attendere ad alcune operationi nel gouerno de i caualli. Guardisi per tanto il Maniscalco, o Caualle-rizzo dal medicare apostema, tagliar polmoncelli, e garresi, dar beuanda, insagnare, allacciar uene, dar fuoco, por freno, dare sproni, dare stalloni, cacciar poledri i giorni 3, 4, 5, 9, e 13 di Genagio; ne i 13, 17, e 19 di Febraio; ne i 13, 15, 16 di Marzo; ne i 4, e 5 d'Aprile; ne gli 8, e 14 di Maggio; ne i 6, di Giugno; ne i 16, e 19 di Luglio; ne gli 8, e 16 di Agosto; ne il 1, 15, e 16, di Settembre; ne i 15 di Ottobre; ne i 15, e 16 di Nouembre; ne finalmente i 6, e gli 8, di Decembre. Et, percioche ciascuno elemento partecipa della quarta parte de i 12 segni. (Conciosia che sente del foco l'Ariete, il Leone, & il Sagittario, dell'aria i Gemini, la Libra, e l'Aquario; dell'acqua il Cancro, lo Scorpione, & i Pesci; e della terra il Toro, la Vergine, & il Capricorno) & di questi segni alcuni han del maschile, cioè il Gemini, il Leone, la Vergine, & il Sagittario, tra i quali è solo infelice il segno de' Gemini; alcuni altri han del feminile, come il Toro, il Cancro, & i Pesci; altri partecipano e del maschile, e del feminile, cioè l'Ariete, l'Aquario, & il Capricorno: notarai, che mentre la Luna è in Ariete, non si dee medicare il capo, essendo l'Ariete soggetto all'epilepsie, & ad altre indispositioni di testa. E male altresì medicare il collo, essendo la Luna in Tauro, per l'influenza del qual pianeta humidissimo, e stemperato si uede ingrossarsi al cauallo il collo piu che altro membro. Fuggi di medicar parimente il petto, trouandosi la Luna in Cancro; percioche questo animale ha quella parte piu spatiosa per abondanza di calore, e di flemma. Ne mediche rai le spalle, essendo ella in Gemini: conciosia che albor gli humori si concentrano in loro, & resistono al calore della state uicina. Quanto al cauar sangue auertirai nella primauera, nel qual tempo è il sangue in moto, sono i porri aperti, & è il canal pien di nudrimento per le herbe di gran succo che ei mangia albora, di trar sangue dalla uena del collo, da cui dipende l'uniuersal purgatione. Lo stesso farai nell'autunno, stagion dalla primauera poco differente. Ma nell'Inuerno, che è stagion secca, pungerai le cigne, & i fianchi, per isuegliare il sangue. La state poi, per stare alle corrottioni, causate dalla arsura della stagione, toccherai le parti estreme, & eleuate de i luoghi, oue quello humor si rinchiude: tenendoti però a memoria di non forar la uena in tal tempo ne a Morello, ne a Sauro, ne a Saginato, ne a Falbo, se non ne ha piu che gran bisogno. conciosia che se a tali tu traggessi sangue la state, per essere essi pieni d'humor nero, e abbruciato, potrebbesi*

trebbesi in alcun di loro estinguere il calor naturale; & in altri accendersi in guisa, che ne patirebbe col tempo il cauallo assai. Ma percioche s'è detto, che il sangue si caccia fuori con moto strano, e uiolento, non sarà fuor di proposito, disegnare i luoghi anatomicamente, onde cauar si deue.

Descrittione anatomica delle parti esterne, e interne de' caualli.

QVATTRO son le principali membra, o parti onde prende maggior giouamento il corpo: cioè il Cuore, il Fegato, il Cielabro, & i Testicoli. Seruono al cuor le arterie, le uene al Fegato, i nerui al Cielabro, e i uasi dello sperma a i Testicoli. Delle parti, che da queste dipendono, alcune son per se stesse buone; come le ossa, le cartilagini, e le membrane: altre riceuono esteriormente uirtù; come le reni, lo stomaco, gli intestini, le uene, i muscoli, i legamenti, la carne, i peli, le ugne, & somiglianti, dette homeomere, c'hanno origine dal Cielabro, dal Fegato, e dal Cuore, dal qual membro principalissimo ha principio ciascuno animale. Trouasi in ogni corpo animato lo spirito naturale, il uitale, e l'animale. Deriua il naturale dal Fegato, il uitale dal Cuore, & lo animale dal Cielabro. Sparge per tutto il corpo sensibile il naturale le sue uirtù, conseruando le non pulsatili uene in ottimo stato. Riducesi nel Cuore il uitale; & indi per tutto il corpo, & per l'arterie si spande. Sorge l'animale dal Cielabro, & per lo corpo diffondesi, e si rinchiude ne' nerui. Dona, dimorando nel Cuore, uita il uitale a tutte le membra del corpo. Rende il naturale, che nel Fegato siede, il nutrimento perfetto. Causa il moto, e il sentimento l'animale, che nel Cielabro alberga. Dalla potenza del Fegato prouiene la uirtù appetitiua; per la qual si raccoglie il nutrimento. Prouiene anco la ritentiua, che ritiene la bontà del cibo. Prouiene anco la digestiua, che nel uentricolo il macera, e lo riduce ad alimento sostantiale. Prouiene appresso l'espulsiua, che discaccia fuori le feccie per uia de gli escrementi grossi, dell'orina, del sudore, della pituita grossa, e liquida, e del succidume. Macerasi in molti modi il cibo, auanti che si riduca in nutrimento. conciosia che prima si trita co i denti, e si ammollisce con l'humidità naturale, & con l'esteriore del liquor, che si bee, & col proprio de i cibi. Disceso poi nel uentricolo è cotto dal calor del Fegato, aiutato dal cuore, e dalla milza: a cui così le arterie souuengono, come i suddetti membri allo stomaco; di maniera, che essendo dalle arterie riscaldata la milza, & riscaldando anco il cuore il diafragma, il cibo conueneuolmente si cuoce, & spremesi in succo, detto da' Greci chilo. questo a gli intestini s'inuia per li condotti delle uene, capillari, e dure. indi ricorre al fegato per una uena strettissima, che da' ualenti Mariscalchi dicesi Porta sede; &, incontratosi con quel succo uie più lo cuoce col fauor del calore agente, che iui si riduce. Ma nota, che in tre maniere nascono gli escrementi da ciò. cioè per ischiuma, per crudità, & per imperfetta concottione:

cottione: doue che dalla perfetta concottione, & purificata digestione generasi il sangue; da cui si separa l'aquosità, e quel liquore naturale, che con la sua grauezza fa penetrare il nudrimento per gli aluei delle reni; &, conciosia che quel liquore è mescolato con non so che d'untuoso, porge a' rognoni passando alimento. Quiui quell'orosità unita con alquanto di sangue trascorre fino a gli intestini, i quali rende ungendoli morbidi, & li nutrisce, quello humido discacciando nella uesica che non uale a nutrire, & facendolo, conuertito in orina, uscir per la uerga. Et auuertiscasi, che il soprabondante della primiera digestione dello stomaco si sparge partitamente per gli intestini; & trasformata in escrementi grossi scacciasi fuore: doue che quel che auanza della seconda, si cuoce nel fegato, e si distilla in orina, le cui parti spumose, non potendo indi uscire, drittamente al fele discorrono; & gli escrementi ancor piu sottili, come il sudore, e l'unticcio de' corpi, insensibilmente s'euacuano. ma tra i sensibili le lordure de l'orecchie, e del naso s'intendono; e nelle insensibili si comprendono le resolutioni delle porrosità, le corrottioni, le gonfiezze, le flegme, e per le aposteme: & nascono da tutte queste superfluità l'ugne, i peli della barba, e i capelli; si come dalla perfetta cottura, e digestione generasi il sangue: il quale, arriuato al fegato, uero ricettacolo dell'humor sanguigno esteriore, indi trascorre per un uaso principalissimo, che dipende dal cuore, nelle altre uene; e da queste alle capillari, che nudriscono il corpo uniuersalmente: il quale si compone di quattro differenti, e disuguali humori, ma però nella potenza concordi, & conformi alle congiugationi, & simboli, come si disse. Passando adunque a maggior particolarità, dico, che l'intestin sottile del cauallo, che riceue in se l'acqua, è lungo dieci passi; ne ui si troua uscita, e distilla nella uessica, come lambico: ma l'intestin maggiore è lungo sei palmi, e due grosso; da che auuien, che'l cauallo non ha trippa, come il bue. Riceue il cibo questo maggiore intestino: & ha due parti, quasi due bocche, per le quali prende il pasto e l'acqua diuersamente; non già tutta, perciòche la metà di lei ne apprende il primiero già mentouato. Chiamasi il budel grosso generalmente distributore; & da' Maliscalchi è detto Maestro di casa. Ha egli nella parte inferiore una uscita, che dal fondo fondamento si nomina; & per questa il corpo scarica, e recce le superfluità. Hauui un'altro budello di lunghezza di un palmo e mezo, rotondo a guisa di palla; il quale per sostanza della creatura ritiene il principale, e primiero cibo: & dall'un de i lati si appica al fegato, dall'altro attacasi alla milza; per la cui calidità si strugge, e digerisce il cibo. è questo membro principalissimo in tal maniera dalla natura composto per dar souuenimento al diffetto de gli altri humori: liquali si come per lo suo calore temperato sostien, riscalda, & aiuta; parimente per l'eccessiuo si cagionano infermità, & altri mali. Onde ben disse Aristotele, che la salute del generato nasce dalla temperanza, e concordia de gli humori; & per conseguente l'alteratione e dispolutione dallo stemperamento, e litigio loro.

Anatomia

Anatomia delle ossa, e delle uene.

LA testa è d'un'osso intero, in cui si comprendono molte finestrelle, o buchi, composti di coticole, lequali aiutano le parti dauanti, e son da molti dette uetcrali, e petrose, cioè porrosità humide, onde isuapora il calore estrinseco del cielabro. Le auricolari son due, per lo concauo delle quali si trasmette al senso dell'udito i suoni esteriori. Quelle delle mascelle inferiori son due, e son piu dure dell'altre due, fatte per potere opporsi alle discese del capo; e son chiamate ganascie, o mādibule, dal tritare, e masticare il cibo. Nella radice della lingua sono due ossicciuole, che seruono alla rispiratione. Ha il Cauallo 40. denti: cioè 12. di sotto 12. di sopra 12. mole, o denti molari fra di sotto, e di sopra, e'n oltre 4. zanne, o denti canini, o scaglioni. I muscoli sono 7. & hanno origine dalla nuca del collo, e terminano oue han principio le spalle. Indi fino all'altezza della coda ha 24. ossa; 18 delle quali spondili, e 6 son chiamate paraggi, la doue sono i mantici; e dicesi in Latino Vettebrum dal uolgersi, & altrimenti scia, perciochè ui si genera la sciatica. Le coste son 26: 14 uere, e 12 mendose. L'ossa della coda son 16, il principal delle quali è chiamato cannello postremo, doue sono 8 porri, o forami; cioè 4. dall'uno, e 4. dall'altro canto, & è riposto fra l'una e l'altra parte della Carriuola, ond'è da Maliscalchi nominata chiaue. Le maggiori ossa di ciascuna spalla son due; & son dette Arme auree. Due sono l'ossa principali di ciascuna gamba dauanti. Ha il ginocchio cinque ossa minute nelle quali il motto caccia l'humore. Han le gambe nella parte di dietro quattr'ossa, che si chiamano staboli. Ciascuna pastora dauanti ne ha cinque. E tre, delle già dette cinque maggiori, n'han le gambe di dietro; le quali dalla sommità dell'anca incominciano, che è nominata Scia, & ariuano fino a la congiuntura posteriore del piede. L'ossa di ciascuna grassolla son due. Et cinque son l'ossa di ciascuna pastora di dietro. Raccogli insieme questo numero, & ne trarrai la somma di 192. Non ha il cauallo, si come il bue, ossa minute nel dosso. Il che fe la natura per rimedio de' garresi, & altri mali, che in quei luoghi nascono: &, acciochè potesse questo animale star saldo sotto a' pesi, fecegli duro, & horrido il dosso, & con ligamenti incrocichiati, e congiunti atto a resistere alle percosse. Et, come che sotto una specie sola di quadrupedi alcuni comprendano i muli, i caualli, e gli asini, uedesi nondimeno tra le nature loro gran diuersità. perciochè ha l'asino freddo el cuoio, e la carne; il mulo ha la carne fredda, in ciò partecipando della natura del padre, & il dosso di temperatura, e complession calda: doue ha il cauallo la carne caldissima, da che auuien, ch'egli sia abondante, & uiuace di spirito; & perciò ha freddo le parti estreme. Il che parimente auuerebbe nel mulo, se, penetrando a dentro il calore agente, non rendesse nella superficie piu incarnate le uene sostantiali. Delle quai cose dee hauer cognitione chiunque, è per far professione di curar conueneuolmente il caual de' suoi morbi. Cinque adunque son le membra principali, e piu

piu uirtuose del corpo, cioè il cielabro, il cuore, gli occhi, le gãbe, e i testicoli; e ciⁿque altresi sono i capi principalißimi delle uene: tre de' quali escono dal uaso uniuersalißimo del cuore, e deriuano dall'aorta, ch'iui si crea; e due dal fegato, che riceue nudrimento dal cuore. Da queste due altre uene dipendono: la prima delle quali nudrisce la spinal medolla di questo animale, e stendesi sino alla carruca; l'altra fino all'ultima parte della coda trascorre: da cui, percioch' ella alimenta le parti piu uili, piu auide, e piu frali del corpo, non si tragge mai sangue; & è essa per la sua uiltà appena conosciuta da' Maliscalchi. ma l'altra, ch'è maggiore, può ben tagliarsi, per ostare alle indispositioni, che può generar la superfluità: poi che questa nutre gl'intestini, la ratta, la uessica, & altre parti interne; & dal souerchio humor, che in questo uaso risiede, ha origine una infermità, che da' professori di ciò si chiama spurchia, che uuol dir sangue corrotto. Gli altri tre rami, che restano, & nella testa rispondono, al cielabro porgono nutrimento; dall'infettione del quale si causano le discese, che Ciamori son nominate, i Capogatti, i Tiri, i Viuoli; gli Strangoglioni, le cateratte, le ostalmie, & altre tale indispositioni, proprie di quell'humido, e principalissimo membro. Le altre due poi, che dal fegato nascono, e dal polmone, nutriscono le spalle, le coscie, i testicoli, & l'altre parti basse. et quindi si generano i Vermi, le Pustule, le Discorrenze, gli Humeri, et altre cosi fatte corrottioni, & morbi putridi, uelenosi, e contagiosi. Percioche da quella del polmone, per lo suo eccessiuo calore, il qual s'allarga per souuenimento del cuore, et per lo cõtinuo moto, nasce l'Asma, le Febri lente, e nõ conosciute; la corrottion delle membra uirtuose; la Ftisi, onde pulsiuo, o bolso è detto il cauallo: & generasi, percioche, douendo il polmone con la continua agitatione, conseruar fresca, & prohibir, che non si accenda la sostanza, che riceue il cuore, & è da lui a gli altri membri partecipata; mancando di cotal suo ufficio, se medesimo consuma. Et disse già Aristotele, che non possono rispirar quegli animali, che di questo membro son priui. Le uene sostantiali, che toccare, o tagliar si ponno per l'euacuatione del sangue, sono 31. Et auuertiscasi, che dal fegato sorge un braccio di uena, che si diuide in 14. rami. primi de' quali son quei due, che nel petto si mostrano. Gli altri a' lati, & a' fianchi discorrono. Tre nel corpo entrano, & alle budella si attaccano. Due per lo collo caminano, & passano dentro al capo. Le altre tre rimanenti si riducono al cuore. Vna tira al polmone, & ui genera fumosità, & infiammatione di sangue: onde poi nasce l'Anticuore, la Febre pestilentiale, e il Verme abolatiuo, oltra la Gotta, la quale, impedita la uirtù del cuore, uccide di subito; & oltra certa residenza, e schiuma, che nel bollor nasce per calore eccessiuo, la qual schiuma genera un Verme di cosi maligna, e spauentosa qualità, che, toccando il cuore al cauallo, & inducendoui spasimo incontanente l'uccide. Perche, per quanto habbiam ragionato de' beneficij, e danni, cagionati dalle uene communi, & conosciute piu sostantiali del fegato, e di piu humori ripiene, si uerrà a sapere, che escono dalla testa tre uene, sopra, e a dentro delle orecchie riposte, lequali tagliar si sogliono, per recar rimedio alle piaghe, loro, et per curar le indispositioni, che nascono nel capo, e nel collo. Era questa sagna da un celebre Medico chiamata Risurrettion de' morti; poi che per essa a molti animali, la cui salute era disperata, si rendeua la sanità. Et afferma Erastotene, che in così fatto modo si ricouerò Ippolito dalla morte; come quel, che, considerando il semplice poter di Natura, nega la sua risurrettione cantata da' preti, & descritta senza ragione alcuna. Quindi i Filosofi dissero, negarsi il ritorno dalla priuatione all'habito. Ma, per ragionar dell'insagna piu a lungo, dico, ch'ella gioua fatta sopra le ciglia, presso all'occhio, a raffrenar gli humori, che discendono a gli occhi, & la uista impediscono, mentre quell'aquosità tra la cristalloide, & la uirtù uisiua si ferma: onde col tempo poscia indurata cateratta si nomina. Gioua altresì l'insagna delle tempie contra l'oscurità, o le nebbie de gli occhi, contra l'Ostalmia, & contra le furiose discese: & gioua parimente contra il Verme, abolatiuo, se da queste uene il sangue è cauato, fin che resti indebolito il cauallo: il che si chiama sincope da' Greci, & Lippostalmia; &, facendosi ne' luoghi delle lagrime, serue alla debilità della uista, al dolor del capo, all'infiammation de gli occhi, alla pannosità, & all'Ostalmia antica. Suolsi cotal rimedio ne gli huomini usar da' medici dalle parti piu lontane facendo, per diuertire, a poco a poco in un luogo solo concorrere il sangue; & poscia, per trarlo fuori, se non può l'infermo il ferro patire, herbe pungenti adoprando. Gioua alla turbation de gli occhi l'insagna della punta del naso, & parimente all'infermità d'esso naso, attraggendo dalla parte uicina; pur che prima s'habbia atteso a purgar la rimota. L'insagna delle labra è contraria a gli Strangoglioni, alla difficultà della rispiratione, all'Anticuore, alle Vlcerationi, & gonfiezze della bocca, alle pustule, alle aposteme, & a' dolori delle gengiue. Opera lo stesso il trar sangue dalla lingua, &, per esser all'Epiglotti propinqua, probibisce la Ftisi, o bolsiua del cauallo, & medica la Scalentia, secondo Serapione. Sgraua mirabilmente la testa l'insagnamento del palato, usato una uolta il mese; & induce in oltre appetito: ma dee farsi nello scemar della Luna. Contra l'ansatio, e i palatari ual molto la sagna fatta dritta, e perpendicolare nel terzo solio, ch'è fra' denti interiori; & probibisce l'humidità, raccolte in quel luogo da causa estrinseca. Al dolor de gli occhi rimediasi insagnando il sommo della testa; & si osta medesimamente al concorso delle materie, ch'iui concorrono: si come anco giouasi a gli Stupori, al Subet, & alle Letargie, & all'opilation dell'udito. All'enfiamento del petto il quale ha certo che di commune col cuore, gioua l'insagnamento de gli occhi; & è gioueuolissimo altresì all'attinto, hauendo alcuna proprietà sopra quei nerui. E utile alle pustule de gli occhi, alla grauezza della lingua, & al pizzicore delle narici l'insagna che si fa sopra il barbotto, per diuertire. Se si punge la uena del collo, fatta l'uniuersal purgatione in tempo conueniente si difende il corpo da' morbi occorrenti; & curasi dalle indispositioni, che da souerchia pienezza, e grauezza suol nascere: oltra che si rimedia fino alla sincope

cope

cope al Verme, alla Scabbia, al pizzicore, & a quell'humor, che dalle gengiue discende. Apporta gran giouamente a' grappi, & a' uermi la sagna fatta al di dentro della coscia; & serue altresi a gli Spauani. Ammorza l'ardor della carne la sagna de' testicoli, & gioua alla loro enfiatione; osta alla sincope del cuore, & al tremore; è contraria al uino, al furore, & frenesia: ne meno è gioueuole all'huomo, da cotai morbi annoiato, per quanto è scritto da' saggi.

Donasi rimedio prontissimo al dolor delle anche, et alla Sciatica, insagnando le esteriori giunture de' piedi. Parimente secondo certi è utile a gli spauani la sagna della fontanella, che nel mezo delle coscie dauanti si stende, essendo bene annodata, & fatta con diligenza. Et u'hebbe già chi disse, douersi solamente toccar questa uena, si come altri, che interamente troncarla: adducendo molte ragioni per fondamento dell'una, e dell'alrra opinione. Io ueramente non sento con alcuno di questi. Et, se pure dee usarsi questo insagnamento, parmi, che minore danno recar possa a' poledri, per esser la natura loro in aumento, & che cosi si habbia a fare. Netterai sopra il ginocchio una pianta, separando destramente col rasoio il cuoio dalla carne; & dopo ciò, i neruetti dalla uena, laquale allaccierai dalla parte di sopra, percossa che l'haurai, con un nodo bene incerato: & loderei, che ui dessi il fuoco, ciò fatto, o per ouuiare a gli humori, i quali naturalmente alle parti offese concorrono. In cotal guisa facendo renderai bene i caualli presti, e leggieri per qualche tempo, & osterrai alle influenze, che nelle parti basse discendono: ma t'accorgerai finalmente, che diuenteran deboli, s'incorueran lor le membra, giugneran tosto a morte, saran complessione imbecilla, & saran di pericoloso essercitio. Ora uerremo a dimostrar la cura de' piu importanti morbi, & discopriremo i rimedij delle piu notabili indispositioni, dalle quali sogliono esser molestati i caualli pretiosi de' Prencipi.

Delle Febri.

SVOLSI diffinir la febre in cosi fatta maniera: cioè ch'ella sia alteration del corpo nata da sangue infiammato, che s'auuicini con trauaglio alla parte uitale. Ma, percioche piu qualità di febri ui sono, ne faremo per hora una sola diuisione, cioè in febre humorale, & in febre giornale, odiaria, o efemera, come sogliono i medici con greca uoce chiamarla, che altro non uuol dir, che febre di un giorno solo, nata da eccessiua essercitatione di corpo, & agitatione di humori, da maninconia, da freddura, da arsura, da paura improuisa, & altri somiglianti tristi accidenti. doue l'altra febre, che humorale fu da noi nominata, è cagionata dalla guerra, che fan tra loro gli humori, e dal soprauso di alcun di loro; onde gli altri, che son rimasi perdenti, sian putrefatti; & per ciò uarij moti, & alterationi trauaglino il corpo, come portano i giri de' cieli, la malignità de gli elementi, le qualità delle stagioni, & le complessioni, o dispositioni di color, che patiscono. A. che se il medico non porrà mente, ucciderà ageuolmente l'infermo. Et prudentemente già disse un filosofo, che i morbi dell'autunno, e del uerno nella testa hanno origine; & quei della primaue ra, e della State dal cuore. Et nõ è dubbio, che nelle humide stagioni dal nostro cie labro, ch'è per natura humidissimo, non calino discese agre, & amare, dalle qua li sian commossi gli humori in guisa, che sono trauagliati i corpi da agitationi, e da moti, somiglianti alle febri: si come ne gli altri tempi piu saldi son tormentati i corpi da uere febri, che o per ribollimento souerchio, o per infiammation di sangue gli assalgono. Le altre febri adunque, delle quali prima parlammo, nõ febri, ma imagini di febri diransi. Et, poi che l'una per troppo humido, nel cor po rinchiuso, & l'altra nasce per souerchia freddezza, in noi concentrata; & è pur uero, che al contrario gioua il contrario: hauran cura i medici saggi nelle freddi indispositioni di conseruar caldi gl'infermi, e diuertir quelle freddezze da loro, confortando le parti patienti con rimedij proportionati; & nelle calde di trarre il sangue souerchio, & che giudicheranno corrotto, mitigando quegli ar dori, e ribollimenti con ragioneuoli cure, e consumando, o in altro modo uietando l'essalationi fumose, che dal fegato ascendono, si che nè la testa, nè le altre membra s'infettino. Et accuratamente attendano non solo a quanto habbiamo detto di sopra; ma riguardino appresso, e con diligenza considerino l'età, le temperature, & altre cosi fatte cose nella cura di qualũque animale, che a guarrir prendano. Trouasi per isperienza ciascuno animale esser soggetto a qualche special morbo: si come il cane alla rabbia, alla quartana il leone, al morbo sacro, ouero epilepsia il capretto, alla Ftisi la pecora, l'huomo alla febre ardente, & il cauallo a' dolori. La onde cosa certa è, che tutti i detti animali di tutti i sopra detti morbi in un sol modo non debbono esser curati; ma diuersamente, secondo la qualità delle indispositioni, le nature, de' patienti, le stature loro, le qualità de' tempi, & altre cosi fatte circonstanze, che si hanno a considerare da medico intendente, & accorto. Porge ueramente marauiglia non picciola, che ad ogni altra infermità resista il cauallo col natio suo uigore, e duri, come fa, alle fatiche: & si arrenda cosi facilmẽte alla febre. La quale dalla siccità, & freddezza de gl' intestini nascendo, che per souerchio calore s'alterano, indura gli escrementi a questo animale in modo, che, impedendogli la uirtù ispultrice, gli accende gli spiriti, & con l'essalation di quelle materie corrotte gli ascende con trauaglio alla testa: perche, se con pronta cura non gli si porge rimedio, & con humettargli quel membro non s'opra ch'egli faccia il suo ufficio, in breue tempo uiene a perire. Or, perche i medici sauij trouano per lo moto de' polsi, & per le qualità dell'orine come stia, & quel che faccia ogni humore ne gli huomini; di che non si può trar contezza ne' caualli in cosi fatta maniera; & grande è la diuersità del le febri: tenterò d'instruirne ciascuno, che d'imparar bramerà, quai rimedij a quali infermità denno apprestarsi. Si distinguono adunque, come già s'è detto

di

di sopra, le febri in croniche, & in furiose. a queste è necessaria la pronta cura; & a quelle la digestione. Et puossi dir del cauallo, che tante, e cosi diuerse febri l'assalgano, quante, & quanto fra lor diuerse son le sue uene.

Chiamasi una de queste febri Aciliaca; la qual nasce da indigestione & corrottione di humori; da' quali essendo il fegato offeso, manda certi uapori al capo per la uena, per la qual con lui termina, & il cielabro annoia. di che puoi ageuolmente auuederti dal tener, che fa il cauallo, china la testa, dall'inequale, & ueloce moto de' polsi, dal calor de gli orecchi, e dalla palpitatione assidua del cuore: i quali accidenti nascono per lo trauaglio di quelle tre membra.

Hauui un'altra febre, detta accidentale, ch'io ne gli huomini soglio chiamare humorale. Questa si genera per souerchia, e pegra quiete, per soprabondanza di carne, & per troppa fatica. percioche quinci acceso il sangue d'una uena, che dipende dal fegato, con l'eccessiuo calore i panuicoli, e la sostanza di esso distrugge. Di che t'accorgerai, uedendo gli occhi del cauallo rossi, e'nfiammati, la testa graue, il corpo demesso, e languido, con un'importuno battimento di fianco, e con qualche sospiro. da che comprender potrai, ch'egli haurà il cuore da quell'arsura, e da quel trauaglio annoiato.

Generasene un'altra nel polmone, in cui, conciosia ch'è spugnoso, nascono alcune ampolle da humidità maligna, che inducono febre mortale. queste fan, che al cauallo si gonfia il dosso, ond'ei poscia tragge fuori la uerga, & le tempie gli sudano, e mandan fuori gli occhi, e gli orecchi assai humidità.

Chiamasi un'altra Secca, che nell'animal rationale nominano Etica i medici. dalla dispositiion maligna di questa all'habito corrotto della Ftisi peruiensi. Te ne auuedrai specialmente ne' caualli giouani, molestati da molta tosse: percioche in lor si coagula l'humido per la forza del calore interno disseccatiuo; onde auuien, che'l catarro non nuoce cosi a' uecchi per essere in loro minore il caldo, e piu corrente, e piu terminato. Manifestaci questo morbo la copia della pituita, e del Flegma, di cui sempre è il naso, e la bocca piena, per le lagrime continue de gli occhi, & la qualità delle feccie uelenosa, secca, fredda, e saniosa. Se da gli occhi adunque del cauallo stilleranno lagrime chiare, e pure, crederai, ch'ei sia raffreddato: ma se haurà gli occhi sanguinosi, e lordi di certa bruttura, simile alla ragia, o al sapone, terrai per certo, ch'egli del sopradetto morbo patisca. Nella quale openion ti confermerai, uedendo, ch'egli mangierà, e berrà poco, e starà queto, e dimesso, come sogliono i raffreddati. di che sia cagione una febre lenta, che gli si sarà nelle uene cacciata, &, se non ui si recherà conueneuol rimedio, guasteragli le uiscere, & lo trarrà finalmente a morte. Perche, si come il sintoma di questa indispositione appar nell'huomo, preso che egli ha il cibo, il qual suol destare il calore nel corpo afflitto; cosi dopo il cibo trema il corpo, e le giunture al cauallo, da che può scoprirsi l'ardor delle mēbra interne.

Procede un'altra febre, detta rignouale, da offesa, fatta, o nata nella uena, che

che già dicemmo hauer capo nella midolla ſpinale: per l'agitation della quale s'infiammano di maniera le parti graſſe delle membra interne, che ſi liquefanno, e diſtruggono con certa morte di quell'animale, che ne è infeſtato. Battono cotal leſione i fianchi al cauallo, a cui piace lo ſtarſi corcato; e gli ſi ueggono gli occhi roſſi, e infocati. e ſuol tale infermità auuenire dal ſouerchio corſo, e precipitoſo, che a queſto animal ſi fa fare, da gran trauaglio, che gli ſi doni la ſtate, e da ſmiſurata pienezza, e graſſezza. Puoſſi per tanto dire, che tanto noccia a' caualli l'ocio, e la pigritia ſouerchia, quanto l'iſtraordinario, e ſregolato eſſercitio in tempi noioſi, e dannoſi a' corpi. Ora a tutti li ſuddetti morbi daraſſi appropriato rimedio; poi che ſi ſarà detto, che le infermità ſon generalmente di tre maniere, cioè Febri, Tumori, e Puſtule: ciaſcuna delle quali ha i ſuoi termini; cioè eſſitiale, o mortale, corrottibile, e di ageuole cura. perche in tre modi ſon conoſciuti, e curati da' medici: cioè co' pronoſtici della morte futura; con l'oſtare al male, ſi che non prenda forza, ma ſcemi; e con retificarlo, quando è da copia de' humori in ſtagion contraria generato, e accreſciuto. iquali eſſendo principij, e mezi, e cauſe principali della morte dell'animale, e non potendo ella uccidere i corpi ſenza che la febre le porga mano nell'ultima lor debolezza, non ſarà fuor di ragion, che i rimedij alle ſopradette qualità di febri diſtintamente uegniam raccontando. La onde, ammeſſo in ogni caſo l'inſagnamento, noterò quanto a me parrà neceſſario per la cura della prima febre, già deſcritta da noi.

Cura, e rimedio della prima ſorte di febre.

INSAGNERAI adunque primieramente l'animale afflitto da cotal febre nella uena delle tempie preſſo a gli occhi, facendolo ſtar con la teſta baſſa acciò che piu facilmente poſſa trarglíſi il ſangue fino a due libre. &, non potendo egli tolerar ciò gli toccherai la uena della parte deſtra del collo. & uedendo, che in iſpatio d'un 10. hore non migliori punto, cercherai, di ſouuenirgli coſi. Prendi Roſſi d'uoua, 20. Conſerua roſata onc. 4. Zucchero fino onc. 4. Orgio uecchio onc. 4. Diamoron, onc. 6. Acqua d'Indiuia, e Bugoloſa onc. 4. Tutte queſte coſe incorporerai con acqua di ciſterna buona, indi daraila a bere al cauallo infermo. &, ſe ciò non li giouerà, dopo un'hora gli appreſterai un criſtiero con acqua di Camomilla, & con Mercorella. lib. 2. &, ſe nulla con un criſtiero farai, uſa il ſecondo rendendoti certo, che, non iſcemando la febre per la ſuddetta beuanda, poco di buon ſi potrà ſperar dell'animale ammalato. Ma la febre, che da indigeſtion ſarà generata, con la digeſtion curerai: & per prouederui piu prontamente, prima che altra coſa ſi faccia, trarai ſangue al cauallo dalla deſtra parte del collo. il che adoprando, ſcemerai quella pienezza ſouerchia. &, ſe pur la febre non declinerà in XV. hore, fatta la beuanda, che ſegue, all'infermo la porgerai,

rai. Piglia adunque Giuleppe uiolato onc. 6. Giuleppe rosato onc. 5. Incorpora queste due cose con acqua di Fumoterra, onc. 16. e sforza a berle il cauallo. Ciò da te fatto, se non iscorgerai fra 7 in 8 hore miglioramento, lo insagnia nelle uene delle tempie, e gli fa due cristieri al giorno, l'uno la matina, e l'altro la sera. &, non giouando anco ciò, farai cuocere una gallina giouane in acqua in modo, che, disfatta in tutto la sostanza ne sia andata in succo. Del qual due libre prendendo, & mescolandoui 16. rossi d'uoua, astringerai il cauallo a sorbirle. ilqual se per ciò ancora non si rihaurà nel termine di quattro giorni, potrai credere, ch'egli si stia mal da douero. Et però dopo quattro giorni userai quest'altro medicamento, che ti mostrerà in termine di 14 hore, se dei, o non dei sperar di sua uita. Togli un gallo giouanetto d'un'anno, o una gallina, che non habbia ancor partorito; & spennata che l'hai, la percuoti con sottil uerga fino alla morte; indi in una pignatta nuoua a cuocer la poni, e tanto al fuoco la tieni, che ella si disfaccia a fatto, e possa colarsi. Prendi poi di quel liquore, e di Cinamomo perfetto lib. 1. Garofani lib. 1. Pepe lungo un terzo d'onc. Manna onc. 1. Cassia onc. 4. Zucchero fino onc. 5. Reubarbaro un terzo d'onc. Conserua uiolata onc. 2. Rossi d'uoua 10. Acqua d'Indiuia onc. 4. Acqua di Bugolosa onc. 4. Acqua di Fumoterra onc. 5. Et mescola ben tutte le suddette cose; & ridotte in beuanda, le porgi a bere al cauallo, dandogli dopo un bicchier di succo d'arangio dolce. Allhora se il caual suda, e si corca, ciò fia indicio di morte certa; percioche certo fia, che la uiolenza del morbo haurà superato il calore agente, & la uirtù ispultrice. ma, se starà per contrario saldo, & assenerà gli occhi, quasi rauuiuandosi tutto, & farà mostra di uoler recere la medicina, lo terrai sicuramente per saluo, e ricuperato. conciosia ch'egli non è dubbio, che, se questo animale in ispatio di 24 hore non si uuoterà per le parti di sotto, o per la bocca, che'l caual si morrà: come ch'egli possa quasi affermarsi, che se'l cauallo nel detto spatio non morirà, non sia piu per morire per cotal morbo. E questa medicina atto rimedio a ciascuna febre fino alla dissiuatione: nella qual, se annoia l'animale, percioche da indigestione procede, non si debbono gli humori crudi eccitare, ma piu tosto tentar di purificarli, e di ridurli a concettione. Ma, conciosia che le infermità acute, e pericolose non ponno così lenta cura aspettare, & han bisogno di piu pronto rimedio, però scrisse già il Re de' medici, che lodaua la digestion fatta in ciascun tempo, eccetto che nelle materie gonfie, e uelenose; nelle quali al medico impone, che ne' principij loro cerchi di commouerle al tutto senza però uiolenta cura, auanti che passino i giorni decretorij, e pericolosi. Perche, essendo tale la terza specie di febre, conosciuta che tu l'haurai, appresterai all'animale questa beuanda. Prendi tre capponi piu giouani di due anni, e li fa batter uiui senza che altrimenti li spenni, fin che giungano a morte; non percotendo però lor le teste. Indi li taglia minuti, e ponli a bollir in oglio d'oliuo dentro ad una caldaia, e li ui lascia tanto che l'ossa

da

da loro stesse si lascino dalla carne. Cola poi quel liquore, aggiugnendoui dell'oglio, se mestier facesse, acciò che non si congeli. Poscia per un panno sottile, e mōdo ui trametterai Zucchero fin grattato lib. 4. Māna lib. 1. Reubarbaro, onc. 5. E le dette cose incorpora insieme, per riseruarle poi dentro un uaso di creta stagnato, e nuouo. Giouerà così fatto medicamento sempre che l'userai, aggiugnendoui Hiera pigra onc. 2. Giuleppe uiolato un terzo d'onc. Rossi d'uoua 5. & mescolato il tutto in uno ne darai a bere al cauallo; auuertendo, che egli, auanti che tu gli porga cotal medicina, sia stato per una notte almeno digiuno; &, data che glie l'haurai, facendolo stare almeno sei hore senza prender cibo; & poscia in qualche prato menandolo, oue l'herbe sian tenere, e uerdi: delle quali se uedrai ch'egli mangi, crederai che sia per guarrire, & che la forza della natura habbia superata la uiolenza del morbo. ma, s'ei batterà i fianchi, e non mangierà, terrailo per morto; percioche albora fia chiaro indicio che la uirtù dal calor souerchio sia uinta.

Rimedij contra la febre humorale.

Tu deurai insagnar prima il cauallo per così fatta indispositione nella uena del capo, per laqual si traggon fuori gli humori, che soffocar sogliono la uirtù agente. Et, percioche in ciascuna purgatione si euacua insieme col cattiuo qualche parte di buono, per mantenere il uigore all'humido radicale, fia bene, che dopo l'insagna si dia al patiente così fatta potione. Prendi adunque latte, o siero di capra; & impastaui dentro della farina, poscia danne a bere al cauallo, & dopo due dì dalli il quarto dell'ottauo del thu. Et sopra tutto ricordati, se perauuentura ammalasse nel fin del moto Lunare, di fargli odorare, aceto mescolato con uino, e riposto in un uaso atto a ciò: conciosia che suol confortare il uino il cielabro; trauagliato da febre; & l'aceto con la sua freddezza prohibire l'essalationi fumose. Indi per liberarlo del tutto dal morbo, farai cuocere in una caldaia, ripiena d'acqua un cagnolino d'otto, o di noue giorni: &, quando uedrai lasciarsi per tenerezza la carne dall'ossa, presone il succo ui porrai dentro Zucchero fino lib. 1. Mel purgato lib. 3. & ridotto il tutto in beuanda, al cauallo pigliar la farai; che di corto fia risanato.

Rimedio contra la febre secca.

Sogliono gl'infestati da questa febre tremare. il che porge segno di corrottione nelle membra spiritose, & interne. Per far cessare adunque così fatto tremore, farai cuocer della crusca, cioè semola o caniglia quar. 1. in una caldaia senza acqua; & quella ben calda, & in un sacchetto riposta, adatterai sopra le reni al cauallo infermo; &, se nel termine di due hore non cesserà quel tremore,

usa

usa quest'altro medicamento. Prendi Orgio ben netto; Mesu. 3. & messolo in un bacino unto di mele fa che'l mangi il cauallo. Ouero adopra quest'altro rimedio, prouato attissimo, & ottimo. Togli una gallina, o un capon ben grasso; e tutto il corpo, fuor che la testa batti con sottil uerga. Poscia lo cuoci in una pignatta, fin che si disfaccia; & colatone il brodo per un sottil drappo, ui mescola Zuchero, onc. 16. Gengeuo onc. 1. Garofani onc. 1. Cinnamomo lib. 1. Ma, se non potrai far questa medicina, perciochе alcuna delle dette cose ti manchi, prenderai i fegati, e l'uoua delle tortuche; & nel forno secatele, & col mele incorporate le darai al cauallo, che il polmone gli netteranno. Et per tal medicamento certo è, che se di poco patisce, guarrà: ma, essendo la sua indispositione inuecchiata, farà mestier, che tu pigli tre capponi; perciochе già il morbo haurà non sol corrotta la canna, ma la sostanza anchora del suddetto membro. Et, guarderai, ch'ei non mangi la notte, precedente al dì, nel qual uorrai dargli questo rimedio. Potrai ben ristorarlo, preso che l'haurà, con un beuerone, & specialmente la notte; nella quale sogliono prender forza i morbi della testa. Non biasmo adunque i beueroni di acqua tepida, e di farina, o foglie di cauolo, di radici, e gramigna, o crusca; & s'egli non mangierà, gli appresterai l'altro giorno. Rossi di uoua 10. Giuleppe rosato onc. 4. Acqua de Indiuia lib. 1. Et così per cinque giorni farai. dopo i quali gli darai del brodo del capo di castrato ben cotto, doue siano state poste la sagne, o uermicelli di crusca: onc. 6. Cassia diligētemēte collata onc. 4. Se, dopo ciò, non prenderà cibo, & uedrai che aumenti in affanno, & nondimeno fra sei giorni non morà; crederai, che egli guarirà; perciochе il polmone haurà in quello spatio purgato. E lodasi molto questa medicina da eccellenti maestri.

Rimedio al dissiuato, o febre rognonale.

IL medicamento, che io porrò qui sotto, è attissimo a risanar tutte le febri; ma però gioua al dissiuato massimamente. Togli per tanto Manna onc. 3. Giuleppe rosato onc. 3. Zucchero onc. 2. Acqua rosata; onc. 5. E tutte queste cose insieme unirai, & la mattina al cauallo le darai a bere, facendo, prese che egli le haurà, che per uentiquattr'hore non mangi. Et non uedendone riuscir giouamento nell'animale in termine di sett'hore, sarai certo, che fra sett'altre morrà: poi che i termini decretorij, che ne gli huomini sono in giorni destinti, ne' caualli si distinguono in hore.

De' Lumbrici.

NASCONO i uermi, che diuorano i corpi morti, e corrotti de gli animali, in loro di putrefattione, e si nutriscono, e uiuono d'essa. E dicono i medici, essere atti a destruggerli i succhi agri, & amari, & i semplici mordaci, & acuti. Et non è dubbio, che, se non si rimedia a cotal morbo, nato da humori indigesti interminabili, & mal cotti, talhor quest'animal, che uiue, e si moue, e si pasce, e ua del continuo crescendo, può così grande farsi, e uiolento, che auentatosi al core, al polmone, al fegato, o ad altro spiritoso membro, & quel percotendo con spasimo, uccider può il patiente. Et io per me credo, & meco si conformano i sauij, che molte repentine morti quinci sian nate, e nascano, le cause delle quali a' medici sono ignote. Soggiacendo adunque, come gli altri animali, parimente il cauallo a morbo sì pernicioso, qualhor uedrai, che ei si morda il petto furiosamente, t'accerterai, che i lumbrici ne son causa. Et per tanto, se non morrà fra tre hore, cercherai di guarrirlo con questa beuanda. Prendi Teriaca onc. 3. Fel di toro onc. 2. Fel di ceruo un quinto d'onc. Fel di corno dra. 2. Latte di donna, c'habbia partorito maschio onc. 4. Seme di Giusquiamo onc. 6. Succo di Cicuta onc. 2. Succo di Pimpinella lib. 1. Incorpora tutte le dette cose; &, poi che le haurai stemperate con acqua di cisterna le darai a bere al cauallo; che in termine di due hore uedrai riuscirne effetto marauiglioso.

Dell'Anticuore.

E' sottoposto il tutto alla uecchiezza: & non sol questi corpi inferiori, ma gli elementi si corrompono ancora, e si logorano, parte per l'ordinarie loro alterationi, & parte per accidentali. Gli huomini ueramente e di dentro, e di fuori patiscono: percioche il corpo trauagliano febri, piaghe, tumori, & altri così fatti mali; & la mente sogliono annoiar uarie maniere di frenesia. Ma tra i morbi del corpo non picciolo è l'anticuore; da cui è molestato il petto: ne con altro meglio si risana, che col rosmarino; ilquale ha proprietà, e uirtù di render puro il sangue di questo membro. Haui un'altra infermità, detta Lopello, cioè discorso interno di humori uelenosi, e corrotti. ilqual passa a dentro per li testicoli, e si stende per ogni parte del uentre, senza general glandule, che apparischano, come suol far l'Anticuore: ilquale col souerchio calor ne produce, &, diseccando poi l'humido, ch'è in loro, le indura. Dà questo morbo origine al tumore, cagionato dalle feccie putride dell'Aorta, ch'è la uena principal, che nasce dal cuore, & a lui presta parte dell'humidità, che gli è necessaria; qualunque uolta si dissecca: E dicesi Mantice, Arpiceri, e Folli; e uassi diffondendo il naso, onde nasce, per tutto il corpo. Ha questa indispositione il suo nascimento da soprabondanza di sangue; che, nel cuore acceso, e corrotto essala, & affligge i corpi. N'è in buona parte causa l'herba detta Galogna, che ha uelenoso succo, & suole alla Restoppia auingiarsi. Gonfia cotal morbo il petto di fuori; &, spesse uolte al di dentro gonfiandolo, l'uccide, senza che si possa conoscer l'infermità, e tentar di rimediarui: sì come usano anco di far quei tumori,

mori, che assalgono le cloache de' corpi: i quali se di dentro molestati ne sono, difficilmente ponno curarsi; e facilmente, se di fuori appariscono. Ora, se'l caual sarà pieno, e morbido, auanti ogni altra cosa insagnisi da lla uena del collo: ma, s'ei non sarà molto grasso, senza che gli si punga la uena, radasi nella parte offesa, e taglisi quel tumore, e quella glandola, dando il fuoco a ciascun de' lati, & nel luogo ammorbato, per ostare al concorso de gli humori. Indi, ungendolo & mitigandolo con materie morbide, in pochi giorni lo ridurrai a sanità. Quanto al Lopello, ilqual nelle parti inferiori de' testicoli nasce, e del uentre per corrotion di sangue, tratto fuori delle sue uene da souerchia strettura di corde, e di cingie; da che tutte quelle parte circonuicine sentono danno: douerai insagnare il cauallo della piu uicina uena a quel luogo; &, non potendo quella trouare, della uena de' fianchi, o delle coscie. Et euacuata per questa uia la materia corrotta, rimediari ageuolmente a quel male con l'empiastro, c'hora ti mostro. Prendi Volo armenico incorporato, dopò ridotto in polue, con succo di sempreuiua, Bic. 1. e di cipolla bianca Bic. 1. di Solatro Bic. 1. di aceto forte. Bic. 1. Questo medicamẽto porrai sopra il luogo enfiato. &, s'esso non giouerà, userai la sottoscritta untione. Togli Faua, cotta nell'acqua, laqual colata l'incorpora con oglio di giglio, e di Camomilla; e con aceto forte. E, se per questa untione ancora non cesserà il male, anzi pur crescerà la febre, piglierai subito Seme di cardoncelli, Seme di cardoni, Tiriaca, onc. 4. Distempera queste cose con uino bianco, indi fa che il cauallo le bea, è la detta medicina si nemica alle parti uelenose, & corrotte, che, dalle parti di dentro all'esteriori cacciando ella il male, uiene a discoprirti quella materia pestifera raccolta in pusturle d'acqua marcia; lequali tu forando con ferro acuto, e quell'acqua fuori tragendone, doni la sanità all'animale.

Delle doglie.

SVOLE *il caual prouar certe doglie, e passioni nell'intestino digiuno: & per la debolezza de' suoi budelli, oue gli escrementi risiedono è a cosi fatta indispositione soggetto piu che tutti gli altri animali; per la siccità, che per lo fermaruisi de gli escrementi, auuiene in loro: onde impedita la uirtù espultrice, ne ascendono al capo i uapori, & ageuolmente recano danno alle parti, per le quali passano cotai fumi, cagionando febri putride, e tormentose, e talhor si fattamente crescendoui la siccità, che il caual ne uiene a perire. Si conosce questo morbo in piu guise: percioche si genera da uentosità, da pienezza, da freddura casuale, e dal riuolgimento de gl'intestini. Nasce la maniera prima di cotale indispositione dentro al uentre in due modi: cioè o per freddo d'acqua troppo fredda beuta, o perche gli escrementi disseccati piu del douere ostano al discorso del l'orina: conciosia che picciolo spatio è tra il budello, che riceue essi escrementi,*

& la uessica, propio ricettacolo, e uaso di essa orina. Ne u'ha dubbio, che, si come è il calor uitale, è l'humido nutritiuo; così il secco, e'l freddo qualità di diretto contrarie son causa all'animale di morte. Puossi la seconda di queste indispositioni chiamare indigestione; percioche nasce da souerchio cibo, & per la soprabondanza difficile ad esser digesto. La onde, essendo impedita la uirtù naturale dalla freddezza, & imbecillità di quel membro, si che non può attendere alla digestione, produce spasmi, tormenti, e doglie eccessiue. E' causata l'ultima da conuersione, o aggiramento dell'intestino, il quale non s'euacuando in termine conueneuole, per esser da natura molto delicato, e sottile, molto patisce, & molto affanna l'animale; & le più uolte così aspramente, che gli da la morte. Questa infermità, cagionata da uento, iui raccolto, è detta in greco Colica: & delle sue qualità partecipa il dolore Iliaco, o del fianco. Conciosia che son differenti solamente nella riuolution del budello; e nel rimanente conformi, procedendo ambedue da uentosità, da siccità, e da freddo appreso. Porge altresì passione il morso d'un uerme, che in quel luogo si crea de gli humori corrotti. Chiamasi Stranguria, o Stranguiglia l'ultimo di questi tormenti, ch'è doglia della uessica per impotenza d'orina. & è non solo il cauallo, ma l'huomo ancora da cotal morbo annoiato: ne' quali raccogliendosi insieme in essa uessica le più grosse e terrene parti, le pietre producono, che tanti cruciati recano a' corpi. Generasi questa nel cauallo, c'habbia un'herba mangiata, la qual, si come la manna, nasce di rugiada o d'aria piouuta. Perche ricercando l'uno e l'altro di questi morbi, che sia la natura eccitata; stimasi buona cosa l'insagnamento de' fianchi: come che non si biasimi quel delle tempie, per la quale può trarsi fuori l'essalatione, e'l grosso uapore, mandato all'in su da' ritenuti escrementi. Indicio della prima indispositione fia il mormorar de' budelli, e lo stendersi che farà il cauallo, spesso leuandosi, & co' piè pestando il terreno. Ma, poi che gli haurai tratto sangue, gli farai una sopposta con mele, oglio, e sale: indi a riposare il porrai in commodo letto, e caldo. Indicio dell'altra sorte di questo male ti darà il ueder, ch'ei torca la coda, mostri languidezza, e batta i polsi, come il caual da febre assalito. Pertanto, trattogli prima sangue dalle nasche, e da i fianchi, gli farai un cristiere d'acqua di remola con decottione d'herba di muro; & poscia daraigli a ber del siero di Capra con decottione di mercorella: facendolo poi passeggiare, accioche per tal mouimento, & agitatione sgombri quel freddore, che in quei luoghi s'è posto, e sprema fuori l'humor cattiuo, risuegliando il calor naturale. Et, conciosia che, si come già s'è detto da noi, disseccandosi quella materia raccolta il corso dell'orina impedisce; di che sente il cauallo così acerbo tormento, che si gitta in terra, e si leua, come che tuttauia scacci gli escrementi fuori: pure per souuenire alla natura più prontamente lodo, che si salassi prima ne' fianchi, & indi nel dosso. E dopo questo parmi, che gli gioucrà assai, se, presa una candela di cera sottilissima, e lunga, ga; & untala bene d'oglio, di pepe pesto, e di gengeuo, glie la metterai nel foro della uerga. percioche così facendo staccherai, e romperai gli escrementi, che impediuano il corso all'orina, & ageuolmente lo renderai sano. Ora, percioche spesso auuiene, che da cotal morbo sia l'animal tormentato per lo riuolgimento della uessica, cioè percioche il meato, o il canal dell'orina ad altra parte, che al suo natural luogo sia uolto; sogliono i ualenti maliscalchi ungersi il braccio d'oglio, o d'altro lenitiuo liquore, et cacciarlo nell'uscita de gli escrementi al cauallo; & ritrouata la uessica mal concia, adattarla, e metterla nel suo esser di prima. Onde tosto orinando guarrisce Comprendesi l'altra qualità di dolore, quando il caual souente si guarda i fianchi, i quali ei si morderebbe, se non gli si uietasse, per l'eccessiuo tormento, ch'egli ui sente, che fa, ch'egli si stenda in terra, e sbatta la testa, senza arrestarsi mai, fin che l'animal, generato in lui, non s'arresta di molestarlo. Trouasi a questo morbo rimedio col trargli sangue prima d'ogni altra cosa dalle uene delle tempie, o dal dosso, & mettendogli, come già detto habbiamo, dopo l'insagnamento, il braccio nel corpo per ouuiare a' morsi dell'animal, ch'iui è nato. Indi si toglie acqua d'oliua, o di radice di zucche seluatiche; acqua di fumo terra; & con queste due acque mescolate insieme gli si pone un cristiere. dopo il qual gli si appresta la potione, ch'io noterò. Piglia Tiriaca onc. 3. Latte di asina onc. 5. Zolfo pesto onc. 1. Noce moscata un terzo d'onc. Lisciuo onc. 4. Oglio pig. 1. Vnite tutte le suddette cose insieme daransi a bere al cauallo, e gli apporterà giouamento. Vegniamo hora alla passione Iliaca, della quale il maliscalco si accorge per la doglia che nel fondamento proua il cauallo. il qual, non potendo spremer fuori le feccie, gittasi a terra, si dibatte tutto, stende la uerga in fuori, & orina poco, difficilmente, e assai spesso. A questa infermità si prouede col trargli sangue de' fianchi, & col farlo andare per qualche spatio di passo lento; con che gli si prohibisce lo stendersi. Poscia gli adagierai due communi cristieri fatti con la decottion della remola, e dell'herba di muro. Indi, per risoluer quel freddo, che per la uentosità s'era in quella parte cacciato, farai scaldare una misura di biada in una caldaia senz'acqua; & così calda, e messa in sacchetti l'auuicinerai alle reni dell'animale. Et, se pur ciò non giouerà a liberarlo dalla forza del male. Prēderai Agli pesti Capi 2. Oglio cōmune. Pig. 1. & Acqua di mercorella, di radice d'Indiuia. li. 1. Et cōposte tutte queste cose insieme gliele darai a bere per quattro giorni cōtinui; per lo quale interuallo suol durar cotal morbo. Rimediasi in altra guisa questa indispositione molto auuenētemente. Prēdi adunque Tiriaca fina on. 1. Aloe epatico onc. 1. Et ridotto l'aloe in polue, & mescolato con uino bianco, indi il tutto ridotto insieme farai bere al cauallo. E' questa medicina attissima a discacciar tutti i dolori, & i uermi, & a risoluere gli humori indigesti, uelenosi, e corrotti. Conoscerai il colico dal gonfiar del cauallo, che non potrà mandar fuori dal fondamento il freddo concentrato. onde anco lo uedrai

in

in terra gittarsi, sudare, dimenarsi, fuor che quando si appoggierà con la spina al terreno, e starassi co' piedi all'aria riuolti. Nasce nel cauallo questa indispositione per ber, quando è caldo, o per mutare stalla, o per bere acqua sporca, e puzzante, e grossa. Il rimedio è, dopo l'insagna delle nasche, e de' fianchi, facendo al patiente una soppposta, come l'altre dimostrate da noi. Et prese dentro al pugno queste materie, cioè. Mel commune onc. 2. Sale onc. 1. Oglio commune; dram. 3. Caccierai il braccio in corpo al cauallo, quanto piu potrai, mondata prima la feccia; & ui lascierai tutte queste cose. Et, quando ciò non giouasse, Prenderai Aloe epatico onc. 3. Oglio di noce onc. 1. Oglio rosato onc. 2. Oglio uiolato; lib. 2. Et unite insieme, & mescolate queste cose col uino, gli farai un cristiere per lo qual se fra quattr'hore nõ uedrai il caual migliorare, lo darai per morto in tre altre. Ora discendiamo alle indispositione, c'hanno origine dalla testa.

Del Ciamorro.

E' il cielabro molto humido, e fredda parte; da cui stilla certo humore, che da' greci è detto catarro, come che cotal uoce anco Italiana sia fatta; il che uuol dire appunto distillatione, & flusso di questa parte ne' luoghi principali, e spiritosi. E' anco il cielabro la piu graue, e densa parte de' corpi; & suol mandar fuori la pituita. La quale infermità in due modi si genera: cioè, o per calor souerchio, che dissolua; o per troppa freddura, la qual le materie concentri; indi scenda alle parti inferiori, cacciata dalla sua grauezza; Apporta questo morbo gran pericolo all'huomo: conciosia che, a poco a poco il polmon corrompendo, causa la Ftisi, indispositione fetida, e nata da corrottione. perciochè dibattendosi del continuo il polmone, assalito da cotal distillattione si allarga, e consuma; &, per essere di natura spugnoso, riceue tale humidità, che'l logora, e lo distrugge. Ha questo morbo ancora i suoi gradi. Conciosia che, discendendo egli nel naso, dicesi grecamente reguma; cioè distillamento d'humori corrotti, e discendenti dal cielabro per li suoi colatoi, cioè per la bocca, e per lo naso, per le orecchie, e per gli occhi. Discende anco abondeuolmente nel petto; doue in 40. giorni si genera l'Empirna, & in altrettanti la Ftisi, che dicemmo esser corrottion del polmone. Assalta il Catarro in due modi: cioè con febre, & senza febre. Quello, che senza febre ci sopragiunge, molesta l'animale nel uerno, nella qual stagione l'humido e'l freddo affligge piu i corpi. L'altro ueramente, che da febre ua accompagnato, destasi in tempo piu caldo. La tosse all'uno e all'altro è commune. ma la febre etica per catarro, nato da caldo, si crea; si come è la rottura delle uene, le quali molto patiscono per la siccità, cagionata da souerchio calore, che impedisce la purgation della p tuita, dalla tosse commossa. L'altra sorte di catarro, che nasce da freddo, stil-

lando

lando abondantemente, discende alla canna, e' quindi al polmone, il qual col suo ueleno consuma. Comprendesi questa indispositione, e la sua qualità dallo sputo dell'animale mescolato con sangue. a che talhor uolendo porger rimedio i medici gioueni, e poco prattichi, e dotti, si ben medicano gli ammalati, che facilmente si muoiono. Ma deurassi auuertire, che, qualunque uolta uedrai uscir di bocca il sangue uiuo all'infermo, con suo graue dolore, fia chiaro indicio, che'l patiente haurà alcuna uena rotta; non già corrotto il polmone, di che il petto non sente doglia. Questo però nel mal fresco intendo: perciochè nel mal uecchio nō può uscir sangue puro senza che non sia corrotto il polmone. Pertanto, uscendo sangue, come che spiritoso, e uiuo, o copiosamēte, o scarsamēte, per ordinato, e circular motto dalla bocca, senza febre, e doglia di petto; stimerassi, che dal capo discenda: il qual membro non essendo a digerirlo basteuole, lo caccia, come può, fuori per la uia della bocca, e del naso. Buon adunque fia di curar la testa, e di fortificarla; acciò che l'abondanza della corrottion, ch'ella manda fuori, non infetti le parti sane. Questo sogliono fare alcuni con soaui odori, e con cibi aromatici, e caldi: nondimeno perciochè per la forza del uiolento loro uapore attraggono molto, io lascierei; attendendo solo a confortar la testa, & a prohibir l'aumento, e flusso del catarro. il che si fa col gargarismo di uino; col qual gli humori si fermano, si dona al capo conforto, si disseccano le materie, che nella gola discorrono, e si risaldano quelle piaghe, o ulcerationi, che per le impressioni corrotte ui si son generate. Lodo appresso i cibi grossi, cioè Farro, Riso, Boragine, e Lattuca; le quai cose ingrossano le materie, onde poi lo sputo si ageuola, & purgando i corpi, li sanano. La onde pare a me, che molto errino i medici che l'aceto nell'insalate diuietano, col quale, e col sale insieme si cuocono l'herbe crude, e si priuano delle lor qualità maligne terrestri; oltra ch'ei disecca le materie, che nella gola son distillate, & gioua assai a tutte le sopradette qualità di catarri: conciosia che l'agro per natura alla putrefattione è contrario, mitiga, e tempra l'ardor del sangue, osta alla fumosità della colera, & estingue l'amarezza, che talhor in bocca si sente per lo moto, e ribollimento di essa. Stimo il miglior rimedio a cotale indispositione il mangiar cose fresche, e guardare la testa dall'humidità, e dal freddo. Conciosia che così facendo si troncherà la forza a' uapori, rimossa la loro origine: et si osterà a gli humori, per freddezza raccolti, che non s'incentrino; onde anco cesserà per conseguenza la distilatione. Sopra il tutto nondimeno mi piace, che'l cielabro si conforti; e, traggendosi da' seggi loro gli humori facciansi per lo naso, e per la bocca discendere. Ora, perche il caual men dell'huomo sia trauagliato da cotal morbo, la cagion'è, perche il cauallo non porta, come l'huomo, alta la testa; la cui altezza per diritta uia manda quel flusso ne' luoghi interni: oltra che si come uuole Aristotele, supera l'huomo ogni altro animale nella sostanza di questo membro, et nella delicatezza de' pannicoli, ou'egli si chiude; li quali sogliono hauere i caualli uie piu sodi, e piu grossi,

grossi, e più duri. Tolera quest'animale il fumo uiolento, che per le nasche gli si fa entrare, qualunque uolta è da tale infermità combattuto, per prouocar la distillatione, che per dritto uiaggio in lui dal cielabro al naso discorre. Là onde si ricerca da gli intendenti sempre il cauallo con le nasche aperte; non tanto perche in lui sia per ciò bellezza maggiore, quanto perche rispira più ageuolmente. laqual rispiratione quando ha impedità, tiensi per bolso. conciosia che per tale intoppo per altra strada uolgendosi la pituita, che dal suo capo discende, & per ciò la canna del polmone toccando, a poco a poco lo infetta. Bene adunque adoprerã quegli, che i suoi destrieri cercherã di conseruar netti da cotai purgamenti. i quali son di tre maniere, e con tre nomi si chiamano. Dicesi al primo Raffreddamento, al secondo Ciamorro, e Discesa al terzo. Noi di ciascun di loro partitamente ragioneremo, i rimedij a lor contrarij insegnando.

Del raffreddamento.

RAFFREDDASI il cauallo per essere mutato di stalla; per essergli leuata la sella, quando è ben caldo; & per darli a bere, e la prebenda quando ancora ei suda, & è trauagliato per la fatica. Per tutte queste cause raffreddandoglisi il cielabro, & le parti, ch'euaporar sogliono, per li colatoi d'esso cielabro stil la, e discende cert'acqua indigesta, e putrida; laqual con la sua amarezza il priua dell'appetito del cibo, e del bere; & egli ha gli occhi rossi, e lagrimosi, stà col capo dimesso, & sente nel rispirar difficultà molta. A cotali indispositioni, procedenti da freddo, si rimedierà con cura al freddo contraria. Pren di Dialtea onc. 1. Oglio di Lauro un terz. d'onc. Butiro onc. 1. Col butiro, e con la dialtea ugnerai di sotto alla nucca fino al confin della gola con circular giro; e porrai dell'oglio di Lauro ne gli orecchi a questo animale: tutto ciò facẽdo una uolta il giorno per quattro giorni. Et, quando non ti paia, che ciò gioui, use rai il profumo, ch'io noterò. Togli dell'Incenso, & delle penne di palumbi; & metti il tutto in un bacino pieno di bragie, auuicinandolo alle nari del raffred dato, acciò che il fumo, indi nascente, ascenda all'insu; tenendogli in questo mezo la testa coperta trarrà cotal fumo. da' suoi ripostigli copia grande di flemma. Ma, se questo ancor riuscirà inutile, adoprerai un'altro più uiolento rimedio; che sia tale. Piglia Oglio di lauro un terz. d'onc. Euforbo un terz. d'onc. Elleboro bianco dram. 2. Di ciascuna delle dette cose, ridotta in polue, componi uno unguento; del quale imbratterai, o immollerai due penne, lun ghe più d'un palmo. Queste così immollate metterai nelle nari al cauallo, & in guisa le legherai, che uscir fuori non possano per lo spatio d'un'hora. Trarranno esse in cotal modo tutta quella freddezza rappresa, onde ne guarrirà l'ammalato.

Del

Del Ciamorro.

E' il Ciamorro altresì flemma, per freddo appreso nella testa moltiplicato, raccolto, e coagulato; ma più graue, più denso, e di più corpo dell'altro, di cui fin'hora haabiam detto, drittamente scende alla gola. Da questo essendo chiuso il canal del cibo, auuien, che l'acqua, dal cauallo beuta, spesso per le nari esca fuori, non potendo passar più oltre, & inuiarsi al suo luogo; e seco tragga della pituità, iui stillata: la qual uedrai di color simile all'uoua, & alla midolla. Però starassi il cauallo afflitto, e co' peli tutti rabbuffati; & con gran pena rispirerà. Perche, nascendo cotal sua infermità da materia humida, e fredda; guarderailo dall'acqua fredda: e gli prouederai con beueroni di farina, & acqua riscaldata; & gli attaccherai al collo un sacchetto, oue sia una misura di gran bollito, il cui fumo per mez'hora gli entri su per lo naso. E ciò farai per due giorni. Dopo i quali s'ei non migliorerà, gli terrai legato al collo per quattro giorni un'altro sacchetto, pien di Vitalba pesta, e delle sue foglie. Ma, se quest'herba hauer non potrai, userai in suo luogo la Sauinella. Et, non migliorando egli punto per quest'altro rimedio, così fatta beuanda gli appresterai. Togli Gengeuo onc. 2. Cinnamomo un terz. d'onc. Garofani un terz. d'onc. Nocce moscata un terz. d'onc. Cardamomo un terz. d'onc. Spico nardo un terz. d'onc. Cimino un terz. d'onc. Galanga un terz. d'onc. Zafferano un quarto d'onc. Mel di zubeba un terz. d'onc. Rossi d'uoua 10. Pan grattato Pani 2. Ridotte tutte queste cose in polue col uino le incorpora, e tepide dalle a bere al cauallo, facendolo stare attaccato per li denti, acciò ch'ei tenga la bocca aperta; & alzandogli il capo. Struggerà il gran calor di questo medicamento quella freddezza, & risanerà indubitatamente il cauallo.

Della discesa.

SIMILE al Ciamorro è la discesa, che ferisce, e impiaga le parti della gola angulari, & estreme, & nuoce molto al polmone. Quindi si generano le Discorrenze, i Tumori, le Podagre, le Scalentie, & altre così fatte indispositioni. S'ingrossano al cauallo, annoiato da questo male le sponde interne della gola; & gli esce fuor per le nari abondeuolmente humor corrotto, indigesto, e intoccato; & suole egli smagrare aßai facilmente per lo poco cibo, che prende. Gioua a cotal morbo il profumo di zolfo pesto, & posto su carboni accesi, si che il fumo gli entri nel naso. il qual rimedio userai due uolte il giorno prima che pasca: poiche ogni cura uie più gioua ne' corpi digiuni, che ne' pieni di cibo.. Pongli etiandio in bocca fin che tocchi la gola un nerno di bue unto di mele. Ma, se per ciò non migliorerà, gli farai due fontane sotto l'orecchia con un ferro acuto, e'infocato tra la carne, & il cuoio; & metterai sopra esse due piumacciuoli. Indi gli farai uno strettoio che gli copra la fronte, e da ciascun lato confini alla gola. & si comporrà di Pece greca lib. 1. Pece nauale onc. 8. Incenso onc. 2. Mastice onc. 1. Armeniaco onc. 1. Galbano onc. 1. Ragia di pino onc. 4. Trementina onc. 4. Incorporerai tutte queste cose in una pignata con l'accimatora. Appresso gli farai un gargarismo da cacciargli su per le nari di Fichi secchi lib. 1. Vua passa onc. 6. Giuggiole onc. 6. Fen greco onc. 4. Diadraganti frigidi onc. 6. Ligoritia battuta onc. 3. Mele onc. 6. Le suddette cose incorporate bollirai insieme; &, fattele passar poi per stamigna col Zafferano, daraine ogni mattina al cauallo. Lodo parimente i masticatorij di fico, posti in bastoncelli dentro alle garze: percioche spegne la dolcezza del fico l'amarezza de gli humori corrotti; onde si desta nel caual l'appetito. Così facendo ouuierai a molte infermità, che da tal corrottione pon nascere; e specialmente alla Scalentia, che uuol dire Apostema, che nella gola si genera per discesa d'humori putridi, e uelenosi: per laquale non sol le uene della testa si gonfiano, ma le capillari ancor della gola. onde il motto d'essa resta impedito, l'animal non può aprir la bocca, ne può masticar, ne inghiottire i cibi, per la passione, e difficultà, che sente l'arteria aspera, che da' Greci è detta Trachea. A che rimediar puossi, traggendo sangue al cauallo dalla parte del collo a quella impressione contraria. Indi, radendo il luogo dell'apostema, fia buono con un rasoio leggiermente pungerla in molte parti, & quelle fregar con sale minuto. Et, dopo questo fatto corso lo spatio d'un'hora, per ritrar le materie di fuori, dee usarsi il sottoscritto Cauterio. Prendi adunque Oglio di lauro un terz. d'onc. Dialtea un terz. d'onc. Cantaride poluereggiata dram. 2. Poluere di Eleboro bianco dram. 1. Unisci queste cose insieme, & fanne uno unguento, con cui ugni la parte offesa; tenendouene sopra per 24 hore. Poi con un coltel di canna radi quel luogo; & due altre uolte nella medesima maniera adopra cotal rimedio. Et, se per auuentura quel maligno humore non si stenderà, come si uorrebbe, userai questo empiastro. Togli Sogna di porco battuto, Maluauisco, Branca orsina; Et composte in un queste cose ponle al luogo ammalato, che farai maturar la piaga. Poscia il luogo dilicatamente pugni col ferro, & metteui sopra dell'unguento uerde, che'l guarrirai.

Del Bolso.

E' ne gli huomini la Ftisi curabile, quando sola è offesa la canna, ma non il polmone: ilqual s'è infettato non può in alcun modo guarrire. Diuidesi questa infermità, che nuoce al polmone, e alla canna, in Asma, in Ftisi, e in corrottione. L'Asma annoia l'animale, quando non il polmone, ma è offesa la canna sola dalle distillationi corrotte del capo. a che giouano molto i medicamenti dolci, untuosi, e piaceuoli, quali sono il Loe di Pino, e di Polmon di Volpe; la cui

poluere

poluere alla Ftisi nõ molto antica è parimente atto rimedio. Et albora io chiamo bolso, o bolsino il cauallo, quando egli ha offeso da corrottione il polmone, o la canna; alle quai parti nuoce la troppa tosse, che fa battere i fianchi al cauallo, e gli rende il rispirar malageuole. Fa per risanarlo adunque mestieri aprirgli le nari, acciò che respirar possa: poi che cotal morbo l'affanna per opilatione de' pori, e de' meati dell'aspra arteria, turata ò per souerchia humidità, o per siccità accidentale, che per mangiar cibo aridi, e poluerosi si genera. Curerassi, quando non sia molto antico, in cosi fatta guisa. Prendi Oglio d'oliua, lib. 1. Zucchero, lib. 1. Mele, lib. 1. Seme di finocchi lib. 4. Succo di Saluia onc. 1. Stempera queste cose cõ on. 5. d'acqua rosata, e ponle a bollire fin che scemino un dito. Mettile poscia per una notte al sereno: indi dà cotal beuãda in cotal modo purificata al cauallo oppresso da questo morbo, il qual non habbia preso cibo già 24. hore. Et, se non gli giouerà, crederai, che'l mal sia potente, & che la parte spirituale incomincia a corrompersi per gli humori, che dal cielabro stillano: ilqual fia buona cosa curare. Piglierai dunque un ferro tondo di buona qualità; & con esso riscaldato bene, & acceso tutto passerai dal mezo della fronte fino al capo cerro del cauallo tra cuoio, e pelle, tormentando insiememente per breue interuallo l'osso: & nel foro, fatto da cotal ferro, porrai due lunghe penne, unte del grasso dell'utria: usando questo rimedio due uolte il giorno; il qual disuierà il concorso de gli humori corrotti. Cibo del cauallo sia in tanto non altro che biada per noue dì e gli farai porre il freno subito c'hauerà mangiato: si perche strame non tocchi; si perche, rodendo, e masticando la briglia, prouochi quelle materie, che piu facili sono, e men grosse, ad uscir per la bocca, e per lo foro, che fatto haurai. Et, se il caual non uorrà mangiare, ti fia indicio, che il cielabro è cosi ingombro d'humori, che a' medicamenti toglie la forza. La onde, disperando della sua salute, il lascierai in poter della sorte. Ma, se pur mangierà, prima che sia ben risanato, per apportare alla natura uigore, si che al male preuaglia, questa beuanda gli apprestérai. Togli Occhi, & interiora di Tonno, Oglio d'Oliua, lib. 3. e forse fia di mandorlo migliore. Sal pesto lib. 1. Zucchero onc. 4. Cinnamomo onc. 4. Tutte queste cose incorpora con Mele netto, e purgato; onc. 4. indi le distempera con acqua rosata, & a bollir le metti in uaso di stagno, o di uetro, oue spargerai seme di finocchio pesto: & darai cotal potione all'infermo, che sia digiuno d'un giorno. Et, se non farà effetto buono, quest'altra medicina metterai ad ordine. Prendi Giuleppe uiolato onc. 5. Oglio d'oliua. onc. 4. le quai due cose insieme distemperate molto gli gioueranno. di che ti daran segno i dolori, & i torcimenti, che uedrai nel cauallo, nati dall'espulsion che farà la natura eccitata delle uelenose, e corrette materie. Et è cotal rimedio attissimo a ciascuna qualità di bolsiuo: e tanto è migliore, quanto è già piu tempo composto, da cui le materie terre, chi sono in esso, son purgate, corrette.

Della Cateratta.

DICESI, *la Cateratta esser humidità interposta, e indurata frà la cristalloide, e la uirtù uisiua dell'occhio; il quale impedimento toglie all'occhio la uista. I medici la leuano a gli huomini, che ne sono afflitti, con la punta dell'aco, posta da' lati dell'occhio. Dipende questo morbo dal capo. il qual si dee prima d'ogni altra cosa curare. Perche, se il caual sia d'età di sette, o noue anni, userai cosi fatto rimedio. Prendi Radice di Malua, lib. 1. Mel rosato, lib. 2. Zucchero, lib. 1. Mercorella, onc. 4. Oglio d'Oliua onc. 4. Acqua lib. 4. Ridotte in un le sudette cose ponle a bollire in uaso di rame, e lasciale ui, fin scemino intorno a due dita. Indi per una notte al sereno le metti; e poscia dalle al cauallo, d'una notte digiuno, la metà su l'hora della terza, e la metà alla sera: facendolo, dopo preso questo rimedio, star senza cibo fino al giorno seguente; nel qual gli darai due, o tre pugni di farina d'orgio, o gramigna. Ne men buona sarà di questa un'altra beuanda, ch'io sottoscriuerò, se gli sia data nell'istesso modo che la sudetta. Togli Trementina, onc. 1. Mele, onc. 1. Fen greco, onc. 1. Oglio commune. onc. 1. Fa che'l tutto bolla in una caldaia, d'acqua ripiena. &, raffreddato poi che si sia, spargiui della crusca, con le mani ben dimenata. Mettiui appresso del Centorio; & da le dette cose tutte a bere al cauallo, che ne riuscirà ottimo effetto.*

Del Tiro.

IL *Tiro è un ristrignimento de' nerui c'hanno origine nella testa. e nasce dal raffreddamento, e dal riscaldamento, e da soprabondanza di sangue iui concorso. Dicono altri, che il dente massellare n'è causa, quando è addogliato; &, che, essendo offeso il nerue crinale, che dal capo per lo collo si stende, genera cosi fatta passione. In somma n'è la testa cagione, e gli humori, che si trappongono, tegliono il mouersi al collo. Onde il cauallo tien serrata la bocca; fa gli occhi biechi, ne può quasi uedere, ritira il mostaccio, allarga le coscie di dietro, si restrigne ne' fianchi, drizza gli orecchi, & tiene tesa la coda. Ora, perciòche questa indispositione nasce da humidità, e da freddezza, cureraffi con fare un capestro di fuoco acceso a quelle parti, oue s'acconcia la cauezza di cuoio; & col dargli un botton su la fronte al Tuppo, & in ciascuna parte de' fianchi, et delle spalle. i quai luoghi punti che haurai co' canterij attuali suddetti, gli ugnerai con oglio di uiola. In tanto per souuenir meglio al cauallo, gli terrai sempre in bocca un legno ben unto di lardo di porco: percioche non solo in questo modo gli terrai aperta la bocca; ma col continuo moto, ch'egli perciò farà, aiuterà i nerui alla risolutione. Indi gli darai un beuerone, e gli farai cristieri per tre dì con acqua di remola,* la, e d'oglio commune per destar la natura; tenendo l'animale in luogo caldo, & al buio per 40 giorni: ch'ei guarrirà. Et questa sarà la cura, che s'userà ne' caualli magri, e scarnati. Ma ne' grassi, e polposi sia ben fatto prima insagnarli nel collo subito che apparirà in lor questo morbo, o almen quando sarà in aumento. Poscia taglisi il mostaccio al cauallo, e trouato il neruo si caui, e col rasoio si tronchi; ponendo ben mente, che altro che il crinal non si tronchi, il quale è grosso; doue gli altri, uicini a lui, son sottili, e piccioli. In un'altro modo gli rimedierai, cioè tenendolo, come già s'è detto, in luogo caldo, & oscuro, solamente da un picciol lume di lucerna allumato, il quale gli conforterà gli humettatoi de gli occhi assai meglio, che quel di spiraglio, o di balcon non farebbe. Et, per guarrirlo, adoprerai questo unguento. Piglia Dialtea, onc. 4. Pulione, onc. 4. Agrippa, onc. 5. Macedonica, onc. 3. Butiro, onc. 6. Sugna d'orso onc. 2. Grasso d'Auoltoio onc. 2. Oglio uecchio lib. 4. Cera bianca onc. 4. Fanne compositione, & ungi la destra parte del collo, & la spina della sinistra fino alla coda. Poi lo copri d'un panno caldo, e ben greuesi che non cada. Vedrai per quell'eccessiuo calore risoluersi i nerui, e risanarsi l'infermo. Ne biasmo, che in tanto tu gli ponga de' cristieri per cinque giorni, che di uino, d'acqua bollita, d'acqua di malua, d'herba di muro, e di biete colate insieme, e poste in un uaso nuoue, sian fatti. del liquor delle quali biete ne farai ogni matina tre libre, & altrettanta quantità la sera, acciochè in detto spatio si purghi. et, uolendo poi usarlo, ui mescolerai una libra e meza d'oglio commune. In questo mezo darai lieue cibo, e poco al cauallo, percioche gli humori non crescano: ma però del continuo farai che maslichi hor biada, hor paglia, hor biscottelli, hor faua, & hor crusca, mescolata con fieno greco, e di giorno, e di notte, senza che giamai cessi. Conciosia che se talhora si rimanesse da ciò, chiuderebbe fortemente la bocca, e potria perirne di fame. Et, se perauuentura non potrà per la grauezza dell'indispositione far sempre questo, ungaglisi la briglia di mele, e pongasigli in bocca; percioche, masticandola, gitterà fuori il flegma indigesto, da cui il moto di quel neruo è impedito, & il qual ritenendo si potrebbe morire. Auuertasi tuttauia, che, hauendo questo mal dal dente massellar dipendenza, non mangierà l'infermo per cinque giorni, tanta fia la doglia, che l'opprimerà. Ma, cessando poscia, e scemando insieme il tormẽto, comincierà a prender cibo, e di giorno in giorno andrà migliorando. Sarà di pericolo questo morbo fino al quartodecimo dì; nel quale il uigor de' corpi, e la malignità di ciascuna indispositione combattono insieme. Se adunque non uerrà meno il cauallo infermo nel detto termine; e non si aumenterà l'humor corrotto, e pestifero, o non auuerrà altra cosa, che possa nuocergli: non dubiterai piu di sua uita. & perciò le cure della testa hanno per quaranta giorni a durare.

Del Capo Gatto.

E' il Capo gatto parte, principio, e specie dell'Epilepsia: ne in altro son differenti questi due morbi, senon che'l Capo gatto perturba; e l'Epilepsia annoia l'animale col troppo humido, che nasce da' souerchi purgamenti del cielabro, e porge grauezza. La onde cade a terra per stupore il trauagliato da cotal male. Il qual si genera ne' caualli per troppo humore che nel capo distilla o naturalmente, o per ristrignergli il collo, o perch'ei tenga la testa bassa, o per alcuna percossa, o per altro tale accidente. T'accorgerai di questa infermità nel cauallo, quando gli uedrai gonfio il capo, e ch'egli lo scuota; & habbia parimente gonfia la gola, e gli occhi, & il masticar proui difficile. Per risanarlo adunque fia mestier prima trargli sangue dalle cinghie, e dalle coscie di dietro; percioche, facendo così, diuertirassi l'humore. Indi raderai il luogo offeso, e col rasoio lo pungerai, che n'usciran fuori gli humori corrotti. Poscia fregherai quella parte col sale, e l'ungerai poi con ungnento così composto. Togli Dialtea, onc. 2. Agrippa, onc. 1. Macedonica, onc. 1. Pulione onc. 1. Riduci in un queste cose, e le spargi sopra tutta quella gonfiezza. Dopo questo prendi Oglio di Lauro, Sugna d'orso, onc. 1. Grasso di Melogna onc. 1. Vitriolo, Poluere di Cantaride un terzo d'onc. Conuerti il tutto in unguento, & ugni, come di sopra: usando appresso i beueroni, ch'io noterò, per dar uigore alla uirtù ispultrice, & per correggere il male. Fa dunque cuocer, fin che sian disfatti, & in liquor ridotti, un capo, & un fegato di capo maschio: e cotal liquore colatone, e purificato, ponui dentro zucchero fino, e acqua di Gramigna; & fa il tutto distillar per lambicco, per dar poi l'acqua, che tu ne trarrai, all'infermo; il qual ne diuerrà sano. Potrai appresso usare un'altro rimedio: cioè, in sagnato c'haurai il cauallo, nella piu carnosa e piana parte della pancia dargli un botton di fuoco: medicandolo poi con penne, unte d'oglio commune; e streggbiando, o fregando quel luogo con Sauina, e Cenere, col uin bianco bollita; e per tre giorni una uolta il dì strigolandogli il capo con le dette cose; & poi bagnandolo con Sauina, Cenere, & Aceto fino al settimo giorno. Nel qual lungo interuallo s'ei non mangierà, non dubiterai per ciò di sua uita: ma, se non berrà fino al quartodecimo, si morrà indubitatamente.

Del Lunatico.

Il morbo della Luna è il medesimo col caduco, con l'Epilepsia, e col Regio; & nasce da souerchia humidità, la qual non può digerire il cielabro, per natura humidissimo, e freddo, trapposta fra il cranco, e la dura madre. Comprendesi questa infermità ne gli animali rationali dalla spruma, ch'esce loro di bocca, qualhor ne sono infestati, dal cader loro dalla debbolezza de' sensi, dal balbettare, e sin

copar

copar della lingua; le quai cose dan chiaro indicio, quella parte esser grauemente offesa. Comprendesi ne' caualli dal tener essi gli occhi aperti, e sbattuti, e dal non ueder la uia; il che si conosce, percioche dan del capo ne' muri, e sempre ruotano, come il molino. La uera cura de' rationali è il dar fuoco alla commissura coronale. il che facendo si disseccano le humidità superflue, e s'asciuga il cielabro, e si libera da offesa cosi nocevole. Ma al cauallo gioua l'insagnia del Zuffo; & dopo questa quella de' fianchi, per diuertir la materia. Vuolsi altresi porlo in luogo oscuro, e senza punto di luce, e lontan da' romori; & iui lasciarlo solo: accio che'l cielabro piu non s'alteri, e non si turbi. Purgati poscia per l'insagnia gli humori, stimerò ben fatto il fargli nel mezo della fronte un cauterio con un bottonetto di fuoco; ouer l'aprirgli fra l'un'occhio e l'altro la pelle, come della fronte si disse, e, scoperto l'osso, destramente raderlo con ferro a ciò atto fino al primo pannicolo, tanto di quell'osso in cerchio superficialmente togliendo, quanto apprenda un scudo & dopo ciò il medicarlo per quattro di con questa lauanda. Togli adunque Sangue di Drago ridotto in poluere un terzo d'onc. Mirra, un terzo d'onc. Mastice, un terzo d'onc. Incenso un terzo d'onc. Fa tutte queste cose bollir con uino, e del liquor la piaga tieni per lo detto spatio bagnata. Indi gli fa un cauterio sopra la nuca, dall'una all'altra parte del lacerto facendo passare un laccio: che per cosi fatta diuersione diuerrà sano il cauallo.

Il fine del Secondo libro.

LIBRO TERZO NEL QVAL SI RAGIONA DELLA CHIRVRGIA, ET DE' SVOI EFFETTI.

POI che habbiam fauellato della Medicina curatiua, e preseruatiua, e dell'Anatomia; & habbiam dimostri i rimedij, atti a risanare il cauallo de' morbi interni; entreremo hora a parlar della Chirurgia, e de' suoi effetti, senza ornar di piu lungo proemio il libro, essaltando la sua dignità. Appartiensi a questa scienza maestria de' ferri, gli unguenti, e le legature. Diuidonsi le piaghe in ulcere, & incisioni. A queste la mondificatione, & la consolidatione; a quelle è necessaria l'asterfione, e disseccatione. Diuidonsi altresi gli unguenti in mondificatiui, astersiui, e caustici. Serue il primo alle ferite, il secondo all'ulcere, & il terzo alle piaghe maninconiche corrosiue, e maligne. Ricercasi nel curar tutti i detti morbi dottrina, esperienza, & accuratezza: e chiunque mancherà dell'una delle dette cose, come che le altre pienamente possegga, sarà inutile, anzi dannoso all'infermo. Ma discendiamo a' piu particolari del nostro discorso.

De gli Vnguenti.

SOGLIONO gli animali, di ragion dotati, curarsi, come quei, che non fanno repentine, e uiolente mutationi, con unguenti, atti a nettar le piaghe, e con altri, che fan crescer la carne, & con empiastri consolidatiui. Con le istesse cose curansi i caualli; cioè con poluere, empiastri, unguenti, e strettoi. Ma primieramente insegneremo la compositione dell'unguento rosso, buon generalmente per tutte le ferite, & per le piaghe dell'ugne. Fassi questo di Mele, lib. 1. Incenso, onc. 1. Mastice, onc. 1. Mirra, onc. 1. Verderame un terzo d'onc. Trementina, onc. 3. Sangue di drago, on. 4. Si stempera ciascuna di queste cose con aceto forte, on. 4. indi si fa l'unguento, o duro, o molle, come si uuole, & porta il bisogno. Or si dica del uerde, che si compone di Oglio d'Oliua, Sugna disfatta, Grasso di Buffolo, Trementina, Verde rame, Alume, Cera bianca, tutte unite insieme, & cotte fin che sian bene incorporate. Et rende cotale unguento nette le piaghe, & le conforta mirabilmente; e piu gioua all'ulcere propiamente, che alle ferite. Formasi

masi l'unguento nero di Mele, Trementina, Verde rame, Vetriolo Romano, Fuligine di forno, stemperate con l'aceto, e poste a bollire fin che siano coagulate. Sarà quest'atto all'estersione della malignità della piaga, & far crescer la pelle nelle piaghe circulari, che difficilmente per tal causa guariscono. Per incarnar poi l'osso, quando sia stato il cauallo o percosso, o ferito, si comporrà quest'altro di Oglio rosato, Rodomele, Sangue di drago, Rosso d'uouo, Mumia ridotta in poluere. Fansi i caustici, che son canterij potentiali, di polue; &, come le conserue de' denti, ponno conuertirsi in unguenti per le cose ontuose, che u'entrano. Ilche si uede nell'unguento fatto del Dialgacitrino, e de' trochisci, o pilule di affodili, de' quai non ragioneremo altrimenti, percioche molto per la loro mordacità non ci piaciono; e tratteremo dell'Egittiaco, miglior de gli altri; ilqual si forma di Oglio rosato, Oglio d'oliua, Oglio di giglio, Cirafo, Mumia ridotta in poluere; sbattendo tutte queste cose insieme. & si conforta molto la carne con questo, anco ne gli huomini.

De gli empiastri.

COME che molti siano, e di uarie sorti gli empiastri ne' medicamenti de gli huomini; pure in tre si riducono: cioè in Diachilon, empiastro ben conosciuto, ma non molto usato per la gran calidità sua; in Triafarmaco nelle piaghe del corpo; & in empiastro di Betonica per quelle del capo. Diuidonsi nella cura de' caualli gli empiastri in Isdogliatiui, e in Mollificatiui. Dimostriamo hora, come lo Sdogliatiuo, gioueuole a' nerui si forma: cioè di Gomma dragante, Trementina, Cera nuoua, Pece nauale: accompagnando insieme tutte le dette cose. Ma il Mollificatiuo si fa di Sugna di porco, Branca Orsina, Giusquiamo, Radici di Giglio, Cime d'ortiche; cuocendo, e pestando insieme tutto ciò, & incorporando con sugna uecchia di porco, & oglio commune. Rende questo molle ogni apostema, & Flemmone, sia pur duro quanto si uoglia. Il Mollificatiuo poi per costate, per Polmoncelli, e Garresi, componsi di Radici di Cocomerine, Malua, Ortiche, Mercorella, ben peste, e incorporate insieme con sugna di porco, e con trementina. Or parliamo de' bagni sdogliatiui, buoni e necessarij a' caualli.

De' bagni.

E' molto a' piedi del cauallo utile il bagno, fatto di brenna bollita con sugna, e con acqua; e posto sotto la pianta del piede. E particolarmente gioua alle sbattiture, inchiodature, ammaccature, & pressure de' ferri: percioche il luogo offeso consola, & apre i porri, onde uscir possa la malignità de gli humori, insieme con tormento raccolti. Et, quando ciò non basti, facciasi bollire orgio pesto con uino, aceto, o grasso di porco, & si metta sotto la pianta all'infermo. Et, se questo anco riuscirà inutile, tolgasi sterco fresco di porco, & facciasi bollir con aceto, e grasso di cauallo; indi pongaglisi sotto la pianta del piede. Fassi bagno alle giunture, a' nerui, alle spalle, all'anche, & ad ogni altro luogo musculoso, bollendo due pezze di filato crudo di lino rozo con cenere proportionatamente, & con acqua, fin che scemi tre dita; & col sopradetto filato bagnando spesse uolte per tre giorni la parte offesa. Et quinci t'auuedrai, se il male è nato da freddo, o da caldo: percioche il freddo si risolue con rimedij caldi; ma, aggiugnendo freddo a freddo si nuoce assai all'ammalato. perche dourassi auuertire a' principij, & alla causa del morbo, accioche non si medichi alla riuersa. Formasi un'altro bagno per giunture, e per nerui, con Assenzo, Rosmarino, Saluia, Maggiorana, Timo, Radici di uiole, Scorza d'olmo, Pigne, Agli. Leuerà questo ageuolmente la doglia, e conforterà i nerui, per le cose odorose, che u'entrano.

Del Verme.

GENERASI il mal Francese da corrottion d'humori, posti tra cuoio, e pelle. Infetta questo le carni, corrompe il sangue, & contamina uiolentemente le parti sane: & specialmente affligge il piu debol membro del corpo, se non gli si fa pronta oppositione. Rende molto piu freddo il cielabro, ch'ei non è per natura; onde nascono le distillationi, i flussi, e i catarri, che al fin fine la Ftisi producono. Riscalda poi per contrario il fegato per natura pien di calore; corrompe l'ossa; e per lungo tempo crucia, e tormenta il corpo. Addoglia sommamẽte le giunture, e le parti più musculose: e più che gli humidi, e freddi, affligge quelli, c'han secca, e calda temperatura; ne' quali suol diseccar quell'humidità, che la natura nelle giunture trapone, per ageuolar meglio il moto. E' adunque questa infermità pustulosa, tumorosa, crostosa, & ulcerosa: & le doglie, che porge, hanno origine dal flegma putrefatto nelle concauità delle giunture; e le gomme dalla maninconia. Curasi ne gli huomini humidi co' profumi, ne' temperati con l'argento uiuo, e ne gli altri, che non han si corrotto il sangue, col legno d'India. Et quest'ultimo medicamento pare a me che piu debba usarsi, quando il mal declina, che quando cresce; e piu nelle pustule, che nelle doglie, e gomme. Ne mi dispiace ancora, che si curi con l'argento uiuo la scabbia: essendo l'origine d'essa, della Lepra, e del mal Francese una medesima; ma prendendo diuersa qualità ciascuno di questi morbi dalla maggiore, e minor corruttione di sangue: Et doue poi nell'esser humidi, corrotti, e contagiosi son tra lor simili. Puossi adunque dire, questa infermità essere a tutti gli animali commune. Et io ueramente stimo somigliantissimo il mal Francese al Verme del cauallo; nelquale egli è d'otto sorti, c'hanno i lor nomi: cioè Verme Corcainolo, Lazeroso,

zeroso, Canino, Moscarolo, Bianco, Corbaccio, Scaglia, & Auuolatino. Questi corrompono, e lacerano le carni; & nasce spesso cotal morbo dalla malignità del seme de' genitori. il che ci si manifesta non prima, che quando il poledro lascia d'allattare: nel qual tempo e gli humori proprij di quell'età, e la mutation de' cibi generano facilmente l'Auuolatino; che da souerchio sangue procede, onde gli humori s'infiammano, e perciò si corrompono: e tanto piu, se troppo faticato è l'animale. Ma generalmente dicesi essere il Verme morbo pustuloso, che si alloga fra la carne e la pelle per tutto il corpo, & ha principio, e dipendenza dalle uene della testa, doue a guisa di serpente fa capo.

Ma il Canino nasce dētro alle coscie, et per tutte loro si stende, per linea delle uene diritta: &, se la man ui si pone, si tocca; &, aprendo la pelle, cacciasi fuori. Fa, come l'anticuore, il Corcainolo capo nel petto, oue diuenta il uerme poco maggiore d'un Limoncello, & nel quarto dì fa una bocca; indi sparge in uerso la gola il suo tosco, e uerso le gambe, aprendoui altre bocche, ma rare, e tra lor lontane. Ha egli principio nel fegato; & è dall'Anticuore molto diuerso.

Mostrasi il Lazeroso di color rosso, e molle; &, rotta la pelle, stilla marcia, e ueleno, e allarga la piaga.

Forma il Moscainolo pustule picciole, e spesse, simil alle granella del miglio; e spandesi in tutto il corpo.

Il Bianco è duro, e di color bianco, & apre bocche assai per lo corpo.

Il Corbaccio poi fa nere le labra della piaga con molte pustule, e bocche, et da colore alla carne, quale ella suole hauere, quando è pesta, e dirotta.

E' lo Scaglia quel uerme, il qual si disse che morde al canal le uiscere. Questo, bēche sia uiuo, nō appar mai di fuori; et è si maligno, che talhor uccide col morso. Comprendesi l'Auuolatino dalla magrezza, ch'egli induce nell'animale. nel cui mostaccio fa bocche, si come anco nel capo, nella gola, e nel collo, e sopra i cordoni delle uene; traggendogli da gli occhi le lagrime, e dal naso feccia, pituita, e flegmma, quasi che sia raffreddato; & ciascuna parte finalmente infettando, con laqual s'appoggi il cauallo, con maggiore, e piu pericolosa contagione de gli altri. Là onde, perciochе uola per tutto il corpo, chiamasi Auuolatino. E general rimedio di cotale infermità l'insagna: con cui si eccita il sangue, che giace quasi senza moto, & schiuasi la total putrefattione. Deesi questa euacuatione fare di otto dì in otto dì per due settimane nelle uene del collo. Poscia facciasene un'altra nelle uene de' fianchi, & se ne cauino tre libre di sangue, o quanto comporterà la natura dell'animale. Et, se ciò non apporterà giouamento, aprasi uerso il collo l'orecchia per lunghezza di mezo palmo; & sia si profondo il taglio, che possa entrarui il dito grosso. scarnisi poi col cornetto, e ui si metta radice del Semidente Cauallino, e ui si cucia, ch'egli indubitatamente ne guarirà. Ma, se quindi ancora non ne uedessi riuscir buono effetto, aprilo sopra le nari, e tranne fuori quei due cordoni; indi ui dà il fuoco, & medica la piaga con cera bianca, & oglio di giglio caldo, soprametendoui un piumacciuolo di stoppia, o di bambagia. & per ispatio di cinque giorni curerai questa ferita cosi; dopo i quali darai il fuoco a' buchi, che fatti haurai, con un bolzonetto di rame, grosso quanto è il dito maggiore; & ugni quella parte con unguento fatto di Verderame, Alume, Oglio commune; il qual riscalderai, qualunque uolta uorrai usarlo. Cosi curano questo male i maliscalchi ualenti. Ma io, percioche si genera questa indispositione da quell'animal, che uiue, e non si può uccidere, che maggior putrefattion non si causi; & la malignità de' uermi piu nel capo regna, che nel rimanente del corpo: loderei, che si tentasse di cacciarnelo destramente fuori, e di liberar la parte, quando non si possa il tutto; adoprando i sopradetti rimedij, & curando, come s'è detto, pur che non si tocchi la uena. & cosi gioueranssi ad ogni qualità di cosi fatto morbo.

Della Rogna.

Nasce da humor salso la rogna piu che da corrotto; & è specie di Lepra, anch'ella pustulosa, sporca, contagiosa, & accompagnata da pizzicore, o prurito: conciosia che da soprabondanza di sangue dipende, e da humor salso acceso, indigesto, e crudo, e sparge la persona di minute granella. Facciasi adunque prima d'ogni altra cosa per l'animal, che ne patirà, un bagno di Lissiuo, Sapone saracinesco: & se ne bagni ben la persona tutta al cauallo. Poscia i luoghi pustulosi si medichino con mistura di Oglio d'Oliua lib. 1. Sugna uecchia di porco, che non sia salata, lib. 1. Foglie di Titimaglio, onc. 4. Foglie di Marubio. onc. 4. Le quai cose poi che saran bollite, con l'aceto, e con l'alume le raffredderai: poi ne bagnerai quelle pustule con spugna, o bambagia, o lino, immollatoui dentro, per tre giorni, ciascun giorno una uolta. Et, non sentendone alleuiamento il cauallo, lo insagnierai da ciascuna banda del collo, si che se ne traggano tre, o quattro libre di sangue: nel che haurai rispetto alla debolezza, e magrezza, ouero alla pienezza, e fortezza sua. Daraigli finalmente sul mostaccio un bottoncino di fuoco dalla parte di dentro; percioche alcune granella iui riposte ne consumerai, le quali sono atte a nutrire, & aumentar si maligna corrottione. Indi, euacuato l'animale, aiuterai la natura con l'unguento, che qui noterò; il qual disseccherà ageuolmente quell'humor peruerso, sparso fra la pelle, & il cuoio. Togli Oglio commune, Fronde di cimbale, Zolfo pesto, Succo di sardelle, acconcie in barilo, Latte di Capra. Metti queste cose a bollire, & formane unguento, con cui ugnerai la scabbia due uolte il giorno al cauallo, e si risanerà. Un'altro unguento ancora, che alla rogna gioua, fia questo. Piglia Oglio commune, Zolfo, Aceto forte, Sale, Fuligine di camino, Sugna di porco non salata. Fa delle suddette cose insieme composte unguento; & col modo dichiarato di sopra ugnine i luoghi offesi, i quali prima haurai bagnati con lissiuo, & poscia bene

bene asciugati; con cui trarrai di fuori gli humori, & poi col dimostro unguento li disseccherai.

Della Fistola.

VOGLIONO *i medici, che qualunque ferita non si cura in 40. giorni, riesca incurabile, e fistolare: conciosia che si profonda di modo, che impedisce alla purgatione la uia; onde, putrefacendosi, & infettandosi i luoghi sani stillano internamente nella lor superficie un'humor liquido, cotto, e chiaro, e uelenoso: da che generasi la Fistola, che occupa appunto i luoghi angulari, principalissimi, e dilicati; si come la Cancrena nella gamba musculosa, e secca si auuenta; & la Lupa nella coscia succosa, e carnosa. Ne' caualli suol questo morbo nascer uicino all'ugne, & su la coronella del piede, o per puntura di spine, che nel uiaggio si sian ficcate nelle piante de' piedi, o da creppaccie non ben curate. Rimediasi a cosi graue indispositione con cosi fatto empiastro. Togli Trementina di pino negro, onc. 4. Cera nuoua, Trementina fina, onc. 4. Mele, onc. 3. Socrotio, un quarto d'onc. Oglio rosato. onc. 1. Bolli le dette cose in una pignatta, & fanne uno empiastro. ilqual disteso in un panno bianco di lino schietto porrai tre uolte il dì sopra il male, poi che con un ferro di fuoco u'haurai strutta sopra midolla di uacca. & cosi ne trarrai fuor la materia, & potrai poscia curar quel luogo.*

Del Canchero.

L'VLCERE *altresi Cancrene diuentano, se non son curate con debito modo. E' generalmente questa indispositione pericolosa; e specialmente, se assalta parte cartilaginosa: doue tanto può il male, quanto comporta la debolezza del membro ch'ei possa. Nasce il Canchero a' caualli uicino a' piedi o per funghi, o per chionardi mal risanati, o per falsi quarti non ben curati, o per grattar la piaga col dente, il qual facilmente incancherisce ogni ferita, e piaga, che tocca. Or, per guarrir l'ammalato, circonda il luogo propinquo al male con un botton di fuoco. Indi prepara questo unguento. Prendi Oglio rosato. onc. 2. Sugna di uolpe, lib. 1 Sugna di gallina, o di occa, lib. 1. Arsenico ridotto in poluere un terzo d'on. Et cō questa cōpositione bagna ou'è 'l male due uolte il dì per ispatio di quattro giorni. Poscia bagna con lauatoio, composto di Lissiuo forte bollito, & Alume di rocca per noue giorni tre uolte il giorno la piaga. La quale essendo poi migliorata, fia da te medicata, fin che si saldi, con unguento rosso. Et, quando con tal rimedio non guarrisca l'ammorbato, tieni per incurabile la sua infermità.*

De' Porri.

HANNO i Porri, e i Pedicelli origine da humidità, più, e men corrosiua, e salsa, che si stende, e fermasi nelle parti estreme: doue percioche non può la natura rettificarli, pende a corrottione. Ma, se cotai Pedicelli procedono da infiammatione, producono un uermicciuol nella piaga. Curasi questo morbo di fresco con Pepe pesto, il qual morde senz'attrattione, e diffecca. Ne si dee sourastare a rimediargli; conciosia che ne incancherisce; come anco il Porro: quantunque il Porro nasca d'humor putrido, & indigesto. Quando adunque non uenga in luogo neruoso, si circonderà, per guarrirlo, le parti a quell'offesa uicino col fuoco, con cui la piaga si toccherà. Indi s'empierà il buco di solimato, & il luogo offeso s'unirà con benda di tela. Vedrai fra quattro dì uscirne la radice fuori, o tutta, o la maggior parte d'essa. Et, se uscirà tutta, medicherai la piaga con calce uergine, e si bene la fascierai, che'l caual non possa co' denti grattarlasi. altrimenti poco, o nulla gli gionerai: si percioche egli interromperebbe la cura grattandosi; e si etiandio, percioche il mal potrebbe causar maggiore: si come già si disse del Canchero. Ma, se haurà l'animale il Porro nelle coronelle de' piedi, o ne' cannuoli delle gambe, farassi un foro nel mezo del Porro, e ui si porrà per una uolta Polue di Dialgar, ouero Arsenico rosso; ugnendosi poscia con oglio commune, nel qual prima sia stata bollita l'herba, detta Padre, e figliuolo. Et si frequenterà cosi fatta cura per noue giorni: percioche guarrirai il patiente. Giona appresso il detto rimedio a dolcime, & a Polmoncelli.

De gli humori, Reste, e Crepaccie.

COME che gli Humori, le Creppaccie, e le Reste siano una cosa istessa, & habbiano una medesima origine, han però uarij nomi secondo le impressioni, e la uecchiezza loro. Nascono ne' caualli gli humori anco per causa estrinseca, cioè per le brutture, che iui si diseccano, &, ulcerando la pelle, generano piaghe fetide, e corrosiue. La onde essendo tormentato il cauallo da cotal morbo, il quale specialmente risiede ne' luoghi articulari, e neruosi, suol mangiar poco, e per doglia tener i piedi alti. E' attissimo rimedio fargli un lauatoio di malua, & acqua boilita una uolta il giorno alla parte offesa, & legarlo poi con un panno bianco. Indi userai la remola asciutta per otto dì ciascun giorno una uolta; e terrai l'animale in luogo mondo, & asciutto. Quanto alle Reste, primieramente raderai il luogo ammorbato con un rasoio leggierissimamente. Poscia ui terrai per tre dì legata, senza mai slegarla, una cotica di lardo, nell'aceto bollita; & dopo questo spatio lo medicherai con cosi fatto unguento. Prendi Lardo uecchio disquagliato, onc. 4. Litargirio poluerizato, un terzo d'onc. Verderame, onc. 2.

Mastici,

Mastice, onc. 3. Fuligine di camino. onc. 6. Distempera queste cose con latte di capra, & ungi una uolta il di con cota le unguento la parte offesa. Sono le Creppaccie quelle fissure, che si fan tra l'ugna, e la coronella; & nascono d'humor secco, interno, maninconico, e corrotto, e da causa estrinseca, cioè da lordura, diseccata in quel luogo, si come auuien delle Reste. Se tale infermità sarà antica, auanti che altro se adopri, con un coltello acceso si toccherà; & col suddetto unguento si curerà. Vogliono alcuni, che, se'l cauallo si caualcherà senza ferri, sia per essalar quell'humor corrotto, e per facilmente guarrirne.

Del Chiouardo.

GENERASI *il Chiouardo sopra la coronella del piede tra il pelo, e l'ugna; & nasce spesse uolte per inchiodatura non ben curata; o per percossa di pietra; o per ghiaccio, o per altri cosi fatti accidenti: per li quali la coronella gonfiandosi per cotal putrefattione dentro, o di fuor, produce una radice molto profonda, che fa un capo simile a quel d'un chiodo, onde il mal tragge il nome; & induce spasimo, e doglia grandissima. Et, poi che, come habbiam già detto, esteriormente, e'nteriormente suol nascere; se uerrà al di dentro, leghisi la uena al cauallo, & si tagli poscia col fuoco la parte infetta; e discoperta la profondità della piaga, onde isuapora quell'humor corrotto, ponganuisi uno Stuiello, proportionato al l'altezza del buco, quanto è larga la piaga, sparso di polue di solimato, o di quella di radice di Fergolastro: ne poi si tocchi per uentiquattr'hore. Ma sradicato c'haurai il male, cureraïlo per tre di con sterco humano ridotto in poluere, si come dell'altre cose si disse che si faceße: &, se la piaga dimostrerà qualche miglioramento, perdendo la malignità sua, acciochе di carne buona si uesta, s'userà questo unguento rosso, che noi insegneremo. Piglia Mastice poluerizata, onc. 2. Polue d'incenso, onc. 1. Armoniaco onc. 1. Mirra un terzo d'onc. Galbano onc. 1. Sangue di drago onc. 1. Trementina onc. 4. Verderame onc. 1. Stempera cõ on. 4. d'aceto forte le dette cose, e le fa in una nuoua pignatta cuocer con mele, fin che diuenti rosso. & con cotale unguento una uolta il dì medicherai l'animale.*

Della Dissolatura.

PROCEDE *questo morbo da concorso d'humori nelle parti basse, o per rapprendimento, e spesso ancor per le inchiodature mal medicate, e non ben guarite; o per botta di legno, o di chiodo nel tuello del piede, o per pressura di ferro, o per altre simili cause. Facciasi, per rimediarui, primieramente trar sangue all'infermo dalle parti rimote, per diuertir gli humori. Indi si porrà sopra il male una remolata, che affrenerà quella doglia; e renderà molli l'ugne, per natura secche;*

che; & aprirà i porri, & comincierà a risoluer gli humori raccolti: e facciasi cotal remolata, acciò che piu gioui, di crusca bollita in sugna onc. 4. & l'userai il dì piu uolte. Et, se perciò non si profitterà, si userà un'altra remolata, composta di Malua, Branca orsina, Radice di Borace, Sugna di porco, onc. 4. Crusca; E cotta col uino: mettendo questa compositíon sopra il male piu calda, che potrà sofferirsi, per quattro dì nel modo che s'è dimostro. Et, se riuscirà uano anco questa, ne farai un'altra di Aceto forte, Orgio stampato, Sugna di porco, Oglio commune, onc. 4. Sterco di porco, Assenzo pesto, le quai cose bollirai insieme, & poscia lo porrai molto caldo sopra i solchi de' piedi: e ciò fin che sia del tutto estinto il dolore. Et, acciochè l'ugna rinasca, si farà il sotto scritto unguento. Prendi Aceto forte, lib. 3. Sale, onc. 4. Polue di foglie di barbaschi, onc. 4. Fuligine di forno, onc. 3. Vetriolo Romano, onc. 2. Galle poluerizate, onc. 3. Polue di Mortella onc. 1. Bollite insieme queste cose ne farai unguento. & questo riscaldato cō l'aceto adatterai al luogo dissolato caldissimo, mutandolo di due giorni in due giorni: & appresso lauerai il luogo due uolte il dì con aceto forte ben caldo, dopo che'l cauallo haurà cominciato a sostenersi ne' piedi.

Del falso quarto.

Il falso quarto è morbo dell'ugna, e guarrirsi difficile, percioche l'essercitio cōtinuo fa l'apertura piu ampia. Nasce dal ferrar stretti i caualli, per batter forte cō piedi su cose dure, & per secchezza dell'ugna: E tanto meglio, e tanto peggio si cura, quanto piu, e meno accostasi alla carne, & al pelo. Rimediauisi adoprando, che l'ugna uecchia si stacchi, e nasca la nuoua. Il che si fa con dare un colpo di fuoco fra'l pelo e l'ugna si che n'appaia tanto del color di cera, quāto importa un marro, o schiena di coltello. Et deesi dare appresso su la pastora della parte offesa per linea diametrale un'altro botton di fuoco di forma Lunata, quanto sia un dito piu alto del falso quarto, oprando, che dimostri la carne anco in quest'altra impressione color di cera. Torrai poscia chiaro d'uoue fresche sbattuto bene, nu. 7. Incenso sottilmente poluerizato un terzo d'onc. Calce uergine in polue sottile un terzo d'onc. Polue di mastice, passata per seta un terzo d'onc. Verderame sottilmente poluerizato, un terzo d'onc. Sal pesto minutamente u n terzo d'onc. Queste tutte materie incorpora cō suddeti chiari, si che se ne faccia quasi una salsa uiscosa. Indi immolla ben molta stoppia in cotal compositione, & ne inuolgi al caual la man diligentemente. Poscia metti sopra quel piumacciuolo una fetta di sugna di porco, grossa un buon dito, e larga quanto esso piumacciuolo; mettendouene un'altra si larga sotto la mano; e legando il tutto con una benda larghissima, e lunga, acciò che'l medicamento non cada. e strignila, e cucila, perche non si sleghi. Et in cosi fatto modo fasciato si starà rà per 18 giorni il cauallo. Poi si medicherà un'altra uolta, come già s'è detto: & indi lo scioglierà, e trouerai, che tra il pelo e l'ugna in giù per un ditto sarà il morbo disceso in forma d'un cerchio. Allhora si deurà ferrarlo col ferro, che' maliscalchi chiamano Chiancasano; e così anderà, fin ch'il cerchio detto sarà arriuato all'insensibile, e morto; che potrai in quel tempo ferrarlo co' ferri ordinarij. Medicasi ancora il quarto, poi che è giunto a tal parte, per fortificar l'ugna, con questo unguento. Piglia Mele, pig. 2. Trementina, onc. 6. Galbano, onc. 2. Mastice, onc. 3. Armonico, onc. 2. Incenso, onc. 4. Mirra, onc. 2. Lardo, lib. 5. Oglio commune, lib. 8. Bolli queste cose tutte con quattro serpi nere col uentre bianco, & con tre ramarri, & con due cagnoli di sette giorni, fin che il tutto sia ridotto in acqua, laqual metti al sereno. Poscia togli di quel liquor grasso, che haurà fatto cotal compositione, & col suddetto oglio lo incorpora, ponendo in esso liquore Sãgue di drago, un terz. d'onc. Seuo di bue, o di capretto nero, lib. 4. aggiugniui Cera bianca onc. 6. Fa che il tutto al seren si unisca, si coaguli, & si faccia in unguento; col quale ugnerai l'ugna, molestata dal quarto, che in ispatio di quattro mesi la uedrai rinouata. Et non solo a ciò gioua così fatto rimedio; ma a rapprendimenti, a cerchi, ad ungue rose, & a ciascun difetto di quella parte.

De' cerchi.

SCENDONO i cerchi a' piedi, si per flusso di humori, come per botte haunte sopra la coronella, & per secchezza ancora dell'ugna, che si fa maggiore, quãdo i caualli stanno su tauole secche. la onde, concentrata l'humidità naturale per cotal siccità, suapora, e suaporãdo genera questo circular morbo nell'ugna. Nascono ancora i cerchi, s'il cauallo è rappreso. Senza adunque che s'adopri qui fuoco, s'userà l'unguento suddetto: e si farà, ch'ei tenga i piedi su la creta, o su l'arena fresca; per le quai cose correggesi quell'humidità accidentale.

Delle Rapprese.

HA questa indispositione presso a molti un sol nome, & io la diuido in tre con tre nomi. percioche u'ha il concorso, o pur discorso d'humori nelle parti basse, che da sangue soprabondante si genera: e u'ha la rappresa, causata da eccessiua fatica, e da indigestion, che succeda per troppa biada. lequai disauuenture producono cerchi, & iui termina il male. la onde attender si dee a curar l'ugna, & ad impedir, che non si corrompa. Rapprendesi parimente il cauallo per la pressura de' ferri, e della pianta, & per calcar su pietre. perche da febre è assalito, scuote i fianchi, impala le gambe, ha l'orecchie fredde, e non congiugne i piedi nel caminare. Prima adunque ch'altro si faccia gli si traggano tre libre di sangue, che'l concorso de gli humori si diuertirà; e per tre dì si tenga digiuno. Indi preso di quel sangue lib. 1. tosto che gli è stato cauato, e sterco di huomo onc. 3. stemperisi il tutto con ottimo uino, boc. 1. e cõ succo di cipolla biancha, bicch. 1. diasi a bere all'infermo. Poscia con due fascie si leghi sopra le uene delle ginocchia dauanti, e ui si accommodino due piumacciuoli, che stringan forte. Indi gli s'incretino ben tutte le gambe, le spalle, e i testicoli con creta risoluta in aceto forte; e facciasi passeggiar di giorno, e di notte senza riposo; accioche il sangue in quelle parti raccolto non ui si fermi, e non si mortifichi. Et così giouerai alle rapprese, ou'è il concorso accoppiato. Ma, se non ne uedrai buono effetto, laua all'ammalato le gambe con lisciuo tepido, e forte tre uolte il dì, e uietagli il riposare. Et, se uorrà pur giacersi, facciasi che si giaccia non su paglia, o su fieno, ma sopra pietre: e di mattina, e di sera se gli apprestaranno cristieri con decottione di Malue, Herba di muro, onc. 16. Oglio commune. Piace ad altri, che al cauallo rappreso facciasi l'insagnia de gli scontri in conueneuole quantità, e che si faccia caminar per tre hore in luoghi, oue non sian pietre, ma arena, o terreno, & gli si bagnino di mattina e di sera le gambe con aceto forte, bollito insieme con Malue, tenendolo per 40 hore digiuno, & facendo che stia dentro all'acqua corrente, se ne n'haurà, fin che tremi; e dopò per un'altra hora. Indi si faccia uscir fuori, e caminar per luoghi non petrosi, come s'è detto. Et, se perciò non migliorerà, uogliono, che si tenga fino al petto in acqua fredda, e fangosa: la qual fia più gioueuole, se ui saranno delle sansughe, che appiccate alle gambe tirino quegli humori aggregati. e ciò si faccia di due in due hore si di giorno, come di notte; in quello spatio di mezo facendolo per quattro di passeggiare, e non gli porgendo a mangiare altro, che crusca temperata, o radice di gramigna ciascun giorno una uolta, fin che guarrisca. Ma, se l'infermità durera fino al nono, manderassi al mare, e si farà, che ui stia cinque dì continui digiuno. Ottimo remedio è a ciò il trargli tanto sangue dalla parte opposta al male, che si uegga uscir chiaro: come che, ritirando il cauallo un de' testicoli comprendesi essergli stato tratto sangue a bastanza; & allhora si dee scior la corda, acciochè piu non n'esca. Et, se per auuentura si dorrà d'ambe le braccia, lo insagnerai solamente dal lato destro del collo, onde si purgano gli humori grossi, adusti, e cattiui. e ciò fatto di subito gli ugnerai l'ugne delle mani, o uuoi dir piedi anteriori con oglio commun tepido, & lo farai passeggiare fin che sia fatta cotal beuanda di Succo di cipolla 1. Sterco d'huomo, secco, e poluerizato onz. 5. o pur fresco in maggior quantità. laquale, se'l cauallo haurà l'orecchie calde, con acqua fresca stempererai; & per contrario, s'ei l'haurà fredde, con uin perfetto. e riposta così fatta compositione in un corno gli si farà torre; considerando ben però prima la natura, il uigore, la qualità, l'età, la uirtù, e la statura dell'animale: Indi si tenga per cinque hore digiuno. & poi facciasi entrar fino al ginocchio nell'acqua di mare, o, mancando di tal cõmodo, in qualche fiume, o ruscello;

o ruscello; & ui si tēga per un'hora e meza. Poscia, cōdotto in stalla, se uorrà cor carsi; facciaglisi un buō letto di paglia, o di fieno; ma, se starà pur dritto, facciasi passeggiare o nella stalla, o di fuori lentamēte: cōciosia ch'l letto, e'l moto sueglia no il calor naturale, che dorme. Doppò tutte lequai cose lodo lo strettoio, per ribatter quegli humori raccolti, cōposto di Succo di Solato, Volo armenico, Sale stē perato cō l'aceto. Cō così fatto liquore piacerebbemi, che, doppò l'hauergli unte l'ugne, come ho già detto, con l'oglio, gli si bagnassero ben le gambe: indi gli si em piesse il cōcauo dell'ugne di Sterco di porco, misto cō aceto caldo, quanto può tole rarlo la mano; &, non si potendo hauer di cotale sterco. Prendasi Orgio pesto, Cenere, o Crusca. Poi gli si fascierà bene il piede con panno, o con cuoio. Mitiga cotal rimedio il dolore, per cui concorrono a' luoghi offesi gli humori. & così si farà, fin che ritorni sano il cauallo. ilqual poscia lascierasi in quiete, usando i ripercussiui, e i bagniuoli, e di unger l'ugne con oglio commune, e tepido sera, e mattina; & mettendogli di quei cristieri un dì sì, e un dì nò, che si mettono a gli huomini. Guarrito poscia ch'ei sarà del tutto, daraigli moderatamente della paglia, e della biada, perche si rifaccia; e de' beueroni di Farina d'orgio, se fia di state, o di primauera; &, se'l caual sarà grasso, di farina di grano, e freddi nelle suddette stagioni: ma, se fia di uerno, o d'autunno, gli si porgeran tepidi. Risanato perfettamente che egli sarà, gli darai la brenna cotta a mangiare: & il succo d'essa, ch'è ristoratiuo, e fresco, gli darai freddo a bere. Gioua il rimedio narrato alle rappresse, che prontamente, e nell'apparir loro si curano. Ma, se sarà di tre dì, o più uecchia alcuna rappresa, bisognerà insagnarlo ne' lati delle braccia fra il pelo, e l'ugna; di onde in uece di sangue uedrai uscir fuori un liquor giallo, e corrotto. &, quando egli per ciò non si senta meglio, insagnierassi nella punta del piede fra il pelo, e l'ugna; e si medicherà poi quel luogo con un poco di stoppia, sparsa d'aceto, e sale, facendo al concauo dell'ugne quel che di sopra si disse. indi si ferrerà l'animale con ferri stretti di uerga.

De' Fettoni.

Sogliono i caualli mutare i fettoni, come ancor mutano l'ugne. Si fa cotal mutatione con tormento dell'animale; si per la tenerezza, e delicatezza del luogo, e si etiandio per esser quella parte sottoposta ad offese di pietre, e di stecchi. Et causa la natura così fatta mutatione più uolte l'anno in quel membro, per uestirlo, e difenderlo dalle sconcie, e ingiuriose percosse, allequali è soggetto, per esser egli fungoso, e spugnoso, e malageuole a risanarsi; e specialmente, se quella parte ne è offesa, che suol'esser piu trauagliata. Dimostra questa indispotione purgandosi la sua qualità, e le sue cause. conciosia che, se uedrai uscirne acqua nera, e marcia, darà indicio, che pecca l'humor nero, & acceso:

& se uscira scolorita, o bianca, cotta, e indigesta; dara indicio, che pecca il flegma, o il sangue: & se uscira nera, si comprendera esser nata per cagione accidentale. Rimediano a cotal morbo i maliscalchi ualenti col bagno, o leuatoio, composto di Aceto, lib. 2. Sale, onc. 4. Barbaschi ben pesti, onc. 6. Poluere di mortella, onc. 2. Vetriolo Romano, onc. 1. Fuligine di forno onc. 1. Bollano queste cose insieme, fin che scemino un mezo dito: & hauendo prima nettato fino al uiuo il luogo quanto piu destramente sara stato possibile, per non disdegnarlo, bagnerassi con questo bagno caldissimo. Poscia, ben lauate, che haurai le piaghe, le medicherai con polue di Vetriol Romano, un terzo d'onc. Galle un terzo d'onc. Fuligine, un terzo d'onc. Et ui si leghi sopra un piumacciuolo di stoppia: che in noue giorni fia risanato: & renderassi in oltre in cosi fatta maniera il piè sodo, forte, robusto, e durissimo.

Dell'Attinto, e Sourapofta.

Dividesi questa indispositione in due mali, tra lor conformi, cioè Sourapofta, & Attinto. Chiamasi Sourapofta quel male, che si fa il cauallo col piè di dietro toccandosi tra la coronella, & il piede senza offesa del neruo: &, se si offende il neruo, chiamasi Attinto. Par nel primo aspetto picciolo questo morbo; ma talhor si fa importantissimo, e rende il cauallo inutile. La onde con difficultà si guarrisce l'Attinto, per cui è offeso il neruo mal'atto a prender sanità: & piu facilmente si risana la Sourapofta, nella quale è solamente percossa la carne; e perciò in una notte guarrisce, ponendoui un'nouo cotto. Curasi l'Attinto, per leuar la doglia, e lo spasimo, con metterui sopra caldo un pollo, o un piccione sbranato; con la cui calidità uietasi al neruo il seccarsi. Et cosi in un sol giorno il caual potrebbe racquistar la salute. Ma, se ciò non li giouerà, s'allaccieranno al cauallo a sangue, e fuoco le uene sopra il ginocchio. Indi si netti il neruo con un rasoio, & leggiermente si punga, poi si freghi con aceto, e con sale, auuertendo che'l caual non ui si tocchi co' denti. Il che fatto s'ugnerà con liquor, composto di Oglio di Lauro, un terzo d'onc. Dialtea, onc. 1. Agrippa, un terzo d'onc. Cantaride poluerizata, dram. 3. Euforbio, dram. 2. Elleboro bianco. dram. 1. Riduci tutte queste cose in polue, e poscia in liquore, e di 24. in 24. hore ugnine il luogo offeso, auuertendo, come si accennò, che per cinque dì non ui si possa toccar co' denti il cauallo. Et, se in 40. dì non fia risanato, userai i cauoli, bolliti con ortica, e con malua in sugna di porco, & ne ungerai l'ammalato per 40. giorni di 24. in 24. hore. Et non giouando anco questo, e perciò giacendo il cauallo, gli taglia di dietro al neruo tra il cozzolo, e la giuntura; e col ferro della Stelletta un dito per ogni uerso gli scarna il cuoio, che copre il neruo; & ponui un tasto di piombo quanto importa un dito, legandolo si che non esca, o cada. Poi la piaga ne medica con empiastro di Seme di Lino poluerizato, onc. 2

Fien

Fien greco poluerizato, onc. 4. Trementina con uin bianco bollita onc. 3. Sugna d'Orso, o Grasso di Lupo, onc. 2. Questo cosi fatto empiastro potra ciascun dì una uolta per noue giorni por sopra il neruo, senza toccare il piombo; & in quindici fia sanato l'infermo.

Del Bianco, o mal del ginocchio.

Le piaghe, doue son giunture, poi che son risanate, imbianchiscono. Se'l caual fia percosso da salso humore, e co' denti si gratterà: patira questo male; onde sentirà pizzicore; e però gonfiandosi, & aprendosi il cuoio apparirà cotal morbo. ilqual per sudor guarisce; perciochè il sudor rettifica quell'humidità, trappo sta tra la pelle, e'l cuoio, con disseccarla. Ma bisogna auuertire, che il caual non si gratti co' denti; & risanerassi in cotal guisa tra poco. E' poi canonico, & atto rimedio a ciò il far passeggiar l'ammalato per dieci giorni, & farlo entrar quando passeggia, per due hore nell'acqua fredda, e corrente. Indi medicar la parte non sana con empiastro, composto di 10. Arancie, minutamente tagliate, e nell'aceto forte bollite, Mele lib. 1. Pepe onc. 2. Gengeuo onc. 1. Calce uergine onc. 4. Bolli queste cose, e formane empiastro, il qual posto sopra il male due uolte il dì per quindici giorni, & lauando l'animal, prima che muti l'empiastro, con lisciuo caldo forte, lo fascierai molto bene.

Dello Spallato.

La dislogation delle spalle del cauallo, nata o per isfalcature, o per battiture, urtature, calci, percosse, cadute, & altri tali accidenti, non dislogatione, ma stimo io concorso di sangue, e d'humore in quella parte raccolto per doglia, che ritrarsi indi non può, onde ui si concentra, e mortifica, con impedimento del moto. Diuidesi questa infermità in due, onde sortisce due nome. Chiamasi Spallato il cauallo, che patisca il mal da noi detto, cioè raccoglimento per percossa, o d'altro d'humori, o di sangue nella concauità della spalla. Dicesi Intraperto quell'altro, a cui si sian dilatati i muscoli, o i legamenti delle spalle per isfilature di carne, o sfalcature di piedi, o d'altri somiglianti sconci. Si comprendono cotai morbi per li lor proprij sintomi. Non può il caual per la spallatura usar la gamba, se non egualmente, e strascinandola, & fermandosi su la punta del piede: doue che per la sfilatura, onde il mal si chiama Intraperto, e nasce per sinestri salti, o d'altro cosi fatto moto; mena la gamba larga, & a falce. Per la prima di cotali indispositioni insagnierai l'animal, che ne sarà cagioneuole, dall'uno e dall'altro lato del collo, & metterai uno strettoio alla parte offesa, composto del suo sangue, e di Armoniaco spoluerizato, lib. 3. Sangue di drago, onc. 2. Farina sottile, onc. 4 10. Vuoua con le scorze. le quai cose stemprerai con l'aceto forte, e col detto suo sangue. ne per cinque dì mouerai dal suo luogo il cauallo. e se sarà impastorato, tanto sia meglio. Ma, non migliorando egli fra noue giorni; gli farai un bagnuolo risolutiuo, e ne lo bagnerai ciascun di due uolte. Facciasi cotal bagnuolo di Assenzo, Rosmarino, Saluia, Scorza d'olmo, Mollica della scorza del Pino, Seme di lino. lib. 1. Bolli insieme le dette cose, e fa tanto di cotal bagnuolo, che tu n'habbia per 8. giorni. Et, s'ei ne pur cosi guarrira, uorrei che fosse impastorato d'un piede, & quello con una fune attaccatogli, si che porlo non potesse in terra: onde fosse astretto a saltar sopra il piede offeso, fin che si riscaldasse, e si commouesse quell'humor nociuo iui concentrato, col moto uiolento. Insagnisi poi da gli scontri per diuertir la materia. Et, quando anco ciò non gioui, lega ben l'animale, & apri col rasoio sotto la giuntura de' legamenti della spalla per diametral linea del petto. Et aperto c'haurai, scarna per un palmo in giro col ferro della Stelletta. indi metteui una ruota fatta di peli, lunga, e larga, & a quel buco conforme, in guisa, che s'appoggi sopra la giuntura della spalla: & battuta che l'haurai col piede, e gonfiata, come s'usa di fare, porrai sopra il luogo offeso uno strettoio di Pece greca, lib. 3. Pece nauale, lib. 1. Incenso, onc. 4. Mastice onc. 2. Armoniaco, onc. 1. Galbano, onc. 2. Trementina, onc. 4. Ragia, onc. 5. Ridotte, e liquefatte insieme col fuoco queste materie s'applicheran cō una Scopetta alla parte offesa ad un con l'accimatura; & farai poscia un ferro a ponte al piè della spalla ammalata. ne piu per noue giorni si toccherà, in tanto medicando la piaga due uolte il dì con una penna unta d'oglio commune. Indi trarrai fuori i peli trappostiui, & farai ciascuna mattina per alcun dì passeggiar un'hora il cauallo medicando per 25. giorni la piaga con unguento uerde. Per la qual cura se non guarrira, l'abandonerai, come disperato. Curasi l'Intrapertura, gittando l'animale in terra, & accommodandolo in modo, che giaccia con la spina, & tenga i piedi riuolti all'insù, legato ad una stanga. Poi scarna leggiermente col ferro il petto, e la spalla offesa. Et, se non uorrai usar la Stelletta, farai trappassare una funicella dal Gouitello all'altra parte dello Scontro, legando un di quei capi sul collo, e l'altro da lato della fune. Bagna poscia la spalla offesa con acqua, oue sia stato bollito Timo, Sauinella, Saluia, Pezza di filato crudo; usando cotal acqua calda. Indi rileuato, e sciolto il cauallo, lo impastura ben corto, e stretto, senza mouerlo dal suo trasto, e lo prebenda per giorni 15, o 20. come soleui; streggbiando in tanto mattina e sera la corda, che trappassa per quei fori della carne. Leua poi uia quella corda, & adopra l'ultimo strettoio insegnato per la Spallatura, che in 40. giorni il risanerai. Vsauano gli antichi maliscalchi in prò dello Spallato il dargli sopra la spalla offesa sette botte di fuoco, &, fatta l'apertura, porui un cerchio di piombo, auolto di peli. Il che fara, che la piaga dopo 15. giorni, medicata con oglio d'Oliuo, gittera fuori sangue, per la grauita del metallo. Perche allhora si trarra uia il piombo, & se cureran le piaghe con oglio dell'Vtria, facendo quindici dì prima ch'egli passeggi: perciochе la materia s'estrinstrinsichera; essendo specialmente proprieta, e natura del foco non solo di rimouere, e di uietare il concorso de gli humori; ma di confortare, e di fortificare il membro trauagliato da questo morbo, disseccando le humidita, preparate al flusso. Ma, per ultimo rimedio di cotal morbo, taglisi al trauerso il cuoio della spalla offesa in cinque parti, passando un cerro della coda del cauallo da basso in suso in quella piaga, la qual medicherai per dieci giorni l'un si, e l'un nò con unguento composto di Butiro di uacca, onc. 4. Dialtea, onc. 4. Oglio di lauro, onc. 4. Oglio rosato, onc. 4. Oglio commune, onc. 6. bolliti insieme.

De' Polmoncelli, Garresi, Spallacci, &c.

SON tra lor diuersi questi morbi non per l'origine, ma per lo sito loro. E' lo spallaccio quella callosita, che tra la carne, e l'osso nello stremo della spalla, o da' lati suoi, nasce da pressura di basto, o sella, o dall'aggrauar piu l'un lato, che l'altro, o per leuar la sella al cauallo, quando è sudato, o per esser detta sella uecchia, uacua, e non buona. Et acciò che si fatte impressioni, spinte fuori da calor souerchio per moto, s'annullito, & l'humidita corrotta in quel luogo non corrompa le parti inoffese, ui si rimedierà con mollificatiuo, composto di Maluauisco, Cauoli pesti, Sugna uecchia pesta, Brancorsina, Herba di muro. Cotte, e ben peste insieme le dette cose le porrai sopra il male. E dopo ciò taglierai, e purgherai quel ueleno, e leuerai quella carne guasta con la Soricaria poluerizata. indi medicherai con unguento, fatto di Sugna liquefatta, lib. 1. Oglio commune, lib. 1. Cera biãca, Tremẽtina, onc. 3. Verderame. onc. 1. e un terz. Col uerderame ancora gli Spallacci, e Polmoncelli guariscono, percioch'ei rode la cattiua carne, e la buona genera. Generasi per le cagioni stesse il Garrese sopra il capo cerro, & medicasi col mollificatiuo, hauendo prima adoprato quello che di sopra s'è detto, cioè preparate le materie al male. Et, perciochè il luogo offeso dal Garrese, e uicino a muscoli, e nerui, parmi, che si debba non col ferro, ma col foco aprirlo, & cosi non sol si ouuierà al morbo, ma si dissecherranno le materie iui accolte, e si confortera, e rendera forte il membro. perciochè ha dimostro l'isperienza, che, se'l neruo non è danneggiato, si risana di breue. Et, se ha sentito danno, non guarrisce in minore spatio di dieci mesi. Et auuertirai a non leuar troppo cuoio, & a far che si purghi la malignità senza doglia, dando fuoco, quando il garrese intacchi, oue si dee porre il laccio, per discacciarne quel che u'è di maligno. Et medicherai l'animale dopo il nono di con unguento uerde; perciochè fino al dì nono il foco è in augumento. e perciò dopo questo tempo giouerai piu alla piaga, se ui porrai sopra calce uergine poluerata, lauendo con l'orina, e lissiuo forte essa piaga: conciosia che cosi facendo ridurrai a salute l'osso, come che fosse tocco.

Del

Del Pizzicor della coda.

GENERA questo male humor salso, corrotto, colerico, e acceso, & credesi, c'habbia origine da quella uena, la quale internamente per la uena, scorrendo, termina nella coda. doue, come in parte estrema arrestandosi gli humori concorsi, i quali la natura non ha potuto purificare, producono nella superficie alcune croste, o scorzette, che danno indicio di cotal tristo humore; e causano un pizzicore, per lo qual si gratta, e graffia il cauallo, non senza oltraggio de' peli del torsone, e del collo, nelle quai parti, come in estreme, può, e suol nascere cosi fatta infermità, forse anco per corrottione di i cibi; onde poi si corrompe anco il sangue, che discorre per quella uena a nutrir le membra. Giouasi a ciò medicando con gli astersiui, lauando tre uolte il giorno la coda con lisciuo forte, e sapone saracinesco, e grattando quelle pustuline con coltel, che non tagli. Et, riuscendo uano cotal rimedio, si gratta il dosso, o quella parte offesa al cauallo con pomice fino all'uscir del sangue; e poi si medica con unguento, fatto di Zolfo poluerato, onc. 4. Aceto lib. 1. Oglio di Lauro, Argento uiuo, onc. 4. Succo di cipolla bianca, onc. 4. Liquor di sarde in barile, lib. 1. Succo di cibali, o copetelle bic. 1. Oglio commune onc. 4. usando cosi fatto unguento due uolte il giorno per noue giorni.

Del mal ferito, frenato, o de' rognoni.

E' il mal ferito, lo frenato, o l'infermità de' rognoni, detta da alcuni gotta: la qual toglie il sentire, e il moto delle membra, oue nasce. Generasi per carico souerchio, posto sopra le groppe al cauallo, & per percossa, c'habbia hauuta il dosso, cadente, & per calci, & altri mouimenti uiolenti: si come anco per humidita, iui accolta, & per humore concorsoui indigesto, putrido, e marcio, che dipenda da polmoncelli o garresi mal risanati; & per incisioni, e battiture di quelle parti, o d'altri somiglianti accidenti. Se procedera cotal morbo da polmoncelli, o ferite, cauisi all'animale sangue dalla uena del dosso, schiuandolo diligentemente da' raggi Lunari, conciosia che la Luna nuoce alle infermita fredde, & a quelle massimamente, c'hanno origine da flegma indigesto, concentrato, e corrotto. Et, se uedrai il cauallo giacersi con le groppe in terra, e sostenersi su le gambe sole dauanti, crederai, che non habbia a guarrire. Ora, essendo causato il male dall'altre disauuenture, c'habbian tocche di sopra, facciasi all'animale sopra i rognoni una grata di fuoco; e sopra ui si ponga lo stretto io con 'laccimatura, & con l'altre cose raccontate da noi; e da' lati, e nella parte della Scia si faran cauterij, e fontane, e nella parte altresi de gli uffoli; medicando queste quattro aperture con una penna unta d'oglio commune: e due altre

tre si facciano dall'uno e dall'altro lato della carriuola: che per tai purgationi il caual guarrirà. Ma, se procederà il mal da fredezza, porrai sopra i rognoni del miglio caldo. Et, se ciò non gli recherà giouamento, allaccierai la gola presso al capo al cauallo, e discopertagli ne gli orecchi una uena, ch'iui uerso gli occhi si stende, se la uedrai grossa, e rileuata, l'insagnerai da tutte le parti. Et così gli rimedierai prontamente.

Della Sciatica.

DA nome alla Sciatica il luogo, oue l'humor concorre o per corso, o per salti; & raffreddato fermasi in quelle concauità, cinte di muscoli, di legamenti, e giunture. La onde, essendo questa parte estrema nel corpo, e tale, quale breuemente l'habbian descritta, malageuolmente si cura, quando da cotal morbo è assalita; percioche si porge tormento al membro danneggiato, e quindi nella groppa dal lato offeso manca la carne. Adunque per risanar l'ammorbato di questo male, primieramente s'insagnerà dalle uene delle coscie, bagnando poscia il luogo offeso con filato bollito in acqua riscaldata con cenere, et accommodatoui ben molle, e caldo per tre dì molte uolte. Risoluerà cotal caldo, e rettificherà quelle parti, che iui si congregano, e si congelano. Ma, se ciò non li giouerà, per trar fuori quella malignità, s'aprirà col ferro sotto l'usso del male, scarnando con la stelletta fra carne, e cuoio, e riponendoui pelo, e così lasciando per noue giorni. Dopo il quale spatio si medicherà la piaga con una penna unta d'oglio di giglio, e si farà sopra quel cuoio una stella di fuoco, sopra della quale porrai lo strettoio con l'accimatura. Soccorre a questa indispositione etiandio l'untion composta di Oglio di Trementina, onc. 3. Oglio di gigli cilestri, onc. 2. Oglio di camomilla, Dialtea, onc. un terz. Macedonica, onc. 1. Oglio uolpino, onc. 2. Oglio d'Vtria, onc. 4. incorporato con le dette cose. Et gioua molto il suppositorio, fatto di Polue di Coloquintida, onc. 1. Polue di scorza di granato, misto col mele onc. un terz. Gioua parimente il cristiero, ordinato di Acqua di mare, Greco uecchio boc. 1. Mele, onc. 3. Polue di scorza di granato alaffio, passato per seta, onc. un terz. Et così usando l'un de' detti rimedij l'un giorno, & l'altro l'altro, in giorni quindici renderai sano il cauallo.

Della Curba.

OCCVPA questo morbo il luogo dietro al Garretto sopra la congiontura del neruo; e nasce per souerchia fatica, per battiture, per calci, e per hauer portati su la groppa grauissimi pesi. Et è debilità de' nerui; i quali per li detti accidenti si fan corui, di dritti. La onde si gonfia il luogo, ou'è il male, senza porger dolore ordinariamente, ma talhor anco con doglia grandissima, per la qual non tocco l'animal la terra fuor che con la punta del piede. Or, per curarnelo, gli si leghi la uena, e poi radasi col rasoio la parte, ch'è danneggiata, destramente, e minutamēte intaccandola, e con aceto e sale bagnandola. Et ciò fatto dopo mez'hora ponui un rottorio, fatto di Oglio di Lauro, onc. 1. Polue di cantaride, drame 2. Eleboro bianco, dram. 1. Euforbio, dram. 2. Questo lascia sopra il male 40 dì, ch'ei migliorerà. Indi ritornauene di nuouo, e lo lascia per sei. Poscia un gi per sei giorni ciascun giorno una uolta con untione composta di Dialtea, Butiro, Aggrippa. Et gli fa de' bagnuoli, che mostraremo, ragionando de' bagni, per giorni sei.

De' Tumori istraordinarij.

CONGELASI, e si concentra ogni humidità, che la natura manda nelle parti estreme, concaue, e cauernone, poi che ui si è raffreddata; & conseguentemente s'ingrossa, s'augumenta, e s'indurra: &, si come nel corpo. humano in diuerse parti, e per diuerse cause si scuopra: così in quel del cauallo in quattro modi si manifesta, i quali tutti si chiamano Galle, Ghierde, Forme, Sopr'ossi. Di questi, che fuor di natura per nutrimento superfluo, indigesto, e corrotto nascono, tratteremo hora partitamente. e prima della Galla.

Delle Galle.

SI generano le suddette indispositioni del corrotto seme de' genitori, ilquale sparso nel uaso della generatione, ne' figliuoli, col tēpo si scoprono. Onde son detti morbi hereditarij. Et però si prouede, che gli stalloni, i quali i nominati morbi patiscono, non si mescolino nelle razze. Auuienne ancora il mal delle galle per troppa fatica, & massimamente per la durata in giouentù senz'alcun rispetto; & in oltre per copia di flegma, che in quei luoghi congelasi per la sua grauità, e si fa duro; & per la fumosità etiandio della stalla, per la qual s'aprono i porri, e dan luogo, che le parti humide, e graui calino al basso; e per bagnarsi appresso in quelle estremità senza poi asciugarsi; la onde concentrato quel freddo concentra seco gli humori, che ui son naturalmente raccolti; il che causa questa impression tumorosa: perche io lodai sempre l'asciugar ben le gambe a' caualli quādo l'hanno bagnate; & lauarle ancora col lisciuo caldo a quelli, che son di sanguigna temperatura. Accompagna così fatte infermità graue doglia, & nascono ancor senza doglia; perche da' maliscalchi son dette Acquaiuole, quando calano senza dolore: il che auuiene alhora, che quella impressione non è arriuata a siccità conueneuole. L'altre poi, che piu congelate, e dure discendono, recano gran tormento. Ora per l'Acquaiuole si deura, disgregando, e ratificando quell'humidita, non ancor congelata compiutamente, curarla con unguento, fat

to

to di Sapone saracinesco, Bianco d'uouo, Gomma di mandorlo amaro, onc. 2. Farina di Fien greco, Sal gemma; miste è incorporate con orina humana, & formate in due pallotte ritonde. Metti poi sul luogo, il quale haurai prima raso, e doue appar dentro e fuori cotale influenza, le dette pallotte, e le fascia con una benda di tela si che non cadano. Et così fra poco tempo uedrai dispergersi quell'humor maligno, e'ndigesto, iui raccolto, e restar libero da quel morbo il cauallo. Ma, se questo male uerrà con doglia, auanti d'ogni altra cosa allaccierrai la uena della gamba dou'è cotale impressione, con trarne sangue, e dargli anco il fuoco, per ouuiare al concorso de gli humori. Indi darai un cerchio di foco sopra la Galla; perciochè aiuterai la natura in tal maniera alla risolutione, e disseccatione: non comprendendo però più luogo, che quanto apprende essa Galla, & nel mezo in quello dando un bolzonetto di fuoco, che penetri ben a dentro; poscia lo strettoio ponendoui sopra con l'accimatura, di cui parlammo ne' rimedij da noi per la spalla dimostri. & questo tanto sarà, quanto uaglia a coprire dal ginocchio in giù ciascun lato. Si costuma appresso per soccorrere a questa indispositione, di accerchiar con un sottil ferro affocato, contra pelo si di dentro, come di fuori il luogo, ou'è la Galla calata; acciochè non apparirà, poi che sara guarrita: &, fatto ciò con un dito su' nerui, e legamenti, ch'iui son, premer forte; che se ne trarra fuori la Galla, e dara il modo di poter punger leggiermente iui nel mezo con la lancietta, per cauar fuori quell'humidita indigesta, spremendola con la mano. Laquale uscita, ui legano con fascia ben forte di sopra, e di sotto due piumaccinoli di stoppia, e per tre dì ue li lasciano. Poi medicano la piaga con unguento Egittiaco, & la riducono a sanita facilmente.

Della Formella.

NASCE questo mal per hereditaria corrottione, come toccamo; & per essere anco stato il caual ferrato auanti i tre anni; e per impasturarsi stretti, e per troppa fatica; onde la coronella del piede si gonfia. Soccorreuisi prima, per commouer quell'humor congelato, bagnando il luogo offeso con uin bianco ben caldo. Poi s'intacca in croce, e noce, come dicono i maliscalchi; e si frega per tre dì con sal pesto. Nel nono dì poi con una roina si sfettona il piè danneggiato, e se ne fa uscir sangue. E ciò non giouando, toccasi con la punta del Torello, e si proua con tale strumento il sangue. Et, se perciò ancora quella enfiezza non s'asciughera, ui darai il fuoco ben forte sopra la coronella fra il pelo, e l'ugna, indi ui porrai lo strettoio con l'accimatura; perciochè se fra uenti dì non fara per ciò moto, guarra.

Del Sopr'osso, e delle Schinelle.

NELL'ETA' tenera generasi al cauallo il Sopr'osso per fatica, e per corso, conciosia che per la tenerezza delle mẽbra, & per la copia del flegma, che albor ne' corpi preuale, discendono alle parti basse gli humori; doue quando son grossi, e uiscosi, & abandonati dal caldo, si agghiacciano; & col tempo indurandosi, ne' cannelli delle gambe cosi brutti si mostrano. Il qual male appar di sotto al ginocchio si di dentro, come di fuori: quantunque cosi nascano rare uolte; percio che si ritien quell'humore, auanti ch'iui arriui, per l'angustia del luogo, e cosi piu per accidente, che per ragion diuenta uiscosa cosi fatta humidita per lo moto, che il souerchio calor risueglia. Generandosi adunque cotal morbo si ne' luoghi detto, come ne' lati, o di dentro, o di fuori chiamerassi Sopr'osso. Ma, se nascera da' lati, e piu uer la schiena che nella fronte di quel membro, haura nome di Schinella. Curasi nondimeno l'una e l'altra infermita in un sol modo. La onde, se non saranno quegli humori indurati, per risoluerli, userai rimedij atti al ratificare, e al risoluere gli humori non ancor concentrati, e agghiacciati. Et, se non gioueranno perciò i bagnuoli, raderai quel luogo leggiermente, e pungerailo minutamente: indi ui metti sopra un'empiastro, composto di Pepe pesto, Tartaro di botte, Gomma elemi, incorporando le dette cose con Sapone saracinesco: et ben legate sopra ue le terrai per tre dì, senza toccarle; dopo i quali ui porrai per altri tre dì una piastra sottile, simile all'empiastro di piombo; & lauerai il male ciascun giorno con orina, sale, & aceto tre uolte: conciosia che tali materie dispergono, e disseccano. Et se il sopr'osso sara inossato, & haura origine da percossa, & sara male antico, l'aprirai col rasoio, allargando il cuoio con un cornetto; e di dentro, e di fuori scarnerai con una roina picciola quella parte, pur che non sia la gonfiezza sopra la uena. Poscia empierai la piaga di polue di Vetriolo Romano, & la cucirai, acciò che non esca fuori il detto medicamento; cosi per noue giorni lasciandola. Indi s'aprira, e si spremera, che ne trarrai fuor l'impressione radicalmente. Ciò fatto, si medichera la piaga con aceto, sale, & orina, che tornerai sano il cauallo.

Della Ierda.

QVESTA indispositione etiandio generasi per colpa del seme, e per fatica istraordinaria, per urtatura, o percossa riceuuta sul garretto di dietro; e scopresi di dentro ritonda, e simile ad una palla, di forma, e di bianchezza al chiaro dell'uouo. La onde per lo sito, ou'è posta, ch'è musculoso, e pieno di spasimo, apporta seco questa infermita, nata di freddo, e d'humido, eccessiuo tormento. Soccoresi l'ammalato, insagnandolo di dentro alle coscie, & destando la natura alla risolution dell'humidita congelata con bagnuoli di Vino eccellente, Saluia, Assenzo, Maiorana, Rosmarino, Scorze d'agli, Scorze di granata, Paglia d'orgio grossa, tutte le dette cose scaldate insieme. Et, se non giouera ciò la uena gli allaccierai in quella parte, oue appar si fatta gonfiezza; e nell'ottauo di

aprirai

aprirai quella fonte, radendo l'Ierda dalla parte di dentro, e minutamente col rasoio pungendola, indi con aceto, e sale fregandola, si come detto s'è de gli altri tumori. E dopo lo spatio d'un'hora che ciò fatto haurai, porrai sopra il mal di quel rottorio bianco, che poco auanti insegnammo. Ma, se per tutto ciò non migliorera gli darai il fuoco minutamente; poscia ui metterai lo strettoio, gia descritto da noi. per le quai cose s'ei non guarrira, rimarrassi incurabile. Pure io ricorderò de gli altri rimedij per tentar la fortuna: Conciosia che, secondo le temperature de gli animali, e le nature de' morbi non ben conosciute talhora, apportano spesso utile quei medicamẽti che si stimauano prima inutili. Insagnerai dunque prima il cauallo della uena cõmune; e poi lauerai il luogo tumoroso cõ bagno fatto di Castagne uecchie con la scorza, mis. 3. Radice d'olmo, Frõde di saluia, lib. 1. Rosmarino, on. 3. Cepolle 2. abbruciate, Radice d'hebuli, on. 4. Aceto, quar. 3. Vino, quar. 1. Bolli insieme le dette cose, et ui bagna l'animale, ilquale harai prima fatto caminare un buon miglio. Poscia cõponi un'empiastro delle materie nel bagno bollite, et medica il luogo offeso, legandoloui sopra cõ una fascia, acciochè nõ cadano. Ma, per proceder piu sicuramẽte, loderei doppò il bagno, che sopra il mal si mettesse un così fatto rottorio. Prendi Sapone saracinesco, onc. 1. Cantaride pesta, onc. 1. Solimato pesto, onc. 1. Oro pigmento pesto, onc. 1. Calce uiua, on. 1. Rotto poi il luogo, e cacciatone fuor quel ueleno, medicherai la piaga con Aloe epatico poluerato, e stemperato con succo di piãtagine minore, con laqual'herbe si guarrisce il ramarro da' morsi de' serpi.

Dello Spauano.

PATISCONO lo Spauano i caualli, che alzano le gambe piu di quel, che si deue. Generasi cotal morbo per humori, prouegnenti da' principij de' lacerti delle coscie di dietro, cioè dalla carriuola, ch'è su la groppa uerso il di dentro; & quindi per gli interni meati scorrendo fino a' garretti, ui si fermano, come la curua, & ui producono una gonfiezza simile all'uouo & conciosia che risie de sopra i musculi, e legamenti, ritira, e ristringe i nerui. la onde piu lentamente quella parte si moue; & perciò il caual batte co' piè la terra, iquali ha quasi priui di sentimento. Stimasi così fatto morbo incurabile, e rari cauai ne guariscono. Pure è rimedio a ciò attissimo il rader quel luogo tumido, e medicarlo poi con empiastro, fatto di Mele, Sugna pesta, Seme di sinapi, Cimino pesto. Queste cose insieme bollite, & in empiastro ridotte porrai sopra il male, & le ui terrai ben legate, senza toccarle per noue dì. Poscia gli si dia il fuoco, come all'Ierda; e ui si adatti poi lo Strettoio con l'accimatura, qual nello spallato si adopra. & così da' nuoue fino a' 25. giorni si curi. Indi lauisi mattina e sera col liscino forte. Conforta i nerui il primo medicamento, & humetta i luoghi de' nerui: ma il fuoco osta al raccoglimento di quegli humori: e'l liscino dissecca le *le superfluità, che poteano iui adunarsi. Et ueramente io penso, che, se'l mal non sarà troppo uecchio, si risanerà in questo modo. Or fauelleremo delle ferite.*

Delle Ferite.

DEESI *primieramente essere auuertito in tener le ferite monde: lequali per lo piu riceuono i corpi in luoghi spasimosi, carnosi, neruosi, e cartilaginosi, e ne' legamenti, nel capo, nell'ossa, & in altre uirtuose, e spiritali parti, apportando, e nõ apportãdo cõ loro cõtagione; & riceuẽdosi o per saette, o per fuochi penetrãti, e superficiali, o per punte, o per tagli. Et però nõ in un sol modo curar si debbono, non essendo tutte d'un modo. La onde, per distinguer la cura loro, io dico, che le piaghe, le quai non saranno in luogo nobile, e musculoso, si cureranno, doppò cucite, con la stoppia immollata nel chiaro dell'uouo, lasciandoui tanto d'aperto, che purgar possano, e dentro una tasta mettendoui, simile ad uno stoppino, che Stuiello suol dirsi. Et miglior sarà di cotal chiaro solo lo sbattuto con oglio rosato, e sale. La qual cura userai per un giorno intero. Poscia medicherai la piaga, acciò che purghi, con digestiuo, fatto di Rosso d'uouo battuto, Mel rosato, Sangue di drago poluerato, Oglio rosato. Ma se saran le piaghe in parte spasmosa, e neruosa, auanti che altro si faccia, medichisi il luogo offeso con Oglio di trementina, Oglio commune, Ruta, Disculi. Il tutto cotto, e bollito insieme: conciosia che si uieta in così fatto modo lo spasimo. Et, se sarà il neruo tocco, lo tronca, per schiuare lo spasimo. ma, se fia tronco, ouuierati al concorso de gli humori co' difensiui. Ma prima d'ogni altra cosa, parmi che s'adoprano l'euacuationi, per affrenar la forza del membro mandante. Lodo poi il medicar cotai piaghe per noue giorni con Oglio d'Ipricon, o perforata. Ne biasimo, che si dia il fuoco in cerchio sopra la ferita, se fia situata su le uene maggiori del collo. Et, se si dimostrerà negra, e infetta la piaga, userai l'unguento Egittiaco; col qual prohibirai, che non si conuerta in ulcera putrida, e corrosiua; si come sogliono far le Premiture, e rotture, che sopra il dosso del cauall nascono ne' luoghi della sella, e barda. Perche lo curerai, come de' polmõcelli, e garresi, primieramẽte cõ mollificatiui, cõposti di Malua cotta, Sugna uecchia, Brãca orsina: e poscia fin'a sanità perfetta con unguẽto uerde, e cõ rosso. Ma, se uedrai corruttione, o malignità nella piaga, doppò le necessarie purgationi struggerai cotal malignità con polue, fatta di Radici di leporazzi, peste insieme col mele, Radici di Cocomerina, Radici di barbaschi, Foglie di persico, Calce uergine. Stempera il tutto insieme, & poni a cucinar nel forno, fin che diuenti polue, e poi l'usa. Sono le ferite di punta nel capo a curar malageuoli, per la loro Strettezza: conciosia che quasi non si può per apertura si angusta estragger fuori la malignità rauoltaui. Pure così quelle di punta, come quelle di taglio si cuciranno. Et, perciochè portano e non portano seco le ferite, da* te in ogni parte del corpo, contusione; bisognerà nel curarle considerar la qualità dell'arma offensiua, e de' colpi, se saran naturali, o uiolenti. conciosia che la spada è arma naturale, e naturale il suo colpo: doue l'accio e'l baston ferrato sono arme piu uiolente: e molto più la Saetta, e lo Scopio. Se adunque non sarà la ferita con contusione altrimenti, basterà medicarla col digerire; ma se dimostrerà contusione, prima ch'altro si faccia la medicherai co' putrefattiui, acciò che il membro si purifichi senza attratione, e tormento. Ora la ferita, che nel capo haurà riceuuta il cauallo, se non sia penetrante, e profonda si curerà co' medicamenti, nell'altre piaghe userai. Ma, se penetrerà (il che auuien di rado per la durezza, e altezza dello'sso, e per la robustezza del craneo, e sodezza de' pannicoli) la curerai nella guisa, che si curra il capo dell'huomo; cioè con aprir la carne, con rader l'osso fin che n'appaia il buono; indi sopra la piaga mettendo del mel rosato., ilqual purgherà i pannicoli; e poscia con l'unguento incarnatiuo la salderai. Ma, perciochè o si restano, o si traggon fuori le punte delle saette; e talhor son tinte di ueleno, e talhor senza: se non si rimarrà il ferro medicherai la ferita con le medicine ordinarie delle ferite, hauendo riguardo a' luoghi spasimosi, e non spasimosi, & all'allargatura, che lasciar ui dei, acciò che purghi. Et, restandoui dentro il ferro, sarà di mestieri ouuiare al flusso. il che si fara accostando la linosa alla piaga, in un cerchio, e per tre giorni lasciandolaui. doppò iquali tenterai di trar fuori il ferro destramente col digestiuo, che i maliscalchi chiamano attratto. Et, se sarà uelenoso il ferro, d'intorno alla ferita da il fuoco primieramente, & prouoca quel ueleno medicando la piaga con la Sodona pesta, e mista con Teriaca per noue dì, nel quale spatio perde il tosco sua forza. Indi, per digerir la materia, usa il digestiuo; & gli altri unguenti poi per incarnare, e saldare la ferita. Ora, quanto all'archibugiata, le palle o n'esce o si resta. Se uscirà, ponui per tre dì il laccio, che così ui darai pendenza, & manterrai la ferita aperta, la quale ugnerai con oglio rosato; hauendo in ogni cura rispetto alle principali, e spasimosi parti. Ma, se la palla si rimarrà, e non sarà però troppo a dentro, terrai aperta la piaga con spugna; e se sarà troppo a dentro passata, con stoppini o tasse piu lunghe, o con Gentiana, laquale è una radice sottile, e secchissima, che posta doue è humidità più d'altra cosa si humetta, e s'ingrossa. Allargherassi con si fatto rimedio il luogo, e per se stessa la palla, o con lieue fatica, e senza dolore uscira fuori. Il che se auuerrà, la medicherai poscia con unguento uerde fin che sia risanata: come che atto a ciò sia ogni unguento, hauendo prima il fuoco chiusa la uia a gli humori, che sogliono facilmente in cotai luoghi discendere.

IL FINE.

INFERMITA', CHE SOGLIONO MOLESTARE I CAVALLI.

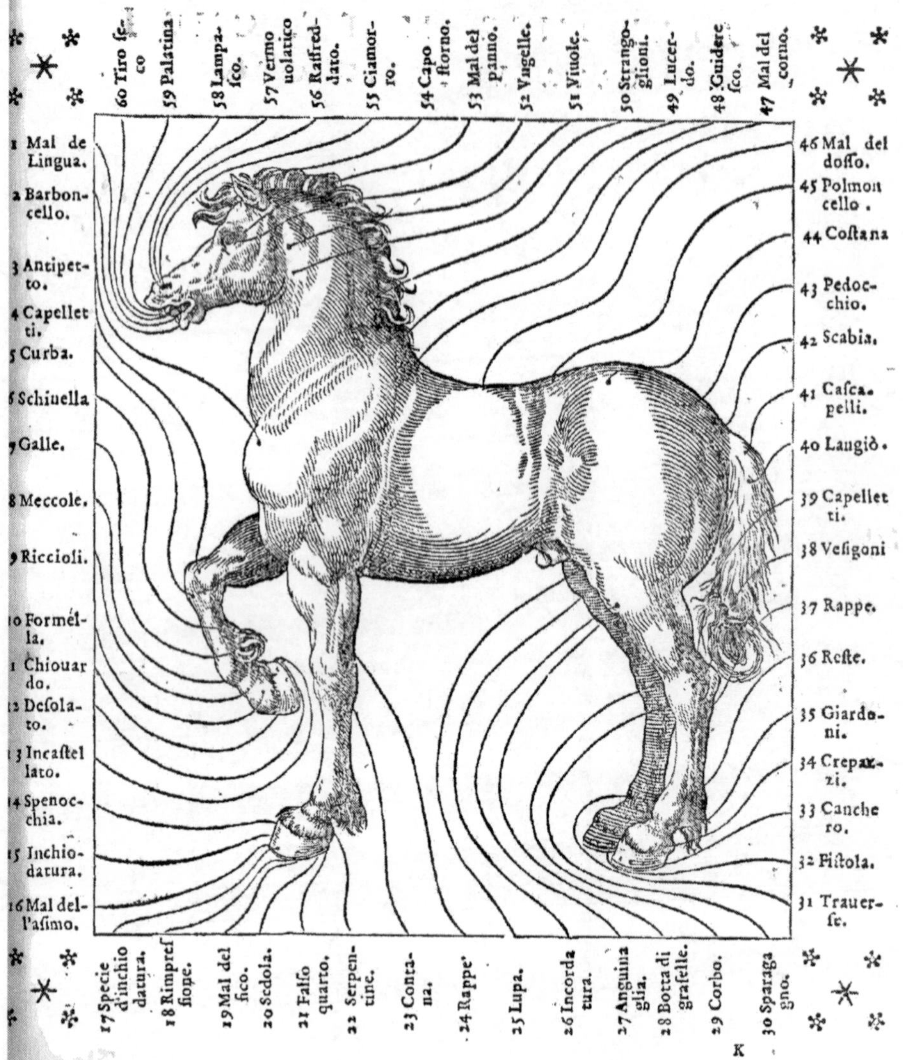

RIMEDII APPLICATI ALLE INFERMITA', CHE I CAVALLI PATISCONO.

1 *Al mal de lingua.*

Se non è bisogno tagliare, medica con mele rosso, & medolla di porco salato tanto de l'uno, come de l'altro, con un poco di calce uiua, & altre tanto di pepe pisto, & fa ogni cosa bollire insieme, & ungi due uolte il giorno.

2 *Al Barboncello.*

Tira molto ben su dal palato le barbole con un ferro sottile, infocato, et aguzzo, & poi pianamente le tagli con le forfici presso quanto sia possibile al palato.

3 *Al antipetto.*

Cauagli sangue delle uene solite, dall'una parte, & dall'altra del petto, poi li poni sotto il petto congrui, & atti seconi, o lacci, mouendoli bene due uolte il dì, come del uerme, facendoli portare per quindeci giorni.

4 *Alli capelletti.*

Fa come i spauani doue comincia. Radi prima, poi togli il piu tenero de l'absentio, appio, palatara, & branca ursina, pista ogni cosa insieme, con tanta songia di porco uecchia, & cuoci tutto insieme, & metti sopra.

5 *Alla curba.*

Taglia la pelle per lungo quanto è la curba, poi poni una pezza di lino in uino caldo, & spargeui uerderamo sopra, & ponila a questo modo sopra la tagliatura, fin che sia sano, anchora molto uale il nodo, come si dirà de la giarda.

6 *Alla schinella.*

Da spesse, & conueniente cotture di fuoco sopra le spinole, per longo, & trauerso, secondo che parà piu espediente, poi cura le cotture come si dirà di sotto delle giarde, & auuertisci, che il fuoco, è la cura di tutte le infirmità.

7 *Alle galle.*

Tiene il Cauallo, che ha le galle di mattina, & di sera in acqua fredda, e uelocissima un gran pezzo insino a i genocchi, per fin che le galle si restringono, poi li farai presso la giontura conueniente cotture per diritto, & trauerso, & fa come della giarda.

8 *Alle maceole.*

Daragli il fuoco cinque fiate con ferri larghi da tutte due le parti, ma se sarà nella parte dinanzi sotto il ginocchio, dalli il fuoco a trauerso una botta dell'altra, & curalo, come le altre botte di fuoco.

Alle

9 Alle ricciole.

Taglia uia, & radeui attorno, ilche fatto, metti sopra calce cruda poluerizata, & fa questo ogni giorno, & non lasciar bagnare fin che non sia risanata, & prohibisci il fuoco quando sono nel piede neru oso.

10 Alla formella.

Togli radice di maluaueschi, radice di gigli, & radice di tasso barbasso, pista ogni cosa insieme con tanta songia che basti, poi le fa cuocere insieme, & poni suso a modo di empiastro, mutando spesso, ma radi prima il luoco come i spauani.

11 Al chiouardo.

Togli pepe, agli, foglie di cauli, & sungia di porco uecchia, che in pochi di o la maturarà, o amazzarà il chiouardo, & io l'ho prouato, & trouatolo uero.

12 Al desolato.

Taglia d'intorno la sola del piede di sotto l'ungia, poi riuolta la suola & estirperai della parte di fuori, & lascia uscire da per se, & poi fa una stoppata cō bianco de ouo, ponendone assai, & liga ben tutto il pie, & dopo dui dì laua con aceto forte alquanto caldo, empi di sale, & tartaro e stoppa.

13 Al incastellato.

Togli crusca, & menala in aceto fortissimo, mischia seno di caprone, & ponilo al fuoco a bollire, mouendolo sempre, fin che diuenga spesso, & poni sopra la giontura caldo, & ligali con una pezza, mutando due uolte il dì, & uale.

14 Alla spanocchia.

Non trar sangue, ma medica con unguento, cioè incorpora fichi di Barbaria, & calcina uiua, songia uecchia, libra una di ciascuna, fior di hisoppo onze quattro, & metti sopra.

15 Alla inchiodatura.

Se il tuo Cauallo è offeso dissolale l'ungia, & taglia intorno, poi empi di stoppa bagnata in bianco de ouo, poi cura con sale pisto & aceto fortissimo, o poluere di gala, o mortella, o lentisco, come ti piace.

16 Al mal dell'asimo.

Leuane li peli, poi pone farina ben mescolata, & cotta con songia, & fa così dui dì, mutando ogni giorno due uolte, poi poni su calce uiua, & sapone, e seuo per tre dì, mutando ogni dì due uolte, laua con aceto caldo, & poneui sopra herba caprinella, fin che sia sano.

17 Alla spetie d'inchiodatura.

Scopri il luoco, & laua con aceto, poi fa bollir sale pisto in uaso piccolo, & hauendo bene bollito leual dal fuoco, & metti quattro uolte tanta trementina, & metti caldo in la chiodatura, & raffredita metti su poluere di zolfo uiuo, & sopra stoppa.

18 Alla rimpresione.

Caua con la picilla rosnetta la estremità dell'ongia innanzi che la uena maestra si rompa, & lascia uscire sangue, poi empi la piaga di sale minuto, & sopra stoppa infusa in aceto, legatela bene, che non possa distegare.

19 Al mal del fico.

Taglia l'ungia ch'è appresso la piaga tanto profunda che si faccia uno sparto conueniente fra la sola del pie, & ficca ben stretto una spõga marina con una pezza, tal che quel che resta se torna.

20 Alla sedola.

Taglia l'ungia di sopra la rosnetta fin al uiuo, & curaui fin al uiuo, o uolendo mortificarla con poluere di asfodili, o con altre poluere, poi fa cuocere insieme poluere d'olibano, mastice, seuo di caprone, & cera, tanto di uno quanto dell'altro, & fanne unguento, & ungi due uolte il dì fin che si salda, ungendo fin la pastora.

21 Al falso quarto.

Laua il pie, & radi intorno al luoco, e tocca con il dito, & se gli dole sarà maturo, allhora aprilo con un ferro pongente, & lascia uscire la putredine, e poi piglia sterco di cauallo, oglio, uino, sale, & aceto, & insalda suso in modo d'impiastro, e il terzo dì distegalo, e guarda non sia prede, o stecchi.

22 Alle serpentine.

Tiragli sangue de li piedi, & pungeli la uena dalla gamba di fuori, o di dentro, e non doue esce l'ungia, ben si die sotto l'ungia rasparui, poi laua con uino, & distẽmpra sugo di acacia gialla, & acqua, di sorte che sia come un miele, & ungeli, o pistar sungia, e pece liquida.

23 Alla contana.

Radi il luoco gonfio, poi togli absentio, palatara, brancaursina, & il piu tenero delle frondi, tutte queste herbe tanto di uno come de l'altro, & pestale con songia di porco uecchia, & falle bollire in un uaso, & metti mele, & oglio di lino, & farina di grano mouendo fin che sia cotto, & metti suso.

24 Alle rappe.

Pela il loco, poi laua con acqua calda, che sia cotta in alba, semola, & seuo di castrone, & quelle cose decotte tien suso ligate fino la mattina, & tolte uia, ongi quel luoco con unguẽto fatto di seuo di castrone, eccetto nõ ui fosse termẽtina.

25 Alla lupa.

Taglia d'ogni intorno, e stirpalo da la radice, poi taglia il luoco della piaga, che pende acciochè non ui posa niente di putrefatione, nel resto poi fa come si è detto di sopra nel polmoncello.

26 A l'incordatura.

Togli aceto fortissimo, e creta bianca pista, e moueli tanto insieme, che sia come pasta molle, mischiandoui sale ben pisto, & con questa pasta ungine sufficientemente tutti i testicoli, ritornando due o tre uolte il dì a porne.

All'

27 All'Anguinaglia.

Anguinaglia è specie di botta de grasselle; Però togli sale ben pisto, & spargliele sopra l'intestino, & riponegliele alquanto dentro, poi togli lardo fatto a modo di sopposta, & ponglielo dentro, & sopra li poni malua cotta, fin che sia sano.

28 Alla botta di grasselle.

Togli radice di maluauisco ben cotta, e pista la scorcia, et ponine sopra il luoco due, o tre, o quattro uolte, poi habbi semenze di senapi pista, & radice di malua cruda bene meschiata con poluere di sterco di bue cotto, & aceto, & poni sopra.

29 Al corbo.

Tostó che uedi offeso il neruo, che comincia in la testa del garretto, & ua appresso i piedi, da il fuoco in quella gonfiatura del neruo per longo, e per trauerso con spesse & conuenienti linee, poi fa come è detto de la giarda, metti sterco di bue caldo per tre dì, poi li ungi con oglio caldo, & poi cenere calda.

30 Al sparagagno.

Tosto che uedi infiarsi sopra il garretto di dentro, allaccia la cosa di dentro, in alto, & dagli una punta di lancetta, e lascia uscire tanto che puole sangue, poi subito da punture di fuoco sopra li tumori de spauani per lungo & trauerso, & medica come la giarda.

31 Alle trauerse.

Piglia un ferro tondo, & dalli il fuoco a la estremità, perche questa cottura non augmentarà anzi mancherà. Vn'altro rimedio, togli termentina oncie otto, cera bianca oncie quattro, & poneli in un uaso stagnato con meza penta di uino bianco.

32 Alla fistola.

Apri la fistola & dalli il fuoco, cuocila con la medicina che si fa di calcina uiua, fin che le brozze caschi, perche purgata presto si riempie di carne, ma se la fistola fosse profonda, adopera ferri lunghi e medicala.

33 Al canchero.

Prendi sugo di radice di asfodelli oncie sette, calcina uiua oncie tre, & pestale insieme, arsenico poluerizato oncie due, poi metti le dette cose in un uaso di terra serrato di sopra, & cuoci al fuoco tanto che diuenti poluere, & metti suso, ma laua prima con aceto.

34 Alli crepazzi.

Piglia fuligine oncie cinque, uerderame oncie tre, & pimento oncie una, pistali bene, e giongeli alquanto mele liquido, e poneli al fuoco, mischiandoui calcina uiua, & mena bene insieme al fuoco, & ongi due uolte al dì caldo.

35 Alli giardoni.

Quãdo la giarda fusse nel garretto, dalli il fuoco nel meggio del tumore o giarda, & per lungo e largo, & fatto questo togli sterco bouino fresco, menato con

oglio

oglio caldo, & poni un'uolta sopra le cotture, & ancora fa come è detto delli capelletti.

36 Alle reste.

Incorpora oncia una di cenere calda, oncie una di calcina uiua, cosi uino e mele, & auanti che induriscano metti sopra il male, poi che sia stato aperto, & cosi continuarai se sarà il male nouo, & se è uecchio dalli il fuoco, & curalo come de gli altri.

37 Alle rappe.

Pela il luoco, e laua con aqua calda cotta, poi piglia nalba, semola, seuo di castrone, cera noua, termentina, e gomma arabica egualmente mescolati, et con detto unguento caldo ungi due uolte il dì, lauando sempre auanti col uino caldo, & cosi continua fin che sarà guarito, & non lasciar bagnare.

38 Alli uesigoni.

Taglia la pelle nel mezzo, e di sotto poi (saluo se il tumore mancasse) muoui cõ una brocca di legno l'humore che è tra la pelle, e spremi forte fuora, & taglia la pelle sotto il tumore, e metti un ferro caldo, et in capo di sette dì fa il medesimo.

39 Alli capelletti.

Radi i peli sopra il male, e togli radici di maluauisco ben cotta, è pista la scorza, poni sopra tre o quattro uolte, piglia semenza di senapi pista, e radice di malua ben minuzata, e polue di sterco bouino cotta, tutta miscia insieme con aceto, e poni sul male tre o quattro uolte il dì.

40 A l'angiò.

Fa un capitello il piu forte, che poi, poi bagna molto bene stopa, et desicala, rebagna nel capitello, & reponila sul male, & continua questa cura tre o quattro dì, ribagnando tre o quattro uolte il dì, & guarirà perfettamente.

41 Al casca peli.

Taglia in lõgo nella estremità uerso le natiche, infino al quarto nodo dell'osso, che è nella coda, e cauane fuora con uno ferro l'osso baruola, et gettalo uia, poi poni sale per tutta la fissura, & con ferro caldo tocca il sale, fa come è detto per la coda.

42 Alla scabia.

Togli un poco di solfo d'incenso maschio di nitro di tartaro, scorze di frascio, uitriolo, uerderame, eleboro bianco, negro meloteragno, & tutte queste cose mescola insieme con rossi d'oua allesse, oglio commune, & fa bollire & ungelo.

43 Al mal del pedocchio.

Recipe more crude, & origo da caualli, con radice di morari, & fa bollire, poi fa con detta acqua lauare, & se detto male fusse rotto, piglia sangue di drago, & sugo di porri, sale, pece, oglio, & sungia uecchia di porco.

44 Alla costana.

Piglia qualche altra pellicula tanto longa quanto le rene; ma radi prima il

pelo,

pelo, & piglia bollarminio, galbano, armoniago, sangue di drago, & di cauallo fresco, & pece grega, mastici, oldano, & pista tutto insieme, & incorpora con chiara d'ouo, & farina di formento, & metti suso.

45 *Al polmoncello.*

Togli un serpe tagliali la testa, e la coda, del resto fa pezzetti piccoli, & poneli nel spedo a rostire sopra le brase sin che il grasso comincia a liquedarsi, allhora ponilo su il polmoncello & non altroue.

46 *Al mal del dosso.*

Togli tre parte di letame, ò sterco di caprone, & una di farina di grano o segala, & sia il fiore, & mischiale bene insieme, & falle cuocere alquanto, poi ne poni tepido sopra il male, & è perfetto.

47 *Al mal del corno.*

Pista bene cauli saluatichi o domestichi uerdi, con la songia uecchia di porco, & poni sopra il male, poi caualca il cauallo, acciochè la medicina entri nel male per alcuni giorni, & guarirà.

48 *Al guideresco.*

Taglia con il ferro atto, & cauane tutta la marcia, & fa una stoppata con bianco de ouo, & laua poi con uino tepido, & ongi con seuo di ogni animale.

49 *Al lucerdo.*

Piglia un ferro come subia aguccio affocato e sbusa, & scuotali la carne per longo, & trauerso di ogni banda del collo appresso il corpo in cinque luochi, & tra una cottura & l'altra sia tre dita, & metti cordella per quindeci giorni.

50 *Alli strangoglioni.*

Tosto che uedrai crescere li strangoglioni, pungeli sotto la gola i secconi o lacci la mattina & la sera, poi copri la testa con una coperta di lino, & ungi spesso di butiro tutta la gola, & specialmente il male.

51 *Alle uiuole.*

Recipe il ferro lancietta, & taglia per longo, & stirparle affatto, & piglia lino bagnato in chiara d'ouo, lascia per tre giorni, dipoi medica come di uerme.

52 *Alle ungelle.*

Alza ben questa ungia con ago di auorio, & tagliala attorno con un ferro, o con la forfice. Vn'altro rimedio. Poluerizza una lucertà uerde, insieme con poluere di arsenico, & poni suso & copri benissimo.

53 *Al mal del panno.*

Togli ossa di seppa, & sale gemma tanto de l'uno quanto dell'altro, & spoluerizali sottilmente, poi buttane dentro all'occhio con un canello due uolte al dì, & piu come a te piace.

54 *Al capo storno.*

Legata stretta in punta d'un bastone, & unta poi di sapone saracinesco, porglila dentro le narici quanto poi legieri.

Al

55 Al ciamorro.

Togli una libra di fieno greco, fallo bollire in acqua fin che si aprino & crepino, poi con l'acqua di questa decotione mischia con una o due libre di farina di grano, dandogli a beuere due uolte al giorno, non dandoli altro, mentre è possibile, cauandonela piu tosto, come si è detto.

56 Al raffreddato.

Piglia auro pimento, e solfo, e ponilo in su i carboni accesi, & fa andare il fumo nelle narice del Cauallo, che gli humori congelati nel cerebro si dissolueranno e potranno uscirne fuora.

57 Al uerme uolatico.

Cauagli sangue dalle uene commune di amendue le tempie, poi li poni i lacci sotto la gola, & cosi del aiutarsi, & menare de' lacci, come del maneggiare, & caualcare, & stare in luoco freddo, & fargli un canterio profondo, & una stoppata con bianco di ouo, & lascia tre dì in la stalla il Cauallo.

58 Al lampasco.

Habbi una falcetta, che sia acuta, scaldala bene, poi taglia il tumore delli due primi solchi, gia detti, cauandone quanto piu la falcetta taglierà, se il male fusse nouo, allhora si puo cauar sangue con lancetta del terzo solco fra li denti.

59 Alla palatina.

Frega ben il palato, poi ungi con mele bollito, con cepolla, & con caso arostito. Vn'altro rimedio, scarnaui bene con un ferro sottilissimo, a tale che l'humore grosso esca liberamente fuori, & non si manchi de gl'infrascritti rimedij della lauanda.

60 Al tiro seco.

Togli mel rosso, & medolla di carne di porco, di calce uiua, & altrettanto di pepe pisto, & fa ogni cosa bollire insieme, menandolo sino che ritorni come unguento, delquale poni due uolte il dì sopra la piaga.

PER OGNI ENFIAGIONE, PVRCHE non sia di materia calda.

Piglia cera, pegola, ragia colfonia, armoniaco oncie sei di ciascuna, songia di porco oncie doi, salnitro, calcina uiua, scalogne, sterco di colombo oncie una di ciascuno, oglio di cedro oncie sei, acqua e mirra liquida poco, & incorpora insieme, & ponile sopra.

Per il cauallo che ha il male dell'orzuolo, e che casca dal mal caduco, ouero dalla brutta, e che non puo caminare, ouero leuarsi in piedi.

Coglierai foglie di fichi saluatichi e le pistarai con diligentia, & le gittarai in acqua tepida, poi colerai, & con un corno gli darai da beuere due o tre uolte, e poi con uiolentia lo farai caminare, & cosi sanerà.

Alla

Alla febre cosa approbatissima.

Per forza bisogna salassar il cauallo che ha la febre, e dargli a beuer questa compositione. Gentiana onze sei, semenze di apio onze sei, ruta un manipulo, & metti in una pignatta di terra a bollire con acqua, tanto che scemi il terzo, & quando la uedrai diuentar negra, sappi che il rimedio è cotto, di questa decotione pigliane onze sette e mezza, e con un corno dagli a beuere.

Ontione che alleuia il dolore e molestia della febre.

Piglia oglio de iride oncie quattro, sugo de panace oncie una, oglio di laurino oncie quattro, oglio gleucino oncie quattro e mezza, castorio oncie quattro, hisopo oncie quattro, songia libre una & oncie una, ascenzo meza onza, & poni le dette cose insieme, & ongilo, cosa approbatissima.

Alla tosse pigliata per uiaggio.

Dissolue in uino tanto laserpitio, quanto è una nocella, et questo un dì solamente con un corno gettalo in gola all'animale, e butiro.

Alla tosse, & al bolso.

Pesta aglio, & siderite, & uetriolo herba, e con songia uecchia fa bocconi, le quali per tre dì darai all'animale, bagnandoli in mele, e butiro.

Al mal del bolso.

Fa pilule di leuamento di formento, colquale si fa leuare il pane, con uin cotto, e falle inghiottire all'animale, tanti giorni che si sani, ne ti scorderai quando gli darai beuere, mescolarci farina ne l'acqua.

Rimedio al sfredimento de Caualli.

Fa bollire ruta, e mastici, con un poco de olio, e mele & aggiongeui peuere, & li darai a beuere, cosa prouata.

Vn'altro rimedio al sfredito.

Dagli a beuere sangue di porco caldo.

Alle ferite delle spalle.

Pesta galla de Soria, & incorpora con mele, e mettil su la ferita, & uederai che tosto si sanerà.

Alle ferite de nerui.

Piglia cera libra una, oglio onze otto, uerderame onze tre, pece cotta libre una, poluere d'incenso onze tre, aceto quãto basti, l'incenso, et il uerderame dissoluerai con l'aceto, poi mescolarai l'altre cose, & ungerai la ferita.

A dolor de nerui.

Torai cera libra una, storace altretanto, uerderame tanto, propoli libra una e mezza, cera bianca altretanto, pomelle di lauro libre quattro e mezza, & il tutto incorpora insieme, & ongi li detti nerui.

Per le ferite della schena.

Fa poluere di scorze di ostreghe, e mettila sopra il luoco, ouero scorze di granciporo brusciato e poluerizato.

Del bianco che nasce ne gli occhi.

Torai Salnitro con mirra, e mel ottimo, e finocchio pesto, t amisato, e mescollalo insieme, & ponili sopra per alquanti giorni, & si sanerà.

Compositon per mal de gli occhi.

Piglia spigo nardo drame dua, zafarano drame una, farina d'amito drame dua, mele ottimo quanto basta, & incorpora insieme, ponilo sopra, & si sanerà presto.

A morsicature de cani rabbiosi.

Torai sterco di capra, salmora uecchia di Ciefali onze sei per ciascuna, noce numero trentasei, ogni cosa incorpora, & ponile sopra per fino che guarisca.

A ogni infiammagione che uenisse al Cauallo.

Torai terra cimolia di Candia, olio buono, aceto, poluere d'incenso onze quattro, scalogne, lumache peste, fa de ogni cosa empiastro, e metti sul luogo, e se sarà inuerno fa che sia caldo, e se è state fa che sia freddo.

Rimedio, che mai non si rompe l'ungie al Cauallo.

Leuato che hauerai l'animale dà l'herba, piglia dattoli, e leuatogli l'ossa empie di biacca, poi fa che l'inghiottisca, questo farai de stagione, in stagione, e cosi si conseruarà sano.

Alla chiara mata.

Torai farina de orobi, mescola con uino, o mele, & pone sopra il male spesse uolte; Ouer torai feccia d'oglio, & fa bollire in uino austero, & fomenta il loco. Anco la faua franta, & sterco porcino meschiato con uino, nel qual sia bollito scorze di pome granato gioua facendo empiasto.

QVALITA' DE' STALLONI, ET DI Caualli.

I Caualli che debbano essere boni stalloni cosi uogliono. Ne gli occhi nõ sia biãchezza alcuna, siano presti al montare, non deboli, fugasi quelli che hanno le uene groppatte attorno i testicoli, perche sono inutili, come anco quelli c'hanno se non un testicolo, sia generoso, & di cinque anni, & sarà buono per fin'alli quindeci anni. Poi habbia le conditioni d'un bello Cauallo; & prima sia di grande statura: di bello capo: habbia la faccia grande: le mascelle, labra, & gli occhi ne piccoli ne concaui: le narici larghe: l'orecchie non pendenti ma picciole: il collo largo non curto: il petto carnoso & largo & muscoloso: le spalle grande: le parti di sotto le spalle & sopra i genocchi grosse, carnose, robuste, & distanti, il dosso grande, la schena larga, & non piegata in su; ma in essa una retta linea sottile: il uentre non molto eminente: i fianchi piccioli: le coste larghe: la croppa ne il culo sia aguzzo: la coda picciola ma densa: le coscie carnose, & appresso l'una a

l'altra

l'altra: i testicoli uguali & grandi: i genocchi grandi: le gambe rotondi: li stinchi mediocri, ma assute, neruose, & d'un colore: la parte fra il stinco & piede ne alta ne bassa: il piede non piegato: l'ungia grassa: il mantello lucente & alquanto morello: & nella faccia un bianco, e buono segno, ma il nero è benissimo: non habbia il uentre canuto. Et questo sarà le conditioni del stallone. I caualli c'hanno gli occhi di uario colore, presto perdono la uista, ma se haueranno il muso, o la faccia, ouer attorno gli occhi bianco, in piu lungo tempo per natura uengano uecchi.

Non ostante tutte le sopradette cose, & rimedij sopradetti; si mostrarà in questo capitolo, vn bellissimo, et nuouo modo da cõseruare i caualli, et sanarli da ogni grande infermità; & questa sarà con grandissima ragione & uera esperienza. Il modo adunque di conseruare li caualli nell'inuerno sarà questo, cio è tenerli in stalla, & darli a mangiare fieno, paglia, & biaua, & darli bere due volte il giorno, acqua che non sia molto freda; ma bisogna auertire che nelle stalle doue stanno caualli non vi fusse peccore, perciòche doue stanno peccore et caualli insieme li caualli diuentano ciechi. La primauera si salassano sotto la lengua, & se gli fanno beueroni d'acqua e farina, & se gli dà a mangiare herba fresca; la state se gli dà a mangiare paglia & spelta, scorzo di meloni con semola; & se gli dà a bere acqua fresca e chiara. L'autuno se gli dà fieno et orzo, et semola: et questo è quanto alla conseruatione secondo il vitto; quanto al curarle nell'infermità dico che quando hanno alcuna infermità interiore, ouer piaghe alle gambe; il rimedio sarà, il darli vna drama di precipitato mescolato con semola, & questo lo sanarà con grandissima prestezza: & questo è gran secreto appresso il mondo, & quando hauessero broze ò piaghe vntarle con unguento di litargirio crudo, & con tal ordine si uedrà miracoli in materia di caualli; cose non mai piu udite al mondo.

REGISTRO.

(ABCDEFGHIK. sono Quaderni, eccetto (ch'è Terno, & K Quinterno.

a b c d e f g h i x l. sono duerni, eccetto l ch'è cartesino.

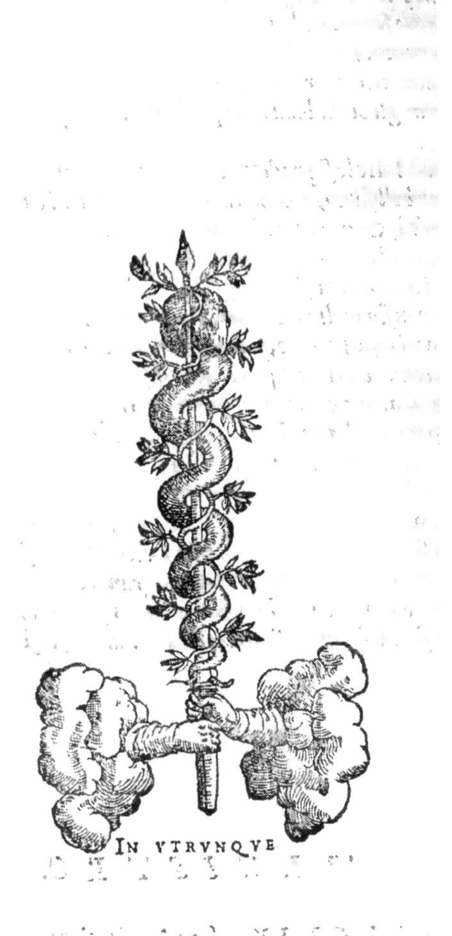
IN VTRVNQVE

Ingram Content Group UK Ltd.
Milton Keynes UK
UKHW021932050423
419667UK00005B/38